西方文化密码趣释

英语国家常识

张桂声　赵志仁　张峰　编著

黄河出版传媒集团
宁夏人民出版社

图书在版编目（CIP）数据

英语国家常识 / 张桂声，赵志仁，张峰编著. — 银川：宁夏人民出版社，2020. 11

（西方文化密码趣释）

ISBN 978-7-227-07283-6

Ⅰ. ①英… Ⅱ. ①张… ②赵… ③张… Ⅲ. ①英语—国家—概况 Ⅳ. ①K91

中国版本图书馆CIP数据核字（2020）第208550号

西方文化密码趣释

英语国家常识　　张桂声　赵志仁　张　峰　编著

责任编辑　陈　浪
责任校对　白　雪
封面设计　木　叶
责任印制　马　丽

黄河出版传媒集团
宁夏人民出版社　出版发行

出 版 人　薛文斌
地　　址　宁夏银川市北京东路 139 号出版大厦（750001）
网　　址　http://www.yrpubm.com
网上书店　http://www.hh-book.com
电子信箱　nxrmcbs@126.com
邮购电话　0951-5052104　5052106
经　　销　全国新华书店
印刷装订　宁夏银报智能印刷科技有限公司
印刷委托书号　（宁）0018920

开本　880 mm × 1230 mm　1/32
印张　17
字数　410 千字
版次　2020 年 11 月第 1 版
印次　2020 年 11 月第 1 次印刷
书号　ISBN 978-7-227-07283-6
定价　108.00 元

总 序

这套丛书于20世纪80年代末计划，此后坚持浏览有关书籍、做读书笔记。全力从事书稿的撰写与编辑始于2004年7月，到2015年底6部书稿完成，前后历时20余年。这套丛书是为学、教英语者和对西方文化感兴趣者编写的，旨在讲述实际需要但又不易查找的有趣知识，为读者学习研究提供一点方便，增添几分趣味。它编写角度巧妙新颖，文笔简洁流畅，既有休闲读物的特点，又不失参考资料的价值。

戚雨村先生认为，各门学科从不同的侧面对文化所下的定义，林林总总，不下250种。五花八门的文化，有简有繁，令人眼花缭乱。广博的西方文化，可谓是其中一个厚重的话题。丛书以“文明、文化、文字”作为选材和编写主轴，文明层面论及西方社会所经历过的两种文明，即发源于希腊人称为西方文明源头的古典文明和发源于希伯来人称为西方文明基石的基督文明，编写成《希腊神话传说》和《经典成语故事》（未出版）两书；文化层面论及西方文化的两个主要部分，即包括观念习俗、生活方式、文娱体育在内的大众文化（popular culture）和包括哲学、文学、艺术在内的高级文化（high culture），编写成《英语国家常识》和《欧美文学典故》两书；文字层面论及承载和传承西方文化的最主要语言文字——英语语言的两个方面：既带有西方文化气息又有自身民族特点的语言借喻转义（trope）现象和英语语言结构的历史变化与语言传播的区域变化，编写成《西方文化喻指》和《英语多维概述》两书。

我们前后浏览了200余部中英文书籍，从近400万字的读书笔记中筛选出2800多条英文词目，再逐一编写释文。中文标题大多由英文词目直译，释文内容简短精练，力求知识性和趣味性兼备，可读性强。鉴于丛书以词语趣释的方式揭示西方文化密码，故定名为《西方文化密码趣释》。我们力图借助丛书词条的趣释，将数百万文字用作彩色的马赛克，为读者镶嵌出欧美文明进程的历史画卷,诠释出西方文化密码的含义。

除了书末列出的参考书目之外，在编写过程中我们还参考了一些报刊资料、网络文章。这里，谨向各位作者表示深深的敬意和谢意。衷心感谢对这套丛书编写给予帮助、支持的各位朋友。衷心感谢为这套丛书的出版付出辛劳的宁夏人民出版社的领导和编辑。

鉴于水平有限，谬误难免，恳请读者指正。

张桂声

2015年12月于厦门金鸡亭

编写说明

一、本书为《西方文化密码趣释》之《英语国家常识》，旨在介绍英语五国（英国、美国、加拿大、澳大利亚、新西兰）的相关常识。全书由459篇短文构成，每篇短文有[词语][含义][趣释]等项。[词语]是英文中心词条，[含义]是英文词条的中文释义，[趣释]是用故事或事例诠释英文词条。为了方便读者查阅，书中除设有分类词目表之外，还设有英文词目索引和拼音字母排列词目索引。

二、本书分社会常识、生活常识、饮食常识、礼仪常识、婚丧常识、节日常识、竞技常识、禁忌常识、宗教常识等9个部分，按23个专题筛选资料、编写短文，全面介绍英语五国的社会文化风貌和民生世态常识。

三、本书短文采用说明文体，每篇短文字数一般为300~500字，仅有少数重点篇目超过1000字。短文中的数字，一般采用阿拉伯数字。人名、地名的翻译主要参考《英语姓名译名手册》和《外国地名译名手册》。为了方便读者查考，中文译名之后，一般附有外文拼写，但人们熟知的外国国名则不附英文拼写。

四、本书在[趣释]中讲述的内容与其他词条相关的，在该内容之后用①②等符号标出，再在短文末尾注明参阅相关词条的中文标题，以达到避免重复，将全书短文连成有机整体的效果。

五、本书附录部分《英国各郡一览表》《美国各州一览表》《加拿大各省一览表》《澳大利亚各州一览表》《新西兰各行政区一览表》以及《英语国家民族与宗教状况一览表》中的各项数据均摘自相关的图书资料。鉴于各参考典籍的数据很不一致，本书中的各项数据仅供参考。

六、本书英语五国国歌的歌词译文均引自《世界知识手册》附录二“各国国歌”。

引　言

与一个国家交往，必须对这个国家有所了解，掌握这个国家的有关的基本常识：譬如它的政治面貌、经济状况、历史传统、文化习俗等等。而习俗是大众文化（poplar culture）的重要内容，又涵盖了衣食住行、婚丧嫁娶、体育竞技、迷信禁忌等等许多方面。英语国家，通常指母语为英语的英国、美国、加拿大、澳大利亚、新西兰等五国。英语是当今国际交流最重要的语言，对于学习研究英语语言专业的人来说，了解英语国家的基本常识，熟悉它们的社会风貌、传统文化、生活习俗的重要性，绝不亚于学习研究英语语言本身。

要了解英语国家的基本常识，必须首先从了解这些国家的历史开始。早在公元前7世纪，欧洲莱茵河上游地区的凯尔特人（Celts）就陆续来到大不列颠岛定居，从公元前1世纪起，罗马帝国统治该岛500多年之后，日耳曼（German）部落中的盎格鲁人（Angle）、撒克逊人（Saxon）、朱特人（Jutes）先后入侵该岛，形成7个王国。经过数百年争斗，建立了英格兰王国。1066年，法国诺曼底威廉公爵（William the Conqueror）渡海征服了英格兰，形成大不列颠王国。1801年并吞了爱尔兰之后建立起世界最强大的帝国——不列颠及爱尔兰联合王国。而帝国的语言——

英语，从17世纪初开始随着帝国百余年的殖民活动被陆续传播到世界各地。北美洲和大洋洲都曾是大英帝国的殖民地，1776年，北美13个殖民地的代表签署了《独立宣言》，经过数年浴血奋战，建立了美利坚合众国。随后，加拿大、澳大利亚、新西兰相继独立。1921年，爱尔兰南部26郡脱离英帝国统治。第二次世界大战之后，英国殖民地纷纷独立。现今的大不列颠及北爱尔兰联合王国已无昔日帝国的威风，只能通过“英联邦”这根纽带来维系它在独立国家的利益和影响。目前，加拿大、澳大利亚、新西兰是英联邦成员，英国女王仍是这些国家名义上的元首。从宏观上讲，美、加、澳、新四国的政治基础和上层建筑的各个方面都带有大不列颠的血统，烙着大英帝国的印记，常被视为欧洲文化的延伸。然而，这四国人民在北美和大洋洲的荒芜旷野中披荆斩棘，创造举世瞩目的不同于英帝国的政治、经济、文化的同时，也逐渐形成了各具自身民族特点的传统、风俗和习惯。

一个国家的习俗和语言都是这个国家文化的组成部分，它们之间有着密切的关系。习俗凭借语言得以世代传承，而语言的运用和发展又无时不受习俗的制约和影响。例如，中国的货币单位是“圆”和“角”，在习俗中却称作“块”和“毛”；如果老外只知道汉语中的“方便”是“便利”“适宜”，而不知道在习俗委婉语中还指“富余的钱”或“上厕所”的话，那么，他与中国人交往就难免要闹笑话。又如，public school在美国是免费的“公立学校”；在英国则是学费昂贵的私立学校，译作“公学”。在英语国家敬酒习俗中，有几个表达“干杯”的词语，每个词语只能用在特定的场合，误用了，就可能闹笑话。据说在一次国内官方招待外宾的宴会上，翻译将官员祝酒词中的“干杯！”译作“Bottom up！”，这个短语确有“干杯”之意，但仅用于好友间的小酌。英文bottom一词的外延，可指“酒杯的底部”，也指“人的屁股”，因而bottom up既有杯底朝上“干杯”的意思，也含有叫人“撅起屁股”的意思。熟谙祝酒习俗的外宾都知道此语不能用于正式场合，就自然会想到它的另一种意思：“诸位，把屁股撅起来！”于是，当外宾们听到翻译，先是一愣，再看到一本正经举着酒杯的中国官员，不由得暴发出一阵哄堂大笑。

实践证明，在跨文化的交际中，对使用外语交谈的文法错误，对方往往不会太计较。但要是你的外语地道，而在习俗上犯错，会使对方不快；如果违犯禁忌，则可能酿成严重后果。总之，无论是与英语国家打交道的外事人员，还是到这些国家经商、参访、旅游的其他人士，也不论是研究英语国家政治、经济、文化的学者，还是学习英语语言的学生，掌握英语国家知识的重要性都是不言而喻的。愿这本小书能增进读者对英语国家的了解，对读者的学习研究有所裨益。

作　者

2014年12月于厦门金鸡亭

目 录

B

C

D

F

G

H

J

K

L

M

N

P

Q

R

S

T

W

X

Y

Z

分类词目表

1.社会常识

社会架构

英国

美国

加拿大

社会取向

社会经纬

2.生活常识

家庭生活

日常生活

社交生活

3.饮食常识

饮食天地

美食杂谈

4.礼仪常识

日常礼仪

社交礼仪

5.婚丧常识

婚庆仪式

丧葬仪式

6.节日常识

传统节日

文化节日

7.竞技常识

体育竞技

传统竞技

竞技赛事

8.禁忌常识

隐讳禁忌

迷信观念

9.宗教常识

宗教概况

宗教仪式

宗教节日

A

1.阿拉斯加因纽特人的丧葬习俗

［**词语**］Inuit's funeral rites in Alaska

［**含义**］因纽特人的丧葬习俗

［**趣释**］美国阿拉斯加（Alaska）的因纽特人（Inuit）认为，人死之后灵魂犹存。因此，他们十分重视丧葬。人死之后，要尽快把房屋所有的门窗打开，为死者灵魂升天创造条件。死者安葬在墓穴时，一定要用土细心掩埋，不留任何缝隙，以免亡灵返回干扰活着的亲人。因纽特人认为，如果死者不满意他的来世生活，就会回到人间。若是亲人见到亡灵，会在短时间死去。因此，死者家的房门上要安放一个东正教（Eastern Orthodoxy）[①]的圣像，以防止灵魂从门口进入。他们还相信在复活节（Easter）[②]期间，灵魂会到处游荡，所以家家户户门窗上都挂有十字架（cross）[③]，以使幽灵远遁。

---

①参阅73.东正教。　②参阅81.复活节。　③参阅161.漫话十字架。

2.阿尔德堡音乐艺术节

［词语］Aldeburgh Festival of Music and Arts

the Aldeburgh Festival

［含义］阿尔德堡音乐艺术节

［趣释］每年6月，英国萨福克郡（Suffolk）的阿尔德堡市（Aldeburgh）都要举行一年一度的音乐艺术节，节期长达半个月。1948年，音乐家本杰明·布里顿倡导在阿尔德堡举办了第一届音乐节，此后延续不断。本杰明·布里顿（Benjamin Britten）是20世纪中叶英国卓越的作曲家、钢琴家和指挥家。他生于1913年，卒于1976年，一生创作有歌剧、合唱、弦乐、独唱组歌、钢琴小提琴协奏曲、重奏曲等。他还改编了不少民歌，并创作有一部《中国歌集》，以杜甫、白居易、陆游等人的六首诗为歌词。节日期间，会邀请著名音乐家、演出团体演出各种优秀音乐艺术作品。为纪念这位音乐家，每届音乐艺术节必定要演出他的作品。

3.《啊，加拿大》

［词语］O，Canada

National anthem of Canada

［含义］《啊，加拿大》；加拿大国歌

［趣释］《啊，加拿大》是加拿大国歌。歌词只有一段，全文如下：“啊，加拿大，我们的父母邦！光荣的花冠戴在你的头上。你的手里拿着宝剑，还把十字架挂上。你的历史是一部史诗，无比的壮丽辉煌。你烈如火，你坚如钢，英勇地捍卫法律保家乡，英勇地捍卫法律保家乡。”《啊，加拿大》创作于1887

年，是魁北克省（Quebec）家喻户晓的爱国歌曲。该歌曲是由阿尔多夫·巴西勒·鲁蒂叶（Aololphe-Basile Routhier）作词，卡利克萨·拉瓦雷（Calixa Lavallee）作曲。1980年7月1日，加拿大国务院（Department of the Secretary of State）宣布，《啊，加拿大》为加拿大国歌，在此之前，加拿大无明文规定的国歌，法国移民的后裔以《啊，加拿大》作为国歌，而英国移民的后裔通常以《枫叶万世长存》作为国歌。

注：《啊，加拿大》歌词中文译文引自《世界知识手册》。

4.爱丁堡国际艺术节

[词语] Edinburgh International Festival
the Edinburgh Festival

[含义] 爱丁堡国际艺术节；英国国际艺术节

[趣释] 每年8月到9月英国北部苏格兰首府爱丁堡市都要举行一年一度的国际艺术节，节期长达1个月。爱丁堡不仅是英国北部经济交通中心，也是著名文化古城，造纸和出版业具有悠久的历史，旅游业也非常兴盛。爱丁堡艺术节始于1947年，由于具有实验性或标新立异的独特风格而获得国际地位，并赢得声誉。此后，每年一度的艺术节便一直保留下来。除了古典和民间艺术节目外，现在还演出先锋派实验性现代舞、流行歌曲等。节日期间，通常有10多个国家的数十个文艺团体和数以千计的演员参加演出。世界各地的著名艺术团体、著名演员云集于此。大量游客也纷纷来此一睹演员们的精彩节目。艺术节开幕式十分隆重。艺术节期间，爱丁堡广场还举行长达3周的民兵阅兵式表演——一种军队夜间表演操：军乐队在夜间泛光灯下演奏雄壮的乐曲，穿着民族服装的演员跳着豪迈奔放的舞蹈，吸引大批游客。

5.爱国者节

［**词语**］Patriots’ Day

［**含义**］爱国者节；爱国日

［**趣释**］每年4月19日是美国的爱国日，也是美国缅因州（Maine）和马萨诸塞州（Massa chusetts）的法定假日，这两个州的人民都要举行各种各样的纪念庆祝活动。1773年12月16日，波士顿居民为反对英国茶叶税，将3船英国茶叶倒入水中。倾茶事件之后，波士顿的爱国志士转移到市西北郊的列克星敦（Lexington）和康科德（Concord）积极筹备枪支弹药，准备与英国殖民军队开展武装斗争。1775年4月19日凌晨，800多名英军进入列克星敦爱国志士的伏击圈，激战骤起。经过8小时激战，英军大败，死伤247人，被迫后撤20英里，而爱国志士仅死伤数人。列克星敦和康科德战斗打响了北美独立战争的第一枪，后人把4月19日定为“爱国者节”，以纪念独立战争时期在列克星敦和康科德战斗中阵亡的爱国者。每年这一天，当地居民都要举行隆重的纪念活动。上午，当地居民有的扮演当年爱国志士，有的扮演英军，重演当年战斗的情景。下午在广场举行纪念盛会。广场披上节日盛装，临时搭起的观礼台上，坐着当地官员和各界代表。列克星敦和附近乡镇的庆祝游行队伍穿着各式民族服装，唱着民族歌曲，奏着民族音乐，情绪高昂地走过观礼台。整个纪念活动洋溢着爱国热情，沉浸在欢乐的节日气氛之中。

6.爱情和离婚在英国均可保险

［**词语**］love insurance and divorce insurance

［**含义**］爱情保险与离婚保险

［**趣释**］爱情保险（love insurance）是英国的一种特殊

保险。每对夫妇结婚之后每月交纳5镑的保险金，即可享受保险。如果夫妇从投保之日起，婚姻持续25年者，可领到5000英镑的保险金；若两人中有一人亡故，未亡者可得到3000英镑的保险金。社会普遍认为，这种保险具有积极的作用和意义。离婚保险（divorce insurance）是英国的又一种特殊保险。人们在结婚之前办理这种保险，将来婚姻破裂时就可以不用承担难以承受的高昂离婚费用。原来，在过去的20年中，英国的离婚率稳步上升，每3对夫妇中就有1对是离过婚的。为了扼制这一趋势的发展，有关当局大幅度提升离婚费用，以防止轻易离婚现象的发生。保险业看准了商机，开设了离婚保险业务，只要婚前投保，离婚就不会造成经济负担。

7.奥兰治节

［**词语**］Orangemen’s Day

［**含义**］奥兰治节

［**趣释**］奥兰治节是英国北爱尔兰的地方性节日，节期为每年的7月12日。“奥兰治”是爱尔兰“橙带党”人（Orangemen）的音译，该党旨在保护新教①，在北爱尔兰尤其是为了取得压倒罗马天主教② 教徒和爱尔兰民族主义者的至高无上的地位。橙带党成立于1795年，以奥兰治的威廉三世（William Ⅲ of Orange）命名，他领导的橙带党在1690年的伯伊恩（Boyne）战役中击败了英王詹姆斯二世（James Ⅱ）及其追随者。此后，每年的7月12日，北爱尔兰的橙带党人都要举行游行，纪念这次战役，后来演变成奥兰治节。

---

①参阅353.新教。　　②参阅295.天主教。

8.澳大利亚

[词语] the Commonwealth of Australia

[含义] 澳大利亚联邦；澳大利亚

[趣释] 澳大利亚联邦，简称澳大利亚。Australia一词来源于拉丁文australis，意为“南方之地”。6世纪时，一些世界地图制作者将想象中的大陆称作“Terra Australis Incognita”即unidentified southern land（不明的南方土地）。1814年英国航海家马修·弗林德斯（Mathew Flinders）建议将Terra Australis简称Australia。1817年这一建议被麦阔里（Macquarie）总督采用，沿用至今。澳大利亚是英联邦[①]的一个独立主权国家，位于太平洋西南部和印度洋之间的澳大利亚陆地。澳大利亚大部分地区属热带和亚热带气候，总面积768.2万平方千米，由澳大利亚大陆、塔斯马尼亚岛（Tasmania）和一些小岛组成，拥有6个州和2个地区[②]，西部和南部各1个州、中南部和东南部3个州、东北部1个州，中北部和东南部各1个地区。澳大利亚是一个移民国家，居民多为欧洲移民的后裔。官方语言为英语，居民多数信奉基督教。首都堪培拉是全国政治中心。澳大利亚国旗[③]呈长方形，旗底为深蓝色，一个由红、白两色组成的“米”字位于靠旗杆一边的上方。“米”字正下方为1颗白色大七角星，旗右边为4颗白色七角星和1颗小五角星。国庆日为每年1月26日[④]。国花为合欢花，国鸟为琴鸟，国树为桉树。

---

①参阅414.英联邦。

②参阅附录4.澳大利亚各州一览表。

③参阅16.澳大利亚国旗。

④参阅21.澳大利亚日（国庆日）。

9.澳大利亚的教育

[词语] education in Australia

[含义] 澳大利亚的教育

[趣释] 澳大利亚各州政府对教育负有法定权力。各州5—15岁儿童、少年是强迫上学的年龄，塔斯马尼亚州（Tasmania）规定儿童必须上学到16岁，政府开办的中小学不收学费。大多数儿童5岁开始入学，进入到小学附设的幼儿学校或幼儿班学习，学习时间为2—3年，重点是开展游戏活动和非正式的教育活动。小学一般为男女混合学校，供应伙食到12—13岁，小学毕业后自动升入初中。多数中学为男女混合学校，但大城市男女分校也很常见。大多数中学有现代化的教学设备，以便进行家事科学、商业科学和木工工艺以及其他实用学科的教学。学满3—4年后，学生可以选择进入技术学院、农业学院或其他培训学院学习，或是在工业、商业行业找一份工作。还有些学生选择在中学再学两年，毕业后参加公共考试，成绩合格者进入大学学习。移民和难民儿童每州有单独的教育机构提供教师教授英语，通过短期服务帮助使这些儿童适应正规的学校生活。残疾儿童教育由各州专门机关、教会或自愿团体负责教育。澳大利亚有大学19所，学院71所。大学和学院所设课程有共同点，但学院更重视职业教育。成人教育是自愿参加的非职业性教育，讲授文学、音乐戏剧、语言、国际事务、工艺等。土著人和托雷斯海峡（Torres Strait）岛民可以从州和联邦政府组织提供的教育计划和服务中获益。

10.澳大利亚的砍木比赛

［**词语**］wood-cutting contest

woodchopping

［**含义**］砍木比赛

［**趣释**］砍木比赛是澳大利亚最具民族特色的体育竞技项目。欧洲移民初到澳大利亚时，生活极其艰苦。伐木开垦土地，建造住宅是最基本的劳动。今天的澳大利亚人为纪念拓荒的先辈，每年复活节①后，各大城市都要举办一年一度的传统砍木比赛。比赛时，参赛者身穿白背心、白长裤，站在直径30厘米左右的圆木上，用长斧猛砍，优胜者一般几分钟就可以把圆木砍为两截。在维多利亚州（Victoria）最大的运动表演会之一是离墨尔本市（Melbourne）以北40公里的惠特尔西市（Whittlesea）举办的乡村运动会。其中的砍木比赛最具澳大利亚风情。一段约长50厘米、直径30厘米的圆木，在参赛者的手中不到一分钟就被砍成两段。该州砍木协会会员有200人，全澳大利亚有会员1100人。砍木运动协会会员一周搞一次比赛，设8个项目，木头由协会提供，比赛经费靠社会赞助。在澳大利亚，重大活动都要安排砍木比赛。在加拿大的“卡尔加里牛仔节”（Calgary Stampede）②里也有砍木比赛。

---

①参阅81.复活节。　　②参阅144.卡尔加里牛仔节。

11.澳大利亚的空中学校

［**词语**］Australia’s school of the Air

［**含义**］澳大利亚的空中学校

[**趣释**] 澳大利亚是个地广人稀的国家，全国人口主要集中在东南部和北部沿海的几个大城市里。在广阔的内陆及偏远地区，只住着少数从事牧业、矿业及铁路运输的居民和土著居民。由此，一种非常独特的专门满足由于疾病、伤残或居住在偏远地区不能上学孩子们需要的空中学校便应运而生。空中学校最先由昆士兰州（Queensland）政府于1951年创办。空中学校形成一个无线电、卫星传播教育网络。空中学校的教学方式很特别，它既无学校，也无课堂，而是通过双向无线电网络（无线电收发机），为那些无法去学校上课的孩子提供受教育的机会。孩子们可以不出家门，只要打开无线电接收机或电视机，就可以在老师指导下进行学习。空中学校不仅讲授课程，还为学生提供个别辅导和解答。教师坐在数千里之外的教育中心便可完成教学任务。空中学校从星期一至星期五上课，孩子们收听收看教师录好的教学内容，可以通过接收机听到老师讲课和其他小朋友的声音，参加课堂讨论、交流，虽远在天涯，却近在咫尺。1987年以后，空中学校为学生提供更完善的服务：利用卫星转播电视教育节目和收发作业教材。孩子们除了可以听老师讲课外，还可以在荧光屏上看到课文、补充教材，并可以在荧光屏上做功课，学生的作业和教育中心的教材，也不必通过邮局寄给学生和老师。

12.澳大利亚的社会福利

[**词语**] social welfare in Australia

[**含义**] 澳大利亚的社会福利

[**趣释**] 澳大利亚的社会生活福利有以下各项：1.退休金。因退休后年龄、个人收入等符合条件的人，政府发给养老金，由国家福利基金会支付。2.丧偶津贴。因战争失去丈夫的妇女由澳

大利亚复员军人部发给一定津贴。3. 家庭补助金。有婴儿的家庭，自婴儿出世到16岁止政府每月发给营养费，孪生则按人数计算。4. 孤儿补助金。领养失去双亲孤儿的人可领孤儿补助金到孤儿16岁止；若孤儿一直上学读书，补助金可发至25岁。5. 残疾儿童津贴。抚养残疾儿童津贴发至16岁，若在校读书发至25岁。6. 失业生病津贴。该津贴发给那些因失业、生病或受伤而暂时没有收入的人。7. 伤残津贴。因受伤致残而无法工作的人可以领取伤残津贴。8. 特别津贴。发给那些需要资助又不符合领取其他形式或津贴的人；或是未婚母亲、还在找工作的新移民。其社会福利服务组织有：联邦康复社、社会工作服务社、土著人服务社、移民服务社。社会福利机构有：社区福利机构、老年人与残疾人之家、私人照顾、家庭护理、送饭上门、老人福利院等。在地域辽阔人烟稀少的内陆有“飞行医生”服务。这种服务以几处设备完善的大医院为基地，以无线电话为联系，使用小型直升机为交通工具，昼夜24小时不间断服务。澳大利亚政府通过社会安全部下属的儿童照顾办公室，实施儿童服务计划来支持各社区为儿童提供妥善照顾、社会联系、感情交流、人身安全等多方面的服务。

13.澳大利亚的撞肚比赛

［词语］ belly-striking contest

［含义］ 撞肚比赛

［趣释］ 撞肚比赛是澳大利亚比较有趣的比赛项目之一。澳大利亚人喜爱各种体育活动，不仅作为观众观看各类比赛，而且也亲身参加。在各式各样的比赛中，有一项奇特而有趣的比赛便是撞肚比赛。比赛在直径4米的圆圈内进行。比赛时两两对决，参赛双方不允许动用手脚，只能用肚子互相碰撞，设法将对手撞出

圈外的一方为胜。这种比赛，单靠肚子大是不行的，还要有发达的腹肌、强有力的身体和好的谋略与娴熟的技巧，才能击败对手取得胜利。这项比赛紧张、有趣，因而也特别受观众喜爱，比赛场地总是被围得水泄不通。

14.澳大利亚的宗教

［**词语**］religion in Australia

［**含义**］澳大利亚的宗教

［**趣释**］澳大利亚具有“原始文明与现代文明并存”“东方与西方联姻”的文化特色，是一个多元化的国家。其宗教信仰可以分为两大类：一类是土著信仰的原始图腾崇拜和法术；另一类是海外移民带来的各种宗教，包括基督教①、犹太教、伊斯兰教和佛教等。绝大多数居民有宗教信仰，只有少数人不信仰任何宗教。据统计，澳大利亚信奉基督教居民，包括天主教、新教、东正教，约占总人口的75%；不信仰任何宗教的占12%左右；其余的人信奉其他宗教。初到澳大利亚的人会发现这里的教堂特别多，各大城市自不必说，就连只有几十、几百长住人口的偏远内陆小镇，也会有好几个教堂。深入了解后，就会发现这些教堂大多是早期移民修建的，时下更多是作为历史遗物存在。现在，澳大利亚二三十岁的青年人平日基本不去教堂做祈祷或弥撒②，只是在举办诸如婚礼或庆祝仪式时才会蜂拥而至。去教堂参加这些活动对他们而言更多的是作为传统习惯，宗教的色彩已经十分淡漠。坚持每周去教堂做礼拜③的，大多是45岁以上的人。

---

①参阅101. 基督教。　②参阅297. 天主教的弥撒。

③参阅104. 基督教的礼拜。

15.澳大利亚的国家政体

[**词语**] Politics of Australia government type

[**含义**] 澳大利亚的国家政体

[**趣释**] 澳大利亚的政治体制是联邦议会制（federal parliamentary state），根据1900年7月英国议会通过的《澳大利亚联邦宪法》而建立，基本沿袭英国和美国的传统。澳大利亚的国家元首为英国女王伊丽莎白二世，由女王任命的总督为其代表。总督是澳大利亚联邦法定的最高行政长官和联邦武装部队的总司令。总督由政府提名，英国女王选定任命，代表英国女王，任期5年。总督有权行使女王授予的一切职权，但受宪法限制。总督的年俸为1万英镑。澳大利亚联邦政府的首脑为总理。总理必须是下议院议员。内阁是澳大利亚联邦政府的最高决策机构，由总理、副总理和一些高级部长组成。所有的内阁成员必须公开支持内阁的决定，并在其职权范围内制定政策、开展工作。内阁集体对众议院负责。澳大利亚政府设有17个部，参加内阁的部长称为“内阁部长”，其余称为“非内阁部长”。内阁会议秘密进行，会议记录从不公开。议会是澳大利亚联邦最高的立法机构。根据宪法规定，议会由总督、众议院和参议院联合组成。众议院的权力大于参议院。众议院中占多数席位的政党或政党联盟组成联邦政府，该机构政党领袖出任联邦总理。澳大利亚议会每年召集两次议会会议，秋季会议（autumn sittings）为2月至6月，春季会议或预算会议（spring or budget sittings）为8月至12月。众议院亦称下院，其议员人数2倍于参议院，由公民直接选举产生，任期3年。凡年满21岁，在澳大利亚居住3年以上者均有资格当选众议

员。政府大部分的部长选自众议院。参议院亦称上院，主要作用是复审议案。参议院设76个议席，由各州按比例选举产生，议员任期6年。赞成和反对票相同时，议案被否决。澳大利亚议会由参议院、众议院或参众两院联合设有两种委员会：内政委员会（internal committee）和监督委员会（scrutinizing committee）。前者负责立法程序，后者负责监督行政部门及其行政情况。

16.澳大利亚国旗

[词语] Australia's national flag

[含义] 澳大利亚国旗

[趣释] 18世纪末开始，英国在悉尼建立了作为罪犯流放地的殖民地。100年之后，这样的殖民点扩大为6个。1901年，澳大利亚成为英国的自治领（Dominion），并组成澳大利亚联邦。“自治领”是大英帝国殖民地制度下，一个特殊的国家体制，由殖民地或自治殖民地进化而来，是殖民地步向独立的最后一步。在此之前，澳大利亚一直以英国的“米”字旗[①]为其官方旗帜。1903年，澳大利亚的国旗旗面上设有一颗六角星，代表组成澳大利亚的6个州。1908年改为现在的国旗图案：深蓝色的旗底，其左上方是英国国旗图案，左下方是1颗白色七角星，旗的右边是1颗白色小五角星和4颗七角白色小星。此旗由英国女王于1945年正式予以批准。国旗呈长方形，左上角的英国国旗图案是澳大利亚与英国传统关系的体现，一颗大的七角星象

澳大利亚国旗

征组成澳大利亚的6个州和北部自治区，5颗小白星代表南十字星座（Southern Cross）。

①参阅390. 英国的“米”字国旗。

17.《澳大利亚，前进》

［**词语**］Advance Australia Fair

Australia's national anthem

［**含义**］《澳大利亚，前进》；澳大利亚国歌

［**趣释**］《澳大利亚，前进》是澳大利亚联邦国歌。歌词为两段，全文如下：“欢笑吧，澳大利亚人，我们自由英俊；物产丰富，粪土如金，家乡与海为邻；遍地都是天然富源，景色美丽绝伦；世世代代自强不息，澳大利亚，前进。高唱欢乐的歌，澳大利亚，前进。//外敌如果胆敢把脚踏上海岸一寸，我们就像祖先一样，武装保卫国境；远隔重洋的英国人，一定能看得清，澳大利亚的子孙将保持着好名声。高唱欢乐的歌，澳大利亚，前进。”这首歌原是19世纪后期的一首爱国歌曲。由彼得·多茨·马科米克（Peter Dodds McCormick）作曲填词。1984年，澳大利亚将这首歌定为国歌，取代了以前在一切正式场合和庆典、节日中所用的英国国歌《神佑女王》[①]。

注：《澳大利亚，前进》歌词中文译文引自《世界知识手册》。

①参阅261.《神佑女王》。

18.澳大利亚人的家庭生活

[词语] the Australian family life

[含义] 澳大利亚人的家庭生活

[趣释] 根据澳大利亚国家统计局调查，1976年，60%的家庭是一对夫妇和几个孩子的模式。到1998年，这个比例降到42%。现在，大约40%的澳大利亚人第一次婚姻是以离婚告终的。澳大利亚每年有10.6万对男女结婚，有5.2万对婚姻破裂，离婚率仅次于美、英两国，位居世界第三位。澳大利亚人平均结婚年龄男性29岁，女性为26岁。根据澳大利亚法律，一对男女居住在一起超过半年，便被视为同居关系确立。而这种关系一经确立，双方分手时，各自对财产、子女都有分配、抚养的权利。在15至34岁的人中，有同居关系的占70%左右，有婚姻关系的只占30%。近几年来，澳大利亚盛行丁克家庭（dink families）[①]。信奉“丁克主义”的人群当中，知识女性占相当大的比例。近几十年，随着澳大利亚政府制定的一系列保护妇女儿童的法律的出台，澳大利亚家庭呈现出男人不敢打骂妻子儿女的风尚。一是不敢打老婆。如果男人打女人，哪怕只是一巴掌，都会被起诉，结果往往是坐牢半年，或被罚分居一年。如果被判离婚就更惨，不但家庭财产70%要判给女方，还要负担孩子抚养费的1/3。因此，在澳大利亚家庭暴力的情况并不普遍。二是不敢打孩子。近30年来，澳大利亚人口呈下降趋势，所以政府鼓励生育，小孩生下来就有奖金，生得越多奖励越高，女人生3个孩子就不用上班了，奖金基本够生活开支。法律规定不准打骂儿童，违反者就被剥夺子女的监护权。

---

①参阅324.西方国家里的丁克家庭。

19.澳大利亚人好饮酒

[**词语**] wine and beer in Australia

[**含义**] 澳大利亚的葡萄酒和啤酒

[**趣释**] 澳大利亚无疑是个好酒的国家。在这个国家里，饮酒者之众、饮酒场合之多、饮酒量之大均可名列世界前茅。除了法律规定不满18岁的青年不准带酒精饮料之外，不论男女老少，有事无事，都喜欢端酒杯浅酌一番。中年澳大利亚男人腆着“啤酒肚”的很普遍，就是退休老人贪杯的也不在少数，至于女性喝酒更是时髦。所以“巨无霸”式的肥胖在澳大利亚随处可见。澳大利亚酒的产量每年约为4亿公斤，主要产自南澳大利亚。澳大利亚人喜欢饮的酒既不是白兰地，也不是威士忌①，而主要是葡萄酒②和啤酒③。澳大利亚人爱饮啤酒，而且要带苦味才过瘾。近20年来，由于爱喝葡萄酒的意大利、希腊移民增多，也助长了喝葡萄酒的风气，以至如今喝葡萄酒成为时髦。南澳大利亚州（South Australia）的首府阿德来德（Adelaide）和东北部的巴罗萨谷地（Barossa）每年出产的葡萄就有5000余吨，占全澳的1/3，盛产各种葡萄酒。到了每年的葡萄节，会邀请各地贵宾和游客品尝鲜葡萄和新酿的葡萄酒。啤酒是澳大利亚人的必需品，许多澳大利亚人说：“不吃饭可以，不喝啤酒不行。”在澳大利亚的任何城市，你最先看到的地方肯定是酒吧。一是因为它装潢醒目，极富色彩；二是因为它门庭若市，十分热闹。酒吧在当地不仅仅是饮酒的地方，也是一个综合性的交际场所。在澳大利亚，许多物品价格不菲，唯有啤酒价廉物美，供应充足，政府限价，不允许啤酒任意涨价。有关权威资料统计，小小的达尔文市（Darwin），啤酒年消费量仅次于德国的世界啤酒名城慕尼黑市（Munich），高居世界第二。澳大利亚人称酒吧叫“瓶店”（bottle shop），

为了吸引当地工人，酒吧在每天中午午休时间实行啤酒折扣出售，被酒徒们称为“happy hours”（快乐时光）。

---

①参阅333.西方人的“生命之水”：酒。 ②参阅234.葡萄酒。
③参阅232.啤酒漫谈。

20.澳大利亚人挤眼示意和勾指礼

[**词语**] greeting manners in Australia

[**含义**] 澳大利亚人的致意方式

[**趣释**] 澳大利亚人见到熟人或朋友，大部分人都只是轻轻说一声“嗨”，就是Hello（你好）的省略词，或是挤一下左眼就算打过招呼了（greeting with a wink）。据说这种打招呼方式起源于18世纪。当时英国流放大批囚犯到澳大利亚，那时看守严禁囚犯们交谈，因而囚犯们就创造了挤眼示意的打招呼方式，他们后代又继承了这种独特的交往方式，久而久之，便成了澳大利亚人民交往中的特殊习俗。在澳大利亚的许多岛屿上，流行着一种见面时的“勾指礼”。据说这是一种流传至今的古老礼节：当宾主相见时，彼此伸出右手，用中指相互紧紧地勾住，然后轻轻地往彼此身边一拉，以示互相友好和敬意。

21.澳大利亚日（国庆日）

[**词语**] Australian Day
Australian National Day

[**含义**] 澳大利亚日；澳大利亚国庆日

[**趣释**] 每年的1月26日是澳大利亚日，即澳大利亚国庆日。17世纪以前，澳大利亚土著人散居在澳大利亚各地。1770

年，英国船长詹姆斯·库克（James cook）到达澳大利亚，随后英国宣布澳大利亚为它的领地。1788年1月26日，英国航海家菲利普（Philip）带领1000多名最早的移民——绝大部分是流放的犯人，抵达现在的悉尼（Sydney）附近定居。这便是澳大利亚最早的国民。1901年1月1日，澳大利亚联邦政府成立后，为纪念移民船抵达悉尼的日子，政府决定把1月26日定为“澳大利亚日”（Australian Day），后来成为国庆日（Australian National Day）。国庆日这一天，澳大利亚各族人民自发地组织起来，举行形式多样的庆祝活动。人们身着节日盛装，印有澳大利亚国旗的大气球冉冉升起。在悉尼市，人们还把模仿当年的升旗仪式，接受外国人加入澳大利亚国籍仪式，作为国庆庆祝活动的特别节目。他们还在悉尼湾模仿当年第一艘英国移民船驶入海湾的情景。夜晚，天空中出现了五彩缤纷的焰火，土著居民还跳起别开生面的袋鼠舞。

22.澳大利亚同性恋者的狂欢节

［词语］ Sydney Gay and Lesbian Mardi Gras
Australia's Marty's Carnival

［含义］ 澳大利亚玛蒂格拉狂欢节；悉尼同性恋狂欢节

［趣释］ 当今世界，同性恋（homosexuality）已是司空见惯的现代社会现象，但用法律形式来保护同性恋者的权利，澳大利亚恐怕是首开先例。从每年一度的悉尼（Sydney）同性恋者的节日——玛蒂格拉狂欢节（Mardi Gras Marty's Carnival）的盛况中，不难看出，澳大利亚政府对这一社会现象的态度以及人们对同性恋的默认。玛蒂格拉狂欢节始于1978年。当时只是同性恋者的一次大游行，以纪念1968年美国纽约市同性恋者为争取合法化

与社会认同，抗议对同性恋者的歧视和不公，要求政府使之合法化的斗争。随着时光流转，玛蒂格拉狂欢节已由简单的同性恋者游行演变成一种以文化交流、艺术表演、娱乐共庆为主的盛大民间节日，其规模仅次于巴西狂欢节而居世界第二。每年2月，悉尼的海德公园和牛津、伊丽莎白大街等热闹市区人山人海，来自世界各地的旅游者、同性恋者与澳大利亚各地的人一起欢度节日。节日的高潮是2月最后一个星期六晚上。其时，人潮汹涌，盛况空前。大游行预定在晚上7时开始，但从下午2时起，游行队伍要走过的街道已站满了来自世界各地的观众，警察封锁了路口，游行方队也认真地进行彩排。晚上7时，随着一声鸣响，彩色气球腾空而起，礼花漫天飞舞，整个悉尼市沸腾起来，令人瞩目的同性恋大游行开始了。五花八门的彩车车队浩浩荡荡沿街游行，一些世界政界要人、知名艺人也赶来助兴。游行队伍中其实未必都是同性恋者，大多数应该是同性恋的理解者和支持者。在衣着和装扮方面，他们煞费苦心，有的在赤裸的上身涂满银粉，有的身着奇装异服，有的在自己身上写着标语口号，有的把身上的衣服全都剥去只留3寸布，有的男衣女穿或女衣男穿等。到晚上10点整，会出现震撼人心的一幕：他们仿佛接到统一的号令，突然沉默下来，出现长达3分钟的静寂。原来，这是他们在为死去的艾滋病（AIDS）人默哀。同性恋者是感染艾滋病毒最高的群体，一些澳大利亚预防艾滋病组织的工作人员拿着盛钱的箱子在游行队伍中呼吁人们捐款给身陷绝症的艾滋病人。默哀之后狂欢活动继续，一直持续到次日上午。

23.澳大利亚土著的丧葬习俗

［**词语**］the Australian aboriginal funeral traditions

［**含义**］澳大利亚土著人的葬礼

［**趣释**］澳大利亚土著居民的殡葬仪式多种多样，几乎包括世界上所有处理死者的方式，如土葬、火葬、天葬、木乃伊化、局部埋葬、双葬以及简单地把尸体抛弃，听其自然等。各土著部落处理尸体的方式是不同的。就是同一个部落内有时也不完全一样。除了死者的年龄、性别区分之外，对不同阶段的死者往往有不同的丧葬礼节。北部沿海部落通常把长老们埋在土里，把青年人葬在树上。孔不卡布拉部落先把长老们的尸体放在台子上，然后再埋入土中，以后再把尸体的骨头挖出来，带在身边，最后把骨头放在树洞里。南部沿海的克拉宁部落常把死去或正在死去的人抛弃，而整个群体则离开住宿地迁居他处。卡雅巴拉人把有影响的人的尸体熏制以后，带在身边半年，然后才埋入土中。在澳大利亚北区，昆士兰东部、墨累河下游和其他某些地方的部落中，天葬占统治地位。西北部的几个部落采用洞穴葬。把死者埋入土中，一直是土著居民最通常和最普通的殡葬方式，但各个部落的葬法又各有不同。一些部落把死者放在一个坑内，在另一些部落中，坟墓有一个侧凹，把尸体放在那里，中部和东部的许多部落，盛行把尸体放在带侧凹坛坟墓中的葬法，但埋葬时死者的姿势又各有不同。澳大利亚土著居民有把食物、物品和尸体同放在坟墓中的习俗，供死者在“阴间”享用。还有的在坟墓中生火，供死者取暖。在卡通加部落中，他们把青年死者埋在土中，把年老的死者烧掉。在有些部落中，还有两次埋葬和局部埋葬的复杂方式。这种埋葬通常分两个阶段：殡葬仪式后，过会儿再给死人遗骨做其他仪式。第一个阶段通常是悬空葬（天葬），当尸体烂掉之后，把尸骨收起来土葬。各种哀悼习俗在土著中很流行。有时哭悼死者的时间很长，且哭得很伤心，用各种方式表示悲痛。有的部落对死者的亲友，特别是他

的未亡人，有一系列的限制和禁忌。死者的名字通常是讳用的。有些地方限制自己的饮食，未亡人在很长的时间里穿戴专门的丧服，在身上涂白黏土等。有的部落要未亡人立誓不说话，有时遵守这个誓言一年或更长时间，在这段时间只能用手语。推测死因是土著人的丧葬习俗之一。推测方式各有不同，通常是过一段时间去观察葬处，特别是观察悬空葬的地方。在它附近发现了痕迹，根据痕迹就知道该往哪个方向去寻找“凶手”，他属于哪个图腾等。

24.澳大利亚土著的巫术信仰

［**词语**］beliefs of the Australian aboriginal witchcraft

［**含义**］澳大利亚土著的巫术信仰

［**趣释**］澳大利亚土著除去图腾（totem）崇拜以外，还迷信害人巫术、求爱巫术、治病巫术和求雨巫术。土著把死亡、疾病和任何意外事件全部归咎于来自远近的部落施展害人巫术的结果，因而他们每一个人都非常害怕害人巫术。他们经常担心不知名的敌人会发动突然袭击，暗地里对自己施展害人巫术。他们相信每个人都可以施展巫术去害人，如果要加害自己的仇敌，就找一块小而尖的骨头到僻静的地方把它插入土中，然后弯着身对它念咒语：“插入你的身体，让你心被刺碎，让你头被刺中，让你喉头被刺穿，让你骨架被刺散。”几天后取回这块被念过咒语的骨头，当天晚上在篝火旁悄悄走到被咒人的背后，手拿骨头连续晃动几次以使咒语生效，然后又把这块骨头扔在被咒人的窝篷里或拴在他的长矛或盾牌上，故意让对方知道有人在暗算他。当被咒的人知道有人对他施展害人巫术后，他相信自己无法逃脱死亡了，因此心里十分忧郁，不思饮食、坐立不安，往往真会死去。

求爱巫术是用来得到女人爱情的。如果谁看上了一个女人，他就会用负鼠皮做一块头巾，用白瓷土涂白或用桉树皮擦亮，然后把这块头巾戴在头上，走到心爱的女人面前念起咒语："爱我吧。"也有人用木制的类似箫的乐器来表达爱情，先把这根木管放在篝火上熏黑，同时念起求爱的咒语，在夜间跳舞时对着心爱的女人吹，以唤起对方的爱情。这种求爱巫术有时可以得到女人的私情，但结婚是不可能的，因为土著婚姻制度严格，结婚要由部落长老指定。治病巫术必须由巫师来做。澳大利亚的土著社会生活还处于原始状态，人们除掌握一些草药、放血、按摩等民间疗法外，治疗疾病全寄托在巫师身上。治病时，病人躺在地上，巫师用手抚摸其疼痛处，然后用嘴吸吮，不断吐出许多小石子、小骨头等，巫师告诉患者是由于仇人对他施行害人巫术所致。其实这完全是欺骗，巫师在看病之前已准备了小石头和小骨头，看病时眼疾手快地放入口中。求雨巫术只在部分部落中存在，这些部落中有专职的求雨巫师。求雨时，巫师口中含着水，把水喷向干旱地区的方向，同时，口中念念有词，祈天下雨。有些部落的求雨仪式相当复杂，全体部落成员都聚集在一起参加求雨仪式，届时要搭一个大棚，由两个巫师作法求雨，他们念动咒语后，从手上放血，同时向空中抛撒绒毛，象征云来雨到。如果仍不下雨，则归咎于被敌对部落施了巫术。

25.澳大利亚土著的婚俗

[**词语**] marriage customs in Australian traditional aboriginal societies

[**含义**] 澳大利亚土著的婚姻习俗

[**趣释**] 澳大利亚土著的婚姻习俗五花八门，但归结起来是

等级婚姻。土著的婚姻和家庭极为古老和原始，对偶婚、群婚、外婚制等在各个部落中流行，而且婚姻与亲属制关系密切。在澳大利亚土著部落中，等级婚姻的特点就是外婚制。每个部落氏族之间禁止同一部落氏族通婚，都要向其他部落氏族寻找配偶，规定甲部落的男人只能同乙部落中同属一个婚姻等级的女子成婚。但这种外婚制受亲属制的影响，因此以血缘关系为纽带的婚嫁仍然很普遍。在澳大利亚一些地区还流行“相岳母”（taking a look at one’s prospective mother-in-law）的婚俗。当部落中一个小男孩尚未成年时，就要在母亲的带领下去相亲。他要“相”的不是少女，而是未来少女的母亲。这是在少女尚未出世，确切地说，这位“岳母”是位尚未怀孕或是没有结婚的女子。男孩挑选到合适的“岳母”，等“岳母”生下女儿后，男方是不允许改变婚约的。但有时事情并非像预计的那么顺利，如“岳母”没有生育能力，或是全生男孩，则男方只好再相一位“岳母”。有时，选好的“岳母”因迟迟不生女孩，等到生下千金，再等千金成年成婚时，双方的年龄差距很大，各方面都很不般配，常常造成婚姻悲剧。

26.澳大利亚土著的成年仪式

［**词语**］aboriginal adult ceremony

［**含义**］土著成人仪式

［**趣释**］在澳大利亚南部艾尔湖地区的土著阿拉巴纳人都要按传统举行成人仪式，而且多是强迫的，如果不从，就要受到很严厉的惩罚。男性长到10岁时，他的父辈或兄长会在某个夜晚乘他熟睡时将他捉住捆绑好，蒙住双眼送到部落的一间公屋过夜。男孩被放躺在地上，同屋的数名妇女则整夜不停地跳舞。次日早

晨，男孩在父亲的带领下对全部落进行拜访。日落时，要由他的祖父、舅舅用石制的刀为他实施割礼，即割去生殖器的包皮。然后他的长兄给一块具有男子汉秘密的响板（一种用树皮制成的狩猎器械），告诉他，这是神赐的秘密武器，不能让女人或儿童看见。于是男孩便要独自去狩猎，直到被划破的伤口长好才能返回部落。这时部落还要举行仪式，由首领在男孩的背上用石刀划4至9条不等的疤痕，这个男孩才算部落中的成年男子。阿拉巴纳女孩的成人仪式要比男孩晚几年，当女孩进入性成熟期后要进行献身仪式：由另外一胞族的男子们聚集在公屋里，不停地诵念咒语，祈祷女孩乳房发育丰满。天亮后，由一名有地位的男子将女孩领到公屋，让聚集在那里的男子在她的裸体上涂抹油脂，用红赭石在她身上画出许多条纹图案。尤其在女孩的两个乳头上，画上许多大圈，在乳头下画一条直线，把一个负鼠毛制成的领饰头巾戴在女孩头上，打扮妥当之后，由女孩的母亲陪同她去丛林中临时搭起的茅屋宿营，待身上的图纹脱落后，才返回部落成为部落成员。在一些土著部落，孩子的成年仪式可持续几年之久，其间要接受各种严格的训练和严峻考验：毁门齿、割包皮、切痕、薅发、熏灸等。土著认为，只有经过几番磨砺的人，才能坚韧不拔、勇猛彪悍。

27.澳大利亚土著的飞来去器

［**词语**］boomerang

［**含义**］回飞棒；飞旋镖；回力镖

［**趣释**］飞来去器又称回飞棒、飞旋镖、回力镖。它曾是澳大利亚土著狩猎用的投掷器物，一种掷出后借助空气动力学原理返回的工具。实际上，澳大利亚人的飞来去器有两种：一种是投出后

能返回的，另一种是投出后不能返回的。第一种的结构使它在投出一定距离后，飞回投掷者处。澳大利亚土著能将它投至50米高、100米远，在落地前整整飞行5圈。不能返回的飞来去器对猎人较为适用，它能掷至150米远的地方。

28.澳大利亚土著的图腾崇拜

[词语] aboriginal totem worship

[含义] 土著人的图腾崇拜

[趣释] 图腾（totem）是原始人群的亲属、祖先、保护神的标志和象征，是人类历史上最早的文化现象。澳大利亚土著人的图腾崇拜是世界上最典型的一种，从动物、植物、昆虫，到飞禽、自然现象等，应有尽有。在澳大利亚中部沙漠地区阿兰达部落中的一些部族，以自然界中的雨、日、热风为图腾，土著人把它们视为神灵的化身，祈祷上天保佑他们。还有一些部落，按氏族部落结为胞族，统一崇拜一种图腾，便出现了袋鼠胞族、鸸鹋胞族、渡鸟胞族、白鹦鹉胞族、黑鹦鹉胞族等。土著人所崇拜的图腾都与部落生活的环境、地域或特殊习俗有关。在阿兰达部落，他们信奉一种叫“拉塔帕”的超自然体。它被视为是神幻的祖先置于岩石间、山崖上、树木中的“幼儿胚胎”，如果部落中的青年妇女偶然经过上述圣地，“拉塔帕”就进入这个妇女的体内而被视为“妊娠”，她所生下的婴儿就同该部落所崇拜的图腾一样。这听起来似乎不可思议，但确实存在这种古怪的图腾现象，从澳大利亚保留下来的一些土艺岩画便可证明。

29.澳大利亚土著的绘纹与刺纹

［词语］ Australian indigenous draw lines and thorn lines

［含义］ 澳大利亚土著的绘纹和刺纹

［趣释］ 绘纹和刺纹是两种不同的文身形式。绘纹是指用颜色把身体的某个部位或全身涂画上各种不同的色彩或图案。刺纹则是用利器在身体上留下永久的痕迹。在澳大利亚土著中，多以绘纹形式出现，少有刺纹。对于澳大利亚土著来说，绘纹是用来表示部落标志、图腾记号、求爱纹号以及某种仪式时的化妆和修饰的。在澳大利亚北部的金伯利高原（Kimberley），土著非常喜欢绘纹。平时，他们在胸、肩、颊等部位点上几种颜色，图案因个人在部落中的地位和身份不同而有区别。遇到节日或重要事情时，他们全身都要涂上颜色。在与其他部落征战时，绘纹多用红色；有人去世时，多用白色；如有喜庆，则涂上各种颜色以示庆祝。南部斯潘塞湾（Spencer Gulf）一带的土著，以袋鼠为图腾，全部人背上绘三个圆圈，胸部绘两个小圆圈来代表袋鼠的眼睛，在两个小圆圈下面是一个略大的圆圈，象征袋鼠的嘴巴。澳大利亚中部的阿兰达部落，在举行图腾仪式时，常常用红、黄色的泥土或石膏在背上绘出自己部落和图腾的记号，有的是太阳，有的是动物。他们跳舞时，身上要涂上动物的油脂，画上象征图腾的图案，而且还要从自己胳膊上取血，将鸟的羽毛蘸上血，贴在图案的周围。在北部沿海岛屿上的一些部落，妇女们以臀部绘纹为荣，他们认为臀部最美的女人最漂亮，也最具诱人的魅力。因而姑娘们总是煞费苦心想方设法“修饰”美化自己的屁股，来博取男人的爱慕。对于澳大利亚土著来说，刺纹（thorn lines）是追求完美或纪念人生重要时刻的一种方式。居住在艾尔湖地区的阿

拉巴纳人刺纹的方式与众不同，他们用贝壳或石头割破皮肤，在伤口上涂上灰，愈合后留下一块块疤痕。精致的刺纹一般只有男性才有。这既是一种装饰，又有一定含义。这种刺纹多在男子的四肢或背部，象征部落的标志或结婚成人，或为加入某一团体的标记。

30.澳大利亚羊节

［**词语**］Australian Sheep Day

［**含义**］澳大利亚羊节

［**趣释**］每年8月14日是澳大利亚一年一度的羊节。澳大利亚被称为“骑在羊背上的国家”。近200年来，养羊业一直是澳大利亚的主要经济支柱和大宗出口创汇行业。目前，全国拥有羊1.6亿只以上，人均近10只，占全世界羊总数的1/6，占全世界羊毛产量的1/3。仅羊毛一项，年收入就达60亿澳元。18世纪后期，第一批移民到澳大利亚殖民垦荒，从商人手中买了29只美利奴羊带到澳大利亚，就在南威尔士殖民区放养。由于澳大利亚天然放牧条件优良，羊在那里迅速繁殖起来，成为向美国不断输送廉价羊毛的供应地。羊是澳大利亚最重要的畜牧品种，后来人们逐渐创立了“羊节”（Sheep Day）。每年8月14日这一天，新南威尔士州（New South Wales）、维多利亚州（Victoria）、昆士兰州（Queensland）、南澳大利亚州（South Australia）、西澳大利亚州（Western Australia）等地的牧羊人，天蒙蒙亮便起身准备给羊过节。当太阳升起的时候，牧民开始燃放焰火，向自己饲养的羊群布道贺喜，把它们赶到水草丰美的地方放牧。这一天，牧民听任羊群自由吃草、追逐、玩耍，绝不鞭打它们。许多牧民还自觉地暂停吃羊肉、剪羊毛，以表示对羊的关爱。

B

31.巴斯国际音乐艺术节

[**词语**] Bath International Festival of Music and Arts the Bath Festival

[**含义**] 巴斯国际音乐艺术节；巴斯音乐节

[**趣释**] 每年5月下旬至6月上旬，英国埃文郡（Avon）的著名古城巴斯（Bath）要举行一年一度的巴斯国际音乐艺术节。节期持续半个月左右。巴斯是英格兰著名的矿泉疗养地，美丽的埃文河（Avon River）从古城旁边流过，城内有诸多名胜古迹，如普尔特尼大桥（Pulteney Bridge）、女王广场（Queen Square）、马戏场（the Circus）、新月形王宫（Royal Crescent）等，是一个被许多作家在文学作品中描写过的美丽城市。在国际音乐艺术节期间，举办方会邀请国内外著名的音乐家、指挥家及著名乐队到这个城市演出。其间还有各种戏剧、芭蕾舞表演、展览会、讲座等，是一场丰富多彩的文化盛会。

32.把蜗牛视为吉祥的象征

[**词语**] snail

[**含义**] 蜗牛；吉祥

[趣释] 蜗牛（snail）是生活在陆地上的螺类动物。全世界大约有22000种。欧洲的大蜗牛常作为美味佳肴，深受法国人的喜爱。欧洲还建有专养食用蜗牛的饲养场（snailery）。在中国人眼中，蜗牛常常只作为慢的象征。但在西方人眼中，蜗牛是吉祥的象征，人们对它十分偏爱。究其原因，可能与基督教和《圣经》的影响有关。《圣经》中用蜗牛比作“义”。在《诗篇》第58首第8节中说：“愿他们（指恶人）像蜗牛消化过去。”欧美国家的人常常用玻璃或其他材料做成精致的蜗牛模型，用来馈赠亲友，表示亲切友好的感情。

33.白金汉宫卫队换岗仪式

[词语] changing of the guards ceremony
changing of the guards ceremony at Buckingham Palace

[含义] 换岗仪式

[趣释] 白金汉宫（Buckingham Palace）是英国的王宫，它位于伦敦威斯敏斯特（Westminster）城内。因英国白金汉公爵1703年所建而得名。1761年被乔治三世买下送给其妻，称为“女王宫”。1825年重建，维多利亚女王住在这里，成了这里的第一位女君主。从1837年起，白金汉宫成为历代君王的王宫。100多年来，王宫每日在其前院举行皇家禁卫骑兵团卫士的换岗仪式，成为吸引游客的一大景象。1993年起，王宫允许公众购买门票入宫参观。换岗仪式例行在每日正午12点举行。届时，头戴黑熊皮帽、身穿红绒军服和黑色长裤的禁卫军，在乐队和一名骑兵的带领下，步入宫廷广场，与另一队禁卫军换岗。两队军官要互相敬礼，军士也要举枪示礼。然后，离岗的卫队离开王宫，仪式宣告

结束。这种传统而隆重的换岗仪式，每天都吸引成千上万来自世界各地的游客观赏。

34.白色的婚礼

[**词语**] white wedding gown and veil

[**含义**] 白色的婚纱与纱巾

[**趣释**] 大部分美国人认为，白色象征纯洁①和美丽，所以婚礼往往以白色为主色调。新娘身穿洁白的婚礼服（wedding dress），即白色的婚纱，头上披着白纱巾②。新郎身着白色的西服，胸袋上插着一支表示爱情的红玫瑰。教堂里蜡烛闪着白光，其间点缀着几点红色，整个气氛优美安静，象征一生安宁幸福。新娘一身的打扮，可以用“旧”“新”“借”“蓝”4个字来概括，英文称something old，something new，something borrow，something blue。“旧”，指新娘头上白色的纱巾必须是母亲用过的旧纱巾，表示不忘父母特别是母亲的养育之恩；“新”，指新娘白色的结婚礼服必须是新的。有些地方，试穿婚纱被认为是不吉利的，甚至婚纱做成后，还故意留一两处针脚，待到结婚那一天，新娘临上婚车的前一分钟才缝好，表示新娘将要开始新的生活；“借”，指新娘手上拿着的白手巾必须是从女友那儿借来的，表示不忘朋友的情谊；“蓝”，指新娘身上披的缎带必须是蓝色的，表示新娘对爱情的忠诚。新娘的长手套和皮鞋（gloves and shoes of bride）也是不可缺少的附属装饰品。它们的颜色必须和结婚礼服相匹配。由于结婚礼服以白色居多，因而手套、皮鞋也多是白色的。再配以项链、耳环，使新娘更显得光彩照人。

---

①参阅373.颜色在基督教中的象征意义。 ②参阅290.送交新娘。

35.百事可乐的发展史

[词语] Pepsi

[含义] 百事可乐

[趣释] 百事可乐（Pepsi）是美国百事可乐公司（Pepsico，Inc）推出的一种碳酸饮料。百事可乐公司是可口可乐公司（Coca-Cola Company）[①]的主要竞争对手。百事可乐在19世纪90年代，为美国加州（California）的一名药剂师凯勒伯·布拉德厄姆（Caleb Bradham）所造。他以碳酸水、糖、香草、生油、胃蛋白酶（pepsin）以及可乐果（cola nut）调制而成。这原本是一种药物，治疗胃部疾病，后来被命名为Pepsi，并于1903年注册为商标。中文译作“百事可乐”。该词源于pepsin或pepsine（胃液素、胃蛋白酶），一种以牛羊胃液中提炼出来的以帮助消化蛋白质等食物的助消化药。可乐果树是常绿乔木，种子初为白色，成熟后为红色，原产非洲热带，当地土著用其作嗜好品，在口中咀嚼，可作兴奋剂和疲劳恢复剂。可乐果现栽培于西非、牙买加、巴西、印度、加纳等国。我国广州、海南、云南西双版纳也有少量栽培。1931年百事可乐公司易主，1940年百事可乐推出全国广告，译成55种文字，用酒樽来销售，创下佳绩。价格比可口可乐更便宜，被称为“低下阶层的饮品”。在美国被视为黑人的饮品，在加拿大被说成是说法语的人的饮品。为了改变形象，百事可乐公司请一大批明星做代言人，选足球和音乐作为品牌基础和企业文化载体。现在，百事饮料国际集团（Pepsico International）是美国一家享誉全球的跨国公司，总部设在纽约州的珀切斯（Purchas），全球年销售额达270亿美元，仅次于可口可乐公司。

---

①参阅150.可口可乐的故事。

36.拜访的礼仪

［**词语**］visiting with previous appointment

appointment and visit

［**含义**］预约拜访

［**趣释**］拜访是人们日常社会交往中常见的活动。在英美等国，如要到对方住宅或办公室拜访，都必须事先预约（previous appointment），不能搞“突然袭击”。一般来说，没有事先预约的造访者是不受欢迎的。有身份的绅士淑女是不会成为“不速之客”（unexpected visitor）的。如果确有紧急之事非突然造访不可，见面后也要加以解释说明，以示歉意。拜访时间也不宜过长。如果拜访者是有身份地位的，可能比较忙，拜访时应先与其秘书接触，由秘书通报并安排见面。如果到住所拜访，一定要先在门外敲门或按门铃。敲门或按门铃一般不要超过两次。如果连续不断地敲门，到其他门户前徘徊，通过窗户往里窥探，都是不礼貌的行为。有些地方，房子的前后门分作不同的用途，正式的或事务性的来访者走前门，亲友或熟悉的朋友走后门。陌生的造访者从后门窜入室内，无论什么理由，都不会受到主人欢迎的。在国外，人们珍惜自己的业余休息时间，几乎被视为神圣不可侵犯。所以，没有事先预约，不要贸然到别人家造访；约定了时间，就要准时到达。造访时在礼节性的寒暄之后，应尽快切入主题，切忌不着边际地东拉西扯浪费被访者的宝贵时间。经主人同意进入室内之前，应在门口的垫子上擦去鞋上的尘土，以免弄脏主人的地毯。进屋后男士应立即脱去帽子[①]和手套，再脱下大衣交给主人挂上。西方没有进屋换鞋的习俗，女性进入他人室内更不能随便脱鞋[②]。

---

①参阅165.帽子的暗示与禁忌。

②参阅352.鞋子的迷信和象征含义。

37.板球：绅士的游戏

[词语] cricket

[含义] 板球

[趣释] 板球又称木球，是一项盛行于英国、澳大利亚、新西兰、印度、巴基斯坦、尼泊尔、孟加拉等英联邦国家（Common Wealth）的大众夏季运动，一项崇尚体育精神（sportsmanship）和公平比赛（fair play）的“绅士游戏”（gentleman's game）。板球项目是锻炼手眼协调能力，集上肢控制力、技巧与力量于一体的综合运动。比赛项目为团体赛，男女均可组队。板球起源于英国，早在13世纪，英王爱德华一世就曾在英格兰东南部的肯特郡（Kent）参加过类似板球的运动。17世纪用的球与现在用的球类似。球为软木外包红色皮革，球板长96.5厘米，最宽部分为10.8厘米，木质，桨形。场地呈椭圆形，中央有长20.12米、宽3.05米的球道，球道两端为三柱门。比赛分两队进行，每队11人，用投币决定哪方先攻、哪方先守，双方各攻守一次为一局。板球是以击球（batting）、投球（bowling）和接球（fielding）为主的运动。比赛时攻方队员为击球手（batman），每次派2人落场，致力夺取高分数：1人负责击球取分，1人负责配合夺分。守方则11名队员全部落场比赛，1人为投球手（bowler），负责把球投向击球手身后的三柱门，力图将他赶出局，其他球员作外野手，负责把击球手打出的球接住，防止攻方得分。攻方的击球局完结后，两队便会对调，得分高者为胜。1963年英格兰各郡改良了比赛规则，即限制每场投球轮数，从此板球运动进入了新纪元。1971年出现了新的单日国际板球赛制（One-Day International），即ODI赛制。国际板球理事会于1975年举办了首届ODI板球世界杯比赛（Cricket World Cup）。

现在板球已成为印度和巴基斯坦的国球，英联邦运动会的正式比赛项目。

①参阅414. 英联邦。

38.办公室里的一般礼仪

[**词语**] the general office etiquette

[**含义**] 办公室一般礼仪

[**趣释**] 在办公室，迎接来访者的最好方式是微笑着站起来，伸出手来相互握手。站起来是对客人的一种尊重，热情微笑，说出客人名字，主动与人握手，这些都是见面时形成一种友好气氛所必需的方式。当本公司的职员进入自己办公室时，高级职员不必站立，除非进来的是总裁或已退休的董事长这一类人物。比自己年长得多的行政官员走进自己的办公室，年轻的官员应站起来迎接，以示敬意。当公司职员主持面试时，应起身与应试者打招呼，并与之握手。同样，在应试者临走时应起身道别。参加会议如果迟到了，迟到者应悄悄地尽快找个位子坐下，与旁人点头致意。会议休息时，迟到者可以轻声向主持会议者说明原因，并表示歉意。在办公室该做的事情：关心新来的同事，向他们介绍公司的情况；如果外出，可主动提出为他们办一些力所能及的事；多动脑筋为办公室同事做些有益的事，提出一些改善办公环境或办公条件的建议；关心同事，当同事有了好消息或坏消息时，应与之分享幸福、分担痛苦；关心办公室内的花卉植物，主动浇水护理；保持办公室整洁。办公室里不该做的事有：因公去拜访某人忌讳逗留时间过长，应该准时到达，办完事就告辞。拜访者结束谈话，一般以15分钟为限；在办公室里不能对镜化

妆、修剪指甲；办公室里不应嚼口香糖、吃零食；不应该在办公室谈论工作之余的社交活动。工作空闲时不应到别人办公桌旁闲聊，也不应在办公时间翻阅杂志；向同事借用办公文具，用完之后要及时归还，一个经常向别人借零钱坐公共汽车、买报纸而又不还钱者，其威信会降到最低点。在办公桌前不应脱掉鞋子或把鞋随地乱放，更不应该把脚搁在办公桌上或抽屉上。

39.办公室里的着装礼仪

[**词语**] office dress etiquette

[**含义**] 办公室里的穿着打扮

[**趣释**] 在美国，企业与公司的高级行政官员上班时通常穿素净的暗色西装，着黑色鞋袜，束传统式的领带。时装摄影师上班时则穿褪了色的牛仔裤、工作衫和轻便运动鞋。这两种穿着都适合各自的工作环境，两者不能相互更换。在一些传统行业，如银行、金融机构、保险公司、基金会、公司总部等，男女职员的穿着只有一种风格——优雅大方。优雅大方不是指花很多的钱去买时装，而是指穿着必须含蓄而不夸张，脱俗而不奇形怪状。一般来说，男人上班穿细条西装，女人上班穿漂亮而不艳丽的纯棉衣裙、连裤袜，凉鞋跟不能太高。每天上班出门前，每人都要在立镜前检查一下自己的衣饰是否妥帖。如果晚上有应酬，下班时没有时间回去换衣服，最通常的办法是在办公室里备一套衣服、梳妆用具和化妆品。倘若晚上要参加晚会，那么女人早上上班时应穿一套基本色的衣裙，下班之后，她可以在15分钟之内使自己变成另一个人：洁净的牙齿、梳理整齐的头发、重新化过妆的脸，脚上换了一双漂亮的皮鞋，身上戴着闪闪发亮的珠宝首饰。如果晚会必须穿长衣裙，早上上班时应把衣服带到办公室，下班

后再换。在办公室里，男人除了要备一把剃须刀和牙刷之外，还应备一件替换衬衫，以供晚上应酬时穿，以使自己看上去精神焕发。参加西式晚会，男人还应在办公室里备好西式晚会所需要的黑领结配饰以及黑皮鞋。关注自己的外表对一个人的事业来说是很重要的，一个人的外表越富有魅力越好，这不仅是对自我的尊重，也是为了维护公司企业的形象。

40.棒球运动

[词语] baseball

[含义] 棒球

[趣释] 棒球是英国、美国、加拿大人民喜爱的一项体育活动。它是一种以棒击球为主要特点，集体性、对抗性很强的球类运动项目。它在国际上开展较为广泛，影响较大，被誉为“竞技与智慧的结合”。在美国、日本尤为盛行，被称为“国球”。据美国专家认为，棒球运动源于英国的板球（cricket）[①]，也称“圆场球”（rounder），或“绕圈球”，是一种儿童游戏。19世纪初，由移民带到美国。1839年，美国人窦布戴依（Doubleday）组织了第一场类似现代棒球的比赛。1845年，美国人亚历山大·佐伊·卡特赖德（Alexander Joy Cartwright）为统一名称和打法，制定了竞赛规则。1871年，在美国成立了“全国职业棒球运动员组织”。1910年，美国总统正式批准棒球为美国国球。现在，美国职业棒球大联盟（MLB）[②]是美国最大的职业棒球运动组织。棒球比赛场地呈直角扇形，有4个垒位，分两队比赛，每队9人，两队轮流攻守。攻队队员在本垒依次用棒击守队投球手投来的球，并趁机跑垒，能依次踏过1、2、3垒并安全回到本垒者得1分。守垒队拦截攻队击出之球后可以持续碰触攻队跑垒队员或持

球踏垒“封杀”跑垒员。攻队3人被杀出局时，双方即互换攻守。两队各攻守一次为1局，正式比赛为9局，得分多者为胜。第二次世界大战后，棒球运动迅速在欧洲各国流行起来。1937年国际棒球联合会成立。1992年棒球被列入奥运会竞赛项目。2012年退出夏季奥运会竞赛。

---

①参阅37.板球：绅士的游戏。　　②参阅212.美国职业棒球大联盟（MLB）。

41.保持交谈距离

［**词语**］talking distance

［**含义**］交谈距离

［**趣释**］谈话时，交谈双方总是应该与人保持一定的礼节性距离。至于究竟应该保持多少距离为宜，这一点不仅因民族不同而不同，也因个体不同而有所差异。美国著名人类学家爱德华·霍尔（Edward Twitchell·Hall）认为，空间的变化会对交际发生影响，可以加强交际的效果，有时还会超过语言的作用。霍尔将空间范围分成了3种类型：其一，固定空间，即有固定的墙、栏和物体构成的空间，如房间；其二，半固定空间，即由桌椅板凳之类构成的空间；其三，非正式空间，即人们与他人交往中每个个体所习惯维护的个人空间气泡。霍尔通过对美国中产阶级情况的调查发现，人们在交谈中视交谈双方的关系及交际的需要保持不同的距离，并且根据距离调整音量。他将这种距离分成8个距离段。后来，人们将其分类综合为4种距离：其一，亲密距离（intimate distance）：相互之间从身体接触到距离不超过18英寸（约45厘米）；其二，个人距离（personal distance）：1.5~4英尺（约45~112厘米），是朋友间谈心的距离；其三，社交距离

（social distance）：4~12英尺（约1.12~3.64米），是社交的正常距离，谈论的内容非一般个人私事；其四，公共距离（public distance）：距离12英尺以上（3.64米以上），讲话声音很高，一般适用于讲课、演说、演戏等。在实际社交谈话中，英国人习惯保持1米左右的距离，美国人习惯保持0.5米左右的距离。他们认为交谈距离过近或过远，都会令人不快。

42.保龄球运动

[词语] bowling

[含义] 保龄球；地滚球；九柱戏

[趣释] 保龄球又称地滚球、九柱戏，是英国、美国、澳大利亚、新西兰、加拿大人民非常喜爱的运动。它是一种在木道上以滚动的球击倒排列柱子的运动。保龄球的起源各种说法不尽相同。一般认为与古埃及人有关。据考古发现，公元前5200年就有了地滚球。波利尼西亚（Polynesians）的游戏史料中有类似地滚球的记载，赛道长度与现在的保龄球接近。13世纪德国教会里流行一种“九柱球”的游戏，来检验教徒对宗教的信仰程度，宗教领袖马丁·路德（Martin Luther）统一了九瓶制。1455年，伦敦建成带顶棚的全天候草地球场，称它为lawn bowling（草地地滚球，草地九柱戏），开始了现代地滚球运动。16世纪以后，随着大批英国人移民到澳大利亚、新西兰、南非和北美，地滚球也在世界各地传播。1901年，英语五国和南非开始了国际地滚球比赛。后来地滚球改为室内木道，中文将bowling音译为“保龄球”。比赛分个人赛和多人赛，赛前以抽签决定道次和投球顺序。比赛时，在球道终端放置10个木瓶呈三角形，参赛者在犯规线后轮流投球撞击木瓶。每人连续投击两球为一轮，10轮为一

局。击倒一个木瓶得1分，得分多者为胜。1951年国际保龄球联合会成立，1954年在芬兰首都赫尔辛基（Helsinki）举行了首届国际保龄球赛，1966年首届世界保龄球锦标赛在澳大利亚的悉尼（Sydney）举行，1988年奥运会将保龄球列为表演项目。

43.保守党和工党

[**词语**] the Conservative Party and the Labour Party

[**含义**] 保守党和工党

[**趣释**] 英国是典型的资产阶级议会制度下的君主立宪制（constitutional monarchy）国家。名义上英国女王伊丽莎白二世（Elizabeth Ⅱ）是国家元首，但治理国家的实权掌握在首相（prime minister）的手中。英国议会（Parliament）实行两院制，但决定权在下院（Lower House），即众议院（House of Commons）。在英国每5年一届的大选中，哪个政党获得下院650个席位的多数，哪个党的领袖就担任这个国家的首相，负责组成这个国家的内阁（cabinet）和政府（government）①。英国的保守党（the Conservative Party）和工党（the Labour Party）是英国政坛上的两大轮流执政党，英国每次政权的更迭几乎都在这两党之间进行。保守党是英国主要的右派政党，在19世纪30年代，该党就具备了现在的形式。它支持自由企业，鼓励私有财产并实行许多重大的社会改革，得到农村地区中产阶级、上层阶级和权力机关的支持，也得到英国国教会的支持。该党在全国各地设有选区委员会。“conservation”（保守）的含义是，该党旨在维护现存体制和一切好的东西。工党自称代表工人阶级，即劳方（labourers）利益，同雇主（代表资方）的利益相对。工党于19世纪末叶兴起，1906年称为工党。工党主要来自发达城市和工

业区的支持。作为工人阶级大众的主要政党，也得到了部分中产阶级人士，尤其是知识分子的支持。工党的主要成员是经济地位下层者，并集中在城市和罗马天主教地区。党员分集体党员和个人党员两种。工党的政策与工会运动所提出的政策紧密相关。

---

①参阅386.英国的国家政权。

44.报喜节

［**词语**］Lady Day

［**含义**］报喜节

［**趣释**］报喜节是天主教的节日，节期为3月25日。此节是纪念天使加百列（Gabriel）报告童贞女玛利亚（Mary）将生耶稣之事。加百列是《圣经》中上帝耶和华（Jehovah）的使者，受上帝派遣以异象显现，预言未来。他向处女玛利亚显现，预言她将生子，她果然生了一个男孩，就是耶稣。据《圣经》中《新约·路加福音》第1章28节记载，天使加百列对玛利亚说："蒙大恩的女子，我向你问安。""你要怀孕生子，可以给他取名为耶稣。他要为大，称为至高者的儿子；主上帝要把他的祖大卫的位给他，要他作雅各（Jacob）家的王，直到永远，他的国没有穷尽。"玛利亚说："她没有出嫁，怎么会有这事呢？"天使告诉她说，圣灵要降到她身上，至高者的能力要荫庇她。因此所要生的圣者，必称上帝的儿子。为纪念天使报告这个喜讯，教会将每年3月25日定为"报喜节"。人们将这个节日与祈求上帝确保丰收结合起来，进行种子祝圣仪式。农民会把绘有圣母受孕的画像供在巨大的粮瓮上，祈祷说："仁慈的圣母，上帝的天使，请报给我们喜讯！为我们祝福！祝我们粮

食丰收，保我们五谷丰登！”传说这一天地狱里禁止用刑，鸟儿不惊巢。习惯上，这一天女子不编辫子，家中不生火，吃冷食，否则麦子要得黑穗病。

45.北美的感恩节

［**词语**］Thanksgiving Day

［**含义**］感恩节

［**趣释**］感恩节为美国基督教新教的节日，更是传统民间节日。节期为每年11月的最后一个星期四。1620年，一批英国基督教中的清教徒（Puritans）①乘“五月花”号到北美定居。他们向印第安人学习种植玉米、养鸡，渡过难关。第二年喜获丰收，乃设喜宴感谢上帝，庆贺丰收，举行3天的狂欢活动，用火鸡、兽肉来款待他们的印第安客人。此后相沿习，成为北美独有的节日。一开始，美国的感恩节并不固定，1789年，华盛顿总统宣布它为全国性的节日，是一个祈祷向上苍表示感谢的节日。1863年，林肯总统正式宣布感恩节为国定假日，定为每年11月的最后一个星期四。感恩节是美国人民的一个盛大节日，假期比圣诞节（Christmas）②长，足有4天之久。感恩节也是家庭团聚的日子，一年中最注重饮食的一餐，就是感恩节的晚餐。这一餐必备的菜是火鸡肉，因此感恩节又被称为“火鸡节”。人们将火鸡肚内填满用核桃仁、玉米糙子、香肠、洋葱、葡萄干做成的馅，然后刷油烧烤，烤成外酥里嫩、颜色深黄、香气扑鼻的烤火鸡。烤火鸡周围用果酱和南瓜馅陪衬着，男主人用刀将火鸡切成薄片分给大家，吃时再浇上肉汁、撒上盐，味道十分鲜美。此外，传统食品还有红莓苔子果酱、甜山芋、玉米、南瓜饼、自烤面包和各种蔬菜水果。感恩节宴席之后，有些家庭还有传统游戏节目，如用针

线串蔓桔比赛、剥玉米、数玉米粒比赛、用小勺推着南瓜跑比赛等。在感恩节这一天，美国总统和各州州长都要发表节日献词，一些城镇还要举行化装游行、戏剧表演、体育比赛等，许多城镇对靠施舍度日的穷人发放好一点的食品。成千上万的人在这一天前往普利茅斯港参观游览，怀着伤感的心情，重温一遍美国早期的历史。总之，多少年来，庆祝感恩节的习俗代代相传，很少发生变化。加拿大的感恩节（Thanksgiving Day of Canada）始于1870年，现在是每年10月的第二个星期一。节日中的典型食品也是火鸡和南瓜饼。

---

①参阅413.英国宗教改革中的清教徒。　②参阅265.圣诞节。

46.北美土著因纽特人

［**词语**］Canadian aborigines: Inuit

［**含义**］加拿大的土著居民：因纽特人

［**趣释**］因纽特人是加拿大的原始居民，少数民族。原被称为“爱斯基摩人”（Eskimos）。“爱斯基摩”（Eskimo）一词来源于克里印第安语，意为“吃生肉者”。据1986年人口数据统计，因纽特人人口仅为2.5万人，主要居住在加拿大西北部马更些三角洲（Mackenzie Delta）、北极区各岛屿、哈德逊湾和昂加瓦湾（Ungava Bays）的魁北克（Quebec）沿海地区及拉布拉多（Labrador）一带。因纽特人原属古代蒙古民族，在血缘上、语言上和阿留申人（Aleut）关系密切，与印第安人（Indians）[①]有明显区别。据史料记载和考古学研究，因纽特人系公元前1.5万年至公元前1万年居住于白令海（Bering Sea）附近的西北亚人和居住于东西伯利亚（Siberia）穿越阿拉斯加（Alaska）、北加拿大

地区至格陵兰岛（Greenland）地区古代的北极区人的后裔。已知最古老的爱斯基摩文化，来自阿留申群岛（Aleutian Islands）中的翁纳克岛，已有3000多年的历史。因纽特人多数居住在海湾、河口等近水的地方，以打鱼、采集和狩猎为生。他们多数笃信万物有灵和巫术，长期地保持着民族特有的人种特征和生活方式。现在他们的社会生活也发生了巨大的变化，很多地区已经有了电、汽车等现代化设施，少数人也接受了基督教。

---

①参阅47. 北美土著印第安人。

47.北美土著印第安人

［词语］American Indians

［含义］北美的印第安人

［趣释］1492年，意大利航海家哥伦布（Christopher Columbus）首次到达美洲大陆时，以为是到了印度（India），将那里的土著居民统称为“印度人”（Indians）。为了与真正的印度人区别，汉语将该词译为“印第安人”。实际上，印第安人包括许多群体，在美国就有普埃布洛人（Pueblos）、提纳人（Tinnehs）、萨利什人（Salihams）等14个群体。现在约有140万人，其中一半人居住在全国各地的大城市或乡村地区，其余的主要居住在美国西北、西南、东部、东南各州大约300个保留地或保护区内。在加拿大，有阿耳冈昆人（Algonkins）、达科他人（Dakotas）、提纳人等8个群体。印第安人属蒙古人种，大约在1.5万至2万年前从亚洲经白令海峡迁入南北美洲（North and South America）。15世纪欧洲人入侵时，印第安人据推测有300万人，因大屠杀、疾病、贫困等原因，减至25万人。印第安人保留地

或保护区建立之后，人口才逐渐增加。印第安人各部落之间差距很大。早期他们主要以务农、狩猎、采集为生，现在，有的以畜牧、旅游等事业为生，有的主要从事农业。过去，他们笃信万物有灵，现在大多数信基督教。

---

①参阅73.东正教。　②参阅81.复活节。　③参阅161.漫话十字架。

48.北美印第安人的丧葬习俗

[**词语**] the Indians funeral rites

the funeral rites of Indians

[**含义**] 印第安人的葬礼

[**趣释**] 北美印第安人埋葬死者的方法颇具特点。普通百姓死后只做简单的土葬，而酋长死后均有特殊的安葬仪式。他们将酋长的遗体安放在庙宇中。这种庙宇的形式十分特别，下部用粗大的木桩高高撑起，四面透风没有墙壁，地上铺着几张兽皮供看管这个庙宇的祭司休息，上层用来放遗体。凡是酋长的遗体都一律放在同一座庙中。上层用编结精致的竹帘将顶部和三面遮挡得严严实实，一面敞开。酋长的遗体经过特殊处理，不会腐烂，一个挨着一个地摆着，身边还放着一个雕刻得活灵活现的木偶，充当酋长的警卫。印第安人处理遗体防腐的办法听起来令人毛骨悚然。据说他们先将死者的皮小心翼翼地完整剥下，涂油、晒干，去除内脏和肉，把骨头完整取下包在皮革中，最后裹上原来的人皮。经过这样处理过的遗体，看上去完好如初，不会腐烂。

49.比萨饼趣话

[词语] Pizza

[含义] 比萨饼；意大利馅饼

[趣释] 比萨饼又称意大利馅饼，是一种由特殊饼底、奶酪、酱汁和馅料做成的意大利风味的食品。比萨饼的起源大概有3种流行的说法。第一种说法：意大利旅行家马可·波罗（Marco Polo）从中国回到意大利后他想再吃到中国的葱油馅饼，却不会烤制。有一天朋友们在他家聚会，其中一位是那不勒斯（Naples）的厨师。他向厨师描绘了中国北方的葱油饼。厨师便兴致勃勃地忙活起来，可是他忙了半天，不知道怎样把馅料放进面团里。此时已到下午两点，大家饥肠辘辘。于是，马可·波罗建议将馅料放在面饼上烤着吃，大家都说“好”。厨师回家后，又做了几次，配上了那不勒斯的奶酪和作料，很受大家欢迎，比萨饼就此流传开来。第二种说法：比萨饼起源于古希腊，有3000年的历史。古希腊人在扁平的圆面包上放上混合馅料，烤制成最早的一种比萨饼。第三种说法：比萨饼诞生在1600年的意大利南部那不勒斯城。传说当地一位穷困的母亲，因家里只剩一点点面粉，想给孩子们做点什么吃的而发愁。邻居知道后凑了一点西红柿和奶酪，那位母亲将面粉和面团烙成饼，将西红柿切碎放在面饼上，再撒上易碎的奶酪，放到炉上烤成香喷喷的比萨饼。现在，人们公认那不勒斯城是世界“比萨饼之都”。19世纪后期，意大利人将比萨饼传到美国。第二次世界大战之后，比萨饼开始在美国流行起来，成为美国仅次于汉堡包（hamburger）[①]的第二大快餐食品，以专营比萨饼的“必胜客”（Pizza Hut）快餐馆所烤制的比萨饼最为著名。

---

①参阅244.趣谈汉堡包。

50.标准·普尔股票价格指数

［词语］Stander and Poor’s Composite Index

［含义］标准·普尔混合指数

［趣释］标准·普尔股票价格指数是美国最大的证券研究机构标准·普尔公司编制的股票价格指数。标准·普尔公司每半小时计算并报道该公司编制的指数，发表在该公司主办的《展望》刊物上，许多报纸每天登载它最高、最低及收盘价格指数，美国著名的《商业周刊》（*Business Week*）杂志每期公布标准·普尔混合指数。标准·普尔混合指数包括500种普通股票，总价值很大，其成分股有90%在纽约证券交易所上市。其中也包括一些在别的交易所和店头市场的股票，具有广泛的代表性，能真实地反应股票市价变动和真实情况。标准·普尔公司还是世界上公认的两个最具权威的信用评级机构之一。标准·普尔公司是亨利·V.普尔（Henry Varnum Poor）1860年创立的，标准·普尔通过全球18个办事处及7个分支机构来提供世界领先的信用评级服务。如今标准·普尔员工总数超过5000人，分布在19个国家。通过标准·普尔的信用评级，以客观分析和独到见解，真实反映政府、公司以及其他机构偿债能力和偿债意愿，获得全球投资者的广泛关注。自1860年成立以来，标准·普尔一直在建立市场透明度方面扮演着重要角色。目前国际上公认的最具权威信用评级机构，主要有美国标准·普尔公司和穆迪投资服务公司（Moody’s Corporation）。上述两家公司负责评级的债券很广泛，包括地方政府的债券、公司债券、外国债券等。由于他们占有详尽的资料，采用先进的科学分析技术，又有丰富的实践经验和大量专业技术人才，因此它们做出的信用评级具有很高的权威性。标

准·普尔公司信用评级标准从高到低可分为：AAA级、AA级、A级、A-级、BBB级、BB级、B级、CCC级、CC级、C级和D级共11个级别。

51.别具风味的夏威夷烤猪

［词语］Hawaii characteristic roast pig

［含义］夏威夷特色烤猪

［趣释］烤猪（roast pig）被夏威夷土著称为“卢奥”（luau），是他们的传统美味佳肴。夏威夷土著性情豪爽、好客，喜欢聚餐。特别在众多朋友聚会的场合，烤猪不仅是一道美味菜肴，也是一种热烈欢快、颇具浓郁地方情调的消遣活动，深受人们喜爱。制作烤猪的方法相当奇特，主人先在院里挖一个50~60厘米深的坑，在坑里烧石头，待石头烧红后，将一些石块放入净了毛的整猪膛内，然后迅速把猪放进坑内，在猪上面均匀地铺上一层类似芭蕉叶的提树叶，再盖上土，闷8小时左右，即可将猪烤熟。根据《世界风俗大观》介绍，提树是夏威夷特有的植物，其叶如芭蕉，烤猪会有独特的清香。当猪还在坑里烤的时候，客人们往往不时地问主人何时方能烤熟，有兴趣的还探询烤猪的操作过程和经验。主人开始挖坑取猪时，所有客人都围拢观看，不时发出阵阵欢呼。特别是当猪挖出的时候，散发出阵阵诱人的肉香，不禁使人食欲倍增。接着，主人将油汪汪的烤猪抬上餐桌，用刀子割成小块，邀请客人们共享美味。烤猪肉肥而不腻，既有中国叉烧肉之香，又有西方烤肉之嫩。特别是烤肉时覆盖的那一层提树叶，使烤猪增加了一种独特的清香气味，尝者无不交口称赞，堪称夏威夷食品中的一绝。游客到夏威夷，岛上几乎所有介绍土著文化的旅游中心都要安排他们品尝烤猪，由于绝大多数都

不是严格按传统方法制作，其风味也就大为逊色了。要想吃正宗的烤猪，必须请土著亲自操刀才行。整个烤猪过程只有在土著夏威夷人的指导下进行，才能尽得夏威夷烤猪之妙。

52.冰淇淋及冰淇淋圣代

［**词语**］ice cream and ice cream sundaes

［**含义**］冰淇淋

［**趣释**］冰淇淋是一种冷冻奶制甜食，又称雪糕，是英美国家人民所喜爱的食品。据说大约在罗马帝国时代，有位聪明的厨师从高山上取回未化的冰雪，用蜂蜜、水果汁、美酒调和，给皇帝驱热解渴。这大概就是冰淇淋的雏形。1413年，英王亨利五世在当年加冕时，用来请客的一种冷冻食物被认为是最早的冰淇淋。1550年前后才出现了类似现今的冰淇淋，首先在意大利兴起。有人认为，1295年意大利人马可·波罗把在中国元朝吃过的用牛奶盒冰块制作的冰酪配方带回威尼斯，于是意大利人便有了类似冰淇淋的食品，后由意大利传入法国，再传到英国，1870年以后，英国流行吃这种甜食。19世纪时，电力和制冷技术广泛运用，使冰淇淋的制作过程加快，价格降低。20世纪冰淇淋畅销全球。芬兰人每人每年冰淇淋消费量为9公斤，瑞典人为8.6公斤，英国人为5.5公斤，而中国人为0.9公斤。冰淇淋圣代（ice cream sundaes）是美国人，特别是美国青少年喜爱的甜食。据食品历史学家考证，“圣代”（sundaes）一词是19世纪80年代中期诞生的，源于英文Sunday（星期日）。因为一星期中，只有星期日才推出这种甜品，冰淇淋圣代的顶部覆盖着一层巧克力（chocolate）[①]糖浆或是配上拌有奶油的糖浆。

---

①参阅240.巧克力和朱古力。

53.冰球运动

[**词语**] ice hockey

[**含义**] 冰球；冰上曲棍球

[**趣释**] 冰球（ice hockey），又称冰上曲棍球，是加拿大人民非常喜欢的冬季体育运动。加拿大的全国冰球联盟（National Hockey League，NHL）①是北美最大的联盟之一，在北美与NBA等四大联盟齐名，它在加拿大的影响力超过NBA。冰球的装备有：冰球鞋、冰球刀、护具、冰球杆和冰球等。冰球运动起源于加拿大。1855年，加拿大的大金斯顿流行一种冰上游戏，参加者脚上绑着冰刀，手持曲棍，在冰封的湖面上追逐打击用圆木片制成的圆球，用两根竖起的木杆作为球门，以参加者把球击进球门为胜。这就是现代冰球运动的前身。这种比赛逐渐在北美非常流行。后来冰球运动传到欧洲和世界各地。现代冰球运动员穿冰鞋，手握冰球杆滑行拼抢击球，球一般用硬橡胶制成，厚2.54厘米，直径7.62厘米，球重156~170克。比赛分两队进行，每队上场6人，前锋3人，后卫2人，守门1人。每场比赛60分钟，分3局进行，每局实际比赛20分钟，每局中间休息15分钟。比赛中可以不通过裁判员随时替换队员和守门员。比赛时，球每射进对方门一次得1分，以多者为胜。1903年，美国密歇根州（Michigan）成立世界上第一支职业冰球队。1917年，加拿大成立全国冰球联盟。1920年，加拿大队获

加拿大冰球

第七届奥运会和第一届国际冰球世界锦标赛冠军。1924年，加拿大队获第一届冬季奥运会冰球冠军。

①参阅246.冰球联盟（NHL） ②参阅213.美国职业篮球联赛（NBA）。

54.冰上溜石（冰壶）运动

[**词语**] curling

[**含义**] 冰壶；冰上溜石

[**趣释**] 冰上溜石（curling）运动，又称掷冰壶，是英国苏格兰、加拿大和美国人民喜爱的冬季冰上运动。它是以队为单位在冰上进行的一种投掷性竞赛项目。冰壶为圆壶状，由不含云母的苏格兰天然花岗岩制成。目前，世界上所有的制造优良冰壶用的天然花岗岩，均产自苏格兰近海的一个小岛，也只有苏格兰人掌握着制作世界顶尖水平冰壶的技术。冰壶周长约为91.44厘米、高11.43厘米，壶柄和壶栓最大重量为19.96公斤。冰上溜石运动起源于14世纪的苏格兰，他们至今还保留着1511年的砥石（即冰壶）。1795年第一个冰上溜石俱乐部在苏格兰成立，1838年制定了比赛规则，后传到加拿大、美国，并且流行起来。从此，作为一项冬季运动在欧洲、北美逐渐展开。冰上溜石所用的场地是一个长44.5米、宽4.32米的冰道。冰道一端有一个直径1.83米的圆圈为发球区，称为本垒，另一端也有圆圈为营垒，由4个半径不同的同心圆组成，其中的最大半径为1.83米。赛道横截面为U形，以便帮助运动员打出弧线球。比赛分两队进行，两队各有4名球员，轮流丢掷石球，以赛前双方离圆近者先掷。每局每队交替掷球，每个人分别掷两球，在8人共掷16球后结束。以场地上冰壶距离营垒圆心的远近决定胜负。每石1分，积分多的队为胜。

1966年国际冰上溜石联合会成立，1991年改为世界冰上溜石联合会，同时获奥运会承认。首届世界冰上溜石锦标赛始于1959年，最初称“苏格兰威士忌杯赛”，1968年改为“加拿大银扫帚锦标赛”，1986年正式定名为“世界冰上溜石锦标赛”。冰上溜石曾6次在冬季奥运会上被列为表演项目，1998年开始被列为冬奥会正式比赛项目。

55.伯利恒之星

［**词语**］Star of Bethlehem

［**含义**］圣诞星；伯利恒之星

［**趣释**］圣诞星，又称伯利恒之星，是指耶稣降生时，指引东方3位博士前往伯利恒参拜之星。现人们在圣诞树（Christmas tree）①顶上装饰一盏大灯来象征。据《圣经·新约·马太福音》中记载，东方博士来到耶路撒冷（Jerusalem）对希律王（Herod）②说：“那生下来做犹太人之王的在哪里？我们在东方看见他的星，特来拜见他。”希律王暗暗吃惊，细问那是什么时候发现的，并派这3位博士去仔细寻访那小孩。博士们奉命赴伯利恒，在东方所看见的那星忽然在他们前头行，直行到小孩出生的地方，就在上头停住了。于是，博士找到婴孩耶稣和圣母玛利亚，献上黄金、没药（myrrh）、乳香（frankincense）等贵重的礼物。后代学者对《圣经》中所载的圣诞之星进行了各种研究，但最终仍无定论。后来，信徒们在每年庆祝圣诞节的圣诞树上装上一颗大灯，以示纪念。

---

①参阅269. 圣诞树。 ②参阅68. 悼婴节。

56.不祥的星期五

[词语] “Friday” as a taboo

[含义] 忌讳星期五

[趣释] 西方各国人普遍忌讳星期五，往往对这一天抱有恐惧心理。这个习俗与基督教（Christianity）《圣经》（Bible）有关。据《圣经》记载，耶稣由于门徒犹大（Judas）的出卖[①]而被判为死罪，后被押往耶路撒冷（Jerusalem）的各各他（Golgotha），钉死在十字架上，这一天正好是星期五。还有一种说法认为，人类始祖亚当（Adam）和夏娃（Eve）因为偷吃了禁果（forbidden fruit），在星期五这一天被逐出伊甸园（Garden of Eden），因而传统把星期五视为不吉利的忌日。如果星期五这天又恰好是13日，这一天就被称为“黑色星期五”，人们更是惶惶不可终日，仿佛大难就要临头。船员至今还忌讳星期五，在星期五从大港起航的船只不多，乘客也比平时少。很多西方国家的人民至今还保留这样的习俗：星期五这一天不做重大决策，不安排重要活动。《英语学习百科》一书在“集锦、迷信”所收录的一条英语谚语说：“星期五开始的工作不会有好结果。”（If a task be begun on Friday, it will not be successfully done.）

---

①参阅283.“13”不吉利。

57.布赖顿节

[词语] Brighton Festival

[含义] 布赖顿节

[**趣释**] 每年5月，英格兰（England）东萨赛克斯的高级海滨休假和疗养胜地布赖顿市（Brighton）都会举办一年一度的“布赖顿节”，节期从5月上旬持续到下旬，约3周。该市在伦敦南51英里处，是英吉利海峡的海滨胜地。1783年至1827年建起了王宫等豪华建筑。早年的御马厩，现已成了音乐厅和会堂。1887年建成英国第一条电气化铁路之后，沿海有7英里长的滨海街区。有皇家剧场、东方宫、皇亭、赛马场、露天游泳池、水族馆、鸟族馆、高尔夫球场、滑雪场和运动场等。该市还有萨塞克斯大学和著名的罗迪安私立女子学校。布赖顿以其豪华皇家建筑、宽阔的海滨马路和建在海滨繁华热闹的布赖顿码头（Brighton Pier）游乐场所、宽敞舒适的会议中心而著称。节日期间布赖顿市装饰一新，组织各种文艺演出，开设丰富多彩的娱乐、游艺活动，举办主题多样的展览会、博览会，充分展示城市魅力，欢迎八方宾客。

C

58.餐巾的作用与使用方法

[词语] table napkins

[含义] 餐巾

[趣释] 餐巾（table napkins）又称“口布”，主要作用是防止进食时弄脏衣服。用餐完毕之后，还可以用餐巾轻轻擦去手上、嘴上的油渍。主人座位上的餐巾在宴会中还有一定的暗示作用：当主人从桌上拿起餐巾，暗示宴会开始准备进餐；当主人从膝上将餐巾放在桌子上，暗示宴会结束，准备离席。在正式宴会中，主人没有拿起餐巾之前随意动桌上的餐巾，通常被视为失礼。只有在主人拿起餐巾时，客人才可以从桌上拿起餐巾，先对折，将褶线朝向自己，推在自己的腿上。不要把餐巾抖开后如围兜般围上，或塞在领口，把餐巾的一角塞进裤带里也是错误的。餐巾或餐巾纸不要拿来擦餐具。在西餐桌上的餐具都是经过严格消毒的，用餐巾来擦餐具或当抹桌布来抹桌子，是表示对主人和服务人员的不信任，是极为失礼的行为。餐巾的作用是防止食物汤汁的滴落弄脏衣物，它的另一个主要功能是擦拭嘴巴，以免吃了油腻的食物之后满嘴油渍，在喝酒时油渍或口红留在玻璃杯

上。用餐巾擦嘴时，只能用手指轻揩，不能揉成团用力擦，更不能用它擦脸。中途暂时离席时，餐巾一般放在椅子上。如果放在桌子上主人会误认为已经离席，不再上菜。当然更不能把它塞进腰包或口袋，那是很失礼的，用餐完毕，要将腿上的餐巾拿起，随意把餐巾叠好放在座位右侧的餐桌上，然后再站起来离席。如果站起后才甩动或折叠餐巾，是不合乎礼仪的。虽然用过的餐巾不能揉成一团，但也没必要折叠得很整齐。

59.草地滚木球

［词语］bowls

［含义］草地滚木球；滚木球戏

［趣释］草地滚木球，又称滚木球戏，是英美等国人民喜欢的一种大众运动。它是一种在草地上进行的抛球比赛，既要求参加者要有力量，还要求参加者有点数学头脑，是滚木球中流传最广的一种。另两种是皇冕式草地滚木球和室内滚木球（即保龄球①）。滚木球戏最早是古埃及、古希腊、古罗马贵族的一项娱乐活动。10世纪起在欧洲广为开展，17世纪，由荷兰人传到北美殖民地，现流行于英美等西方国家。场地为修剪平整的草地，长宽均为120英尺（约为36.58米）。滚木球一般为白色目标球1只（稍小），黑色跟踪球两只（略大），均为木质，球面有凹凸，以控制方向。比赛分单人、双人、三人、四人和团体对抗赛等形式进行。比赛时先将目标球抛至70英尺（21.34米）之外，然后参赛者轮流站在靠近边线的橡皮席上向目标球连抛两个跟踪球。轮流一次为一轮，以一方有一球比对方所有球更接近目标者得1分，先得21分者为优胜。现在，西方国家在许多城市都有滚木球草坪。参加草地滚木球运动者身穿白衣服，头戴围有有色丝带的帽子。各国有

许多草地滚木球俱乐部，定期举行各种比赛。1966年起，每4年举行一次世界锦标赛。

①参阅42.保龄球运动。

60.忏悔节

[词语] Shrovetide

Shrove Tuesday

[含义] 忏悔节；圣灰节；忏悔的星期二

[趣释] 忏悔节又称圣灰节，是天主教节日。节期为大斋节（Lent）[①]开始的前一天，大斋节为期40天，节期是在复活节（Easter）[②]前的6个半星期的星期三开始的，因而忏悔节总是在星期二。这一天，是教徒们行忏悔的日子，故称“忏悔的星期二”（Shrove Tuesday）。这一天又恰好是英国等一些欧洲国家的传统节日“烙薄饼节”（Pancake Day）[③]，因而忏悔节也称为“Pancake Day”（烙薄饼节）或“Pancake Tuesday”（薄饼星期二）。又由于这一天是大斋节首日“圣灰星期三”（Ash Wednesday）[④]的前一天，又被人们称为“圣灰星期二”。忏悔节这一天又是谢肉节（Carnival）[⑤]的最后一天，欧洲各国人民习惯大吃大喝，因而在法语中忏悔节又称为“肥美的星期二”。忏悔节在欧洲各国是狂欢节的最后一天，但英国人庆祝这个节日从未达到狂欢的地步，他们除举办传统的烙薄饼比赛、翻薄饼赛跑等活动之外，多为在学校里举行足球等体育比赛。

①参阅66.大斋节。 ②参阅81.复活节。 ③参阅389.英国的烙薄饼节。
④参阅271.圣灰星期三。 ⑤参阅151.狂欢节。

61.冲浪运动

[**词语**] surfing

[**含义**] 冲浪

[**趣释**] 冲浪（surfing）是澳大利亚、新西兰、美国夏威夷人民喜爱的水上运动之一。它是以海浪为动力，利用自身的高超技巧和平衡能力，搏击海浪的一种运动。运动员站在冲浪板上或利用腹板、跪板、充气的橡皮垫、划艇等驾驭海浪的一项水上运动。不论采用哪种器材，运动员都要有很高的技巧和平衡能力，同时要善于在风浪中长距离游泳。冲浪是波利尼西亚人（Polynesians）的古老文化，影响着波利尼西亚的社会。他们的酋长是部落中最好的驾浪者，他们以展现在浪上的特技来作为其威信的象征。早在1776年，英国探险家库克（James Cook）船长在夏威夷群岛就见过当地居民的这种运动。1908年冲浪运动传到欧美一些国家，1960年后传到亚洲。近一二十年，冲浪运动有较大发展，北美洲、秘鲁、夏威夷、南非和澳大利亚东部海滨都曾举行过大型的冲浪运动比赛。首届世界冲浪运动锦标赛于1962年在澳大利亚的曼利（Manly）举行，其后每两年举行一次。比赛要根据冲浪者在规定的时间内完成冲浪的数量和质量采用20分制评分，如在30分钟内冲3个浪或45分钟内冲6个浪，再根据运动员冲浪的起滑、转弯、滑行距离和选择浪的难易程度等进行评分。

62.酬应性交谈的礼仪

[**词语**] phatic expressions

communicative conversation

[**含义**] 酬应性质的谈话；避免冷场的交谈

[**趣释**] 酬应性交谈（communicative conversation）俗称

避免冷场的搭话头，是“没话找话说”（silence fillers）。不同文化背景的人，酬应性交谈的话题是不一样的。例如，英国人常用天气作为话题；美国人常用“How are you？”作为开场语；中国人则问“吃过了没有？”其实，酬应性交谈是一种自然而不是人为情景，交谈的话头也可以各种方式进行。常见的有：1.问候（greeting）。与相识或不相识的人打招呼，这种招呼之后有时可能发展为谈话。2.陈述（statement）。与他人同处一处一段时间之后，可通过对当时有关情景的陈述而展开话题。3.请求（request）。可以通过请求对方帮助的形式，开始话题，如果对方很忙，或是陌生人可以用Excuse me（对不起）开始。4.提出帮助（offer）。不论对方相识或不相识，只要对方看起来需要帮助，就可以用“Can I be of any help？”开始交谈。这种酬应性交谈双方谈话长短应该适当，如果一方谈话过短往往意味着他不愿意继续下去。酬应性谈话不应该涉及个人隐私，如宗教信仰、工资、年龄、婚姻等问题，也要回避诸如：“上哪儿去？”“在哪儿住？”“你有几个孩子？”“你妻子或丈夫在哪儿？”“我能同你一起去吗？”“你买这个花了多少钱？”等这类属于私事的问题。酬应性谈话最适合的话题是：天气、运动、电影、最近发生的事件等。一般来说，谈论假期是很合适的话题。在西方，很多家庭习惯在夏天或节假日外出度假，所以，了解假期情况是很正常的事。如果假期尚未开始，可以谈谈假期打算；如果假期结束，则可以谈假期过得如何等。对于“How are you？”的理解，通常理解为问候语，回答也是固定的，而并非是真正询问健康状况。如对方在住院，不管在中国还是在西方，询问只是表示关心和同情，而非在问病情。另外，与中年的外国人谈话时询问有几个孩子或配偶的情况，也是很不礼貌的。因为在西方人们结婚很晚，有的结婚不打算要孩子，有的根本就不打算结婚。

63.出席（鸡尾）酒会的礼仪

［**词语**］manners at cocktail party

manners at drinks party

［**含义**］酒会礼仪

［**趣释**］鸡尾酒会（cocktail party），是一种简朴的招待会（reception）。传统的鸡尾酒会比较正式、拘谨、古板，有时现代西方人不愿拘泥于古板的鸡尾酒会形式，而把它演变成酒会（drinks party）这种较为普通、灵活的交际场合。这种酒会提供各类酒、水和小吃，朋友之间边吃边谈，不受拘束。无论是参加正式的鸡尾酒会①，还是参加普通的酒会，都应注意参加酒会的礼仪。因为隆重正式的鸡尾酒会（有时也简称为酒会），往往有其主题：如外交酒会、时装发布酒会等都是某一特定群体中的主要社交场合，要正式着装②，根据时间决定是穿晨服（morning coat）还是小礼服（dinner jacket）。女士要化妆，穿正装；鸡尾酒会的请柬上一般标明酒会的起始时间和结束时间，尽可能按时赴会，但提前几分钟和早退几分钟不算失礼。酒会中应彬彬有礼、举止优雅。男士对女士要尊重，比如为女士拉椅子、脱大衣、端酒等；酒会上要小声说话，小口啜饮，小量进食。如果因饥饿难忍露出馋相，就会被认为失礼。酒会是一种公共社交场合，还要注意公共场合的基本礼仪。在介绍和自我介绍相互认识时，应遵循介绍与自我介绍的礼仪。总之，礼仪有时像是对抗人的本能需要的一种可爱的虚伪，而礼仪一旦深入内心，就会形成一个人的优雅气质。

---

①参阅110.鸡尾酒和鸡尾酒会。　②参阅426.英美人社交场合的着装要求。

③参阅322.西方公共场所的基本礼仪。

64.穿着随便的美国人

[**词语**] the American dress

[**含义**] 美国人的衣着

[**趣释**] 总体讲，美国人穿着十分随便，可以说是无拘无束。在大街上，美国人的服装形形色色，有的为了张扬个性，显示自己与众不同而故意标新立异。面对这五花八门的各式服装，人们早已习以为常。除了参加正式社交活动，美国人很少衣冠楚楚。即使穿西装（western-style clothes），也不爱打领带（tie）[①]。服装最鲜艳夺目的季节也许要数夏天了。在灿烂的阳光下，姑娘们穿着各色花裙（flowery skirt），小伙们穿着各种图案的T恤（T-shirt）和衬衣（shirt），许多老年妇女的衣服比年轻人更艳丽。海滨度假的游客当然穿着泳装，对那些未曾换掉泳装而上餐馆、影院的人，人们也不会对他们侧目而视。在其他季节里，美国人的服装也十分漂亮、多样。各式夹克衫、运动衫、牛仔服随处可见，妇女不必人人穿裙子。美国人虽然追求衣着新颖时尚，但也讲究社交礼仪。一般来说，他们不穿背心（vest）出入公共场所，更不会穿睡衣（pajamas）出门。即使晚上有客来访，也必须在睡衣外套上睡礼袍（night robe）才能开门见客[②]。美国人在参加普通集会和宴会时，可以衣着自便。但如果请柬上注明了着装要求[③]，就一定会按照要求着装。否则，与众不同，难免尴尬。如果自己没礼服（full dress）[④]，大街上有出租礼服的商店，可救一时之急。

---

①参阅420.英美人的领带。

②参阅456.着装礼仪。

③参阅426.英美人社交场合的着装要求。

④参阅327.西方男士的三种礼服。

65.春季银行假日

[词语] the Spring Bank Holiday

[含义] 春季法定假日；春堤节；春末公假日

[趣释] 在英国，每年5月最后一周的星期一为法定的春假日。所谓“银行假日”（bank holiday）[①]，即为“法定假日”。因为只有全国性的法定假期，银行才会关门停业。5月是春季的最后一个月，春假日又是在5月最后一周，故又称“春末公假日”（late spring bank holiday），也被人们称为“春堤节”。“堤”即堤围、限界之意。此时正值春夏交集，气候宜人，阳光明媚，是化装舞会、野餐会的最佳时节，也是人们进行各种竞技比赛、按传统习俗举行订婚仪式的大好日子。

---

①参阅395.英国的银行假日。

D

66.大斋节

［**词语**］Lent

［**含义**］大斋节；四旬斋；四旬节；封斋节

［**趣释**］大斋节又称封斋节。准确地说，该节是长达40天的斋戒期，因而又称大斋期、四旬斋、四旬节。节期为基督教复活节（Easter）①之前的6个半星期，即耶稣复活节前6个半星期，规定要40天内（星期日除外）进行斋戒，模拟耶稣当年开始传教前，在旷野守斋祈祷四十昼夜。斋戒期教会禁止人们食肉，教堂台上不供鲜花，教徒不举行婚配，停止一切娱乐活动。东正教大斋期从复活节前8个星期开始，其中星期六和星期日不进行斋戒，守戒期亦为40天。大斋节的第一天出现在2月4日和3月11日之间，一定是星期三。根据现代天主教的惯例，要把棕枝主日（Palm Sunday）②，即复活节前的星期日使用过的棕榈叶烧成灰，在大斋首日用这些灰在礼拜者额上画十字，故这一天也称为“圣灰星期三”（Ash Wednesday）③。东正教的大斋期首日从星期一开始，因此不纪念大斋期首日。但欧美各国基督教的大多数教派已不守此节。大斋节的前后一天，即复活节的前一天称为圣星期六（Holy Saturday）④，天主教会鸣钟以宣告大斋期结束。英文是

由大斋节Lent派生的词lenten（adj.），意为“封斋期的”“适用于封斋期的”，转意为“贫乏的”“阴郁的”“不开朗的”。

①参阅81.复活节。 ②参阅459.棕枝主日。
③参阅271.圣灰星期三。 ④参阅280.圣星期六。

67.代理妻子：美国一种新兴职业

[词语] acting wife

[含义] 代理妻子

[趣释] 近年来美国出现了一种新兴职业：代理妻子（acting wife）。这是由于随着时代的发展，美国光棍汉与日俱增的缘故。究其原因，一是越来越多男人信奉“事业第一”，而大大推迟了结婚的年龄；二是不断上升的离婚率导致每天都有数以千计的男子加入光棍队伍。这些光棍汉一日三餐无着落，房间无人收拾，衣服无人洗熨；尤其是那些带着孩子的鳏夫更是叫苦不迭。针对这一情况，美国西雅图（Seattle）出现了新兴的服务行业：代理妻子。光棍汉们只要向“代理妻子服务公司”预交一笔费用，并签署一份协议，就可以从公司聘用一位代理妻子。代理妻子一般是适应面广、训练有素、乐于助人的女能人。她们面带真诚的微笑，从不唠唠叨叨，家务活干得得心应手，而且善于揣摩男主人的心理，可以“对症下药”，真正为其排忧解难。虽然这些代理妻子是男主人的“朋友”，但绝对不准偷情。当然，也有一些代理妻子在服务期间与男主人产生了纯洁的爱情，最后去掉“代理”二字，喜结良缘成了真正的妻子。

68.悼婴节

[词语] Feast of the Holy Innocents
Holy Innocents'Day
Childermas

[含义] 悼婴节；婴儿蒙难节；屠杀婴儿日

[趣释] 悼婴节，又称婴儿蒙难节、屠杀婴儿日。它是基督教的节日，为纪念当年因犹太王希律（Herod）搜捕新诞生的耶稣而遭滥杀的婴儿的节日。节期西方基督教各教派为12月28日，东方各教派为12月29日。据《圣经·新约·马太福音》中记载，希律王在位时，耶稣出生在巴勒斯坦（Palestine）的伯利恒城（Bethlehem）。当希律王从由东方专程来拜见耶稣的3位博士口中得知将来要成为犹太王的小孩已经出生，心里很不放心。他暗地召见这几位博士，细细盘问有关明星①出现的事，并且派他们到伯利恒去，对他们说："你们仔细地去寻访那孩子，寻到了就来报信，我也好去拜会他。"博士们听了希律王的话，便匆匆上路了。晚上，这几位博士在梦中得到上帝的指示，告诉他们不要再回去见希律王，而从别条路回到原地去。上帝又差自己的使者托梦给耶稣的养父约瑟（Joseph）②说："你快起来，带着你的孩子和妻子，逃到埃及去！"希律王见自己被博士们愚弄大为恼怒，他也不允许别人动摇他的统治，即派人到伯利恒城里，把全城及周边地区所有两岁以内的男婴统统杀光，这一天称为屠婴日。基督教会为了纪念这些无辜死难婴儿，建立了悼婴节。现在，在欧洲的比利时、美洲的墨西哥和哥伦比亚等国，悼婴节这一天允许孩子们要恶作剧去愚弄他人，和愚人节（April Fools'Day）③相类似。

---

①参阅55.伯利恒之星。 ②参阅266.圣诞节前九天。 ③参阅442.愚人节。

69.道琼斯股价平均指数

[词语] Dow Jones Index

[含义] 道琼斯指数

[趣释] 道琼斯指数是由道琼斯公司（Dow Jones）的创始人查尔斯·亨利·道（Charles Henry Dow）于1884年开始编制的。道琼斯指数的目的在于反映美国股票市场的总体走势，涵盖金融、科技、娱乐、零售等多个行业。道琼斯指数就是道琼斯股票价格平均指数，是世界上最有影响力、使用最广的股价指数。它以在纽约证券交易所挂牌上市的一部分有代表性的公司股票作为编制对象，由30家著名工业公司的股票平均指数、20家著名交通运输业公司股票平均指数、15家著名公用事业公司的股票平均指数，以上涉及65家公司股票的平均指数等4种股价平均指数构成。道琼斯工业平均指数（Dow Jones Industrial Average）目前由《华尔街日报》（The Wall Street Journal）编辑部维护，其成分股的选择标准包括成分股公司持续发展，规模较大，声誉卓著，具有行业代表性，为大多数投资者追捧。目前，道琼斯工业平均指数中的30种成分股，就是美国蓝筹股（Blue Chip Stock）的代表。“蓝筹”（blue chip）一词源于西方赌场。在西方赌场中，有三种颜色的筹码，其中蓝色筹码最为值钱，红色筹码次之，白色筹码最差。蓝筹股亦称绩优股、实力股，是经营管理良好、创利能力稳定、连年回报股东的公司股票。这个神秘的指数的细微变化，带给亿万人惊恐和狂喜，它已经不是普通财务指标，而是金融文化的代号。

70.狄更斯节与匹克威克先生专列

［**词语**］Dickens' Festival

［**含义**］狄更斯节

［**趣释**］每年5月28日至6月6日是英国肯特郡（Kent）罗彻斯特市（Rochester）一年一度的狄更斯节。狄更斯（Charles Dickens）是英国最伟大的小说家之一，他生于1812年，卒于1870年。他讽刺和谴责维多利亚女王时代英国的种种邪恶，表现出他特有的幽默感和同情心。他多愁善感的情怀和辛辣滑稽的笔调至今仍受到许多读者的喜爱和欣赏。1979年，狄更斯中心（Dickens Centre）在他的故乡罗彻斯特市成立，自此这里每年都要举行“狄更斯节”。在节日期间，首都伦敦火车站要开出一趟以狄更斯小说中的主人公匹克威克先生（Mr. Pickwich）命名的“匹克威克先生专列”（Mr. Pickwich Train）到罗彻斯特市，列车上满载的所有游客，都要身穿维多利亚时代的服装。人们化装成狄更斯笔下的人物穿过罗彻斯特的街市，或是表演小说中的片段，或举行其他娱乐活动。节目活动的最后一项是一起到该市的教堂里，为这位伟大的作家举行悼念礼拜。

71.电影奥斯卡奖

［**词语**］Oscar Award

［**含义**］奥斯卡奖

［**趣释**］奥斯卡奖（Oscar Award）是美国电影艺术与科学学院颁发的电影奖。它是世界各地每年名目繁多的电影奖中历史最久、影响最大的奖项。美国电影在世界市场举足轻重，因而奥

斯卡奖历来为世界所瞩目。为了调解电影业的劳资纠纷、帮助审查影片和促进电影艺术与科技研究和交流，美国在1927年建立了电影艺术与科学学院，并对电影界成就卓著者给予奖励。奖品是一个手执一把向下竖放的长剑站在一盘胶片上的男性人像，高13英寸（约33厘米），重11磅（约5公斤），表面镀金，故称金像。1931年，学院新任图书馆管理员玛格丽特·赫丽克（Marguerite Herrick）看了放在办公室的金像，她端详了良久，惊呼道：“他真像我的叔叔奥斯卡！”记者报道了此事，“奥斯卡奖”从此得名。奥斯卡奖项名目繁多，大致分为“成就奖”和“特别奖”两大类。成就奖有最佳影片、最佳编剧、最佳导演、最佳摄影等；特别奖则有荣誉奖、纪念奖、人道主义奖、科技成果奖、特别成就奖等，常规颁发的奖项有20余项。从1941年起评奖实行密封名单的做法，由于评选工作比较慎重、细微，并且对专业技术的标准要求较高，因此奥斯卡奖一直被世人看作比较严肃的电影奖。奥斯卡颁奖仪式几经变化，最初是宴会形式，以后改为颁奖大会形式，后来又增加了文娱节目；颁奖地点也经常改换。1968年洛杉矶（Los Angeles）音乐中心建成，那里的多萝西·钱德勒大厅就成了奥斯卡颁奖仪式的永久会址。随着科学技术的发展，奥斯卡颁奖仪式的现场实况从电台直播到电视直播，经人造卫星传播到世界各地，使全球每个角落都能在同一个时间感受到奥斯卡之夜充满悬念的气氛。

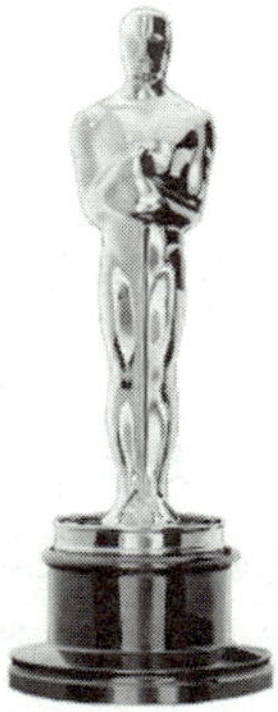
奥斯卡奖“小金人”

72.订婚仪式

[词语] the engagement party

[含义] 订婚仪式

[趣释] 在英语国家，当一对年轻人决定结婚时，自然会决定举办一次聚会，把好消息告诉所有的朋友。过去，青年男士胆战心惊地来到女方父母面前说："先生，我可以和你的女儿结成夫妻吗？"这种情形已经一去不复返了。但是，聪明的年轻人总是各自先和父母商量他们的结婚计划，年轻的男士也被建议首先与未来的岳父进行一次"财政方面的会谈"，未婚夫把他的收入、储蓄以及将来的打算如实相告，让女方父母知道未婚夫如何维持未来家庭的计划。订婚仪式通常由女方父母张罗。如果未来新郎新娘与女方父母不住在同一城市，一般是女方父母赶过来，而不是女儿回去参加订婚仪式。如果女方父母离得不太远，那么他们就在女方父母家举行订婚仪式。订婚仪式应邀请男方的家人参加。如果新娘的父母已经过世，一切由新娘的亲戚或好朋友代劳。订婚仪式通常是一个鸡尾酒会（cocktail party）①，喝香槟酒向订婚夫妇致词祝福。未来新娘的父母首先站起来致词："今天是我和妻子最幸福的日子，我们在此宣布：我们的女儿玛丽与他们这一代中最优秀的男士卡尔·朗正式订婚。"如果有牧师或教士在场，他们会站起来祝福这对年轻人。倘若订婚仪式搞得很隆重，订婚夫妇和女孩的父母会站成一列迎候客人的光临。当然，他们不一定非得这么做不可。在这种场合未来新娘要第一次戴上订婚戒指（engagement ring）②。如果她有礼物要交给未婚夫，可以在订婚仪式前或订婚仪式后交给他。美国人传统的订婚戒指是一枚嵌有单颗宝石的戒指，如今什么样的戒指都可以。结

婚戒指可以和订婚戒指材料相同，如白金、黄金、人造白金等。有些女子不想要订婚戒指，而只想要一颗嵌有宝石的结婚戒指，有些女孩子只希望未来的夫婿送给她一条珍珠项链或一块嵌有宝石的手表。

---

①参阅110. 鸡尾酒和鸡尾酒会。　　②参阅243. 趣话婚戒。

73.东正教

[词语] Orthodoxy

Eastern Orthodoxy

Greek Orthodox Church

[含义] 正教；东正教；东方正统教会

[趣释] 正教是基督教（Christianity）①三大主流宗派中的一个宗派，主要流行于希腊、罗马尼亚、保加利亚和俄罗斯等国。基督教在公元4世纪成为罗马帝国（Roman Empire）的国教后不久，就逐渐分裂成以希腊语（Greek）地区为中心的东派和以拉丁语（Latin）地区为中心的西派。罗马帝国分裂为东西两个帝国之后，1054年东西两派教会也彻底分裂。以君士坦丁堡（Constantinople）为中心的教会自称为“正教”，意为“正宗的教会”，在宗教仪式中使用希腊语，故称“东方正宗教会”（Eastern Orthodox Church/Eastern Orthodoxy）或“希腊语正宗教会”（Greek Orthodox Church），简称“东正教”。Orthodoxy源于希腊语Orthodoxia，意为“正统、正宗”。东正教曾是东罗马帝国的国教，与自称“公教”（Catholicism）②的西部教会对峙。东正教不承认罗马教皇的地位和权力的至高无上，其教义信条同天主教有细节上的分歧。正教特别重视对圣母玛利

亚（Virgin Mary）的崇拜；主张除主教外，其他教士可以婚娶；不十分强调赎罪论。16世纪末，东正教逐渐形成使用斯拉夫语（Slavonian）的俄罗斯正教（Russian Orthodox Church）。目前，东正教与天主教不同，是由一些被称为“自主教会”或“自治教会”的地方教会组成，这些教会彼此独立，却又有着共同的信仰。

---

①参阅101. 基督教。 ②参阅295. 天主教。

74. 兜网球运动

［**词语**］lacrosse

［**含义**］兜网球；长曲棍球

［**趣释**］兜网球，又称长曲棍球，是加拿大人民非常喜爱的一项球类活动。兜网球用一根称作长柄球拍的带网兜的棍来打，场地好像是网球的场地那样大，长100.65米，宽64米，两边底线设有高阔都是2米的球门。进攻的目的是要入球得分，球员用长柄球拍捕球、持球、掷球。他们要学习边跪边把长柄球拍垂直举起，并把它快速地转动，把球持在网兜里不掉下来。兜网球是加拿大传统体育活动，已有数百年历史，原为加拿大印第安人举行宗教仪式的一种活动。后流传到美国、英国、澳大利亚、新西兰、南非等地。兜网球比赛双方每队10人（前锋3人、中锋3人、后卫3人、守门员1人）。在比赛中，中场运动员可以协助进攻和防守，可以移动位置。防守区4名运动员（包括守门员）限制在本防守半场内活动，另3名进攻运动员则限制在攻区半场内活动，不得互相越过界线，如越界则判“小罚”。比赛时，运动员可以用网兜棒接球、传球、带球跑，在地面滚球或用脚踢球。守门员

在球门限制圈内可以用手击球或挡球，但不得用手接球或掷球。每场比赛60分钟，分4节进行，每节15分钟，半场休息10分钟。第1、2节之间和第3、4节之间休息2分钟。每半场各队有两次暂停的机会，暂停时间每次2分钟，如一局终了，双方打成平局，每次加赛4分钟，直到分出胜负为止。女子兜网球在英国、美国、加拿大、澳大利亚、新西兰、瑞士、南非等国非常流行，比赛规则与男子略有不同，每队为12人，比赛时不许身体碰撞或用球杆做粗野动作。兜网球最早在加拿大普及，1807年加拿大议会宣布兜网球为“国球”，1892年英国成立全国兜网球协会。20世纪初，兜网球曾被列为奥运会项目，后降格为表演项目。由于人气不够，1946年后逐渐从奥运会中销声匿迹。但兜网球在美国的高中和大学却仍有市场。2002年，美国高中生打兜网球者有3万人，到2005年增至9.6万人，大学兜网球队从316个增至493个。

兜网球

75.度蜜月

[词语] honeymoon/honey moon

[含义] 蜜月

[趣释] 西方教堂婚礼（church wedding）[①]和婚宴之后，人们要欢送新郎、新娘去度蜜月（honeymoon）。这一场面充满诙谐和滑稽，与庄重、热闹形成了鲜明的对照。新郎要想方设法带着妻子赶快离开，而调皮的客人则想出种种花招阻止汽车开走。有的把剃须膏抹在车窗上，新郎不得不下车把它擦掉，有的把一

串罐头盒绑在汽车尾部，弄得叮当作响。汽车左冲右突，终于突出重围时，人们在后面一阵追赶，最后在欢笑声中目送这对新人的汽车远去。按照美国传统习俗，婚宴（wedding party）[②]的费用由女方负责，蜜月旅游的费用则由男方负担。度蜜月的说法流传久远，而且很不一致。按英国古老的习俗，新婚夫妇在婚宴后要喝一个月蜂蜜酒（honey wine），以使爱情永远甜蜜，人们就把这个月称honeymoon（蜜月）。honey意为“蜂蜜”，而moon在诗歌语言中义同于month（月）。还有另一种解释认为，婚后第一个月是甜如蜜的一个月，故称“蜜月”（honeymoon）。然而，爱情好比月亮一样，有圆有缺，新婚一个月后，爱情也会由浓转淡，故以moon相比。英文honeymoon一词始见于16世纪中期，18世纪英国词典编纂家约翰逊在其所编的《英文词典》中把它释义为“柔情缱绻快乐无比的婚后第一个月”。但在今天，honeymoon除了保留原义“婚后第一个月”“蜜月”之外，还常作“新婚旅行”或“蜜月旅行”解。有时，还用来喻指国家、政党、公司、机构之间“关系和谐的时期”。

---

①参阅326.西方基督教的传统婚礼。　②参阅321.西方的传统婚宴。

76.多伦多的旅队节

[词语] Toronto Tour Team Festival

[含义] 多伦多的旅队节；多伦多旅游团队节

[趣释] 每年6月19日至27日，是加拿大多伦多（Toronto）一年一次的“旅队节”。所谓“旅队”，英文名称是“tour team”，意为“旅游小队”。“旅队”在这个节日中实际上只是象征比喻的意义，意思是一群旅行者从一个国家的城市旅游到另

一个国家的城市，旅行者不用走出多伦多，便能象征性地旅游多个国家，领略不同国家各自的风俗习惯和文化艺术传统。在这个长达9天的节期里，可以是说是一次国际文化的联欢盛会。多伦多这个人口近300万的加拿大第二大城市，是一个外来移民集中的城市。每年“旅队节”来临时，这里的居民都在自己的社团中心，按照祖籍国或本民族特色大加装饰，使它成为活动的中心。每个中心叫“馆”，以祖籍国的首都或城市命名。各馆展出的都是本民族特色的美术工艺品、仿古制品、时装和传统服装等。各馆的餐厅里供应品种繁多的美味佳肴和各种糕点食品。到了夜里，各馆还安排本民族的艺术家、音乐家演出具有本民族风格的文化艺术节目。其中，苏格兰的风笛、乌克兰的歌剧表演、菲律宾的土风舞、阿拉伯的民间舞蹈等最受欢迎。

77.多元文化共生共存

[**词语**] the pluralistic concept of culture

[**含义**] 多元文化观

[**趣释**] 多元主义（pluralism）是指在社会政治界思想中，社会不同集团（如教会、工会、职业团体、少数民族等）享有的独立自主权。20世纪初期，英国一些作家大力提倡多元主义，以反对在资本主义无限制发展的情况下造成的所谓个人异化。多元主义产生了多元文化观（Pluralism-produces the pluralistic concept of culture.）。在移民国家，尤其像美国这样的移民大国，多元主义成了一种价值观，一种文化现象。作为价值观，它指平等地对待不同的信仰、不同的追求以及认识事物的不同方式方法；作为一种文化现象，是指美国本身存在的多种文化、多种行为规范并行不悖、共生共存的

现象。美国的民族构成在世界上十分独特。它不像其他国家那样，由一个占人口比例多数的民族和若干个少数民族构成，而是由欧、亚、非和中、南美洲各国的移民及其后裔汇集而成。世界各地的人民带着各自的行为、习惯、风俗、气质、语言、思维进入美国，使美国的文化客观上显出多样性。但为了交际的需要，来自不同文化背景的人们都自觉或不自觉地采取共同的交际共核和交际方式，按先期欧洲移民业已建立起来的文化交往模式进行交际。然而，不同文化底层的精髓是难以彻底同化的，当人们回到各自的文化圈时，属于自己文化底层的东西便自然地表现出来，并且明显地区别于其他文化。表面上看，各种文化似乎取向一致，实则各自仍保留着自己的民族性。各种文化不可能完全被同化。于是就出现各种文化相安并存的现象。例如，在美国华人有108万多，组成一个个人们熟悉的“唐人街”或“中国城”（Chinatown）①。在这里，中华儿女仍保留着不少祖国的风俗。春节耍龙灯、踩高跷，拜年祝贺，处处洋溢着过年的习俗。在旧金山的唐人街，华人有自己的医院、邮局、戏院、广播电台和报纸。电话局的接线员可以说6种中国的方言。在美国，人们可以找到同德国的慕尼黑、西班牙的马德里、瑞士的苏黎世相仿的城市；还可以发现洛杉矶是世界上名列第二的墨西哥人城市，拥有100万墨西哥人；在芝加哥，意大利人和波兰人之多，仅次于米兰和华沙；在最复杂的纽约市，在超过800万人的人口中，一半以上的人都出生在国外，或父母是外国移民。纽约不但是世界上犹太人最多的城市，也是世界上最大的芬兰人城市。纽约除了有英文报纸外，还出版200多种外文报纸。总之，走进美国，几乎可以看到世界上任何一个国家的人，听到世界上各种主要语言。美国的民族是这样的庞杂，然而不论是哪一个民族的人，都无一例外声称自己是美国人。他们身上流淌着祖辈的血液，保留着故土的色彩，却完全按照典型的美国方式生活着。这种独特的民族结构，造就了今日美国多元文化的风土人情景观。

①参阅447.在美华人和唐人街。

F

78.非洲裔美国人

［词语］Afro-Americans

Black Americans

［含义］非洲裔美国人；美国黑人

［趣释］美国黑人亦被称为“黑色美国人”（Black Americans）或“非洲裔美国人”（Afro-Americans），以取代引起美国黑人不满的歧视性称呼“Negro”。美国黑人是指16世纪至19世纪被欧洲殖民者作为奴隶拐卖到美国的非洲黑人的后裔，包括黑白混血人。美国黑人属尼格罗人种（Negroid-race），在历史上起过重要作用，为美国的发展作出了很大的贡献。但是他们在政治、教育、就业、居住等方面从未享受过与白人同等的待遇。40%的黑人属于贫民阶层。现在，许多黑人已经从原先生活的农场、田园迁到工厂集中的都市。如华盛顿市（Washington D.C.）的居民中70%是黑人，芝加哥（Chicago）、底特律（Detroit）等大城市则1/3左右的人口是黑人。他们居住在都市中央区，形成黑人区（Black ghettos）。美国黑人大多信基督教（Christianity）、天主教（Catholicism），也有人信犹太教（Judaism）和伊斯兰教（Islam）。他们为反对种族歧视和压迫进行过长期艰苦的斗

争，黑人领袖马丁·路德·金（Martin Luther King）就是其中杰出的代表[①]。

①参阅159.马丁·路德·金全国纪念日。

79.疯狂刺激的美国撞车比赛

[词语] demolition derby

[含义] 撞车比赛

[趣释] 撞车比赛（demolition derby）是一项大规模的撞车表演。参赛者先交纳一定的手续费，然后驾着一辆已有破损的车进入场地，随着一声枪响，比赛开始。人们驾车横冲直撞，以最后未被撞毁的仍能开得动的那辆汽车为胜。这是一项极富刺激性的比赛，为许多人所喜爱。英文Derby（德贝）本来是英国英格兰的一个城市名，以赛马而闻名。后derby转义为“锦标赛”。撞车比赛的英文名称demolition derby字面意思为“破坏锦标赛”。美国新泽西州（New Jersey）沃伦县农展会每年都要举办一次撞车比赛，比赛需在泥泞的场地举行，车手做好一切可能的保护措施，开着破烂的车子相互冲撞，尽可能毁掉对方车子，而确保自己幸存。在首都华盛顿（Washington）的联合撞车大赛中，参赛者都是绝对的职业选手。赛手在场上的唯一目的便是把对手的车撞烂，而自己还能安然无恙地活着出来，所以比赛的惨烈程度可想而知。当比赛中有汽车相互撞击或引擎冒烟时，全场就会站起来鼓掌狂叫，每当车子飞出跑道翻过来时，救护车和救护人员就会冲过去解决问题。当看见选手安然无恙地从破烂不堪的驾车中爬出并高举双手时，全场就会爆发雷鸣般的掌声和喝彩，真是疯狂！

80.父亲节

［**词语**］Father's Day

［**含义**］父亲节

［**趣释**］每年6月的第三个星期日是父亲节。这个节日的创立与美国华盛顿州（Washington）斯波坎市（Spokane）的约翰·布鲁斯·多德夫人（Mrs John Bruce Dodd）的提出和努力有关。多德夫人的母亲早亡，其父独自一人承担起抚养和教育6个孩子的重任，把他们全部培养成人。在母亲节（Mother's Day）①这一天，她产生了要设立一个父亲节的想法。1909年，她感念父亲的养育之恩，同时也想到所有父亲对家庭和社会所做的贡献，她说服华盛顿州的斯波坎牧师会（Ministerial Society of Spokane）做一次特殊的礼拜仪式，向父亲们表示敬意。她还写信给这个牧师会，建议把6月第三个星期日作为父亲节。她的建议获得通过，1910年6月人们在该市庆祝第一个父亲节，市长还宣读了建立父亲节的文告。1916年，美国威尔逊总统（Woodrow Wilson）表示赞同，父亲节得到官方承认。直到1934年6月，美国国会才统一规定6月的第三个星期日为父亲节。凡是父亲去世的人在父亲节那天佩戴白玫瑰，以示怀念；父亲健在的人则佩戴红玫瑰来表示敬意和爱戴。父亲节从美国传到加拿大，再传到英国和世界各地。今天的父亲节，孩子们总是设法让父亲享受一天悠闲的生活，赠送父亲节日贺卡和礼物。现在，每逢父亲节，美国纽约市都要举行一年一度的父亲节授奖大会。会上宣布当年的“美国父亲”，以及在社会、文化、家庭方面有突出贡献的父亲。在过去几年当选的人中有总统、明星及知名人士。当选人被授予奖金，他们的夫人则得到一束红玫瑰。

81.复活节

［**词语**］Easter

［**含义**］复活节

［**趣释**］复活节是基督教的重大节日，也是民间传统的节日。据《圣经·新约》记载，耶稣于星期五受难被钉死在十字架上之后，第三天星期日复活。为纪念和庆祝耶稣复活，教会设立复活节。西方传统节期为每年过了春分（3月20或21日）见到月满之后的第一个星期日。但按东方教会传统，如果月满恰好出现在第一个星期日，则复活节须再推迟一周。因此，复活节可能在3月22日至4月25日之间。由于计算方法不同，东方教会的复活节和西方教会的复活节有时一致，有时则要迟1周、4周甚至5周。复活节庆祝活动各地不一。节日当天，所有教会都会响起悦耳的钟声和庄严的颂歌声。信徒们会穿着新衣齐聚于教会，习惯在衣服或帽子上挂小橄榄枝，开展庆祝活动。教堂多以鲜花装饰，标志着春天已经降临。美国加利福尼亚和东南部各州的教会在这一天，都以太阳升起时离开地平线为信号，成千上万的信徒一起歌唱，祝福基督复活，庄严地履行早期礼拜活动。复活节最流行的是吃复活节彩蛋（Easter eggs）。制作方法是将煮熟的蛋趁热用蜡笔在上面写字，再放在有颜料的水里煮，结果有字的地方为白色，其他地方为彩色。复活节彩蛋除自家食用外，还用来馈赠亲友或藏在院子四周，让孩子们寻找，以此作为基督复活的象征。自古以来，蛋象征着混沌状态的天地，复活节时值冬去春来，地下种子萌发之际，蛋正好作为象征。蛋被染成红色，表示基督因赎罪而流血的痕迹。现在，英国人吃的复活节彩蛋有的是真鸡蛋，但更普遍的是用巧克力做成的蛋。这种蛋大而空，里面装着巧克力或者其他糖块。有的家庭自制复活节彩蛋，但更多的人家是从食品

商店或超市里购买。因此，复活节彩蛋已具有商业色彩。欧洲人还有用野兔庆祝复活节的习俗，野兔象征繁育多产。北美洲人则用家兔取代野兔，寓意人生除旧布新。因为兔子繁殖力很强，人们把它视为新生命的表现者，因此兔子也成了复活节的象征。欧美国家的家长们通常在节日之前要为孩子们购买他们喜欢的制成蛋形、兔形的巧克力糖果。复活节是仅次于圣诞节（Christmas）[①]的重大节日，英国、法国、澳大利亚等国家规定休息4天，德国放假2天，美国放假1天。节日期间，大家见面相互祝贺，还给亲友寄贺卡，祝节日愉快。西方的大学也从复活节起放春假，多则3—4周，少则1—2周。时值春暖花开，人们或驱车郊游，或外出旅行。在节日的传统食品中，有各式各样的火腿、小羊肉、十字饼和复活蛋。由于大斋节（Lent）[②]40天里禁止吃肉，所以复活蛋最受孩子们欢迎。

---

①参阅265. 圣诞节。　②参阅66. 大斋节。

82.复活节星期一

[词语] Easter Monday

[含义] 复活节星期一；公假日

[趣释] 复活节星期一是复活节次日，英国的公假日（public holiday），也是夏季旅游节季节的开始。复活节（Easter）[①]是基督教的重要节日，日期为春分满月后的第一个星期日，因而复活节又称Easter Sunday。过节习俗是吃复活节彩蛋（Easter eggs）。大多数教堂为举行礼拜仪式特用鲜花装饰起来，人们多半互赠巧克力蛋和节日贺卡为礼物。

---

①参阅81. 复活节。

83.付小费的习俗

［**词语**］tips and service charge

［**含义**］小费和服务费

［**趣释**］在英美等国的服务行业中，都有付小费的习俗。据说这种习俗源于18世纪的伦敦。那时酒店的餐桌上放有一个盒子，上面写着“To Insure Prompt Service”（保证快速服务）。顾客只要投进少量零钱，便会得到迅速周到的服务。后来，这种做法逐渐演变成感谢服务人员的一种报酬。人们把“保证快速服务”的每个英文单词首字母连成一个词“tips”，意为“小费”。在英美等国，该付给有关人员一定小费时你不给，就是不尊重他人劳动，有失“绅士风度”。因为有些服务人员的小费收入实则是他们的工资。有些地方，小费称“服务费”（service charge），一般占全部费用的5%~20%不等。例如：理发，给理发师15%，助理理发师4%~5%；饭店，给女服务员每周4~5英镑，搬运工每件行李20~25便士；出租汽车，给司机10%~15%，至少要给10便士；给餐厅服务员 10%~15%；给旅行社导游10%，亦可不付。在英、美等国，20%的小费是对高质量服务的认可。假如收到账单发现已经加收了一定比例的服务费，可以不给小费。给小费可按比例把零钱留在服务员的盘里或将小费放在餐馆的酒杯底下。最好不要直接给服务员，更不能给“收银处”的收款员。

G

84.高尔夫球运动

［**词语**］golf

［**含义**］高尔夫球

［**趣释**］高尔夫球（golf）是英美等西方国家流行的一种以棒击球入穴的球类运动。“高尔夫”是荷兰文kolf的音译，意思是“在绿地和新鲜空气中的美好生活”。英文golf的含义是：g代表green（绿色）、o代表oxygen（氧气）、l代表light（阳光）、f代表foot（脚部活动）。高尔夫球起源于15世纪的苏格兰（Scotland）。当时的牧羊人常用赶羊的棍子来玩一种击石子游戏，比一比谁击得远击得准，这种游戏后来就演变成现在的高尔夫球。由于玩这种球的设备昂贵，所以一些国家又称“贵族球”，因而高尔夫球运动成为贵族运动的代名词。高尔夫场地一般为风景优美的草坪，中间要有一些天然或人工设置的障碍，如高地、沙地、树林、灌木丛、水坑、小溪等。球场的形状没有统一标准，一般占地65~75公顷，视球洞多少、地理位置的一些特殊情况而异。高尔夫球洞因地形变化出现不等距离，通常分为长、中、短三种。十八球洞中，长、短距离球洞各有4个，中等距离球洞10个，采取混合式排列。球洞直径为11厘米，深1.5厘米。每个

球洞旁插一面小红旗，距100米或500米处设一个发球点。高尔夫球为实心橡胶球，表面包一层胶皮线，上一层白漆。直径42.67毫米，重46克。球棍末端可以是木的，也可以包一层铁皮。比赛分为单打、双打、1对2、循环赛等。比赛时，运动员依次用球棍击出自己的球，然后走到球的落点处，继续击球，直到把球击入洞内。谁用最少的次数把球击入所有的洞，谁就获得胜利。1878年，英格兰第一个高尔夫球俱乐部成立；1873年，加拿大的蒙特利尔（Montreal）皇家高尔夫球俱乐部成立；1894年，美国高尔夫球协会成立。1860年，英格兰举行了最早的高尔夫公开赛，印度、加拿大、新西兰、美国也相继举办比赛。目前，世界杯、英格兰公开赛和美国公开赛这3项比赛是高尔夫球世界最高水准的竞赛。

85.告别单身的男士聚会

[词语] bachelor party/dinner

stag party/night

[含义] 单身汉聚会；男士聚会；光棍派对

[趣释] 在英美等国家，一个即将告别单身步入婚姻殿堂的小伙子在举行婚礼的前夕，他的玩伴和朋友必定要为他举办一个隆重的聚会，叫单身汉聚会（bachelor party/dinner）。顾名思义，参加者是都没有妻室的单身汉（bachelor）。又因为这个聚会只允许男生参加，不能携带女伴，又叫 stag party 或stag night。stag的意思是“只有男子参加的社交集会”。理由是，他们的朋友就要成家立业，成为有妻室的男人，不再是他们以前的玩伴和朋友。由于他们即将失去这位好伙伴，所以很自然地要同他说“再见”，同时也庆祝他最后一天做单身汉。在聚会中，他

们珍惜这最后的夜晚，他们一边品尝菜肴美酒，一边回忆共同度过的美好时光。席间，对准新郎既有善意的作弄取笑，又有衷心的关心和祝福。这种聚会一般由准新郎的男傧相[①]出面主持操办，通常会持续到深夜。据说这种习俗源于斯巴达（Sparta），后来逐渐流传，成为一种习俗。

---

①参阅354.新郎的男傧相及其职责。

86.告别礼仪

［**词语**］farewell

［**含义**］告别

［**趣释**］告别（farewell）是一种社交礼仪。它具有特定的模式和语言表达形式，并受时间、地点、参加人和文化差异的影响。美国社会学家欧文·戈夫曼（Erving·Goffman）认为，人们见面时互致问候标志着交际的开始，而相互告别象征着交际活动的终结。二者都有促进和加强社交的功能。在有主客之分的社交活动结束时，告别通常由客人提出。按照英美等西方国家的习惯，晚间聚会或宴请客人在10点半到11点告辞较为适宜。合乎西方礼仪的做法是，客人提出告辞和真正离开有10分钟至20分钟的间隔，客人提出告辞后不应马上离去，他要反复表示告辞2至3次。如果是宴请活动，客人至少应在吃完饭半小时后才会提出告辞。在西方各国，客人说走就走，或是饭后就提出告辞，都被视为是失礼的。起身送客，是中外一致的做法，但西方人送客只送到门口，一般不出大门。客人离开前要说些感谢的话，而主人则表示感谢客人的光临，有机会再次聚首。如果是聚会期间客人准备告辞，他需在和别的客人谈话停顿的一瞬间起身，然后向交谈

的对方表示："再见，希望不久还能见到你。"或更简单地说："遇到你很高兴。"对方表示很高兴与他相识。在同一组原来不相识的客人告辞时，不论是否经过引见，只需对看到起身的人点头微笑表示告辞，对其他未注意到他起身的人不必一一道别。如果客人需要提前离开大规模的聚会，应该找到女主人悄悄告辞，无须引起别人的注意，以免其他人误认为聚会提前结束而纷纷告退。

87.鸽子在基督教中的象征意义

[**词语**] dove in Christianity

[**含义**] 基督教中的鸽子

[**趣释**] "鸽子"英文分为野鸽（dove）和家鸽（pigeon）。鸽在《圣经》（Bible）中也译作"鸠"。古人类最早驯养的飞禽中就有野鸽。《圣经》中50多次提到鸽子，因而鸽子在基督教中具有象征意义。据《圣经·创世纪》中记载，在上帝的灭世洪水中，挪亚（Noah）听从上帝的忠告，造了一条大方舟（ark），让世上的一切活物和家人一起躲进方舟避难。待了大约一年的时间，当他第二次把鸽子放出，鸽子回来时，嘴里叼着一片新拧下的橄榄叶，他得知洪水已经退去。他们一家和一切活物才从方舟返回大地休养生息，繁衍后代。后来，西方人把橄榄叶和鸽子都看作是和平（peace）的象征；鸽子性情温顺，被古犹太人视为圣洁之物，常用于献祭。据《圣经·路加福音》记载，耶稣（Jesus）降生在伯利恒（Bethlehem）一家旅店的马槽里，马利亚曾以一对鸽献于圣殿，因而鸽子又象征温柔（tenderness）、纯洁（innocence）、和善（gentleness）。鸽子还象征圣灵（spirit），据《圣经·约翰福音》说，"约翰又

作见证说，我曾看见圣灵，仿佛鸽子从天降下，停在他（耶稣）的身上”。鸽子还象征灵魂，有时描绘成从死圣徒的口里飞出来的。此外，在基督教中，羔羊（lamb）、鹈鹕（pelican）、牛形双角兽（unicorn）是耶稣基督（Christ）的象征；龙（dragon）、蛇（serpent）、猪（swine）是魔鬼撒旦（Satan）的象征。

88.个人主义与个人权利

[词语] individualism and individual rights

[含义] 个人主义与个人权利

[趣释] 个人主义（individualism）在个人价值至上的国家里，是一种普遍得到肯定和认可的社会哲学。在英语国家里，人们高度重视社会上的个人自由，广泛强调自我支配，自我控制，不受外来约束的个人或自我。人们普遍认为对于一个正常的成年人来说，最符合他利益的，就是让他有最大限度的自由和责任去选择他的目标和达到这个目标的手段，并且付诸行动。作为一种总的态度，个人主义思想，高度评价个人自信、个人私生活和对别人的尊重。他们反对权威对个人的各种各样的支配，尤其是反对国家对个人的支配。主张个人有权不同于其他人，有权同其他人竞赛，也有权超过或落后于其他人。认为政府干预个人生活应保持在最小的限度。政府的主要职责是维持法律和秩序，防止个人对别人的干扰。在19世纪末和20世纪初，随着资本主义的高度发展和大规模社会组织的兴起，在英语国家个人主义的思想有所削弱，但个人重要性原则仍被继承下来，个人创造精神仍被推崇。到20世纪中期，个人主义又有新的发展。对大多数英语国家的人来说，个人主义不再与集体主义势不两立，而认为他们是

相辅相成的。因为个人的自由和价值的实现是通过参与社会并为社会尽自己所能而完成的。社会是实现自我的条件而不是对立面。例如在英国，个人主义不是损人利己，也不是自私自利，而是事事以个人为中心，私人生活外人不能过问，否则可以诉诸法律。询问别人的收入跟询问女士的年龄一样犯忌讳。人们对于自己周围的环境感觉强烈，闲暇时愿意将时间花在修鸡窝、剪树篱、修草坪等上面，喜欢自己的庭院一切井然有序。他们各人自扫门前雪，不管他人的闲事。但是当发现别人有难处，大都能主动帮忙。如果站在街头犹豫不决时，会不止一个人过来问你："我能为你做些什么吗？"然而，帮完忙之后又会恢复原来冷漠的样子走开。人们觉得帮别人忙是自己的社会责任，并且感到满足。英国的个人主义者，除少数年轻人，一般都有很强的社会责任感。每年有很多人去医院义务献血，自愿死后捐献器官的人也很多，许多人身上都带着登记卡，以便死后能及时提供器官而无需征求家属意见。英国有许多志愿组织，有宗教的，也有民间的，义务为老、残、病、幼服务，有的还加入海外的救济工作。

89.狗拉雪橇赛

［词语］dog sledding

［含义］狗拉雪橇赛

［趣释］美国的佛蒙特州（Vermont），又名青山州（Green Mountain State），春季短促多雨，夏季明媚凉爽，秋季色彩斑斓，冬季寒冷异常。其北部往往还要比南部地区气温低10℃。佛蒙特州是美国东海岸地区的滑雪圣地。每年2月中旬，佛蒙特州都要举行一次国际性的狗拉雪橇大赛。比赛有参赛狗数相同而路程不同以及路程固定而参赛的狗数不同等项目。比赛时，雪橇

的主人穿着皮衣皮帽，神气地坐在雪橇上，掌握方向和鼓舞“士气”。参赛的狗中必有一两条很有经验的狗，其余的参赛狗有的是自己的，有的则是租借来的。比赛速度一般为每小时30公里左右。这种比赛每年都会吸引大批游客到此地观赏“狗明星”的出色表演。在阿拉斯加（Alaska），每年也要举行狗拉雪橇大赛。据说1925年冬天，诺田德镇发生了传染病，一只狗拉雪橇队经过长途跋涉，送来了珍贵的药品，挽救了全镇居民。为了纪念这些勇敢的雪橇队员，诺田德镇每年要举行一次大规模的狗拉雪橇大赛。

90.关于镜子的迷信

[**词语**] broken mirror

[**含义**] 破镜；不吉利

[**趣释**] 镜子（mirror）用来照人、照物，但古代欧洲人常常把镜子照人成像与魔法联系在一起，以至今天的英语语言中，还有用“镜子”（mirror）来指“法术”“魔术”。例如：The problem could have only been solved with mirrors。（那个问题可能只有用法术才能解决。）“用法术”的英文是“用镜子”（with mirror）。据说在玻璃镜问世很久远之前，大约在公元前6世纪，希腊人就开始用玻璃占卜。后来有了镜子，占卜者根据镜面上的人影演绎预测。如果镜子摔破了，占卜者就会说求卜者没有前途，或求卜者的未来深不可测。到了1世纪，古罗马人认为人的健康受土星（Saturn）这个凶星的影响，而主宰土星的神萨图尔努斯（Saturnus）是吞食自己子女的凶神。人在出生以后每逢第七年都要受这个凶星的主宰，后来成了人生的一道“坎”。后来演变成人的健康状况每7年一个轮回。因为镜子能照

出人的面貌，所以打破镜子，预示着持镜的人要生病7年或7年要噩运缠身。这种说法后来广为流传，成了打破镜子要倒霉的一种迷信传统观念。解救的办法是，月圆的夜晚，把自己衣兜里的银币悄悄地翻转过来就可以避免灾难。如果人死了，就要把死者房间内的镜子翻过来，因为他们认为凡是照过这面镜子的人，自己也要死亡。后来，在美国的一些地方，这种习俗还演变成挂在死者房间的相片也要翻过面去。在西方，还有一些人认为，镜子被视为具有超自然的属性，常可以预知未来。因此，打破一面镜子就如同打破自己的未来。如果房间中镜子自己掉下来摔碎，就意味某位家人将很快死去。（If a mirror breaks by itself, someone in the house will soon die.）

91.关于雨伞的迷信

[**词语**] It’s bad luck to open an umbrella indoors.

[**含义**] 室内撑伞会带来厄运。

[**趣释**] 在英国人的传统观念中，伞（umbrella）为不祥之物。究其原因可能与两个传说有关。其一是说古罗马时，一位妇女刚打开雨伞，她家的房屋便倒塌了。其二是说不列颠王子收下了某一来访国王送的两把雨伞，结果这个王子在几个月内便一命呜呼了。西方人认为，与伞相关的一切事都同坏运有关，因此伞不宜作为礼物送给别人。他们相信太阳因无穷的威力而受到人们的崇拜，室内撑伞是对太阳的大不敬和侮辱，因而会给屋内的人带来厄运，甚至有性命之灾。在欧洲，人们相信晴天撑伞会带来雨。但在美国情况正好相反，为了阻止下雨，出门只要胳膊下夹把伞就行了。在西方国家，去剧院看演出时，如果不小心把伞忘记在提台词者的桌子上，那么最好不要去拿回来，因为那表示

“耍阴谋”，而且那天的演出一定会失败。美洲人相信，两个人都撑着伞相遇，将会发生不好的事情。要化解厄运，就得画十字并且往伞上吐唾沫。盎格鲁-撒克逊人（Anglo-Saxon）的观点是，一个男人出门经常带着一把伞，他就是一个工作严谨的人，而且会死得荣耀；相反，经常把伞忘在家里的人，表明他是一个在生活中对重要事情漠不关心的人，而且非常容易忘记自己的承诺。

92.国家美式橄榄球大联盟（NFL）

[词语] National Football League（NFL）

[含义] 国家美式橄榄球大联盟

[趣释] 美式足球又称美式橄榄球（American football）[①]。国家美式橄榄球大联盟（National Football League）是美国一个庞大的职业橄榄球运动组织，也是世界四大体育事业联盟之一，1920年成立于俄亥俄州（Ohio）的坎顿（Canton）。当时称美国职业橄榄球协会，1922年改为现名。联盟中有32支队伍，被分为两大联合会:美国橄榄球联合会（AFC简称美联）和国家橄榄球联合会（NFC简称国联）。每个联合会有16支队伍，又分成东部、南部、西部、北部4个分赛区，每个分赛区有4支队伍。常规赛共有17周，每周一轮，每支球队要进行16场比赛，因此每支球队都会有1周要轮空。常规赛从每年9月中旬开始，12月底或1月初结束，每个赛季的常规赛采取一个循环对阵方程式，也就是每年改变。常规赛季后，每个联合会共有6支球队进入季后赛，分别是各分区的冠军和其余球队战绩最好者，通常称“外卡”（Wild Card）。经过3轮淘汰赛，两个联合会的冠军在预先决定好的球场的“超级碗”（super bowl）比赛中相遇，争夺最后的总冠军。

一个星期后，两个联合会挑出来的明星选手将参加“职业碗”（pro bowl）在夏威夷（Hawaii）的火奴鲁鲁（Honolulu）举行的明星赛。从2010年起，职业碗在超级碗前一周举行。

①参阅217.美国式橄榄球运动。

H

93.孩子的零花钱

[**词语**] children's allowance for kids

[**含义**] 孩子的零花钱

[**趣释**] 在美国，不管家庭富裕与否，父母通常认为，即使他们比别人富裕，孩子口袋里的零花钱也不应该超过其他的小伙伴，他们也会教育孩子不应该产生攀比的想法。不管孩子的零花钱是多少，在7岁之前孩子们如何花钱，父母不会干涉。等孩子到了8岁，能够在银行单独开户存款，父母才会鼓励孩子把别人作为礼物送给自己的支票存入银行。看着自己户头里的钱一点点增加，孩子们在适当花去那部分钱的同时，使自己学会如何掌管金钱，让自己在朋友中处于有利的地位。做父母的可以给孩子一些机会，让孩子在家里或附近挣些钱，以调动他们的积极性。父母给孩子一笔固定的零花钱，并希望他干一些不太难或不太耗费时间的家务活。当然，孩子帮父母干活，不能事事都指望要报酬，但是让他干一些职责范围以外的工作，做父母的可以给他一点钱。孩子们在制订存款和开支计划之后，可以按照自己的计划用钱，使自己成为小世界里的有钱人。如果父母想让自己的孩子懂得金钱的重要性，一般在孩子想透支用于急用的时候，采用不给

孩子零花钱的方法让其体会。父母通常对孩子说明，借款必须迅速偿还，他想要继续得到零花钱，必须先还清借贷的钱，而孩子往往会宁愿存够了钱再去买那些自己想要的东西。在美国，儿童用的记录开支和储蓄情况的小册子在书店和文化用品商店都可买到。它能教会孩子懂得计划开支、储蓄以及分析自己花钱习惯的重要性，这是帮助孩子培养自己理财能力的第一步。一旦孩子懂了就不再去看他的小册子了。少年投资俱乐部的出现也是一种健康的发展趋势。通过参加这些投资项目，十几岁的年轻人可以了解一些有关国家经济的基本情况，将来成为更老练的经营者和计划者。

94.孩子的洗礼

[词语] Baptismal Ceremony

Christening

[含义] 洗礼仪式；圣洗

[趣释] 洗礼（Christening），又称圣洗，是基督教的七礼[①]之一，目的是为了洗去原罪。来源于《圣经》中的传说。传说称“施洗者约翰”（John the Baptist）在约旦河一带宣讲悔改的洗礼（Baptism），使罪孽得到赦免。根据这一传说，洗礼成为基督教的重要仪式。一般孩子出生时就施洗，成人入教时也要受洗，以象征去除罪孽，成为纯洁的人。天主教规定婴儿在出生后一周或两周的礼拜日举行洗礼，信基督教的家庭往往在婴儿出生两个月到六个月间举行施洗。在特殊的情况下，也有等到孩子几岁才施洗。目前，西方各国教派很多，施洗的方式也不尽相同。仪式一般在教堂举行，也有的在家里举行。届时牧师用手沾水，在受洗者的前额碰一碰，口中说：“我以圣父、圣子、圣灵的名

义为你施洗。”仪式即告结束。浸礼会（Baptists）实行浸礼，即受洗者全身浸入水池或河流中。有的教派实行注水式，用贝壳、浅碟或手在受礼者身上淋水。给小孩施洗礼是一件大事，何时举行洗礼应事先通知至亲好友，新生儿在洗礼上穿的衣服通常是父母或祖父母穿过的衣服。如果没有合适的，也可以准备一件白色的上面有装饰的衣服。施洗时，婴儿由教母（god mother）②抱着，站在“圣水”盆旁，届时将婴儿交给牧师施洗。教母要清楚地把孩子的名字（不必报姓）告诉牧师，为了不出错，也可以把名字写在一张纸上交给牧师。牧师叫完孩子的名字，便开始施洗。还要给受洗者取教名（Christian name/baptismal name）③。施洗仪式结束后，亲友照例要对婴儿赞美一番，并对新生儿父母表示祝贺，然后，参加仪式的亲友和牧师一起应邀参加家宴等庆祝活动。

---

①参阅105.基督教的七礼。　②参阅128.教父和教母。　③参阅422.英美人的姓名。

95.海德公园的自由演讲角

［**词语**］the Speakers’Coner in Hyde Park

［**含义**］伦敦海德公园的自由演讲角

［**趣释**］海德公园（Hyde Park）是著名的皇家公园，位于伦敦城西的威斯敏斯特区（Westminster）内。占地13806公亩，约合2071亩。最早曾是教堂的彩邑庄园，后收归国有。18世纪开辟为公园。公园绿草如茵，湖泊亭阁悠然怡人。东北角拱门入口处，是举世闻名的自由演讲角（the Speakers’Coner），亦称“自由论坛之角”。这一带还有一条长达4公里的绿色地带，是游人常去的地方。自1872年海德公园由于受自由演说者频频光顾的

影响而正式划出自由演讲角以来，每逢周末，有各种组织和事业的代表以及个人前往该地作公开演说。法律不允许演讲者装扩音设备，演讲人只能站在临时讲坛“肥皂箱”（Soapbox）上慷慨陈词。现在演讲的题目已经没有20世纪五六十年代那么尖锐，他们宣传的主张既有正常的，也有稀奇古怪的。归结起来大概可以分为4类：政治、宗教、社会和文艺。遇到好的天气，演讲者可能有几十个，听众可逾千人。在政治这类话题中，工人阶级与资本家间的对立似乎没有以前尖锐，虽然还有人竖起红旗宣传马克思主义激进派，但听众很少，而且没有对手。保守党（Conservative Party）[①]的代言人也开始重视工人阶级的利益，似乎放弃了攻击工人阶级的策略。倒是国际性的议题比较热门和烫手。在自由演讲角宣传宗教的不少，但谈社会问题的演讲更能吸引听众。一般地说，在政治问题上几乎所有演讲者都是英国政府的反对派。事实也是如此，如果不是为了唱反调，那又何苦到这里来演讲呢？英国的警察保护外国人和反对派来嘲笑、攻击英国政府或人民，这是世界上其他国家很少能做到的事，也许就是海德公园自由演讲角之所以闻名于世的原因吧。

---

①参阅43.保守党和工党。

96.滑水运动

[**词语**] water skiing

[**含义**] 滑水

[**趣释**] 滑水（water skiing）是澳大利亚、新西兰、美国夏威夷人民喜爱的水上运动之一。它是人借助动力的牵引，在水面“行走”的水上运动。滑水可以使人感到高速带来的刺激，

又能使人体会翻转、跳跃带来“玩”的快乐，让人充分享受夏日蓝天碧水的温情以及体育运动给人们带来的无穷乐趣。滑水必须具备滑水板，即水橇、保暖服、救生衣、滑水拖绳、拉把以及其他一些器材，如滑水手套、臂环、滑水短裤、划桨、救生圈、氧气袋、尼龙背心等。滑水运动最早起源于20世纪初的美国，后逐渐在欧洲发达国家普及开来，并迅速传到世界各地。中国滑水运动起源于20世纪60年代，80年代被列为国家比赛项目。据不完全统计，目前全球有3000万滑水爱好者。20世纪成立的国际滑水联盟，1988年改为国际滑水联合会（Internation Water Ski Federation，IWSF）。滑水运动是奥运会正式运动项目，分为尾波滑水（wake board）、花样滑水（tricks）、回旋滑水（slalom）、跳跃滑水（jumping）和艺术滑水（show ski）等五大类数十个项目。目前，世界重大滑水赛事有世界滑水锦标赛（单数年举行）、世界杯滑水赛（双数年举行）。另外还有单项赛事，如赤脚滑世界锦标赛、尾波世界锦标赛等。亚太地区还定期举行亚澳区滑水锦标赛、亚洲滑水锦标赛。

97.黄油和奶油

[词语] butter and cream

[含义] 黄油和奶油

[趣释] 黄油（butter），在欧美又称奶油，是指从奶中提炼出来的油脂，有些地方又称它为“牛油”。牛肉中的油脂口味很差，不用于食用。黄油像奶酪（cheese）①含大量的蛋白质，其中大约80%是脂肪，剩下的是水和其他牛奶成分，拥有天然的乳香。黄油在冷藏的状态下是比较坚硬的固体，而在28°C左右，会变得非常软。这时候，可以通过“打发”使其裹入更多空气而体

积变得膨大。在34° C以上，黄油会融化为液态。严格地说，黄油是奶油（cream）中的一种，二者都是牛奶中的脂肪，都是从牛奶中提炼出来的。区别在于：黄油是纯的，呈黄色，主要用于煎炒、和面做点心以及涂抹面包片食用；奶油含水量较高，呈白色，通常用于做蛋糕裱花、冰淇淋（ice cream）②。现在有一种"植物黄油"并非真正的黄油，是将植物油部分氧化后，加入人工香料，模仿黄油味道制成的黄油替代品。黄油和奶油都是西方各国人民生活中不可缺少的食品。"涂黄油的面包"（bread and butter）被西方人用来比喻"生活必需品""生计"；"两面都涂黄油的面包"（bread buttered on both sides）用来比喻"安适的境遇"；"面包黄油信"（bread-and-butter letter）是指客人写信给主人对他在作客期间受到的款待表示道谢的"感谢信"。

---

①参阅226. 奶酪杂谈。 ②参阅52. 冰淇淋及冰淇淋圣代。

98.婚礼蛋糕

[词语] wedding cake

[含义] 婚礼蛋糕

[趣释] 英美国家新人结婚都要举行切蛋糕的仪式。据说，古代西方人有分享他人食物即分享他快乐的说法。举行婚礼时，把一块脆饼放在新娘头顶上敲碎，象征开花、结子、幸福。参加婚礼的客人带走一些饼的碎块，表示分享新人的幸福。后来，人们用圆面包代替脆饼。古代人认为，制造面包的材料小麦象征生育的能力，而面包屑则代表幸运。相传，有位法国厨师灵机一动，制造出一种糠皮大礼饼，非常受欢迎，办喜事的人家都

仿效采用他做的这种礼饼。到古罗马时代，才衍变出类似的婚礼蛋糕。在英语中“饼”“蛋糕”“圆形饼状物”为同一个词“cake”，也印证了这一点。过去富家子弟举办婚礼时，都要做一只特别的蛋糕，不仅新郎新娘吃，而且请前来贺喜的客人也一起吃。那时，蛋糕还是放在新娘的头上切开的。在欧洲，应邀前来贺喜的客人还有这样的习俗，他们把各自带来的、放入香料的蛋糕高高地堆在桌子上，让新人站在“蛋糕山”的两侧，隔“山”亲吻。这时，“蛋糕山”也象征着幸福。后来，婚礼切蛋糕就逐渐成为一种习俗。婚礼蛋糕也越做越豪华，装饰十分讲究。现在，婚礼蛋糕高达5至6层，每层都有不同的意义，装饰最主要的是顶部。传统的顶部是一对新人雕像，新郎穿着燕尾服（tailcoat）①，新娘穿着婚纱（white wedding gown/bridal veil）②。现代人为了标新立异，也有采用滑稽搞笑的雕像的。如果蛋糕是圆的，则先切成几个同心圆，然后把每个圆切成小块；如果是多层婚礼蛋糕，则先分上层，再分中层。婚礼上一般是新人合力切一刀，两人互相喂吃一小块。③其余由服务人员切好，婚礼天使将蛋糕分给各位来宾享用。

---

①参阅有327.西方男士的三种礼服。 ②参阅34.白色的婚礼。

③参阅321.西方的传统婚宴。

99.婚礼进行曲

[**词语**] wedding march

[**含义**] 婚礼进行曲

[**趣释**] 西方传统的婚礼都在教堂举行。在整个婚礼过程中，通常要演奏两首婚礼进行曲。当新娘挽着父亲走向神

坛（altar）[①]时，奏的是庄重缓慢的《婚礼合唱》（*Wedding Chorus*）的乐曲。该乐曲选自理查德·瓦格纳（Richard Wagner）1848年谱写的歌剧《洛亨格林》（*Lohengrin*）。当婚礼即将结束，新娘由新郎挽着走出教堂时，演奏的则是欢快的《结婚序曲》。该曲选自菲利克斯·门德尔松（Felix Mendelssohn）1826年谱写的《仲夏之梦》（*A Summer Night's Dream*）。婚礼上演奏这两首乐曲的婚俗，是在1858年英国一位公主的皇家婚礼上开始的。后来，人们纷纷仿效，在婚礼上演奏这两首乐曲逐渐成为西方婚礼的传统，延续至今。

---

①参阅326.西方基督教的传统婚礼。

J

100.基督降临节

［词语］Advent

［含义］基督降临节

［趣释］基督降临节是基督教的节日，为迎接基督降生和再次降临而设。节期从圣诞节[1]前第四个星期的星期日（即最靠近11月30日的星期日）起，至圣诞节（12月25日）为止。在这个节期里，人们进行庆祝耶稣圣诞节的各种准备活动，并且准备迎接耶稣重临世界，故此节亦称“基督将临节”。它是基督教历年的第一个节日。最靠近11月30日的那个星期日通常称为“降临节星期日”。这一天，是天主教“圣王基督节”（Feast of Christ the King）[2] 之前的星期日。

①参阅265. 圣诞节。　　②参阅279. 圣王基督节。

101.基督教

［词语］Christianity

［含义］基督教

[**趣释**] 基督教（Christianity）是西方国家的主要宗教，分为许多派别，包括天主教（Catholicism）[①]、东正教（Eastern Orthodoxy）[②]和新教（Protestantism）[③]三大宗派以及其他一些小派别。基督教相传形成于1—2世纪的罗马帝国（Roman Empire），为犹太的拿撒勒人（Nazarene）耶稣（Jesus）所创立。初期为犹太教（Judaism）的下层一个小派别，之后与犹太教分裂形成新宗教，4世纪成为罗马帝国国教，中世纪（Middle Ages）时，在欧洲占统治地位。基督教以新旧约全书为《圣经》（Bible）。当罗马帝国分裂为东罗马和西罗马两个帝国时，1054年基督教和东西教会大分裂。东部教会称“正教”（Orthodoxy），即东正教；西部教会称“公教”（Catholicism），即天主教。16世纪宗教改革运动（Reformation）时，天主教又分裂出一些代表新兴资产阶级利益的新教，其中路德宗（Lutherans）、归正宗（Reformed Churches）和安立宗（Anglican Communion）是三大新教主流派。其后又陆续分裂出其他许多小宗派。平时中国人说的“基督教”实际上是指新教。现在，英语国家流行的基督教派别是天主教和新教。

---

①参阅295. 天主教。 ②参阅73. 东正教。 ③参阅353. 新教。

102.基督教的告解礼

[**词语**] Confession Penance

[**含义**] 告解礼；忏悔礼

[**趣释**] 告解礼（Confession）又称忏悔礼，是基督教的七礼[①]之一，也是天主教和东正教的圣事之一。它是一种犯罪信徒

的忏悔程序：犯罪信徒个别地向神父（catholic father）或司铎（Priest）认罪，诉明犯罪的经过，并表示忏悔；神父、司铎对信徒所告诸罪严守秘密，然后宣布赦罪，并指示认罪者作一定的赎罪功课以及往后的日子如何避免犯同样的罪。最后神父或司铎说赦免罪过的话，并画十字[②]祝福告解者，结束告解仪式。1215年在罗马的拉特兰教堂（Lateran Church）召开的第四次拉特兰会议确立告解为圣事，并且规定西方教会成年信徒每年至少作一次告解，信徒多在复活节（Easter）[③]时做告解。

①参阅105. 基督教的七礼。 ②参阅161. 漫话十字架。 ③参阅81. 复活节。

103.基督教的基本礼仪

[**词语**] basic rites of Christianity

[**含义**] 基督教的基本礼仪

[**趣释**] 基督教的基本礼仪主要是指圣化人们灵魂的“圣事”（sacraments）。基督教认为，“圣事”可以使死于罪中的灵魂在“义”中复活，脱去旧人，换上新人。“圣事”需要具备三个条件：1. 具有一定的外在仪式；2. 这种外在仪式能够赋予受礼者以内在的圣宠；3. 应是耶稣亲自定立的。天主教（Catholicism）和东正教（Eastern Orthodoxy）认为圣事有七件[①]。基督教新教（Protestantism）除圣公宗的宗礼派外，一般认为只有洗礼和圣餐礼是耶稣亲自定立的，只承认这两件为“圣事”，其他五件只是应当尊重的礼仪。有些教派不承认有“圣事”，“圣事”的具体仪式各派又有所不同。

①参阅105. 基督教的七礼。

104.基督教的礼拜

[**词语**] Church Service

[**含义**] 礼拜

[**趣释**] 基督教（Christianity），包括新教（Protestantism），所称的“礼拜”（Services）是对基督教教徒每周日在教堂进行宗教活动的称呼。天主教、东正教称“弥撒”（mass）。“礼拜”的主要含义是赞美耶稣基督，祈祷、悔过自己的罪过。因传说耶稣基督复活于星期日，故这一天称为“主日”（Lord’s Day）。基督教在“主日”这一天举行“礼拜仪式”（有时也在其他日子举行），故人们又把星期日主日这一天称为“礼拜日”。基督教的礼拜活动在教堂举行，多由牧师（Priest）主持，程序大致如下：1.序乐，目的是使会场肃静下来，准备开始礼拜；2.入堂式，请唱诗班、主持人、牧师等人入场；3.宣召，主要是宣召经文；4.唱诗；5.祷告，一般是先祝福，并歌颂“主”；6.宣信；7.启应经文；8.本堂唱诗班献唱；9.读经，读《圣经》；10.证道，宣讲教义内容，主要讲述《新约》《旧约》中的有关内容，持续时间一般在40分钟以上；11.奉献，为教堂捐款；12.培训班献唱；13.祷告，为决志归主者或为有病者祷告；14.堂务报告；15.唱诗，众人起立同唱；16.主祷文，众信徒共同朗诵；17.祝福，公众共同祝福主耶稣；18.阿门颂，众人起立同唱；19.退堂式，请唱诗班、主礼人、牧师等人退场。整个过程至少要两小时。“去参加礼拜活动”（To attend church service）俗称去“做礼拜”。

105.基督教的七礼

[词语] Sacraments

[含义] 圣礼；圣事

[趣释] 基督教认为，人的一生要受“七礼”。基督教的这七礼，又被称为“七件圣事”（the Seven Sacraments），一般被认为是耶稣基督亲身设立的七种基督教仪式。新教称之为“圣礼”（Holy Sacraments），天主教称之为“圣事”，东正教称之为“奥迹”（Holy Mysteries）。基督教的七礼是：1.洗礼，又称“浸礼”，目的是为了洗去原罪（Original sin）①；2.坚信礼（Confirmation），又称坚振，是将圣灵完全赐予受礼者②；3.圣餐礼（Blessed Sacrament），又称圣体（Eucharist），当信徒受餐时，他们乃是直接领受耶稣的身体及血③；4.受之礼（Ordination），又称按立、圣秩（Holy Orders），是神职受信礼，能消除许多罪过，使人执行圣职，仍然能将天父赐予的恩宠普及其他信徒④；5.告解礼（Confession），又叫忏悔礼，指向神父表白，实践神父要受礼者所做的善公或者祈祷⑤；6.婚礼，指男女双方结合所行之礼，神父亦为见证⑥；7.终傅礼（Extreme Unction/Anointing of the Sick），给病者涂油，以消除各种可以宽恕的和致命的罪过⑦。基督教不同派别对圣礼的定义和运行方式存在着分歧⑧，但一般同意圣事为耶稣所立的观点。

---

①参阅94.孩子的洗礼。

②参阅341.西方少年的坚信礼。

③参阅106.基督教的圣餐礼。

④参阅107.基督教的受之礼。

⑤参阅102.基督教的告解礼。

⑥参阅326.西方基督教的传统婚礼。

⑦参阅108.基督教的终傅礼。

⑧参阅103.基督教的基本礼仪。

106.基督教的圣餐礼

［**词语**］Blessed Sacrament

Holy Sacrament

Eucharist

［**含义**］圣餐礼；圣体

［**趣释**］圣餐礼（Holy/Blessed Sacrament），又称圣体（Eucharist），是基督教的七礼[①]之一。它是基督教纪念耶稣与门徒进行最后晚餐的仪式。一般是主持人（牧师或神父）对面饼和葡萄酒祝祷（新教各派改用葡萄汁祝祷），然后分给信徒领受。“福音书”有耶稣与门徒共进最后晚餐的记载。在最后的晚餐上，耶稣拿起饼来说：“你们拿着吃，这是我的身体。”又拿起酒杯来，祝谢了，递给他们说：“你们都喝这个，因为这是我立约的血，为多数人流出来，使罪得赦。”天主教的孩子6岁或7岁开始吃第一次圣餐，有生以来第一次接到圣饼，这是孩子们宗教生活中的大事。孩子们需事先上指导课，了解仪式的意义和程序。纪念耶稣最后晚餐仪式一般是由学校全班学生集体参加。有些家庭往往举行较大规模的活动以示庆祝，但大多数的情况下，只邀请挚友参加。这些挚友与孩子们一起参加仪式。圣餐礼时，女孩需身着白色连衣裙，头上戴精致的头纱。其他教派只需穿白色连衣裙。男孩则穿深色西装和白衬衫，打领带。一般情况下，父母在家里为孩子举行小型晚会或者全家到他们最喜欢的餐馆用餐，家庭成员还要赠送孩子有纪念意义的礼物。

---

①参阅105.基督教的七礼。

107.基督教的受之礼

[**词语**] Ordination

Holy Order

[**含义**] 圣职；按立；圣秩圣事；神品圣事

[**趣释**] 受之礼（Ordination），又称圣职、圣秩圣事、神品圣事，是基督教的七礼[①]之一。它是基督教神职的接任仪式，从犹太教任命精通律法和主持宗教仪式的“拉比”（Rabbi）的“按手礼”演变而来，因而受之礼又称“按立”。主持人把手按在被按立者头上，祈祷圣灵赋予他才干，上帝恩眷他完成使命；有时还对他进行公开考核，并说明其职责。实行主教（Bishop）制的教会，此礼由主教主持，长老会由区牧师主持，公理会由地方教会选出的人员主持。天主教称受之礼为“神品圣事”“圣秩圣事”，是天主教男性教徒志在做神父者所领受的圣事。“神品”（即圣职）只有主教才可授予。授予时举行称为“晋铎典礼”的祝圣活动。“晋铎典礼”一般在天主教教堂举行，主教祝圣神父的仪式是在弥撒（mass）[①]中按教会规定的程序进行的，其中最主要的是主教把一双手按在新神父的头上，称“按手礼”，并在神父掌上涂“圣油”，这是神权的标记。神父又称司铎（priest），神品中的七品包括司铎品和主教品，一个神父被选为主教，须由另外三位主教祝圣才可获主教的神权，其中一位称“主礼”，另两位称“襄礼”。

---

①参阅105.基督教的七礼。 ②参阅297.天主教的弥撒。

108.基督教的终傅礼

[**词语**] Extreme Unction

Anointing of the Sick

[**含义**] 终傅礼；膏油

[**趣释**] 终傅礼（Extreme Unction），又称膏油，即临终涂油礼，是基督教的七礼[1]之一。也是天主教和东正教的圣事之一。终傅礼是指给临终的信徒抹圣油（Anointing of the Sick），给予病人心灵的帮助和安慰。教徒病危之际，神父为其念诵祷诗经文，用经过主教祝圣的橄榄油敷抹病人的耳、目、口、鼻和手足，以此帮助病人减轻疼痛，赦免罪过，安心去世。

---

①参阅105.基督教的七礼。

109.基督教基本教义要点

[**词语**] basic concepts of Christianity

[**含义**] 基督教的基本教义

[**趣释**] 基督教[1]虽然分成许多教派，但基本教义还是各教派所公认的。基督教崇拜的神称为“上帝”或“天主”（Lord God），是天地万物的创造者和主宰。基督教相信上帝只有一个，但包括三个格位（person）。第一位为“上帝圣父”（God the Father），是独一全能的父，是创造了有形无形万物的主；第二位为“上帝圣子”（God the Son），是万物以先，为父所生，万物都借着他所造，为救世人，取肉身为世人受死、复活、升天；将来必再次降临，审判活人死人；第三位为“上帝圣灵”（God the Holy Ghost），是“主”，是赐生命的，从父和子出来，与

父子同受敬拜，同受尊荣。这三位不是三个神，而是同具一个本体的独一真神，即三位一体（Trinity）。基督教相信，天地万物被创造之前没有任何物质存在，只有上帝和他的道（Logos）与他的灵。上帝借着道用六天创了世界：第一天创造光，划分昼夜；第二天创造空气，划分天地；第三天划分海、陆，使陆地生长植物；第四天创造日、月、星辰，划分季节；第五天创造鸟类与鱼类；第六天创造昆虫、兽类，并按自己的形象造人；第七天为安息圣日（Sabbath）。基督教认为，罪是人们顺从私欲、违背上帝旨意的所言、所行、所想。罪分原罪（orginal sin）和本罪（personal sin），原罪是人类始祖亚当与夏娃偷吃禁果犯罪而遗传下来的罪，本罪就是本人现犯的罪（actual sin）。一个人出生后的本罪可以用善功补救，但原罪无法自救。上帝不忍心让人类永远沉沦，于是派遣圣子降为世人，以自己的生命作为赎价（ransom），被钉在十字架上代人受死，即道成肉身（incarnation）：上帝圣子为救赎人的原罪，通过童贞女玛利亚（Mary）成为肉身基督耶稣，受难、复活、升天，完成对人类的救赎。基督教认为，世人因原罪皆应沉沦下地狱，因信奉耶稣为救主就可得救（being saved）。人凭借对耶稣救赎的信仰，就可以因信称义（justification）。基督教认为，人的物质生命是暂时，在因信称义、获得救赎后，灵魂就能得到上帝恩赐的永生，安居在天堂里。基督教还认为，在世界末日的时候，基督耶稣会复活（second coming），执行上帝对人类末日的审判（Last Judgement），得救者上天堂享永福，不得救者下地狱受永刑。

---

①参阅101.基督教。

110.鸡尾酒和鸡尾酒会

[词语] cocktail and cocktail party

[含义] 鸡尾酒和鸡尾酒会

[趣释] 鸡尾酒（cocktail）是用两种或两种以上的酒掺入果汁配合而成的一种饮品。具体地说，鸡尾酒是用基本成分（烈酒）、添加成分（利口酒和其他辅料）、香料、染色剂以及特别调味品，按一定分量配制而成的一种混合饮品。美国韦氏字典是这样注释的：鸡尾酒是一种量少而冰镇的酒。它以朗姆酒（rum）①、威士忌（whisky）②、金酒（gin）③或其他烈酒、葡萄酒（wine）④再配制以其他辅料，如果汁、蛋清、苦精（bitter）、糖等搅拌或摇晃调制而成，最后再饰以柠檬或薄荷叶。鸡尾酒（cocktail）应是增进食欲的滋润剂。鸡尾酒要既能刺激食欲，又能使人兴奋，创造热烈气氛，否则就没有意义了。巧妙的鸡尾酒是最美的饮料，必须有卓绝的味。太甜、太苦、太香都会掩盖酒味，降低酒的品质。鸡尾酒讲究色、香、味、形的兼备，故又称为“艺术酒”。鸡尾酒起源于美国，已有200多年的历史。由于鸡尾酒是混合饮品，基酒和各种辅料的比重、颜色不同，配制在一起时，在杯子里一时难以融合在一起，形成若干层次和色调，好像美丽的公鸡尾巴，故称“鸡尾酒”。鸡尾酒会一般来讲是简朴的招待会，其隆重程度低于正式宴会。举办时一般在白天，避开人们习惯就餐时间。有时会表明酒会延续时间，客人迟到一会儿或提前几分钟退场不算失礼。酒会现场设有酒水台，或由服务生将酒水送到客人面前，供客人选用。场内不设座椅，客人可以自由走动交谈。酒会供应的酒类较多，以葡萄酒为主，烈酒较少。另外，还有如啤酒、可口可乐、矿泉水、橙汁、雪碧等常见饮料，设备也很齐全。在大型的鸡尾酒会，由于人

多，调酒师来不及为每人调一杯鸡尾酒，所以不少人只好拿一杯酒或饮料就找人聊天去了。出席酒会的人们手持酒杯或饮料杯，或站立，或走动，温文尔雅。他们寒暄、交谈，偶尔啜饮一小口杯中的酒水，或品尝一点服务员送上的小吃。

①参阅155. 朗姆酒和龙舌兰酒。 ②参阅304. 威士忌和白兰地。
③参阅140. 金酒和伏特加酒。 ④参阅234. 葡萄酒。

111.忌讳“3”

［词语］“three” as a taboo

［含义］“3”被视为禁忌

［趣释］在英美等国，人们还非常忌讳“3”，特别是在点烟的时候尤其禁忌第三。在客人点烟时，一般在给第二个点完后要将火熄灭，再擦一根火柴或再拨一次打火机，然后接着给第三个客人点烟。这是礼节，也是一种礼貌[①]。按照西方迷信的说法，连续点燃第三支香烟会给人带来灾难。在与西方人交往时，必须注意这个细节。据说这是第一次世界大战期间传下来的迷信，也有人说这种迷信19世纪末从西方开始流传。1899年，英国和荷兰在争夺南非殖民地的“英布战争”（Anglo-Boer War）中，许多在夜间抽烟的士兵被对方的狙击手击毙，其中点第三根烟的人死的最多。原因很简单，夜间点烟暴露了目标，点燃两根烟时给狙击手提供了准备的时间，轮到第三个人时正好瞄准，一枪毙命。直到今日，美国人还保留不连续点第三根烟的习俗。如果违犯了这个禁忌，对方会面露难色，一般会有礼貌地拒绝。

①参阅346. 吸烟的礼仪。

112.加勒比游行

[词语] Caribbean Parade

[含义] 加勒比游行

[趣释] 每年4月，在加拿大的多伦多市（Toronto）都要举行一次“加勒比游行”。这一游行起源于加勒比海沿岸，那里历史上原是英国和西班牙的殖民地，殖民统治者立法规定，禁止当地人民进行结社集会活动，引起人们的强烈不满和愤怒，人们拿出各种能发出声响的器皿，拼命敲打发出巨大的声响以示抗议。后来，这一抗议活动又演变成象征团结争取自由的游行。移民后来又将这一游行活动带到多伦多市。今天，加勒比游行已经由过去的抗议示威变成欢乐的节庆活动。游行者扮成仙女、侠客等载歌载舞行进，使整个城市沉浸在欢乐的海洋之中，那钢鼓发出阵阵铿锵激越的响声，尤其具有加勒比的特色。

113.加拿大

[词语] Canada

[含义] 加拿大

[趣释] 北美洲国家。“加拿大”（Canada）一词出于休伦—易洛魅语，意为“村落”“小屋”或“棚屋”。1535年，法国探险家向一个印第安人问该地的名称，酋长说“Kanada”。原意是指近的村落，而法国人却以为是指整个地区。还有一种说法是，1500年一个葡萄牙人到这里，但见满目荒凉，便说“Canada！”意思是“这儿什么也没有”。加拿大是英联邦（the Commonwealth）①的一个独立主权国家，位于北美洲的北半部，东临大西洋，西濒太平洋，北临北冰洋，西北与阿拉斯加

（Alaska）为邻，南与美国本土接壤。加拿大多数国土属寒带苔原气候和亚寒带针叶林气候，气候寒冷。全国总面积约997.61万平方千米，是世界面积第二大国。由加拿大大陆和与其比邻的岛屿如加拿大北极群岛、纽芬兰岛、温哥华岛等组成，全国有10个省和2个地区②。西部与西南部3省、中部与东部4省、东南部3省、西北部2地区。加拿大是一个移民国家，总人口为2699.2万。英裔和法裔人口占86%，土著居民印第安人和因纽特人约占2%，其余为各国移民的后裔。官方语言为英语和法语。居民多信奉天主教和基督教新教。首都渥太华（Ottawa），是全国政治中心。加拿大的国旗为长方形，两块红色的、垂直长方形分列在白色正方形的两旁。一片有11个角的红色枫叶绘于白旗面的中央③。国庆日为7月1日④。该国被誉称“枫叶之国”，枫林遍及全国，有糖枫⑤和黑枫。

---

①参阅414. 英联邦。 ②参阅附录3. 加拿大各省一览表。
③参阅122. 加拿大国旗。 ④参阅126. 加拿大日（国庆日）。 ⑤参阅115. 加拿大的枫糖节。

114.加拿大因纽特人的家庭生活

[**词语**] Inuit family life

[**含义**] 因纽特人的家庭生活

[**趣释**] 加拿大北部的爱斯基摩人（Eskimos），20世纪70年代改称因纽特人（Inuit）。因纽特人过着近乎原始的生活，他们四处打猎，每天为食物而奔波。由于因纽特人人口稀少，居住地域分散，他们的社会结构比较简单，不存在等级观念。他们的村子很小，一般只有10~50人，房子也只有1~6栋，很少有首领，最多称带头人。虽然他们的社会生活很简单，但家庭却很复杂。因

纽特人的婚姻通常是一夫一妻，有的地区是一夫多妻（2~3个妻子），这就要求丈夫有很强的狩猎能力，以保证供给妻子及儿女足够的食物。在妇女稀少的地区，也有一妻多夫的家庭。他们结婚较早，男子16岁，女子13~14岁就可以结婚，一般家庭有2~3个孩子。他们的家族常常生活在一起，有时一个村子的人都是亲戚关系。家庭是因纽特人社会生活的基本单元，也是个人生存的重要依靠。一个人要是脱离家庭，在生活环境恶劣的北极地区就意味着死亡。由于食物短缺，他们不得不分开四处寻找食物，所有他们的家庭一般在20~30个人的范围之内。一家有一个好的带头人非常重要，首先他必须是好猎手，有能力解决一大家子的吃穿住问题，其次他要有敏锐的观察和处理问题的能力，善于处理人际关系，避免冲突。一个带头人的能力越大，追随者也就越多。如果家庭带头人不能正确选择迁移的地方，所到之处打不到食物，或是接连几次作出错误的选择，家庭成员或亲戚就会背离他，重新选择带头人。因纽特人的社会结构中虽然没有等级制度，但家庭内部却是等级森严的。如果有带头人，那么全家行动都听从带头人的指挥。日常生活中，妻子服从丈夫，孩子服从父母，年轻的听从年老的。因纽特人的家庭中分工明确，男人负责捕猎、建房、造船、制作各种工具、保护家庭免遭危险；女人负责处理猎物、加工食品、缝制衣物、采集浆果等。有时，她们也捕猎小动物。在因纽特人的社会群体中，人与人之间关系平等，但智慧和能力出类拔萃的人，特别是狩猎能手，会受到全社会的赏识和尊敬。

115.加拿大的枫糖节

［**词语**］Maple Sugar Festival of Canada

［**含义**］加拿大枫糖节

［**趣释**］每年3月，是加拿大一年一度的枫糖节。3月初开始，3月底结束，节期一个月。加拿大人民对枫树有特别深厚的感情，在他们的日常生活中，枫叶的图案随处可见。在该国国旗的中央，就有一张巨大的枫叶，因而加拿大有“枫叶之国”的美称。枫树又名槭树（maple），有200余种，其中北美的糖槭汁液有甜味。当树木休眠时，汁液就从树材的创口流出，汁液含有1.5%~3%的蔗糖，经过加工浓缩便能得到枫糖。北美生产枫糖有300多年历史。方法是先在枫树上用机械钻孔，安装塑管收集汁液，再将汁液在制作坊里经过熬制、冷凝等处理程序，每50公斤汁液可获1公斤糖浆，再将糖浆加工成糖。褐色的食用枫糖浆还可以用于工业生产，如糖果加工、冰激凌配料、调味品及烟草湿润等。在枫糖节期间，热情的加拿大人会为游客表演精彩的民间歌舞，带领他们去欣赏美丽繁茂的枫林枫叶，参观枫糖的生产加工等。

116.加拿大的国家政权

［**词语**］Canada government type

［**含义**］加拿大的国家政权

［**趣释**］加拿大的政体为联邦议会制（federal parliamentary state），是遵循1931年英国政府威斯敏斯特条例（State of Westminster）中修订的“英属北美条约”规定而建立。该条约规定加拿大拥有自治权，加拿大的国家元首是英国女王伊丽莎白二世，由女王任命的总督代表女王行使权力。1926年以前，总督由大英帝国委派，任期5—7年。1926年以后，总督由总理推荐，英王任命，由英裔、法裔加拿大公民轮流担任。加拿大政府首脑为总理，由众议院（House of Commons）多数党

领袖或赢得众议院多数议员支持的人担任，并由总督任命。内阁（Cabinet），是加拿大中央政府，由内阁总理负责。按照惯例，组成内阁的各部部长必须是议会成员，而且大部分是众议员。经议会允许，各省至少有一名代表作为内阁成员。内阁成员在所有政府政策上必须意见一致，不支持该政策的部长必须辞职。政府各部是加拿大政府行政部门的职能机构。主要有外交部、财务部、国防部等20个部。各部部长对众议院负责。内阁作为一个整体也在政府的政策和行政方面对众议院负责。议会（Parliament）是加拿大的立法机构，由英王（总督代表）、参议院（Senate）、众议院组成。按照宪法规定，议会的主要职权是为政府制定法律。除财政议案外，参议院和众议院拥有相同的立法权。议会会议在渥太华（Ottawa）议会大厦举行，使用英语和法语两种法定官方语言。参议院现有104席，议席根据各省及地区人口比例和历史状况，按同等数量代表权原则进行分配，而不是按人口比例选举产生。议员由内阁总理提名，以总督及英王的名义任命。1965年6月2日前任命的参议员为终身制，此后任命的议员75岁退休。参议院的主要职权有立法权、评议权和调查权。担任参议员必须年满30岁，拥有4000元以上的财产。如果成为外国侨民、经济上破产、犯有严重罪行或连续在会期中缺席便失去参议员资格。众议院现有议员295个议席，众议员按人口比例直接选举产生。每届任期5年，但总理可以随时建议总督解散议会。众议院的主要权限除立法外，还有提出财政议案以及对文官弹劾的权力，还有权对政府实行监督。在大选中获得众议院多数议席的政党为执政党，其领袖由总督任命为总理，并负责组织内阁。议长（Speaker of the House）是众议院的主席和发言人，由总理提名，获得反对党领袖同意后，由全体议员鼓掌通过。众议院设有众多的委员会。众议院每年至少开一次会，会期长短不一。

117.加拿大的教育

［词语］education in Canada

［**含义**］加拿大的教育

［**趣释**］在加拿大，中小学大多数实行12年制，即小学7年、中学5年。但在安大略省（Ontario），中小学学制13年，魁北克省（Quebec）中小学学制11年。加拿大的小学有三类，即公立学校，通常是省立非宗教学校，实行免费教育；教会学校，亦称“分离学校”，由天主教教会开办并为教会服务，也得到公费资助；私立学校则是私人为了特定的教育或社会目的而开办的。大约有90%的小学生7年学完之后，进入5年制的中学。中学毕业之后要想上大学还得在普通高等学校或专业高等学院再上两年大学预科。在加拿大，“高等教育”的正式名称是“中学以上的教育”（post-secondary education）。主要有两类：第一类，社区学院（community college），也称“艺术和技术学院”（college of applied art and technology），简称CAAT。这是一种两年制大学，对学生进行职业或技术教育，只给文凭，不授学位。加拿大全国大约有200所这样的社区学院。第二类是省级授予学位的大学或学院，学制4年或4年以上，这样的大学全国有66所。在大学中，有些用英语上课，有些则英语、法语两种语言都用。

118.加拿大的美味佳肴

［**词语**］Canadian delicacies

［**含义**］加拿大的美味佳肴

［**趣释**］加拿大的饮食习惯接近美国，喜欢吃牛肉、鱼、

野味、蛋及蔬菜。口味清淡，几乎不吃辛辣菜肴。加拿大是个移民国家，所以可以尝到世界各地的名菜。风味独特的菜肴有因纽特人做的北极鲑鱼，西部的鹿肉、野牛肉、野生大米等具有印第安风味的食品。大西洋沿岸各省也有自己的名产，如马尼托巴省（Manitoba）有一种名叫威尼伯金眼睛（winnipeg goldeye）的鱼类，美味可口，通常以烟熏的形式保存；萨斯喀彻温省（Saskatchewan）有白鱼、小狗鱼、湖鳟和北美松鸡等；艾伯塔省（Alberta）则以其西部风味的牛排（beefsteak）[①]、牛肉馅饼而闻名；不列颠哥伦比亚省（British Columbia）则是以海鲜、大马哈鱼、大比目鱼和鲎等闻名；魁北克省（Quebec）有许多法裔居民，他们喜欢吃饭时有可口的汤，所以这里以豌豆汤和洋葱汤很有名。此外，枫树汁和俄卡（Oka）出产的干奶酪也是人们餐桌上的佳品。

①参阅315.西餐中的牛排。

119.加拿大的维多利亚日

［词语］Victoria Day

［含义］维多利亚日

［趣释］每年5月24日前的第一个星期一是加拿大一年一度的“维多利亚日”（Victoria Day）。维多利亚女皇（Queen Vitoria）是英帝国汉诺威王朝（House of Hanover）的最后一位君主。在她的统治下，大英帝国的疆土不断扩展。历史上把她在位的这段英国最强盛的时期称为“维多利亚时代”（Victoria）。维多利亚1819年生，1901年去世，一共生了9个孩子。她的大多数孩子都与欧洲其他王室联姻，拥有众多王子、王

孙和王室姻亲，她因此被誉为“欧洲的祖母”。“维多利亚日”是加拿大法定的12个公假日（public holidays）之一。1901年5月24日曾作为“帝国纪念日”（Empire Day）来庆祝，1958年将“帝国纪念日”改为“联邦纪念日”（Commonwealth Day）。1977年把“联邦纪念日”移到每年3月的第二个星期一，正式把“维多利亚日”放在5月份继续庆祝。在加拿大，只有两个节假日有官方组织焰火表演，那就是“维多利亚日”和国庆节“加拿大日”（Canada Day）①。

---

①参阅126.加拿大日（国庆日）。

120.加拿大的文官制度

[词语] Public Service System of Canada

[含义] 加拿大文官制度

[趣释] 加拿大与美国情况十分相近，属于后起的资本主义国家，没有漫长的封建专制历史，崇尚民主、自由、平等，是最早实行文官分类和功绩制的国家之一。加拿大的文官体系是根据“议会法”（Act of Parliament）于1882年开始建立起来的。1911年，职位分类法的先驱美国公司帮助加拿大文官委员会设计了规律的职位方案，奠定了加拿大文官制度和工资制度的基础。文官制度的内容包括任用制度、人事管理机构等。其目的在于协助政府行政部门制订和实施政策，其中包括50个部门，含20多万雇员，文官部公务员的权力和职责由成文法规定。公务员的任命和提升，建立在功绩制基础上，即根据申请者的知识、经验和能力录用最称职的候选人，功绩制为补充、雇用和提拔公务员制定了规则、政策、程序和细则。

121.加拿大的宗教

[词语] religion in Canada

[含义] 加拿大宗教

[趣释] 加拿大是一个宗教信仰自由的国家，没有具体信仰指定，支持宗教多元论。然而，多数人报告，他们信仰基督教[①] 。据2001年人口调查资料，占加拿大全国总人口72%的人以罗马天主教[②]和新教[③] 作为他们的宗教信仰。天主教、新教、东正教[③]的信仰者占总人口77%；伊斯兰教（Muslim）的信仰者占2%；犹太教（Judaism）徒占1.9%；佛教（Buddhism）徒1.0%；印度教（Hinduism）徒1.0%；锡克教信徒占（Sikhism）0.9%；没有宗教信仰者占16.2%。因加拿大是个移民型国家，来自世界各地的移民来到加拿大以后，不可避免地把他们的宗教文化带到加拿大，所以加拿大宗教信仰的种类十分繁杂，因而也不可避免地产生不同教派之间的宗教观念和利益的摩擦与冲突。加拿大作为法治程度比较高的国家，对宗教信仰自由给予充分保护，也承诺给予宗教多元论支持，但有些领域基督教还存在着很强影响。

---

①参阅101.基督教。 ②参阅295.天主教。 ③参阅353.新教。

122.加拿大国旗

[词语] Canadian national flag

[含义] 加拿大国旗

[趣释] 早在18世纪中叶，加拿大就沦为英国殖民地，100多年以后成为英国的自治领。1926年取得与英国平等的地位和外

加拿大国旗

交上的独立，1931年成为英联邦成员。加拿大在独立后的近100年来，一直没有自己国家的国旗，而是采用英国的“米”字旗（Union Jack）[①] 上加一面盾牌，充当自己国家的国旗。1921年11月21日，加拿大政府在制定国徽时建议以红、白两色为国家的颜色。这一建议得到英王乔治五世（George V）的认可，并由他宣布确认。枫树为加拿大国树，枫叶为加拿大民族的象征。1964年12月，加拿大议会通过法案制定国旗式样。加拿大国旗为长方形，旗面从左到右由红、白、红两种颜色组成。白色居中，呈正方形，两块红色的长方形分列白色正方形两旁。一片有11个角的红色枫叶位于白色旗面的中央。旗面上的白色代表加拿大广阔的国土，左右两条红色表示太平洋和大西洋。红色枫叶表示居住在这片富饶土地上的全体加拿大人。1965年2月15日中午12时，加拿大国旗替换英国国旗的升旗仪式在首都渥太华举行。加拿大人民终于在自己的国土上升起代表自己民族的国旗。

---

①参阅390.英国的“米”字国旗。

123.加拿大劳动节

［**词语**］Labour Day in Canada

［**含义**］加拿大劳动节

［**趣释**］加拿大劳动节是每年9月的第一个星期一。1872年4月14日，多伦多（Toronto）印刷工会为争取每周工作58小时而举行罢工已经为期3周了，这时多伦多贸易会又号召它所属的27个

工会示威游行，以支持印刷工会的行动。警察抓捕了工会的24名领袖。渥太华的7个工会组织，又在9月30日召集大规模游行，抗议警察局这次逮捕行动，迫使国会在次年通过一项法案，规定善待工会组织。此后，全加所有工会均提出9小时工作制的要求。由此,多伦多工会每年春天都举行节庆，纪念这次劳工运动的胜利。1882年，美国劳工联盟的创建者彼得·J·麦克圭尔（Peter·J·Mc Guire）应邀来多伦多市演讲，发现加拿大这个节日创意不错，回去后便在纽约实施美国的第一个（州立）劳动节。12年后，美国联邦统一设劳动节[①]，节期定在每年9月的第一个星期一。加拿大也于同年定这一天为劳动节。加拿大的劳动节往往标志着夏季的结束。

---

①参阅177.美国的劳动节。

124.加拿大人爱体育运动

[词语] Canadians and sports

[含义] 加拿大人与体育运动

[趣释] 加拿大人民酷爱体育运动。在冬季，人们喜欢滑雪、溜冰，或冰上溜石（curling）[①]等运动。夏季，人们则热衷于兜网球（lacrosse）[②]、棒球（baseball）[③]和高尔夫球（golf）[④]。加拿大体育运动在19世纪下半叶才迅速发展。1867年成立全国性体育组织“全国长曲棍球协会”，1877年成立第一个综合体育组织“蒙特利尔业余体育协会”（加拿大业余体育联合会的前身）。1961年成立加拿大体育咨询理事会。1968年，政府显著增加了体育经费，加强竞赛和群众体育、娱乐方面的工作。加拿大有50个主要运动项目经常进行单项的全国锦标赛，有的还

举行全国少年锦标赛。全国综合性多项的比赛有全国运动会、北极运动会和北方地区运动会等。加拿大有些运动项目在世界上颇具盛名。它的长曲棍球历史悠久，每个省、每个地区都有协会和会员。它的花样滑冰协会是世界最大的，有15万会员。它们在冰球、花样滑冰、速滑、滑雪、划艇、游泳等项目的国际比赛中，都曾经取得过好成绩。此外，一些群众性的体育活动，如长跑、慢跑、散步、自行车、越野滑雪、狩猎等近来都有广泛的开展。

---

①参阅54. 冰上溜石（冰壶）运动。 ②参阅74. 兜网球运动。
③参阅40. 棒球运动。 ④参阅84. 高尔夫球运动。

125.加拿大人与酒

［**词语**］Canadians and wine

［**含义**］加拿大人与酒

［**趣释**］加拿大人爱喝酒，大多数地区法定允许喝酒的最小年龄是19岁，但魁北克（Quebec）、马尼托巴（Manitoba）和艾伯塔（Alberta）是18岁。加拿大人爱喝酒，其中啤酒[①]和葡萄酒[②]最受欢迎。在夏季，啤酒是最畅销的酒精饮料。据加拿大统计局公布的资料，加拿大一年能消费88亿元的啤酒，占酒精饮料消费的46%；而葡萄酒作为一种健康酒也很受加拿大人的欢迎，每年消费都达几十亿加元。作为一个北美国家，加拿大人少不了北美人豪放、外向的一面，高中生、大学生聚集在一起喝酒是常见的事。加拿大的酿酒业很发达，加拿大的名酒，啤酒有莫尔森（Molson）和拉巴特蓝（Labatt's Blue），葡萄酒有安德鲁酿酒厂（Andres Wines）生产的雏鸭牌甜酒（Baby Duck）。此外，海勒姆·沃克父子酿酒厂（Hiram Walker and Sons Winery）生产

的威士忌酒（Whisky）[3] 也很有名。

---

①参阅232. 啤酒漫谈。　②参阅234. 葡萄酒。　③参阅304. 威士忌和白兰地。

126.加拿大日（国庆日）

[词语] Canada Day

[含义] 加拿大日；加拿大国庆日

[趣释] 每年7月1日为加拿大国庆日。加拿大原为印第安人（Indians）[1]和因纽特人（Inuit）[2] 居住地。16世纪起，法、英殖民者竞相在加拿大建立殖民地，后来经“七年战争”，法国殖民者被逐出加拿大。1867年7月1日，英国议会通过“不列颠北美法案”，将加拿大省、新不伦瑞克（New Brunswick）、新斯科舍（Nova Scotia）合并成一个联邦，成为英国的一个自治领（dominion）。1870年至1949年，加拿大其他省陆续加入联邦，1953年加拿大成为英联邦成员国，其议会也获得了同英国议会平等的立法权。后来，7月1日被定为“加拿大日”（Canada Day），成了加拿大的国庆日。

---

①参阅47. 北美土著印第安人。　②参阅46. 北美土著因纽特人。

127.见面称呼的礼仪

[词语] addressing

[含义] 称呼

[趣释] 在西方国家的交际场合，得体的称呼（addressing）至关重要。错把一个未婚女士称为“夫人”不妥，把一位大学

教师称作“先生”也同样不合适。在正式场合，成年男性，不论婚否，都可称“先生”（Mister），缩写为Mr.。在美国，12岁以上的男子就享有先生的称号；对已婚女士称“夫人”（Mistress），缩写Mrs.；未婚女士称“小姐”（Miss），女孩子一般成年后才被人称“小姐”。对不清楚已婚或未婚的女性都可以称“女士”（Madame）。“先生”“小姐”“夫人”“女士”等称谓可以加上职务称呼。如Mr.Mayor（市长先生），Miss Secretary（秘书小姐），Madame President（校长女士）等。对有职务或学衔的人，如医生、教授、法官、律师或博士等，要将他们的职务、学衔和姓氏连在一起称呼。如：Doctor Rowley（罗里医生）、Judge Smith（史密斯法官）、Dr.Ross（罗斯博士）等。助理医生称“医生”，副教授称“教授”。在英国对内科医生称Doctor（医生），对外科医生则称Mister（先生）。值得注意的是，在用Mr.（先生）、Mrs.（夫人）、Miss（小姐）、Ms.（女士）或Dr.（博士）、Prof.（教授）等称呼时，必须使用全名（full name）或女生用姓氏（surname/family name），而不能单用名（first name/given name）。对于比较亲近或熟悉的亲戚朋友，人们习惯称呼他们的名字。如：Richard（理查）、Jane（珍妮），以显得亲切。但是，对年纪比自己大得多的长者直呼其名，则是不礼貌的。另外，即使是熟悉的亲朋，在比较正式的场合向第三者介绍时，最好还是在他或她的姓氏前加“先生”“小姐” 或职务、学衔为好。如：This is Mr.Richard Smith（这是理查·史密斯先生）；This is President Jane Mitechell（这位是珍妮·马歇尔校长）。

128.教父和教母

[词语] god father and god mother

[含义] 教父和教母

[趣释] 新生儿的父母所信奉的宗教要求孩子有教父母（god parents）的，则应在举行洗礼（christening）① 仪式之前，征求有关人的同意，把教父母定下来。有时，在婴儿出生之前，就已把教父母定好了。在美国，基督教、新教、天主教孩子只有一个教父和一个教母，但在英国，按国教（Church of England）② 的传统，男孩需找两个教父、一个教母；女孩要找两个教母、一个教父。天主教规定，天主教徒不能担任异教的教父母，天主教也要求信奉天主教的孩子的教父母，必须是天主教徒。教父、教母必须出席孩子的洗礼仪式，如果不能出席应找人代替。教父、教母不是夫妻，也没有抚养孩子的义务和责任。但作为教父母的人，应是孩子家庭的挚友，因为教父母在道义上对婴儿负有重要责任。他们要关心孩子是否得到良好的宗教教育，他们也像其他亲属一样关心这个孩子的健康成长，每到孩子生日或圣诞节，要给孩子赠送礼物，直到孩子成人。因此，孩子的父母总是在自己认为正直可靠、值得信赖和尊敬的朋友中找教父、教母。被邀请给孩子当教父、教母的朋友认为这是很大的荣誉，通常要为孩子准备一件有意义的礼物：一件首饰或一把银匙。银匙寓示孩子一生富有，因为英语中有“born with silver spoon in one’s mouth”（生来富有）之说。孩子在成年之前如果丧失父母，收养孩子的义务应由孩子的监护人（guardian）负责，如果教父、教母与孩子的父母关系十分密切，也可以提供一些力所能及的帮助，他们的责任主要是在道义上的。

---

①参阅94.孩子的洗礼。 ②参阅398.英国国教会。

129.接受邀请与赴约

[**词语**] accepting or declining an invitation

[**含义**] 接受或拒绝邀请

[**趣释**] 当被邀请者受到邀请后，应尽快表明是接受邀请（to accept the invitation）或是因故婉拒邀请（to decline the invitation）。因为邀请者必须根据嘉宾接受邀请的情况作出安排。如果是隆重宴会、仪式，还要根据来宾的情况安排席位或座次。正式的邀请使用第三人称写的请柬，受邀者应用第三人称写回复寄给邀请者，或交给送请柬的人带回①。非正式的邀请，受邀者可用第一人称，写便函或打电话回复邀请者。在电话中，接受邀请可以说："Sure，I love to."（好啊，我很愿意去。）如果非正式的邀请，电话里没有提到准确的时间，可在接受邀请的回复中加以明确："Sure，that sounds great，but what time should I show up？"（太好了，我当然会去。我该什么时候到？）如果因故婉拒邀请可以说："I'd love to，but I'm afraid I can't.I have a headline to meet."（我很乐意去，但恐怕不能。我得干活。）或是："That's very kind of you，but I regret that a previous engagement prevent me from accepting."（太谢谢你了，但因有约在前，很抱歉无法应邀。）在英美等国，接受邀请而又无故爽约，拒绝邀请而又贸然赴约，都是应该避免的失礼行为。应邀之后，要准时前往。但到朋友家做客，一般不提前到达，推迟10至15分钟到达为好。早到达，会给女主人带来不便。如果因故在规定时间20分以后才能到达，要打电话通知邀请者，免得其他客人久等。赴约时，应按请柬注明的要求着装②。如果请柬或电话中没有明确要求，自己又没

有把握和大家着装保持一致，可以打电话征求邀请方的意见。如果是出席亲友家宴或聚会，带上一束鲜花，一瓶好酒，或是给女主人的一件小礼物是受欢迎的。

①参阅375.邀请与请柬。　　②参阅426.英美人社交场合的着装要求。

130.节礼日

[**词语**] Boxing Day

[**含义**] 节礼日

[**趣释**] 英国的节礼日是英国传统法定假日。时间为圣诞节（Christmas）① 后的第一天，即12月26日。如遇星期日，则推迟一天。按照从前的习俗，在这一天要向仆人、邮递员或推销商赠送“圣诞节节礼”，通常又把放“节礼”的小盒子（box），称为“圣诞盒子”（Christmas box），故这一天被称为Boxing Day。意思是“礼物装进盒子的日子”（putting gift in boxes day），或“赠盒日”（giving box day）。现在人们仍旧会给经常上门服务的人员，如垃圾清理工、报童、邮递员等赠送节礼。目前，世界上有40多个国家有节礼日，有的由教堂向穷人施舍，有的向邮递员和雇员等分发赏金。

①参阅265.圣诞节。

131.结婚周年纪念日及纪念品

[**词语**] wedding anniversaries

marriage anniversaries

[**含义**]结婚周年纪念日

[**趣释**]英国、美国、加拿大、澳大利亚、新西兰等英语国家对结婚周年纪念日非常重视。他们为婚后每个周年纪念日都分别取了有趣的名称，而且互赠的纪念品也有一定之规。第一周年纸婚（paper wedding），纪念品为挂钟（clocks）；第二周年棉婚（cotton wedding），纪念品为瓷器（china）；第三周年皮革婚（leather wedding），纪念品为水晶或玻璃器皿（crystal/glass）；第四周年毅婚或果婚、花婚（fruit/flower wedding），纪念品为家用器具（appliances）；第五周年木婚（wood wedding），纪念品为银器（silver）；第六周年铁婚或糖婚（iron/sugarcandy wedding），纪念品为木器（wood）；第七周年羊毛婚（woollen wedding），纪念品为文具（stationery）；第八周年盐婚（salt wedding），纪念品为亚麻布制品或花边（linens/laces）；第九周年柳婚或巾婚（table napkins wedding），纪念品为皮革制品（leather）；第十周年锡婚（tin wedding），纪念品为镶钻珠宝（diamond jewelry）；第十一周年铜婚（copper wedding），纪念品为时髦珠宝（fashion jewelry）；第十二周年绕仁婚（即麻纱婚）又称丝绸婚（silk & fine linen wedding），纪念品为珍珠（pearls）；第十三周年花边婚（lace wedding），纪念品为纺织品或毛制品（furs/textiles）；第十四周年象牙婚（ivory wedding），纪念品为金首饰（gold）；第十五周年水晶婚（crystal wedding），纪念品为手表（watches）；第二十周年瓷婚（china wedding），纪念品为白金制品（platinum）；第二十五周年银婚（silver wedding），纪念品为银器（silver）；第三十周年珍珠婚（pear wedding），纪念品为珍珠或宝石（pearl/gem）；第三十五周年珊瑚婚（coral wedding)，纪念品为玉器（jade）；第四十周年红宝石婚（ruby wedding），纪念品为红宝石（ruby）；第四十五周年蓝宝石婚（sapphire wedding），纪念品为蓝宝石（sapphire）；第五十周年金婚（gold wedding），纪念品为金器（gold）；第五十五周年绿宝石婚（emerald wedding），纪念品为纯绿宝石翡翠（emerald）；第六十周年钻石婚（diamond wedding），纪念品为钻石（diamond）；第六十五周年蓝宝石婚（blue sapphire wedding），纪念品为蓝宝石（blue sapphire）；第七十周年白金婚（platinum wedding），纪念品为白金制品（platinum）。其中，二十五周年的银婚和五十周年的金婚是两次隆重的大典。可以看出，这些名称象征夫妻感情随岁月的推移，一年坚似一年，一年比一年珍贵。在英美等国，每逢这些纪念日，夫妻常常互赠纪念品，并说一些相互赞美和致谢的话，使对方感到欣慰。

注：英语结婚周年纪念日的名称大致相同，但并不完全一致。作者编写此文时，所参考的五六种资料中，竟无两种完全一致。

132.解读英美人交际中的身势语

[**词语**] body language

[**含义**] 身势语；体态语

[**趣释**] 身势语，又称体态语，是指用以同外界交流感情的全身或部分身体的反射或非反射动作。它属于副语言（paralanguage）或非语言交际（nonverbal communication）范畴。人的姿势（posture）是指人的身体所呈现的样子。人类基本姿势大致相同或相似，但隶属不同文化的人的相同姿势，往往有着不同含义的暗示。据西方身势语研究学者的研究，英语国家的人有几种常见的姿势，每种姿势发出几种信号。

图1

图2

图3

图4

1. 英美人常见的4种姿势：图1表示莫名其妙、疑惑或无可奈何、屈从、漠不关心。图2表示漫不经心、厌烦或自满心理。图3多为女性表示害羞、忸怩、谦恭或悲哀。图4有傲慢、威胁的感觉，有时又表示怀疑、犹豫和冷淡。

2. 英美人具有文化含义的姿势。在立姿中，英美人有几个典型的姿势值得说明。图5解开上身外衣，撩在臀部，双手叉腰。这是直接进犯无所畏惧的姿势，因为他毫无顾忌地暴露了心脏和咽喉。图6把拇指插在皮带或裤兜里，这是暗示性侵的姿势；也是美国中西部枪手展示男子气概的姿势。穿长裤的女性有时也会使用这一姿势。手臂是准备姿势，正好形成指示，来强调生殖部位。用这种姿势可以显示无所畏惧，向异性

图5

图6

侵犯的态度。图7把手放在腹部或拇指插在腰带里，一只脚斜站着，这是互相打量的典型姿势。态度可能友善，但气氛并不轻松。图8两人面对面牢牢地站着，两者双手放在腹部，双目怒视对方，这是打斗即将发生的姿势。

图7

图8

在走姿中，英美人走路的特点是大小腿笔直，好像没有膝盖。美国人走路的姿势就像脚下的土地归他们所有一样；英国人走路的样子就像是不屑于理解谁是他脚下土地的主人，傲气十足。英语国家的人在社交和工作场合，不论事情如何紧急，都避免跑步，认为跑步是不雅的。在坐姿中，分严肃坐姿和随便坐姿。严肃坐姿一般用于正式场合。男子上身挺直，双腿微微分开，以显得自信和豁达；女性上身端直，膝盖并拢，以示端庄。英语国家的人平时的坐姿比较随便，美国人尤为突出。教师讲课时可以坐在讲台上；经理、老板在自己的办公室里，可以把脚放在办公桌上。当然，如果认为英美人坐姿在所有场合都是随便的也不对。用餐时，两只手放在桌边上的坐姿，被认为很不文雅；求职面试时，求职者的坐姿就要很有规矩；男女坐在一起时，女性坐姿不能过于随便，否则会引起不必要的误会。如图9女性盘腿而坐，通常被认为是最具挑逗性的坐姿。将一条腿压在另一条腿下，用膝指向某人，可能是无意识的放松动作，也可能是有意识的性挑逗。图10在男士面前撩裙子，慢慢地交叠又打开双腿以及用手抚摸大腿的动作，会被看成是性挑逗的动作。图11女性在男

图9

图10

图11

性面前架着腿，玩弄鞋子，可能是一种放松的无意识动作，但鞋子一进一出又给人以性的暗示。这3种坐姿在有男士在场的情况下，西方女士是会极力避免的。英美人不习惯蹲姿，认为这是不雅的姿势，只要有可能，他们不是跪着，就是坐在地上。女性穿裙时，更是避免下蹲。如果真要下蹲，她们也会设法用裙子盖住双膝，以维护自己端庄的形象，绝对不会采取将裙子紧紧夹在双腿之间的不雅动作。

---

①参阅135. 解读英美人手指动作的含义。 ②参阅133. 解读英美人臂部动作的含义。

133.解读英美人臂部动作的含义

[词语] arm gesture

[含义] 臂部动作

[趣释] 臂部动作所表达的含义是身势语（body language）[①]的组成部分之一。1. 英美人在站立或行走时，双臂放在身后，往往表露出他的心情。图1用一只手握住另一只手掌，显露出他的优越感或自信心。这是警察巡逻、校长巡视校园、有权势的军政人员常见的姿势。图2用一只手握住另一只手的腕部，表示受挫或感情自我控制。图3用另一只手握住另一只手的肘部，表示他在控制

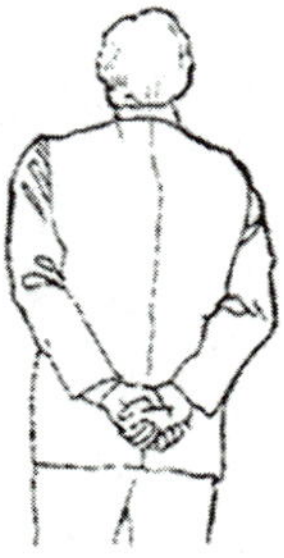

图1

图2

图3

自己的情绪，握住的部位越高，心中的愤怒或紧张情绪越强烈。2. 英美文职人员在升旗仪式行注目礼时，将右手掌心按在左胸上。3. 英美人将双手置于胸前的基本含义是坦诚。图4双手放在胸前，表示诚实、恳切或无辜。图5双手小臂在胸前交叉或用右手在左胸上画十字来表示坦诚、诚实。4. 西方人高举双臂，双手在头上方相握，前后摇动表示胜利者的高兴。这个动作来源于拳击比赛中

图4

图5

裁判员握住优胜者的手高举过头的动作，现已成为运动员取得冠军后向观众表示的习惯动作。而对东方人（包括中国、日本、俄罗斯等国）来说，这是在向欢迎或欢送的人群致谢时的动作。由于东西方人们对同一动作的不同理解，极易引起误会。据说，当年苏联领导人赫鲁晓夫（Khrushchev）访美时，在飞机旋梯上向前来欢迎的美国人曾做了这样一个动作，结果激怒了美国人，以为赫鲁晓夫有意向美国人示威。5. 英美人宣誓时，右臂高举，右手手掌摊开，掌心向外，左手有时放在《圣经》上。手掌摊开表示真诚、忠诚、和顺。[②] 6. 双臂向两侧平伸，上下拍打的动作，英美人除表示“起飞”外，还喻指同性恋。7. 英、美、加等国人面对

图6

开来的汽车右手握拳，翘起拇指向右肩后晃动表示搭车，但澳大利亚和新西兰人将这一动作视为淫荡之举。8. 图6掌心向外，小臂在胸前交叉，然后张开至1米左右，表示“完全不是那么回事”或“绝对不行”。如果双臂在腰部交叉，然后放下向两侧伸去，则表示“完了”。9. 英美人表示没有钱时，男子往往将两边衣袋翻过来给人看。

---

①参阅132. 解读英美人交际中的身势语。　②参阅136. 解读英美人双手动作的含义。

134.解读英美人面部动作的含义

[**词语**] face gesture

[**含义**] 面部动作

[**趣释**] 面部动作所表达的含义是身势语（body language）[①]的组成部分之一。1. 英美人在说谎时自觉或不自觉有以下4种动作：图1用手捂嘴。图2用食指横向擦鼻子。图3用食指擦眼部下方。图4用手拉拉衣领。用食指捂嘴或擦鼻都有隐匿谎言的意思，擦眼视对方、拉衣领也是试图掩盖谎言。中国人在对人讲

图1

图2

图3

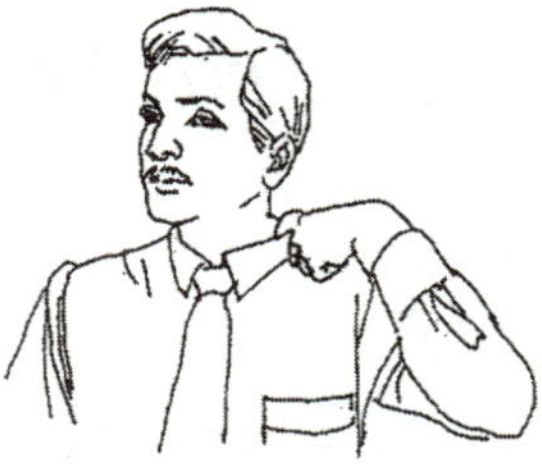

图4

图5

话时，为了防止唾沫外溅或口臭袭人，爱用手捂嘴，结果往往被英语国家的人误以为他们在撒谎。2. 英美人对别人讲话感到怀疑时的常见动作有：图5抓耳朵、用手指掏耳朵、摩擦耳背或拉耳垂等耳部动作，这些动作表示“已经听够了”。图6用手搔脖子或耳部下方，每次5下，以表示怀疑。3. 英美人对事物进行评估时的常见动作有：图7一手轻握成拳状贴在脸颊处，食指伸向上方。图8如果对评估的事物感兴趣，会用手掌支撑头部。如果对评估的事物持负面态度，会用拇指支撑下巴。4. 英美人在思考或做决定时的动作是抚摸下巴，戴眼镜的常把一条镜架腿放进嘴里，也有人会把钢笔或手指放在嘴唇上轻擦。

图6

图7

图8

①参阅132. 解读英美人交际中的身势语。

135.解读英美人手指动作的含义

[**词语**] fingers or thumb gesture

[**含义**] 手指动作

[**趣释**] 手指动作的含义属于人们通常所说的手势语（gesture），而手势语是身势语（body language）①的组成部分。英美人常用单个或多个手指来表达约定俗成的意思，有些与中国人所表达的意思相同，有些则完全不同。了解这些手势，对于增进理解、避免误会大有好处。1.英美人将食指贴着嘴唇发出嘘嘘声，以示让人安静。2.英美人舔湿食指在风中举起，似测风向，以此喻指见风使舵者。3.不停地转动手指上的戒指，表示情绪紧张或不安。4.食指朝上向里勾动，或是四指并拢，掌心向上，向左朝自己方向勾动，是指招呼他人过来；掌心朝下向自己方向招动，是指招呼幼儿和动物过来。中国人的动作正好相反，招呼成人掌心向下，招呼动物和幼儿则掌心向上。这样双方极易造成误解。5.英美人用食指指左手婚戒（wedding ring）②表示自己已婚。6.手心向外，用食指和中指构成V字，表示胜利。如果掌心向内这一动作可能理解为淫荡辱人的下流动作，意思接近“你老婆有外遇了”（You have horn; your wife is cuckolding you.）。7.用食指在太阳穴处画一圈，表示疯了或太古怪了。而中国人做这动作是指让人动动脑子。8.用大拇指按在桌子上，有时上下挑动，表示已完全控制了某人。英美国家的人用大拇指表达的含义还有：用拇指指人往往有嘲弄的意味；挑起大拇指，表示赞扬，挑起两个大拇指，表示加强赞扬的程度；用双拇指朝下，表示用剑向下猛刺，喻指死亡。现在则多表示否定，坏或不，不同意、不喜欢等意思。9.英美人表示“我”“本人”时，用拇指或食指指自己胸部。10.用拇

指、食指和其他三指构成OK的手势，已为中国人所熟悉，但这一手势在各种文化中含义较为复杂，在英语国家以外的地区，没弄清当地风俗之前，以不用为好。据说，美国总统尼克松（Richard M.Nixon）有次去巴西访问，下飞机时举手做出表示OK的动作，结果惹怒了巴西全国。因为这一手势在巴西被视为下流动作，结果，美国人不得不向巴西人道歉。

---

①参阅132.解读美国人交际中的身势语。 ②参阅243.趣话婚戒。

136.解读英美人双手动作的含义

［**词语**］hands gesture

［**含义**］手部动作

［**趣释**］双手动作的含义也属于人们通常所说的手势语（gesture）。手势语是身势语（body language）[①]的组成部分。在西方，摊开手掌表示真诚、诚恳、忠贞和顺从。所以，西方人宣誓时，手掌摊开[②]，中国人宣誓紧握拳头。在平时的基本手势中，手心朝上表示真诚或顺从，朝下表示压抑。双手手势表示的意思有：1.扬扬自得或紧张不安。图1两手手指相钳，两个拇指相互搓动，表示扬扬自得、闲极无聊、紧张不安或极不安。2.受

图1

图2

图3

挫、敌视或情绪欠佳。两手手指相钳，表示受挫或敌视，有图2在脸部面前、图3在桌面、图4在大腿（站立时在裆部）3个位置。位置越高，情绪越不好。3. 过于自信或听取别人意见。以双手手指搭成塔形，这是一种悠闲自在、不拘礼节的姿势，给人以负面印象。图5在身份不平等的人面前，表现出居高临下、过于自信的态度耸立的塔尖塔形，用于发号施令。图6放低倒立的尖塔形，表示

图4

图5

图6

听取别人的意见。4. 地位优越或防卫、显示地位。图7英美人双手插在裤子后口袋露出拇指，或图8双手插在牛仔裤前口袋露出拇指显示优越的态度。图9双手环抱双臂，同时拇指朝上，则表示防卫或显示地位。5. 不存在或已穷尽。双手向前伸出，手掌翻动几下

图7

图8

图9

图10

图11

图12

或双手向前摊出，表示“没有了”。6. 刮臊或耻笑。英美人在表示“真丢脸”或“没羞没臊”时，对着讽笑的对象，用右手食指在左手食指上一下一下平削，而中国人则用食指刮刮脸皮。7. 祷祝或祝愿。图10英语国家的人用两只手（也可以一只手）食指与中指交叉举在胸前，表示“但愿如此”或“祝你成功”。8. 懊恼或后悔。图11英美人表示懊恼、后悔时，习惯用右手握拳敲击左胸、用掌拍前额或如图12用手掌摩擦颈背。9. 礼貌示意或胁迫支

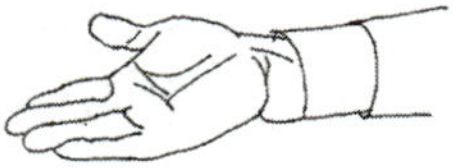

图13

图14

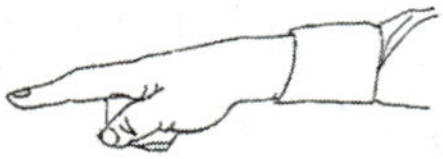

图15

配对方。英美人用手指示时，极为讲究掌心的朝向。图13手心向上时，表示态度礼貌诚恳。图14手心向下时会激起对方反感。图15手心向下，握拳伸出食指，大有迫使对方服从之势，最容易激怒人。10. 撤离或驱赶。图16英美人轻蔑地示意他人走开时，左臂侧身下垂，右手掌心向里，手指反复向外“扫”。此外，

图16

英美人双臂在身前上下挪动，勾画女子身体轮廓，表示“美人”“女人”。

①参阅132.英美人解读交际中的身势语。　②参阅133.解读英美人臂部动作的含义。

137.解读英美人头部动作的含义

[**词语**] head gesture

[**含义**] 头部动作

[**趣释**] 头部动作所表达的含义是身势语（body language）[①]的组成部分之一。1.英美国家的人常用扬头的动作招呼人过来或指方向。做法是将头猛地向所指的方向摆动一下。2.英美人常用前额和下巴指点方向。用下巴指点时，不像中国人那样振起双唇，而是下颚撅起。3.英美人表示愤怒、失望、厌烦、急躁时，会扬一下头，眼珠向上或一侧转动，嘴上发出“咂咂”声。4.英语国家的人跟熟人打招呼时，常常是朝对方扬一下头。他们认为这样更友善、更随和、更平等。不过，英国人跟熟人打招呼只是抬抬眉毛，澳大利亚人朝熟人打招呼时常常只朝对方挤一下左眼[②]。5.他们将头左右摇摆表达多种含义：表示“也许”“差不多”“马马虎虎”“不太清楚”等意思，或表示犹豫不决、同性恋等。6.英美留披肩发的青年女子由于头发常常披散至脸部，往往有一个习惯动作，头向后一扬，将头发甩到脑后，并用手拂一下。这种下意识的动作一般没有什么含义。但在特定场合下，可能表达自鸣得意的心情或是向对方求爱的表现。

①参阅132.解读英美人交际中的身势语。　②参阅20.澳大利亚人挤眼示意和勾指礼。

138.解读英美人腿部动作的含义

[**词语**] legs gesture

[**含义**] 腿部动作

[**趣释**] 腿部动作是人的各种姿势（posture）的组成部分，腿部动作所表达的含义，也自然是身势语（body language）[①]的组成部分之一。1. 英美人在站立时呈现两种基本姿势，体现站立者的两种心态：图1双腿交叉，是一种自我保护或封闭防御的姿势，多用于在陌生人的面前。图2双腿和双臂张开，脚尖指向谈话对方，是一种友好交谈的开放姿势，多用于朋友与熟人之间。

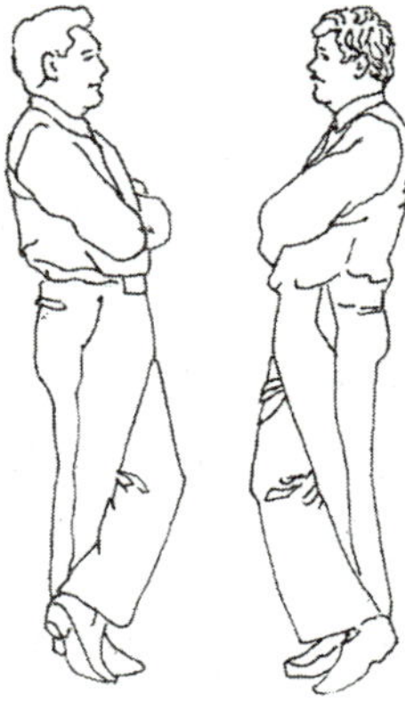

图1

图2

2. 英美人叠腿坐姿与一定的面部表情配合，表达各种不同的情绪。图3“4”字形搭腿坐姿往往是辩论或竞争的姿势。图4“4”字形坐姿，再用手扣住一条腿，给人以固执己见的感觉。图5女性交叉双臂和双腿坐着的姿势，给人以心情不愉快或生气的感觉。3. 英美女子在一定环境中，如图6、图7、图8，勾腿或双踝交叉

图3

图4

图5

图6

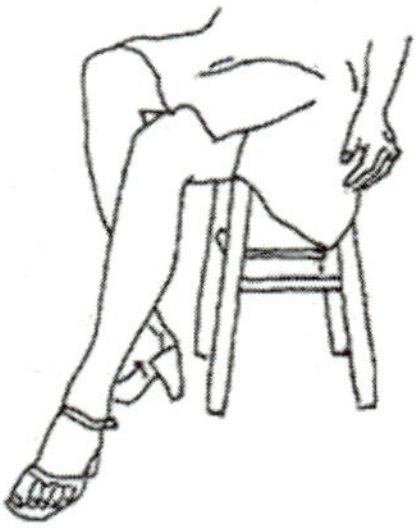

图7

图8

的姿势，是拒绝、封闭、差怯或是控制紧张情绪、恐惧心理的表现。4. 英美人坐着无意识地抖动小腿或脚后跟，往往被视为烦躁不安、强压冲动、情绪沮丧或气恼发怒的表现。他们认为，这是没有完全控制自己情绪的无意识流露。而中国人做这种动作时，是悠闲自得的表现。

①参阅132. 解读英美人交际中的身势语。

139.解读英美人眼部动作的含义

［**词语**］eyes gesture

［**含义**］眼部动作

［**趣释**］人的各种眼部动作构成各种面部表情（facial expressions），自然眼部动作的含义也是身势语（body language）①的组成部分之一。1.英美人在交谈中目光交流时间长，而且频繁。他们认为缺乏目光交流就是缺乏诚意，为人不实、逃避、推托或羞怯。中国人出于礼貌，往往避免过长时间盯着对方；英美人则认为目光躲闪是瞧不起自己。2.英美人终止回顾目光，通常是目光下垂，表示谦逊、遵从或恭敬。中国人，特别是年轻女子，在长辈和领导面前，常有这种表现。英美人对中国人的做法难以理解，甚至认为女子目光下垂是中国大男子主义的间接凭证。3.英美做报告的人在讲演过程中，常常扫视会场，听众则以目相迎，表示他们全神贯注地听讲。中国人听报告有时回避目光交流，若英语国家的人做报告，会被误认为是拒而不听，是对做报告人的蔑视。如果听完报告后，听众又不积极提问就更加深了做报告者的误解。4.英美国家的人对围观现象甚为反感。他们认为围观外国人是把外国人当作动物一样观赏，是难以忍受的无礼表现。5.英语国家的女子见陌生人看她时，不像中国女子目光马上移开，她们不但有回顾目光，而且比中国女子对视的时间长，中国男子切不可因此误解以为对方对自己有好感。

---

①参阅132.解读英美人交际中的身势语。

140.金酒和伏特加酒

［**词语**］gin and vodka

［**含义**］金酒和伏特加酒

［**趣释**］1.金酒（gin），又名杜松子酒（geneva），最先

由荷兰生产，在英国大量生产后闻名于世，是世界第一大类烈酒。它在世界上的名字很多，生产的国家有：荷兰、英国、美国、法国、比利时、德国等。金酒以大麦芽与稞麦等为主要原料，配以杜松子酶为调香材料，经发酵后蒸馏3次获得的谷物原酒，然后加杜松子香料后再蒸馏，最后将蒸馏得的酒贮存于玻璃槽中待其成熟，包装时再稀释装瓶。最初制造这种酒是为了帮助在东印度地域活动的荷兰商人、海员和移民预防热带疟疾病，作为清热、利尿剂使用。不久，人们发现这种利尿剂香气很和谐、口味协调、醇和温雅、酒体洁净，具有净、爽的自然风格，很快就被人们作为正式的酒精饮料饮用。金酒按口味分为辣味金酒（千金酒）、老汤姆金酒（加甜金酒）、荷兰金酒和果味金酒（芳香金酒）四类。2. 伏特加酒（vodka）以稞麦、大麦、小麦、玉米等谷类或马铃薯为原料，经过粉碎、蒸煮、加麦芽糖化、发酵和蒸馏制成高达95° 的酒精，再用蒸馏水淡化至40° 至60° ，并经过活性炭过滤，使酒质更加晶莹澄澈，无色且清淡爽口，使人感到不甜、不苦、不涩，只有烈焰般的刺激，形成伏特加酒的独特风格。“伏特加”源于俄文“生命之水”一词中“水”的发音“voda”。约14世纪开始成为俄罗斯传统饮用蒸馏酒，但在波兰有更早饮用伏特加的记录。俄罗斯是最早生产伏特加酒的国家，现在德国、芬兰、波兰、美国、日本等国也能酿制优质的伏特加酒。伏特加酒原始工艺由意大利的热那亚（Genoa）传入，但由于当时莫斯科（Moscow）大公为了保护该国的传统名酒的生产和销售，禁止民间饮用伏特加酒，当时它只是上流社会贵族的宠儿，直到1654年，伏特加酒才在民间流传开来。伏特加酒经历了漫长的历史，紧密地和俄罗斯人民结合在一起，同时也表现着俄罗斯民族的性格。各国生产的伏特加酒牌子很多，以伏特加酒为基酒调制成的著名的鸡尾酒有：黑俄罗斯（Black Russian）、螺丝钻

（Screw Driver）和血玛丽（Bloody Mary）等。金酒和伏特加是世界六大类烈酒[①]中的两类。

①参阅333.西方人的“生命之水”：酒。

141.举荣圣架节

[词语] Exaltation of the Holy Cross

[含义] 举荣圣架节；圣十字架节

[趣释] 举荣圣架节是基督教节日，是为纪念罗马皇帝君士坦丁大帝（Constantine）和母亲发现“真十字架”而设。节期天主教定为9月14日。君士坦丁大帝（306—337年在位）是凯撒大帝的父亲。相传他看见显现的十字架[①]之后，随即与母亲海伦娜（Helena）皈依基督教，并且还亲自于326年前后前往耶路撒冷（Jerusalem）。海伦娜在朝拜圣地时，寻得耶稣被钉死于其上的“真十字架”（True Cross）。此后，这个十字架被视为圣物，其碎片被人频繁交易并精心收藏。为了得到和保存此物，历史上曾多次发生战争。天主教定每年的9月14日为“举荣圣架节”（Exaltation of the Cross），是该教的十二大节日之一。东正教的举荣圣架节由于教历的差异，实际上相当于公历的9月26日或27日。“举”（exaltation）意为“尊崇”“赞颂”；“荣圣架”指耶稣被钉于其上的“真十字架”。“举荣圣架”意为尊崇或赞颂“真十字架”。为纪念耶稣受死的十字架，基督教已将每年的9月14日定为“圣十字架节”（Exaltation of the Holy Cross）。

①参阅161.漫话十字架。

142.咀嚼的树脂：口香糖

[词语] chewing gum

[含义] 口香糖

[趣释] 口香糖，是一种用树脂和一些可塑性不溶于水的物质调制成的食品，咀嚼时有甜味和芳香气味。自古以来，地中海（Mediterranean Sea）一带的人民就有咀嚼乳香树的甜树脂，用以清洁牙齿清爽气息的习惯。19世纪60年代，美国纽约（New York）哈德逊（Hudson）河口西南的斯塔顿岛（Staten Island）上有位流亡的墨西哥将军安东尼奥·洛佩斯·德·圣安纳（Antonio Lopez de Santa Anna）过着流亡生活，为打发时间，他每天咀嚼随身携带的大量的糖胶树脂。后来，他把这种树脂交给发明家托马斯·亚当斯（Thomas Adams），1871年制出第一批无味的糖树脂小球，以后又推出几种口香糖。19世纪90年代，一位推销商小威廉·里格利（William Wrigley, Jr.）推出新口味口香糖，并且靠其聪明的推销办法使口香糖流行起来。现在的口香糖为一种柔和的人造聚合物——聚醋酸乙烯酯，无臭，无味。

K

143.咖啡漫谈

［**词语**］coffee

［**含义**］咖啡

［**趣释**］咖啡（coffee）与茶（tea）①、可可（cocoa）②并称为世界三大饮料。咖啡树是热带、亚热带的常绿小乔木或灌木，叶卵形，花白色，结深红色浆果，有小果、中果、大果多种咖啡。其种子称咖啡豆，焙熟后碾成粉，即可煮或冲饮用。在希腊语中“Kawah”（咖啡）的意思是“力量与热情”。英文coffee一词源于非洲埃塞俄比亚的一个小镇卡法（Kaffa）。传说，有个牧羊人偶然发现他的羊蹦蹦跳跳，兴奋异常。他仔细一看，原来是羊吃了一种红色果子才导致如此异常。他采了一些这种果子回家熬煮，没想到满屋芳香。他服用了一些汁液，顿觉精神振奋，神清气爽。从此，这种果子就被人们作为一种醒脑饮料来服用。古时阿拉伯人把咖啡豆晒干后熬煮作为胃药来服用，认为它有助消化，后来发现它还有醒脑的功能，于是就用它来取代酒精饮料，因为伊斯兰教（Islam）是严禁穆斯林饮酒的。16世纪早期，商人将咖啡作为一种新型饮料引入西方的风俗和生活之中。17世纪上半叶，荷兰人、法国人、英国人、西班牙人和葡萄牙人开始

侵占亚洲和美洲热带咖啡种植区。现在世界三大主要咖啡产区是：非洲、印度尼西亚和中南美。世界上有50多个国家种植咖啡，巴西的咖啡产量占世界一半以上。也门是世界上第一个把咖啡作为农作物来种的国家，咖啡花是该国的国花。目前，咖啡在国际上的交易总额仅次于石油，足以说明它在世界人民日常生活中的地位。饮用咖啡要注意如下禁忌：咖啡不能与茶同时服用；儿童和孕妇不宜饮用；咖啡会加剧高血压；有可能形成消化道溃疡病的危险因子；诱发骨质疏松；过度饮用咖啡，能够导致咖啡因中毒。饮用咖啡的益处是：可以促进代谢机能，活络消化器官，对皮肤有好处，咖啡有解酒的功能，可以消除疲劳，防止射线伤害；咖啡具有抗氧化、护心、强筋骨、活血化瘀、息风止痉的功能。英语国家人们喝咖啡加糖和牛奶，称为“白咖啡”（white coffee），不加牛奶的称为“黑咖啡”（black coffee）。通常人们离开餐桌时喝咖啡，但也有在餐桌上喝的。

---

①参阅382. 饮茶习俗。　②参阅149. 可可趣话。

144.卡尔加里牛仔节

[词语] Calgary Stampede

Cowboy Festival in Calgary

[含义] 卡尔加里牛仔节；卡尔加里牧人竞技会

[趣释] 每年7月，在加拿大阿尔伯塔省（Alberta）的卡尔加里市（Calgary），要举办一年一度世界规模最大的“牛仔节”，进行牛仔竞技活动，亦被称为“卡尔加里牧人竞技会”（Calgary Stampede）。卡尔加里市位于阿尔伯塔省的南部，是该省最重要的城市，农业和畜牧业发达。牛仔竞技活动是由一年

一度的“牲畜交易会”发展起来的，已有100多年的历史。而正式举办“牛仔节”则始于1923年。“牛仔节”的中心会场设在该市区边沿的一块广阔的空地上，四周搭起了围墙。大致分为牛仔表演、展览、机动娱乐设施和博彩游戏三个部分。牛仔表演的主要项目有：骑野牛比赛①和驯马比赛、砍木比赛②、削椅比赛和水上滚木比赛③等。砍木比赛只用个把分钟就把一根合抱粗的圆木拦腰砍断；削椅比赛是把一段木头削成一张有靠背的椅子；水上滚木比赛时，两人同站一根浮在水面的圆木上，谁先滚落到水里，谁就算输。展览区所展览的是各种良种牲畜，最后评选出优胜获奖者给予奖金和奖状，借以扩大各种牲畜的销路，发展畜牧业。机动娱乐设施和博彩游戏部分，类似美国迪斯尼乐园的游戏，另外还有具有相当水准的歌舞表演。博彩游戏，花样颇多。最后还有驾驶炊事车竞赛速度的比赛，是卡尔加里牛仔节特有的比赛项目。

---

①参阅210. 美国人最喜欢的骑牛竞赛。 ②参阅10. 澳大利亚的砍木比赛。
③参阅172. 美国的滚木比赛。

145.堪培拉节

［**词语**］Canberra Festival

［**含义**］堪培拉节

［**趣释**］每年3月12日，澳大利亚首都堪培拉（Canberra）要举行一年一度的堪培拉节。1901年1月1日澳大利亚联邦政府成立的时候，在建都选址的问题上发生了激烈的争论。最大城市悉尼（Sydney）的议员建议将首都建在悉尼，而第二大城市墨尔本（Melbourne）的议员则坚持要把首都设在墨尔本。双方势均力

敌，各不相让。最后经各方协商决定在悉尼和墨尔本之间的堪培拉建都。“堪培拉”在当地土著语言中是“聚会的地方”之意。1913年3月12日，联邦政府在此举行隆重的奠都及命名典礼。经十几年的建设，1927年5月9日，联邦议会从墨尔本迁至堪培拉，使该城成为真正的首都。为纪念3月12日这个有历史意义的日子，联邦政府每年都举办“堪培拉节”。节日的主要活动是彩车或化装乐队游行。节日游行队伍以高大的伯尔雷·格里芬（Walter Burley Griffin）的塑像为先导，然后是各行各业的彩车。因为格里芬曾是当年堪培拉市建设时的设计师，现在他的塑像成了堪培拉节的象征和标志。文艺单位的彩车边走边演；城市绿化单位的彩车上摆满了万紫千红的鲜花；交通单位则在彩车之后拖着一辆在交通事故中被撞得破烂不堪的小车，以提醒人们要时刻注意交通安全。庆祝游行结束后，人们会去参加各种游艺活动。夜晚，人们伴着欢快的乐曲，载歌载舞，狂欢到深夜。

146.看电视，必须持有电视执照

[**词语**] TV license

[**含义**] 电视执照

[**趣释**] 在英国，如果买了电视机，就必须交纳电视执照费，领取了执照，才能收看电视。如果不交费偷看电视，不但要被罚款，严重的还要吃官司。因为英国广播公司BBC是非营利性电视台，电视节目没有任何广告，其收入主要来源就是收取电视执照费。即使你不收看BBC的电视，也必须交纳电视执照费，电视执照费由TV licensing公司代BBC公司征收。法律规定，任何彩色或黑白电视机，任何具有电视接收功能的录像机，任何具有电视接收功能的电脑都必须买电视执照才能使用。法律还规定，所有私

人住宅、学校公寓每个房间，合租一栋私人住宅的每个房客都必须持电视执照，才能使用电视设备。

147.看见四叶苜蓿草交好运

[**词语**] four-leaf clover

[**含义**] 四叶苜蓿草

[**趣释**] 苜蓿草（clover），又译车轴草，是一年生或多年生草本植物，它有3000多种，主要生在温带或亚热带地区。该草有三叶、四叶、五叶之分，三叶的又称“三叶草”。传说，《圣经》中人类始祖亚当（Adam）和夏娃（Eve）因为违背上帝的禁令，偷吃了伊甸园（Garden of Eden）中的“禁果”（forbidden fruit），被逐出伊甸园时，曾经摘了一颗四叶苜蓿草带了出来。从此四叶苜蓿草便被认为是乐园里生长的植物，如果谁的花园长了这种天堂中的仙草，谁就是幸福的人。人们相信四叶苜蓿草能给人带来财富和幸福，英语中就有用“苜蓿草中的猪”（pig in clover）来喻指“暴发户”，用“生活在苜蓿草之中”（to be/live in clover）来比喻“生活富裕”“养尊处优”。但五叶苜蓿草不是从天堂伊甸园里来的仙草，见到它往往会带来噩运。久而久之，西方国家的人们普遍形成这样的迷信观念。To find a four leaved clover，good luck；five leafed，bad。

四叶苜蓿草

148.看赛马的礼仪

[词语] manners at horse racing

[含义] 赛马会的礼仪

[趣释] 在英美等国家里，人们喜欢赛马（horse racing）[①]，其中历史悠久、影响最大的英国皇家阿斯科特（Ascot）赛马会始于1807年，是英国顶级赛马盛会之一，已有200多年的历史。它在温莎（Windsor）附近的阿斯科特村（Ascot）赛马场举行。为期4天的大赛把第三天定为“金杯日”，因为这一天是整个赛程最关键和最繁忙的一天，不过很多英国人，包括英国皇室都习惯称“金杯日”为“女士日”。因为历年赛马会都会吸引大批女性观众，“女士日”这一天，女士最多。大赛方要求这一天男士女士都要盛装出席。男士必须穿黑色或灰色礼服，包括一件小马甲和一顶帽子。女士着装比较严格，很多富人把这里当成比阔的绝佳舞台，女士们争相把显示身份的礼服、裙子、帽子穿戴出来示人。海外游客来看赛马也要“入乡随俗”，不能穿着太随便。很多来宾眼睛扫过赛道之后，自然会瞄准风姿绰约的女士们。如今，阿斯科特赛马会，对于普通观众而言就像露天聚会，“阿斯科特”就是快乐的代名词。它不光是赛马的地方，更成为英国妇女帽子大比拼的舞台。庄重的、活泼的、保守的、夸张的，在这里无论是王室贵族、社会名流或是平民百姓，只要帽子漂亮，就是时尚焦点。现在，不论在世界的哪个地方观看赛马，都要求人们穿着得体，举止文雅。否则，就会被认为没有教养，有时还会被拒绝入场。一般来说，男士要穿套头服装，女士穿带帽服装。冬季赛马，观看者男士要穿花呢衣服，女的则穿长筒靴、漂亮外套，还戴一条头巾。

---

①参阅252.赛马运动与赛马彩票。

149.可可趣话

[词语] cocoa

[含义] 可可

[趣释] 可可（cocoa）与茶（tea）[①]、咖啡（coffee）[②]并称为世界三大饮料，可可还是西方人非常喜欢的巧克力或朱古力（chocolate）[③]的主要原料。可可原产于中美洲热带雨林，其树为高大的梧桐科乔木，花粉红色，结长达35厘米的蓇葖果，内含20~40粒可可豆。经过发酵和烘焙后，可制成可可粉和巧克力。可可的英文名词cocoa，来源于其学名theobroma cacao。16世纪上半叶，可可从原产地传到墨西哥，16世纪中叶，欧洲人来到美洲，发现了可可并认识到这是一种宝贵的经济作物，在被当地人称为“巧克脱里”（意为“苦水”）的基础上研发了可可饮料和巧克力。16世纪末，第一家巧克力工厂在西班牙建立。可是，一开始一些贵族并不愿吃可可制成的饮料和食品，甚至英国的一位贵族还把可可看成是“从南美来的痞子”。直到18世纪，瑞典的博物学家林奈（Carl von Linne）才将可可定名。由于巧克力和可可粉在运动场上成为了最重要的能量补充剂，在运动中发挥了巨大作用，人们便把可可树称为“神粮树”，把可可饮料誉为“神仙饮料”。可可中含有咖啡因神经中枢兴奋物质，丹宁与巧克力色香味有很大关系。可可碱、咖啡因会刺激大脑皮质，消除睡意、增加触觉和思考力，既有调整心脏的机能，又有扩张肾脏血管、利尿等作用。目前，世界上可可的主要生产国家为加纳、巴西、尼日利亚、科特迪瓦、厄瓜多尔、多米尼加和马来西亚。中国的台湾和海南也已经引种成功。目前，世界上可可的主要消费国是：美国、德国、俄罗斯、英国、法国、日本和中国。

---

①参阅382.饮茶习俗。 ②参阅143.咖啡漫谈。 ③参阅240.巧克力和朱古力。

150.可口可乐的故事

[词语] Coca-Cola

[含义] 可口可乐

[趣释] 可口可乐，亦称coke，是由美国可口可乐公司（Coca-Cola Company）出品的一种含有咖啡因的碳酸饮料。该饮料早期在中国译作“蝌蚪啃蜡”，因销路不佳而改名为“可口可乐”。可口可乐公司成立于1892年美国的亚特兰大（Atlanta），是全球最大的饮料公司，拥有全球前三大饮料中的两项，超过百事可乐（Pepsi）①。在世界200个国家和地区中拥有160种饮料品牌，包括汽水、运动饮料、乳类饮品、果汁、茶和咖啡。知名品牌有可口可乐、雪碧（sprite）、伯克（Barq）的沙士（root beer）、水果国度（Fruite）和大浪（Surge）等。

1886年，佐治亚州（Georgia）的医学家约翰·潘伯顿（Dr. Johns Stith Pemberton）从医学杂志中看到古柯树（coca）种的古柯碱（cocaine）具有止痛的功效。于是他经营的药店开始大量收购古柯树的叶子和树籽，和伙计一起提取古柯碱，制成治头疼的药水。他把这种深绿色的药水叫“古柯柯拉”。一年后的一天中午，当地的一名顾客提着一只木桶要买“古柯柯拉”，当潘伯顿正要给他装药时，顾客连忙说他不要这种绿色的“古柯柯拉”，而要上次伙计卖给他的那种深红色的“古柯柯拉”，它既解渴、又解乏，所以这次要多买一些。潘伯顿听完后，觉得这里面有文章，就把已经解雇的那位伙计招回来了解情况。原来，伙计看见药店里的“古柯柯拉”药已经不多，就将它与其他几种饮料掺在一起出售。谁知，这种随意的配制竟使“古柯柯拉”变成了深红色，而且很受顾客的欢迎。听了伙计的话之后，潘伯顿躲进药剂室，经过3个月的反复摸索试验，终于在1886年5月配制出那种深红色风味独特的、受人欢迎的“古柯柯拉”，即现在的可口可乐。它很快就轰动了整个美国，又由美国销往世界各地，至今仍久销不衰。可口可乐的配方，除了持有人家族之外无人知晓，公司还严密防止自己的员工偷窃配方。2011年2月14日，据英国的《每日邮报》报道，“美国生活”网站刊登了亚特兰大药店老板提供的可口可乐的原始配方。

---

①参阅35.百事可乐的发展史。

151.狂欢节

[词语] Carnival

[含义] 狂欢节；谢肉节；嘉年华会

[趣释] 狂欢节又称谢肉节，是大斋节（Lent）[①]之前，为了即将进行40天的斋戒和停止娱乐，民间举行的持续欢度数天的狂欢节，汉语音为“嘉年华”。Carnival源自中古拉丁语carnelevarium，原意是“把肉移开”或“肉，再见”，故这个节又称为“谢肉节”。节期为每年大斋节之前的3至7天，大斋节指每年春分（3月20日前后）月圆后的第一个星期日之前的40天。大斋节又称封斋节，教会禁止人们食肉，故在此节开始之前西方各国民间举行各种宴饮、跳舞等活动。随着时间推移，如今的谢肉节演变为狂欢节，人们以各种形式庆祝冬去春来的游乐狂欢活动。节期也有所变化，各国不尽相同。著名的威尼斯狂欢节从每年的2月2日开始，以后几周的星期六和星期天街上人山人海，歌舞游艺活动连续不断，大斋节前的最后3天达到高潮。威尼斯狂欢节的最大特点是化装游行。行走中的人们穿着奇装异服，戴着

形形色色的面具，有的画着五颜六色的面谱，踩着高跷，表演着滑稽动作。游行队伍中还有巨型彩车，上面塑造各种人像，有反映现实的，也有讽刺时政的。在市中心广场，人们还能看到各种即兴表演，表面上表演者全是普通游客，实际上全是专业演员。巴西的狂欢节于每年2月中下旬举行，为期3天。它已由过去天主教的节日演变成民间传统节日。全国各地庆祝形式不尽相同，其中里约热内卢的最为有名。节日期间，该市大街小巷和广场披着节日盛装，满城彩旗飘扬，彩灯灿烂。在马路旁随处可见各种牌楼和临时设置的评奖台。在节日活动里，人们跳得最多的是当地最流行的桑巴舞（Samba）。为了一年一度的狂欢节，各地桑巴舞学校要提前半年准备节目，使自己的节目在节日中大放异彩，独具风韵。参加游行活动的各桑巴舞学校和俱乐部队伍庞大，人数多达数千人，要费半个小时才能通过评奖台。他们穿着自制的统一服装，簇拥着彩车，缓慢地行进。此外，还有各种着装的化装游行。俄罗斯的谢肉节在洗礼节（Baptism Day）②之后的1月20日开始，为期7天。每天有不同的名称，如：第一天为迎节日，第二天为始节日，第三天为大宴狂欢日，第四天为拳赛日，第五天为岳母晚会日，第六天为小姑聚会日，第七天为送别日。节日期间人们除了狂欢外，还举行各种娱乐活动，如：滑雪、乘雪橇、戴面具跳舞、烧草人、攻雪城、赛马、拳击等。英文carnival一词除了有“宴饮狂欢”的意思外，还有“巡回表演的娱乐游戏团”“展览会、博览会”的意思，还转意喻指“充溢”“茂盛”“热闹”等意思，如：a book carnival（书籍博览会）、the carnival of spring（春天的烂漫）等。

---

①参阅66.大斋节。

152.魁北克冬季狂欢节

[词语] Quebec Winter Carnival

The Carnival de Quebec

[含义] 魁北克城冬季狂欢节

[趣释] 每年2月，加拿大东南部港口城市魁北克（Quebec）都要举办规模巨大、内容丰富的冬季狂欢节。节期从2月的第一个周末起算，长达10天。狂欢节期间，整个城市被装饰一新，还用雪堆成一座座城堡，供人参观游览，有的城堡有5层楼高，外形逼真，有城墙、城堡，有可以通过行人的门洞。这些城堡节日过后拆除，来年再造。节日期间，市民还要推选一位“魁北克冬季狂欢节之王”（King of Quebec Winter Carnival）。这位穿戴白衣、白帽、白手套的“狂欢节之王”装扮成雪人，向参加狂欢节的人们频频招手致意，以示热忱欢迎。狂欢节的活动丰富多彩，有传统的滑雪比赛、狗拉雪橇赛、冰雕和雪雕比赛，等等。有些项目非常惊险刺激，如冰河上赛船。在经过破冰的圣劳伦河（Saint Lawrence River）中举行划船比赛，据说这个项目在当地已有100多年历史。内胎滑行比赛，比赛者头戴安全帽，伏卧在充气的橡皮内胎上，胎底打蜡，从城郊滑雪场的高坡上飞速下滑，在终点还要堆干草，以防危险。大型雪滑梯，在一座两边有挡板的木制滑梯上，覆盖着的白雪经过浇水结冰，表面结实光滑。前后一排4人坐在一个滑车上，3个滑车同时从滑梯飞速下滑，惊心动魄，令人难以忘怀。

---

①参阅37.板球：绅士的游戏。 ②参阅212.美国职业棒球大联盟（MLB）。

L

153.辣椒节

[词语] Pepper Day

Hot Pepper Festival

[含义] 辣椒节

[趣释] 每年9月5日，美国新墨西哥州（New Mexico）哈奇市（Hutch/Hatch）都要举办乡土味极浓的辣椒节。节日这一天，人们要把各种辣椒集中在一起，组织人员进行鉴定。比赛辣椒的烹调技术、品尝以辣椒为主原料的各式菜肴和辣味酒等活动。凡在节日比赛中获奖的菜肴要载入《哈奇城辣椒食谱》一书。各家餐馆在这天中午供应历次大赛中获奖的辣味食品，当地农民则抓住节日大好的商机推销自己生产的辣椒等蔬菜。

154.篮球运动

[词语] basketball

[含义] 篮球

[趣释] 篮球是一项由两队参加的球类运动，也是英语国家人民非常喜爱的球类运动之一。篮球是纯粹起源于美国的体育运

动。1891年，美国马萨诸塞州（Massachusetts）的斯普林菲尔德市（Springfield）的基督教青年会国际训练学校（后改为春田学院）体育教师詹姆斯·奈斯密斯（James Naismith）从儿童喜欢用球投桃子筐的游戏受到启发，发明了篮球。因为当地盛产桃子，家家户户备有桃筐。1892年他制定了13条比赛规则，1893年才形成近似现代的篮板、篮圈和篮网。1904年第三届奥运会上第一次进行篮球表演赛，1908年美国制定了全国统一的篮球规则，并有多种文字出版，发行于全世界，使篮球运动逐渐传遍美洲、欧洲和亚洲。篮球比赛分两队进行，每对5人，其中1人为队长，候补球员最多为7人。各队目的是将球投进对方球篮，并阻止对方得分。比赛时，可将球向任何方向传、投、拍、滚或运，但要受规则限制。比赛分4节，每节各10分钟，每节之间休息5分钟。比赛结束两队分数相等时，举行5分钟延长赛，若比分仍相同，再进行5分钟延长赛，直至比出胜负为止。1936年柏林（Berlin）奥运会篮球被列为奥运会比赛项目，1976年蒙特利尔（Montreal）奥运会女子篮球被列为奥运比赛项目。除奥运会之外，国际上重大的篮球赛事有：世界篮球锦标赛，欧洲、亚洲、非洲、南美洲、中美洲、欧美运动会等地区性篮球赛，世界大学生、中学生、世界军队、世界俱乐部等篮球锦标赛等。美国全国篮球协会（NBA）[①]是美国职业篮球运动的组织，目前拥有30支实力极强的球队，美国职业篮球联赛（NBA）代表着世界篮球的最高水平。

---

①参阅213.美国职业篮球联赛（NBA）。

155.朗姆酒和龙舌兰酒

[词语] rum and tequila

[含义] 朗姆酒和龙舌兰酒

[趣释] 1.朗姆酒（rum），又称兰姆酒、蓝姆酒、罗姆酒，是以甘蔗糖蜜为原料生产的一种蒸馏酒，也叫“糖酒”。朗姆酒原产地在古巴，是制糖业的一种副产品。古巴朗姆酒的酿造大师把作为原料的甘蔗糖蜜经发酵、蒸馏，再把制得的甘蔗烧酒装进白色的橡木桶，经过多年的酿制，使其产生一股独特的无与伦比的口味，成为古巴人民喜欢喝的一种酒，并在国际市场获得了广泛的欢迎。朗姆酒的质量由陈酿的时间来决定，有一年的，有好几十年的。市面上销售的常为3年和7年的，酒精含量分别为38°、40°。生产过程中除去了重质醇，把使人愉悦的酒香保存了下来。根据风味特征，朗姆酒分为浓香型和清香型；根据原料和酿制方法，朗姆酒可分为：朗姆白酒、朗姆老酒、淡朗姆酒、朗姆常酒、强香朗姆酒等。除古巴外，现在波多黎各、牙买加、美国、英国也生产各种品牌的朗姆酒。2.龙舌兰酒（tequila），又名特基拉酒。特基拉原是墨西哥的一个小镇，因产龙舌兰酒而著称，该酒是墨西哥的灵魂。龙舌兰（agave）是一种龙舌兰科植物，通常要生长12年，成熟后割下送进酒厂，再被割成两半后浸泡24小时，然后榨出汁来，加糖发酵，经过两次蒸馏，再放入橡木桶中陈酿。陈酿时间不同，口味和颜色差异很大。龙舌兰酒的英文名称来源于小镇的名字特基拉（Tequila），中文则根据该酒的原料命名为“龙舌兰酒”。龙舌兰酒是受国际公约保护的，“特基拉酒”只准用在墨西哥生产的产品上。纵使其他国家使用相同的原料和方法生产出的酒也不能称为“Tequila”。

龙舌兰酒是调酒界公认的五大基酒之一（其他四种是朗姆酒、伏特加酒、威士忌和金酒），通常在一些口味厚重的调酒里都能见到其身影，如长岛冰茶（Long island ice tea）、玛格丽特（Margarita）、第一滴血（Sangrita）、龙舌兰日落（Tequila sunrise）等。朗姆酒和龙舌兰酒是世界六大类烈酒①中的两类。

---

①参阅333.西方人的“生命之水”：酒。

156.乐观的生活态度

[词语] an optimistic view of life

[含义] 保持乐观的生活态度

[趣释] 在英语国家中，尤其在美国，大多数人的生活态度都很积极向上。他们日常生活中表现出来的特质，如开朗、热情、自信、勇敢、勤劳、健康、幽默、活泼等，都是他们对生活持乐观态度的结果。美国人的时间观是取向未来的，他们相信成功不会欺骗用勤劳和智慧耕耘的人，即使有一天结果是失败了，他们也习惯把失败归结于不够聪明或不够勤劳。美国人的进步观是他们积极生活态度的动力。他们认为人对世界的认识和改造世界的能力总是随着人类生存与生活环境的改善而与日俱增的。美国人的财富观建立在社会财富无限论的基础之上，他们认为勤劳的人们只要不停地奋斗，幸福与成功就会不断地降临。他们的经典格言是：Where there is a will, there is a way.（有志者事竟成）。美国人的平等观使他们能够充满信心，以乐观的心态面对生活和工作。他们在灵魂深处认为，在上帝和法律面前人人平等，即使是贫民也有可能通过勤劳和智慧取得成功。美国人的乐观生活态度在社会上的具体表现是：重视教育、热爱大自然、

喜欢冒险。有些美国人为了打破生活上的沉寂，甚至采取一鸣惊人的办法，拿生命当儿戏。纽约的摩天大楼高耸入云，有人敢从外墙攀缘而上；尼亚加拉大瀑布奔腾呼啸，有人敢躺在铁桶中顺流而下；浩渺无际的大西洋波涛汹涌，有人敢乘气球飞越而过；等等。这些常人难以理解的冒险举动都是他们生活观念的使然。

157.伦敦塔里的乌鸦

[词语] crows in the Tower of London

[含义] 伦敦塔内的乌鸦；英国皇室的吉祥鸟

[趣释] 乌鸦（crows）对中国人来说是不祥之鸟，对西方人来说，乌鸦象征竞争、倾轧、争吵。不过，英国皇室却视乌鸦为宝贝。因为英国存在着一种古老的传说：如果伦敦塔（the Tower of London）内的乌鸦全部离开的话，不列颠王室将会崩溃。伦敦塔位于泰晤士（Thames）河北岸，是英格兰最古老、最著名、最宏伟的要塞之一。从11世纪开始修建，后来历代君主又加以改建和扩建。先后做过监狱、城堡、军械库、造印厂，至今仍是存放王室御宝的宝库，在英国历史上有着特殊的地位。为了尊重古老的传说，现在英国的政府仍然负担开支，饲养着塔内的乌鸦。人们相信，只要塔内还有乌鸦，英格兰就不会受侵略，国家也不会遭逢厄运。为了确保乌鸦不会全部离开伦敦塔，除了非常细致的照料和关注之外，它们已被部分去除羽翼而失去飞行能力。目前，塔内的7只乌鸦分别取名为：Hardey、Odin、Thor、Gwyllum、Cedric、Hugin和Huin。它们都成了很受游客欢迎的吉祥物。

158.驴象之争

[词语] the fight between the Donkey and the Elephant

[含义] 美国民主党和共和党在竞选中的争斗

[趣释] 美国是一个联邦共和制（federal republic）国家①。国家元首（head of state）和政府首脑（head of government）为同一人，即美国总统（President）。根据联邦宪法（Constitution of the United States），总统拥有行政权、立法提议权和否决权、外交权和军事权等②。美国的国会议员都是民众直选的。参议院（senate）100个席位，每州2个席位；议员任期6年，每2年选1次，更换其中1/3；众议院（House of Representatives）有435个席位，议员任期2年，每2年选1次。和其他英语国家（如英国、加拿大、澳大利亚、新西兰）的首相或总理当选不同，美国总统必须单独举行大选，只有在50个州和哥伦比亚特区共539个选举人组成的选举团（electoral college）中赢得270张选票的政党，才能成为执政党，其总统候选人才能走进白宫，坐上总统的宝座。共和党（Republican Party）和民主党（Democratic Party）是美国政坛上两大轮流执政党。共和党，别称“老大党”（Grand Old Party），成立于1854年7月，原为反对奴隶制的派别联合组成。1981年至今先后由里根、老布什、小布什等执政，该党无固定政纲，只有适应大选需要的竞选纲领。民主党前身为1792年创立的民主共和党，1840年正式改称民主党。该党反对中央集权制，要求维护州权，要求资产阶级民权。该党后期执政期间，对内继续实行新政，对外主张扩张政策；该党也无固定政纲，只有适应大选需要的竞选纲领。1874年，美国著名漫画家托马斯·纳斯特（Thomas Nast）画了一幅

画，其中用象（Elephant）代表共和党，寓意稳重。后来，共和党用大象作为党徽，在国会和总统历次大选中以大象为标志进行宣传。在那幅画中，他用驴（Donkey）代表民主党，寓意倔强。后来，民主党亦用驴作为党徽，在历次大选中以驴为标志进行宣传。漫画家托马斯·纳斯特讽刺民主党和共和党竞选如同马戏中的驴象之争。事实上也是如此，民主党和共和党两大政党都没有固定的政纲，只是在竞选中运用手段和策略捞取选票，打倒对方，获得执政权。

---

①参阅173.美国的国家政权。

②参阅215.美国总统的权力和选举。

M

159.马丁·路德·金全国纪念日

［**词语**］National Memorial Day of Martin Luther King

［**含义**］马丁·路德·金全国纪念日

［**趣释**］每年1月的第三个星期一是美国黑人领袖马丁·路德·金全国纪念日。马丁·路德·金是一位黑人牧师，非暴力主义者。他生于佐治亚州（Georgia）的亚特兰大城（Atlanta），先后毕业于克洛泽神学院和波士顿大学。20世纪50年代中期起，他领导了以反对公共汽车上的种族隔离为起点的大规模民权运动，在争取种族平等的斗争中，遵循非暴力抵抗原则，获1964年诺贝尔和平奖。1968年在田纳西州（Tennessee）孟菲斯市（Memphis）的一次集会上遭种族主义分子暗杀身亡。1983年美国国会通过立法，把马丁·路德·金的生日定为美国全国性纪念日。金的生日是1月15日，为了便于安排，美国政府确定从1986年起，每年1月的第三个星期一为全国纪念日。1986年1月20日，联合国秘书长宣布，从1987年起，马丁·路德·金诞辰日也将成为联合国纪念日。在1987年1月19日马丁·路德·金全国假日里，美国有38个州举行了纪念活动。在这一天，当美国的一位部长在费城敲响自由钟时，各州州政府的一些建筑物、教堂和学校也敲

钟表示纪念。华盛顿的希尔顿饭店会举行纪念早餐，一些大学、博物馆、剧院也举行纪念活动。在马丁·路德·金的故乡亚特兰大城，群众举行了为期1周的纪念活动。同年1月15日，马丁·路德·金诞辰的那一天，美国总统还发表了电视讲话。

160.马蹄铁能驱灾辟邪

[**词语**] horseshoe

[**含义**] 马蹄铁；吉祥之物

[**趣释**] 马蹄铁（horseshoe）是一种U字形铁片，用以保护马蹄，防止因路面坚硬或不平而被磨损。马蹄密实，无知觉，适应铁钉将马蹄铁固定在马蹄上。马蹄铁的英文horseshoe意为“马鞋”。马蹄铁成为西方人所熟悉的吉利象征的原因众说纷纭。有人认为，救世主耶稣是在伯利恒（Bethlehem）的一家客栈的马棚里降生的，新生的耶稣生下之后被用布包裹着放在马槽里，所以马蹄铁也因此具有神奇的力量。也有人认为，马蹄铁形似人们最爱的新月，因此被视为吉祥之兆。有关马蹄铁的风俗流传甚广。例如：至今还有人认为拾到一块废马蹄铁便会交上好运；在房门钉块马蹄铁能驱灾辟邪交好运（A horseshoe nailed over the door brings good luck.）；用红布盖着马蹄铁悬在床顶上，可以避免夜晚做噩梦（You can hang a horseshoe covered with red over your bed to ward off nightmare.）；制造商还常常利用人们的这种心理作用，制作马蹄铁的精美工艺品，用来配挂在表带等物品上，作为装饰。

161.漫话十字架

［**词语**］cross

［**含义**］十字架

［**趣释**］十字架原是古罗马帝国用以处决死刑犯的刑具。行刑时，犯人四肢被长钉钉在十字形木架上，让其血液慢慢流尽致死。罗马帝国统治巴勒斯坦（Palestine）时期，以色列人不断举行起义，反抗统治者。据史料记载，罗马帝国的总督发鲁斯曾经将2000名起义者钉死在十字架上。据《圣经·新约》记载，耶稣（Jesus）就是在耶路撒冷（Jerusalem）的各各他（Golgotha）被钉死在十字架上的。后来，基督教徒以十字架作为怀念耶稣和信教的标志。传说当年耶稣蒙难被钉的“真十字架”（True Cross），数百年之后，竟被君士坦丁大帝（Constantine）的母亲、凯撒大帝（Caesar）的祖母海伦娜（Helena）于公元326年前后发现，基督教为此设立了“十字架节”，天主教称为“举荣圣架节”（Exaltation of the Holy Cross）①。此后，这个“真十字架”便被视为圣物，其碎片被人频繁交易和精心收藏。在欧洲许多大城市或大隐修院，迄今还藏有该十字架的碎木片。为了得到和保存此物，历史上曾多次发生战争。如公元622年至628年拜占庭皇帝（Byzantine Empire）对波斯的战争，1204年十字军（Crusade）攻占君士坦丁堡（Constantinople）等。现在，十字架的样式有“十”字形、“T”字形、“X”字形三种。纵长形十字架多用于拉丁教会，正方形十字架多用于希腊教会。基督教徒行画十字礼，有表示信仰、祈祷、献身或祝福之意。小金十字架是送给举行坚信礼（confirmation）②孩子的最佳礼品。有些地方

的基督教徒相信，神圣的十字架具有驱魔避邪的功能[3]。

①参阅141.举荣圣架节。 ②参阅341.西方少年的坚信礼。
③参阅1.阿拉斯加因纽特人的丧葬习俗。

162.毛利人的奇特习俗

[**词语**] Maori’s customs

[**含义**] 毛利人的习俗

[**趣释**] 新西兰的毛利人在生活中有许多奇特的习俗，对不熟悉他们的生活习俗的人来说觉得有些匪夷所思。例如，他们认为高鼻梁是美丽的标志。于是为了使自己的孩子变美，毛利人的母亲们经常用双膝夹住孩子的鼻子，希望用这种方法能使孩子的鼻梁逐渐高起来。毛利人认为，老年人或病人不能住医院，或死在外边，只有奴隶或罪人才死在家的外边。毛利人实行首领制，一族的首领拥有至高无上的权力，平民不可冒犯违拗，首领的财产和领地神圣不可侵犯。毛利人的娱乐活动之一是跳舞。男子的舞蹈称为“哈卡”（haka），以表现战争中的勇士著称。舞蹈者脸上贴有仿古人文面的花纹，上身裸露，下身穿黑黄两色相间的草裙，舞蹈的动作刚健有力；女子的舞蹈叫“波依”（Poi），柔美舒缓，婀娜多姿。毛利人的待客方式也很奇特。当客人快要到来之时，主人家会安排一个跑得最快的人，挥舞手中的矛剑，在宾客前做出各种各样的鬼脸，以示欢迎；然后，村民们跳起“哈卡”舞，最后由部落中的德高望重者出来行“碰鼻礼”（nose touching）。即他和客人碰鼻子，碰鼻的时间越长，表示客人受到的礼遇越高。这大概就是毛利人希望有个高鼻子，以高鼻梁为美的缘故吧。

163.毛利人的丧葬习俗

[**词语**] Maori's funeral rites

[**含义**] 毛利人的葬礼

[**趣释**] 毛利人（Maoris）的丧葬充满了宗教气氛。毛利人把快死的病人或死人的尸体抬进聚会棚，安放在席子上，给尸体盖上崭新的编织物，把传家珠宝放在其胸前。与死者亲近的妇女坐在尸体两旁，一刻不停地号哭着。她们把头发剪短，用石刀在身上划开口子。这一天，她们全天禁食，滴水不沾。吊丧者包括死者自己的部落和其他部落的人。吊丧者带着绿色树枝编织成的项圈，或者带着死者曾经送给他们的礼物。尸体要停放好几天，甚至两三个星期，以便让所有的亲友都能对死者表示哀悼。头几天是不断地哭丧和唱挽歌，以后气氛就越来越轻松了，人们相互交谈起来，主人与客人一起唱歌、跳舞，进行体育比赛。丧葬快结束时，要把尸体藏起来，或放在山洞里、树林里，或埋起来，让“塔普”保护着。两天以后，再把尸体取出来，弄干净，用红赭石涂上色彩，再把尸体放在聚会棚里，让人们为之哀哭。然后把死者的手脚捆起来，放在棺木里，或用亚麻席子裹着，放置在一个秘密的安放处。毛利人对一般死者只安葬一次，对高贵者可进行两次安葬，即把死者的尸骨取出洗净，重新安葬。这在毛利人看来是对死者的尊重，而在西方人看来是对死者最大的不敬。

164.毛利人的烧石烤饭

[**词语**] Maori's special cookery

[**含义**] 毛利人的特别烹饪方法

[**趣释**] 毛利人（Maoris）通常爱吃一种叫“夯吉”的食

物。它是用一种靠地热蒸熟牛、羊肉以及土豆一类的食物的方法制作的饭食，也是最具特色的“烧石烤饭”，堪称是新西兰的民族饭。它与毛利人的木雕一样，历史悠久，享誉世界。“夯吉”的制作方法是：在灶中首先将许多鹅卵石烧红，淋上一瓢冷水后，将盛有食物的铁丝筐放进灶里烘烤。铁丝筐中的食物如：猪肉、牛排放在筐子的底部，鱼类放在旁边，芋头、南瓜、白薯等易熟的食材放在上面，不可加任何佐料，用芋头叶或布将食物盖严。铁丝筐盖上湿土，最后涂上稀泥，糊得结结实实放灶里，经过4小时后取出，加食盐、胡椒后即可食用。现在，毛利人的这种烧烤饮食方法经过适当改良已出现在现代化的大饭店里。例如：经过澳大利亚Hotrock公司的改良，用特别电炉将火山岩片加热到400度来烹调食物。因为岩片传热均匀，不会将食物烧焦，而且不加油烹烧，口味相当独特。如果到澳大利亚火山岩片川布主题餐厅，服务人员会将高温400度的火山岩端上桌，顾客就可以自己动手烹烧海鲜和肉品，品尝到数千年前毛利人的原始风味。

165.帽子的暗示与禁忌

［**词语**］hat superstition and taboo

［**含义**］有关帽子的迷信与禁忌

［**趣释**］帽子（hat）是很普通的生活用品，但在欧洲国家，这种极为普通的东西也有一些说道和讲究。在欧洲许多国家，抬起手来摸帽子是值得鼓励的做法，因为这样会给人带来幸福。如果把帽子翻了个底朝天，那就预兆这一天要遇到很多倒霉的事；把帽子放在床上，表示会为琐事而吵架。切记，帽子绝对不可以放在他人床上。如果到了西方人的家里，不经意把帽子放在他的床上，他就会认为那无异于把花圈放在棺材上，会给他带

来生命之忧。如果拳击运动员的床上被人放了一顶帽子，那就预示他必将被对手击倒在擂台上。西方人还相信，新郎在举行婚礼的那天弄丢了帽子，表明他是一个很容易变心的人。男子戴了女人的帽子，会使那个女人容易脱发。在美国，如果一个女人拿一个男人的帽子戴在自己的头上，暗示她很想投入那个男人的怀抱。然而脱帽（taking off one's hat）在西方国家里又是一种人际交往中流行的礼仪①。

①参阅299.脱帽的礼仪。

166.美国

[**词语**] The United States of America

[**含义**] 美利坚合众国；美国

[**趣释**] 美利坚合众国，简称美国。一说“亚美利加”（America）一词源于印第安语，原指尼加拉瓜（Nicaragua）一个产黄金的地点“亚美利加”或“亚美利斯哥”山。后来被用来指“新大陆”亚美利加州；一说“亚美利加”源于意大利航海家亚美利哥·维斯普西（Amerigo Vespuci）的名字，是他宣布发现了新大陆，新大陆以他的名字命名为“亚美加州”。“亚美利加”和“美利坚”同为一个词America，汉语翻译时为了避免混淆，America指整个美洲时，译成“亚美利加州”；指美国时，译成“美利坚”。美国位于北美洲中部，东临大西洋，西濒太平洋。所属的阿拉斯加州（Alaska）位于北美洲西部，夏威夷州（Hawaii）位于中太平洋北部。美国气候地域差异明显，类型复杂多样。本土为温带和亚热带气候，佛罗里达半岛南端属于热带气候，阿拉斯加为亚寒带大陆性气候，夏威夷为热

带海洋性气候。全国总面积为937.26万多平方千米，有50个州（states）。美国是一个移民国家，全世界100多个民族的后裔生活在美国，在共同的经济生活中逐渐融合为统一的美利坚民族。其中83%为白人，12%为黑人。官方语言为英语。居民多信奉基督教新教（Protestantism）、天主教（Catholicism）、犹太教（Judaism）和东正教（Eastern Orthodoxy）。首都华盛顿（Washington D.C.）是全国政治中心。美国的国旗（America national flag）①为长方形，旗面由7道红色宽条和6道白色宽条构成，位于靠旗杆一边的上角，有一个蓝色长方形，内有50颗白色五角星，分9排横列。13道红、白相间的宽条是美国建国初时13个州的象征。国庆日为每年7月4日。国花为玫瑰，国石为蓝宝石，国鸟为北美秃鹰。

①参阅186.美国的星条旗。

167.美国悼念日

［**词语**］Memorial Day

［**含义**］悼念日；阵亡将士纪念日。

［**趣释**］美国悼念日（Memorial Day），又称阵亡将士纪念日。节期为每年5月最后一个星期的星期一，是美国及其属地、美国武装部队悼念在战争中牺牲的美国公民的法定节假日，也是全国公假日（public holiday）。这一天原为悼念南北战争中死亡的将士，后来扩大到纪念死于历次战争中的所有美国人。在悼念日里，政府向弗吉尼亚州（Virginia）阿灵顿国家公墓中的无名英雄墓敬献花圈，代表全国人民的悼念。1971年美国联邦政府规定每年5月的最后一个星期一为悼念日，大多数州接受联邦政府的规

定，但少数州仍在5月30日举行悼念活动。1985年是美国南北战争结束120周年，第二次世界大战结束40周年，因而悼念活动特别隆重。这一天，人们会在英勇牺牲的壮士们的纪念碑、塑像和墓地四周摆满敬献的花圈、花篮，致力于和平的斗士会在大街上散发反对战争的传单，使纪念活动成了反对战争的集会。节日期间，好些在战场因伤致残的退役军人三五成群地出现在街道两旁，他们演奏着手中的乐器、唱着使人感到悲凄的歌曲。

168.美国的保险业

[**词语**] American insurance business

[**含义**] 美国保险业

[**趣释**] 美国的保险业十分发达，有人寿保险、汽车保险、健康保险、房屋保险和责任保险，无所不有。一旦发生各种意外，保险可使被保险者免受或少受经济损失，由保险公司代为赔付。1. 人寿保险（life insurance）。在美国，要想把遗产留给后人，要交各种苛捐杂税。如资产税、增值所得税、遗产税、收入所得税等统称遗产转让税。此外，还要付遗嘱法庭费、财产鉴定费、行政费、执行费、律师费、联邦财产税等不一而足，约占全部遗产的15%~60%。而人寿保险规定，当投保人死亡时，人寿公司要加倍赔付，但不付所得税。所以美国人大都愿意买人寿保险，为自己的继承人保全财产。美国的人寿保险有3种：一是临时人寿保险，保险费随年龄的增长而增高，一般只接受70岁以下的人参加这种保险；二是终生储蓄人身保险，每月存固定的保险费直至去世；三是普通人寿保险，可每月存入一定数量的钱，也可以一次存入一笔钱，最低限度10万美元。人寿保险实际是储蓄的一种方式，人死后才能收回赔偿。保险公司则利用保险金去

投资。2.汽车保险（automobile insurance）。汽车保险有两个作用：一是投保人驾车出了事故，可由保险公司负责赔付对方；二是投保人被其他人撞伤，可由保险公司出医疗费和修车费，因此买车一定要买汽车保险。保险公司除基本赔偿外，有些保险公司还负责其他的费用。例如：车祸受伤后的工资损失，法庭及车祸调解员的费用，汽车内部遭到的偷窃以及抛锚拖车费等。在美国驾车肇事而没有参加汽车保险属于犯法，除吊销驾照外往往会赔付到倾家荡产为止。3.健康保险（health insurance）。美国的医疗、住院费用等高得惊人。若不投健康保险，不要说穷人看不起病，就是有一定经济条件的人得了大病也要变卖家财，甚至破产。美国65岁以上的老人享有政府提供的医药福利的照顾，但65岁以下得病就得费用自理，所以美国人每月都花钱买健康保险以防不测。美国最大的全国性健康保险计划是蓝十字和蓝盾。蓝盾是为投保人住院支付费用的医疗保险，平时看病不管。这种保险费较低，适合年轻人。老年人若平时多病，又常检查身体，仅蓝盾保险不够，还得有其他医疗保险。4.房屋保险（housing insurance）。保险公司负责赔付各种天灾人祸引起的房屋损失，其他人在房屋内或周围所受的伤害也由保险公司理赔。5.责任保险（duty insurance）。负责赔偿投保人因疏忽麻痹引起的一切责任事故。

169.美国的大学礼服

[词语] academic costumes /dress

[含义] 大学礼服

[趣释] 大学礼服（academic costumes /dress）是美国大学举行仪式时必须穿的衣服。这种服饰由僧侣服饰演变而来。美

国的大学礼服自1636年哈佛大学成立后开始流行。大学礼服由长袍、方帽和兜帽子部分组成。它以式样标志出学位的等级，如学士（bachelor）、硕士（master）、博士（doctor）；以不同颜色标志学科类别，如：文学白色、理学金黄色、神学狸红色、法学紫色。各大学还有自己特殊的颜色，如哈佛大学的代表色为红色、耶鲁大学的代表色为蓝色。长袍（gown）黑色，多为毛料制成。学士长袍前面不敞开，长袖；硕士长袍可敞开穿，也可系扣穿，长袖有道长口；博士袍胸前扣子两边有天鹅绒贴边，博士服有时为丝绸长袍。哈佛大学博士袍为红色，耶鲁大学博士袍为蓝色。方帽（cap）又称“牛津帽”（Oxford cap），是用哔叽或细平布制成的正方形帽子。帽子左边下垂流苏（tassel）。学士帽和硕士帽的流苏为黑色，博士帽的流苏为金色。兜帽（hood）是最能体现学位高低的。帽上缝有天鹅绒贴边，贴边颜色代表学科，学士兜帽长3英寸，贴边2英寸；硕士兜帽长3.5英寸，贴边3英寸；博士兜帽长4英寸，贴边5英寸。现在学位授予典礼上，兜帽已不常用。近年来，美国的学位尤其是初级大学也开始给完成两年学业的毕业生授予学位，其长袍与学士长袍相仿，甚至有些中学毕业仪式上也开始穿长袍戴方帽。目前，各国学校的学位服大同小异，我国1994年5月已制定了统一的学位服规定。

170.美国的高等教育

[**词语**] higher education in the United States

[**含义**] 美国的高等教育

[**趣释**] 美国的高等教育（higher education）很发达，全国有2000多所各类型的大学（university）和学院（college）。有些大学规模很大，在一个校园就有2万名本科生（undergraduates）

和研究生（graduate students）。例如：加利福尼亚大学（The University of California）拥有10万名以上的学生。在美国，大学中有1/4是私立大学（private university），其中最著名的有哈佛大学（Harvard University）、耶鲁大学（Yale University）、普林斯顿大学（Princeton University）和哥伦比亚大学（Columbia University）等。它们是美国的名牌大学，称为“常青藤大学”（the Ivy League Schools）。大学一般是综合性大学，下设几个学院。有些大学还有几个专业学院，如医学院、法学院等。大学的课程设置比较广泛，内容也比较深。学院分两年制和四年制两种。两年制学院原来称“初级学院”（Junior College），现在多称为“社区学院”（Community College）。这些学院可以满足不同学生的需求，既有普通教育，毕业后可继续升学；也有专业教育，毕业后可参加就业。既有全日制，也有半日制。毕业后可获“准学士”（Associate Degree）。四年制学院也称“文理学院”（College of Art and Science），规模比综合性大学小，学生毕业时可获文科学士（Bachelor of Art）或理科学士（Bachelor of Science）学位。在美国，大学毕业可获学士学位（Bachelor's Degree），在研究生院攻读1年或2年可获硕士学位（Master's Degree）。硕士毕业攻读2年或3年可获博士学位（Doctor's Degree）。在美国，还设有“博士后”（Post Doctoral Research）。

171.美国的购物市场

[词语] markets in the United States

[含义] 美国的各类市场

[趣释] 在美国，各类市场、商店很多，各种商品琳琅满

目，价格差异很大。一般消费者要到哪里去购物才经济实惠，很值得斟酌。1. 超市（supermarket）。这是最为大众化的商店，人们可以随意选购自己所需的商品，到出口处划价付款。商品种类一般在千种以上，多的达8000多种，不仅可买到一般商品，还可买到美国特产。场外有停车场，门口备有轻便手推车为顾客提供方便。2. 百货公司（department store）。百货公司比超市气派，商品价格也自然较高。一般有130至160个部（departments），商品多达16万种。许多百货公司还设有“廉价商店”和“廉价地下商场”，出售价格较低的商品。有的百货公司还设有包装和邮寄服务部，还附设面包店和餐馆。百货公司一般由顾客自助选购，再到柜台付款。很多公司可以替顾客把所购的大型物件送到家中，不过要等上几天。3. 杂货店（general store）。杂货店很普通，有食品杂货店、药品杂货店等。不过，药品杂货店等除出售药品外，还卖化妆品、胶卷、杂志、肥皂、雪茄、纸巾、玩具、尼龙袜等杂货。有的还供应快餐、出售冰淇淋、小吃等。4. 折扣商店（rebate store）。折扣商店一般设在房租低廉的街区，主要出售各类家用电器，价格要比其他商店低20%至25%。顾客可以从商店目录中选择商品，然后填表、付款，等服务员叫到名字时领货。还有一种最便宜的商店，货品是别家弃之不用的二手货，由宗教组织“救世军”免费上门收取，然后将货品消毒、出售，所得货款捐赠慈善机构。顾客可以随意挑选衣物，价格之低，几乎是象征性收费。5. 商业中心（market）。商业中心由百家专业商店聚集组成，是美国郊区生活的一大特色。设有大型停车场。商业中心内部还有圈起来的林荫道、自动行人道，并且举办各种娱乐节目。中心内除了各类商品外，还设有百货公司的分店。整个商业中心类似中国的集市广场。

172.美国的滚木比赛

[**词语**] birling

[**含义**] 滚木比赛

[**趣释**] 滚木比赛原是北美伐木工人的户外活动，它是从劳动中产生的，诞生于伐木时代早期的美国的新英格兰（New England）一带，特别是缅因州（Maine），那里就是著名的松树州（Pine Tree State）。缅因州每年春天都举行春季砍木比赛，滚木比赛是其中一项。这一项趣味盎然的户外运动，比赛规则也十分简单。参赛双方在水中踩在一根原木上，身体没有任何依靠，相互用脚使原木在水中高速旋转、急停，或突然向反方向猛转，迫使对手失去平衡而落水。使对手落水一次为胜一局，比赛为三局两胜制。滚木比赛有统一的参赛规则，先举行砍木场锦标赛，后举行场际比赛和地区比赛，最后举行全国比赛。全国比赛一般在木排终点地进行，参赛的选手一律身穿工作服。在加拿大的“卡尔加里牛仔节（Cowboy Festival in Calgary）[①]里也有滚木比赛。

---

①参阅144.卡尔加里牛仔节。

173.美国的国家政权

[**词语**] Politics in the United States

the United States government type

[**含义**] 美国的国家政权

[**趣释**] 美国于18世纪末建立了联邦制（federalism），它既是美国的政体，也是美国的政权组织形式。其原则在于既要

实现联合，又要实行分权。美国的政体为联邦共和制（federal republic），各州拥有较大的自主权，其中包括立法权。“三权分立”（system of checks and balance）是美国政治制度的主要原则。立法、行政、司法三部门鼎立，互相制约。美国是世界上第一个资产阶级共和国，其资产阶级的政治制度为许多资本主义国家效仿。美国的国家元首和政府首脑为同一人，即美国总统（president）。总统作为国家元首、政府首脑和武装力量的总司令拥有广泛的权力①。总统的办事机构（Executive Office of the President）是高于各行政机构的决策机构，主要部门有白宫办公厅（White House Office）、行政管理和预算局（Office of Management and Budget）、经济顾问委员会（Council of Economic Advisers）、政策发展办公室（Office of Policy development）、国家安全委员会（National Security Council）等。内阁（Cabinet）是总统个人的顾问班子，人数不固定，其成员主要由国务卿（Secretary of State）和12个部长组成，也包括总统给予内阁成员地位的少数高级官员，副总统参加所有内阁会议。行政部门（executive departments）是美国政府的重要组成部分，它们是由国会成立，处理国内外具体事务的部门，包括国务院等13个部院，各部门首脑由总统选定。美国的国务院英文名称是Department of State意为“国家部”，与财政部、国防部、教育部等并列，首脑为国务卿。国会（Congress）即联邦议会，它是根据美国宪法设立的最高立法机关，由参议院（Senate）和众议院（House of Representatives）组成。参议院又称上议院，其职权包括立法建议（但税收法案只能由众议院提出）；审讯弹劾案件及判决联邦官员是否有罪；在特殊的情况下，有权选副总统；批准总统对联邦高级官员的任命；以及2/3票通过一份条约。参议院议员（Senators）由各州居民直接选出，每州2人，现为100人，任期6年，每两年选一次。议长由副总统兼任，不参加议案和其他事项辩论，只有在投票出现平局时才有资格投票。参议院设有18个常务委员会和120个小组委员会。众议院又称下议院，其主要职权是提出立法建议；有权控告联邦官员行为不检而导致弹劾（但无权对弹劾案进行审判）；在特殊的情况下，有权选举总统；提出联邦财政法案。众议员（Members of Parliament/MPs）人数由国会决定，按各州人口比例分配。宪法保证每州至少有1名众议员。现有众议员435名，每名大约代表48万人。众议员任期2年，设议长1人，议长即多数党领袖。众议院设有赋税、拨款、农业、军事、外交等22个专门委员会。

①参阅215.美国总统的权力和选举。

174.美国人的国葬仪式

［**词语**］state funeral

［**含义**］国葬

［**趣释**］国葬是以国家的名义举行的葬礼。美国有资格举行国葬的是总统（包括现任总统、离任总统、当选而未就职的总统）以及总统特许的人。国葬是国家事务中的一项大事，需安排的各项事务十分庞杂。当一个有资格受国葬的人去世，其家属又同意国葬时，总统便以批准国葬文件的形式通知国会，由国会布置国会大厦中央大厅准备举行国葬仪式。国务院立即向各地发出报道死亡及举哀时间的电报。如果死者家属有要求，国务院还要邀请国外领导人派代表参加国葬活动。礼宾司要向各国使馆发出照会，通告死亡、葬礼活动安排，发出邀请，并为他准备一份应参加活动的计划。美国国葬仪式包括遗体安放仪式、向遗体告别

仪式和葬礼仪式等程序。遗体安放仪式和遗体告别仪式在国会大厦中央大厅举行。参加遗体安放仪式的有教士、抬棺人、家属、仪仗队、护送司令、乐队、三军警戒哨兵以及其他官方吊唁者。举行仪式的当天中午12点，送葬队伍乘汽车护送灵柩前往国会大厦。到达大厦后，三军警戒哨兵各就各位迎接送葬行列。随着一声令下，三军警戒哨兵和由军人组成的护送队一齐立正，举枪致哀。与此同时，乐队奏起沉重的哀乐和庄严的圣歌。当第一道哀乐响起时，礼炮每5秒1发，连续21响，鸣炮致哀。接着灵柩被从炮车上抬下，由灵柩护送司令官、特别仪仗队、国旗队及教士护送，安放在国会大厦的中央大厅。遗体安放完毕后，三军仪仗队守护在其周围。人们开始列队向遗体告别。前后持续24小时，最后一小时左右的时间，是亲属和死者告别的时间。第二天中午12时，死者遗体从国会大厦运到葬礼会场举行葬礼仪式。仪式结束，肃穆的送葬队护送着灵柩向墓地走去，进入最后的入葬仪式。美国已故总统曾任美军最高统帅的，会获得诸多军事待遇。例如：已故总统的家属由军人护送，华盛顿军区司令员负责整个葬礼的安排，仪式由国防部长主持，由军人抬灵柩，鸣放21响礼炮等表达对老战士的敬意。另外，华盛顿军区第三步兵团警卫队辎重排会改装一辆运送75毫米口径大炮的马车运送遗体。马车由6匹同一颜色的军马牵引，配备3名驭手，1名队长单骑随行。马车后是一匹配备全副鞍具的军马（空骑），马镫上反向悬挂马靴一双，仿佛发出“坐骑犹在，勇士已逝”的感叹。

175.美国的灰狗巴士

［**词语**］greyhound bus

［**含义**］灰狗巴士；灰狗长途巴士

［**趣释**］灰狗巴士，又称灰狗长途巴士，是美国跨地域商业运营巴士，即全国长途汽车公司。公司于1914年在明尼苏达州（Minnesota）希宾市成立，现总部设在德克萨斯州（Texas）的达拉斯市（Dallas）。作为美国最大的长途汽车公司，主要客运于美国与加拿大之间,美国各地也都有班车服务，灰狗汽车的车身非常大，上面绘着一条奔驰着的灰狗。车身下部有巨大空间，专门运载行李。车厢内部座位宽敞，夏天有冷气，冬天有暖气，每个座位靠背均可调整角度。座位的上部有小灯，可供乘客阅读之用，尾部设有卫生间，可以随时方便。在美国旅游乘灰狗是最方便和最节省的。与坐飞机相比，便宜一半。他们有7天、15天、30天服务项目。如果乘客要15天服务项目，售票时只问最终目的地以及出发地点的上车班次和日期，沿途任凭乘客下车观光，改换哪条路线都可以，只要计算好时间，在半个月之内到达终点就行。灰狗的司机由有18年驾驶经验的司机担任，对乘客态度和蔼，有问必答。从检票到驾驶由他一人担任。灰狗长途汽车日夜兼程，只在固定的地方换司机。汽车保证购票者均有座位。如果车站发车时发现乘客人数超过客车的容量，车站便决定临时加车。残疾人乘车需要人陪伴时，允许他人上车照顾而不必另买车票。

176.美国的货币

［**词语**］the United States currency
currency of the United States

［**含义**］美国的货币

［**趣释**］美国的货币分纸钞（bills）和硬币（coins）两类，单位是美元（dollar）。硬币有6种：penny面值是1分（one cent）铜币。正面铸有第十六任总统林肯（Abraham Lincoln）

像以及“我们信仰上帝”和“自由”的字样，另外还有发行的年号。背面有面额“1分”和“美利坚合众国”字样；nick面值5分（five cents）镍币。以前镶印的是印第安人头像，背面是水牛，现改为正面是美国第三任总统托马斯·杰弗逊总统（Thomas Jefferson）的头像，背面是该总统在弗吉尼亚州夏洛茨维尔的故居；dime面值1角（ten cents）银币。以前正面为女士头像，现已改为富兰克林·罗斯福总统（Franklin D.Roosevelt）的侧面头像，背面铸有火炬和树以及面额“1角”的字样；quarter是面值2角5分（twenty-five cents）银币，正面铸有开国总统乔治·华盛顿（George Washington）的头像，背面是美国的象征秃鹰；half dollar 面值半美元，50美分（fifty cents）银币。正面为女立像，印有“我们信仰上帝”的字样，背面也是秃鹰形象；1美元（one dollar）为银币，现已不再铸造，在美国西部一带至今还在流通，但东部纽约一带早已不见踪影。纸钞共有11种，包括1美元、2美元、5美元、10美元、20美元、50美元、100美元、500美元、1000美元、5000美元和10000美元等面额。所有面值纸钞的大小、颜色都一样，只是每种面额钞票上所印的政治家头像不同。1美元上是乔治·华盛顿；2美元上是托马斯·杰弗逊；5美元上是亚伯拉罕·林肯；10美元上是亚历山大·汉密尔顿（Alexander Hamilton），华盛顿时代的财政部长；20美元上是安德鲁·杰克逊（Andrew Jackson），美国第七任总统；50美元上是尤利塞斯·格兰特（Ulysses S.Grant），美国第十八任总统；100美元上是本杰明·富兰克林（Benjamin Franklin），参与起草《独立宣言》的政治家和发明避雷针的科学家；500美元上的是威廉·麦金利（William Mckinley），美国第二十五任总统；1000美元上的是格罗弗·克利夫兰（Grover Cleveland），美国第二十二任和二十四任总统；5000美元上是詹姆斯·麦迪逊（James Madison），美国第四任总统；10000美元上的是萨蒙·蔡斯（Salmon P.Chase），林肯总统的财政部长。对美国人来说，平时很少用面额20美元以上的现钞，购物多刷卡，旅行用小额旅行支票较为安全。

177.美国的劳动节

[**词语**] Labour Day

Labour Day in the United States

[**含义**] 美国劳动节；劳工节

[**趣释**] 每年9月的第一个星期一是美国的劳动节，亦称劳工节。1886年5月1日,美国芝加哥（Chicago）20万工人举行大罢工，要求实现8小时工作制。经过流血斗争，终于获得了胜利。1889年7月,在巴黎第二国际大会上，决定以象征工人团结、斗争、胜利的5月1日为国际劳动节。1894年，美国第二十四任总统格罗弗·克利夫兰（Grover Cleveland）突然宣布9月的第一个星期一为劳动节，并且签署法案规定此日为全国节假日。总统此举显然是想冲淡美国工人对五一节的热情，从而缓和美国工人阶级对资本家进行的激烈斗争。因为，当时五一劳动节的纪念活动已经在全世界广泛开展，美国律师联合会甚至想把“五一”变成美国的律师节。就在这时，格罗弗·克利夫兰突然宣布美国劳动节的决定。同年，美国国会通过法案，正式承认每年9月的第一个星期一为美国的劳动节。节日这一天，工人们举行游行、集会等各种活动庆祝自己的节日。实际上，这一天是全国公假日（public holiday）。“劳动节”不仅是工人的节日，也是工商业家、银行家、律师等的节假日。在节日庆祝游行的队伍里，有各种各样的人。美国劳动节在9月份，正处于国庆日（U.S.Independence

Day）[①] 与感恩节（Thanksgiving Day）[②] 之间，它也意味着暑期的结束和新学期的开始。

①参阅192.美国独立纪念日（国庆日）。　②参阅45.北美的感恩节。

178.美国的流行音乐

［**词语**］pop music in America

［**含义**］流行音乐

［**趣释**］流行音乐（pop music）是普遍受人欢迎的通俗音乐（popular music），是一种介于民间音乐与艺术音乐之间的音乐品种。美国人生活中的一大乐趣是听音乐。音乐杂志、唱片、录像带、耳机和随身听以及高级音响等成为年轻人不可缺少的东西。乡村流行（country pop）、迪斯科（disco）、梦幻流行（dream pop）、争吵流行（jangle pop）、流行朋克（pop punk）、流行说唱（pop rap）、流行摇滚（pop rock）、迷幻流行（psychedelic pop）等都是他们喜爱的流行音乐。具体地说，流行音乐包括以下几类：1.嘻哈和说唱（hip hop & rap），起源于20世纪70年代，已经发展成一种新兴生活方式的代名词，包括音乐、服饰和行为方式，属街头文化；说唱乐雷普（rap）起源于20世纪70年代贫困黑人住宅区。以机械性节奏为背景，念诵一连串押韵的词句。2.摇滚乐（rock music），起源于20世纪50年代初。著名的英国“甲壳虫乐队”（The Beatles）首次到美国演出，引起了狂热的反响。1985年7月3日，在英国伦敦温布莱体育场和美国费城肯尼迪体育场同时举行的现场直播赈灾义演音乐会，向世界转播，观众超过15亿人，80多支一流摇滚乐队登台演出为非洲饥荒募捐，使摇滚音乐获得了全球意义。

3.爵士乐（Jazz），以其极具动感的切分节奏，个性十足的爵士音节和不失章法的即兴演奏，赢得了广大听众的喜爱，同时也获得了音乐领域各界人士的认可。它以蓝调（blues）和拉格泰姆（ragtime）为源头，经过整整一个世纪的发展，已是异彩纷呈、百花齐放。4.乡村音乐（country music），出现于20世纪20年代，来源于美国南方农业地区的民间音乐，曲调简单，节奏平稳，带有叙述性，有浓郁的乡土气息。到20世纪90年代，乡村音乐少了一些原始风味，多了一些时代感，越来越有全球性，成为地球村民共同的乡音。

179.美国的纳斯达克股票市场

［**词语**］Nasdaq

［**含义**］全美证券商会自动报价系统；纳斯达克股票市场

［**趣释**］纳斯达克（Nasdaq）是美国全美证券商会自动报价系统（National Association of Securities Dealers Automated Quotations）英文单词的首字字母缩写，目前已成为纳斯达克股票市场的代名词。信息和服务业的兴起催生了纳斯达克。纳斯达克始建于1971年，是一个完全采用电子交易、为新兴产业提供竞争舞台、自我监管、面向全球的股票市场。纳斯达克是全美也是全世界最大的股票电子交易市场。每天在美国市场上换手的股票中有超半数的交易是在纳斯达克上进行的，将近有5400家公司的证券在这个市场上挂牌。纳斯达克在传统的交易方式上通过应用当今先进的技术和信息：计算机和电讯技术，使它与其他股票市场相比，独树一帜。代表着世界上最大的几家证券公司的519位券商被称作市商，他们在纳斯达克上提供了6万个竞买和竞卖价格。这些大范围的活动由一个庞大的计算机网络进行

处理，向遍布52个国家的投资者显示其中最优报价。纳斯达克是一个电子化的证券交易市场，没有一般证券交易所常有的各种硬件设施。代表交易中心存在的是纽约时代广场4号（4 Times Square），那座大楼又被称作“康泰纳仕大楼”（Conde Nast Building）。那里有一个大型的摄影棚，配有高科技的投影屏幕，由欧美各国主要财经新闻电视台的记者派驻进行即时行情报道。2006年6月，纳斯达克宣布将股票市场分为：“纳斯达克全球精选市场”“纳斯达克全球市场”和“纳斯达克资本市场”3个层次，进一步优化了市场的结构，吸引不同层次的企业上市。

180.美国的农民

[**词语**] farmers in the U.S.A.

[**含义**] 美国农民

[**趣释**] 美国农民和世界各地农民一样，不愿轻易抛弃从经验中获得的任何知识，也不愿改变他们的生活习惯。但美国农民和其他国家的农民不同，他们并不组成一个村子，美国农民通常都是单家独户分别住在自己的田地里，常常望不见任何邻居。这样的家庭农场有200万个。农民和他们的家人得从自己的农场到城镇去购物，做礼拜，参加娱乐活动和聚会，孩子们上学也要到城镇的学校。美国的农业早就实现了机械化，农民出门早就有自己的汽车。但居住在自己农场的农民必须学会各种技艺，以便应付可能遇到的麻烦，解决可能发生的问题。由于单独居住，单独劳作，在大人小孩发生意外情况时，往往是很危险的。这种个体农庄制一直沿袭下来，只是随着科学技术发展，农场的经营方式有所改变。从过去“一般性的耕作”，即农民尽量生产自己需要的粮食和设备，将剩余的作物卖出去，买回自己需要的东西，转

到“商业性耕作”，农民生产的东西专供出售之用，一般不生产自用的农作物。这代表着一种农业革命，它的结果是农户数目减少，而农场面积增大。目前，仅占全国人口1.8%的美国农民，不仅养活了近3亿美国人，而且美国还是全球最大的农产品出口国。2001年，美国的农产品出口高达535亿美元，如果离开了高科技，这样的农业奇迹是不可能存在的。美国的农业人口占总人口的比例本来就低，越来越多的青年离开农村到城市谋生，农业人口一直在下降。北达科他州（North Dakota）农民协会甚至不得不把“增加农业人口”作为头等大事。

181.美国的少女母亲

[**词语**] girl mother

[**含义**] 少女母亲

[**趣释**] 在美国，由于受性解放思想的影响，少女怀孕率越来越高，少女母亲（girl mothers）也越来越多。现在，每年都有逾百万的少女怀孕，其中4/5是未婚少女，这成为美国严重的社会问题。造成这种局面的原因很多，影视报刊等大众传媒对青少年过早发生性关系起着直接的影响。例如美国电影《朱诺少女孕记》以轻松的手法处理16岁少女未婚怀孕事件。朱诺（Juno）由于性好奇而意外怀孕，后来改变了原先堕胎的打算，承担责任把孩子生下来，带出维护生命及领养子女的正面价值。但电影却对性滥交的课题不予批判，反倒美化了未婚怀孕的情景。据香港《文汇报》2011年6月27日报道，美国马萨诸塞州（Massachusetts）的格洛斯特高中（Gloucester High School）竟上演了真人版电影《朱诺少女怀孕记》。17名女生相约集体怀孕，一起当未婚妈妈。这家中学有1200名学生，2010年有4名女生

怀孕，2011年竟是上年的4倍多。这条新闻不仅震惊了学校所在的社区，也使全球人士为之侧目。在美国，人们对未婚少女怀孕的看法由鄙视变成无动于衷，也助长了这种风气。少女未婚早孕给家庭、社会以及未来的孩子都带来了麻烦。美国政府对这一问题正逐步采取措施，试图解决。

182.美国的社会安全卡

[**词语**] social security card

[**含义**] 社会安全卡；工卡

[**趣释**] 美国的社会安全卡（social security card），俗称工卡，是美国居民不可缺少的证件。此卡由美国社会安全局发放，由申请者本人到就近的社会安全局填写一份详表，出示护照、出生证明等证件，经核对无误，在一两个月内便可以收到社会安全卡。美国人一生只领一次社会安全卡，如果遗失，可申请一份遗失卡的副本。社会安全卡的作用很多，不仅证明身份，而且应征寻职、银行开户、贷款、申请入学、申请福利等等，都要出示社会安全卡或填写社会安全卡号。但对一般人来说，其最主要的用途还是交税。只有在失业、伤残、年老退休申请福利时，社会安全卡的作用才真正显现出来。社会安全卡记载着持卡人的收入及纳税的全部记录。只有根据这个记录，日后才有资格领取福利金。美国的社会福利金主要来自两项税收：一项是联邦安全保险税，一项是州伤残保险税。联邦安全保险税为个人工资总额的13.12%，其中持卡个人承担6.56%，用人企业或机关缴交6.56%；各州伤残保险税率为个人工资总额的0.6%，如果州政府对伤残者的补助不够，联邦政府会另行拨款。总之，每个美国公民在有工作能力时交纳税款，在无工作能力时享受社会福利。

183.美国的社会安全福利

［**词语**］American social welfare system

［**含义**］美国社会福利制度

［**趣释**］美国政府以退休养老金支票和残疾福利金支票两种形式发放社会福利金。1.养老金。养老金的多少主要根据个人历年缴税情况和过去工资多少以及抚养人数多少来决定。美国的退休年龄为65岁，一般可在62岁提前退休。如果退休后又工作或是65岁延迟退休，退休金可增3%，增加的福利金只给本人，家属的福利金不会增加。需要领取养老金的人，要在退休前3个月到当地社会安全局申请，正式退休当月就会收到养老金支票。2.伤残福利金。能够领取伤残保障的对象包括65岁以下的伤残者及其家属。如果22岁以前成为残疾，其父母或祖父母也可以领到伤残金。如果退休后残疾，可申请不领养老金而改领伤残福利金，数额比前者多。美国福利单位规定，凡不能工作赚钱收入的人，患病在12个月以上还不能工作的人，都有资格领取伤残福利金。盲人、聋哑人、癌症患者、心血管病患者有资格领取伤残金。经过医生严格诊断，营养不良、贫血、身体虚弱者也可以申请领到伤残金。根据伤残者年龄不同，要求的工作年限也不同。此外，社会安全福利还有联邦保健和粮食券。3.其他福利。联邦保健是最受人欢迎的一项，它分医院保险和医疗保险，目的是帮助65岁以上的老人以及65岁以下的伤残人应付治疗和保健的昂贵费用。医院保险是帮助病人支付住院费用和此后的护理费用。医疗保险则是用来帮助病人支付医院门诊费用和医生服务费用。医疗保险费1/3以上是由联邦政府从普通税收中拨付，其余则由够年龄的人自己按月缴纳保险金支付，只不过这种保险费要少一些。取得养老金的人每月保险费从养老金中扣除。粮食券发放给收入低微不足以糊

口的居民。有些低收入家庭有老人、婴儿和孕妇，可以根据收入情况按月领取食物，包括奶粉、肉类、罐头及粮食等。

184.美国的特殊群体

［**词语**］Hippies，Yippies and Yuppies

［**含义**］嬉皮士、易比士和雅皮士

［**趣释**］在美国，随着社会和政治环境的变迁，常常出现一批批性格鲜明、具有独特见解和特征的人群。这些人是时代的产物，代表着美国社会相当一部分人的性格和心理。1.嬉皮士（Hippies）。盛行于20世纪60年代，但至今仍然存在。早期的嬉皮士是长发、肮脏的吸毒者，以文化反叛和生活反叛为主要内容，企图通过毒品和神秘的修养走出美国主流。他们拒绝既定的价值观和习俗，寻找表达自然爱情的本性和直率。他们穿着奇装异服，佩戴花朵、珠子、铃铛等饰品。用食指和中指伸开作V字形，表示“爱与结合”，而不是一般人表示“胜利”。值得一提的是，目前嬉皮士一反传统，禁止吸毒和饮烈酒，不得吃肉，一律用击鼓、奏乐、舞蹈和瓜果蔬菜代替。2.易比士（Yippies）。即美国青年国际党（Youth International Party）成员，美国青少年的松散组织，是比较激进的一派，兴起于20世纪60年代。他们投身于民权运动，反对越战，要求大学改革，举着写有“我们将会胜利”“相爱吧，不要战争”等的标语牌走上街头，采取示威游街、冲击司法部门等暴力行动，多次同警察发生流血冲突。3.雅皮士（Yuppies）。它是英文“青年都市精英”（young urban professional）的缩写，诞生于20世纪80年代，至今也仍然存在。他们是些接受过高等教育，住在大城市，有专业性工作而且生活富裕的年轻人，他们对现行社会不会构成太大的冲突。

他们工作勤奋，他们追求奢华物品和高级的物质享受，好赶时髦，比小资还小资。他们深懂养生之道，愿意花钱去健身房锻炼体魄。

185.美国的文官制度

[词语] civil service system of America

[含义] 美国的文官制度

[趣释] 美国的现代文官制度始于1883年。1978年，又对文官制度进行了一次改革，设立了人事管理局（Office of Personnel Management）和功绩保护委员会（Merit Systems Protection Board），取代过去的美国文官委员会（U.S. Civil Service Commission）。美国文官制度的特点是职位分类详尽和实行功绩制（merit system）。文官制中的公务员包括行政官员、警察、消防人员、清洁工人、技术人员、社会工作人员、秘书、职员等。政府对各部门的工作人员实行职位分类，工资制度建立在分类的基础上。表现优异者可以得到加薪，文官录用实行公平竞争的考试办法择优录取；考试项目有笔试、口试、经历评定、实地操作等；定期考核，按能力和政绩大小予以升降奖惩；文官常任，不与执政党共进退；文官终身任职，非很大错误，不得解雇。对文官的惩处必须有充分的理由；文官在政治上中立，可以是某党党员，但不能参加党派的政治活动；文官必须忠实于政府，对现行的政体和政治组织，不得产生怀疑；设立总直辖的3人文官委员会，负责管理文官的考试，以保证考试中正确、统一、公正，以防出现舞弊现象。文官制度的建立使行政官员选拔有了一个相对公平、统一的标准。与之相适应的行政人员的职业素质也随之建立起来。20世纪以来，由于美国的政治生活进一步

民主化，行政管理水平又有了巨大提高，美国文官制度的健全化，使得上层建筑适应了工业化社会的需要，对于资本主义社会的正常运行，起了保证作用。

186.美国的星条旗

［**词语**］the Star-Spangled Banner

the American national flag

［**含义**］星条旗；美利坚合众国国旗

［**趣释**］美国的国旗为星条旗（the Star-Spangled Banner），于1777年6月14日在大陆会议上通过决议而采用。当时国旗上有13道条纹和13颗星，代表当时的13个州。1818年美国国会通过法案，决定每成立一个州增加一颗星。现在美国国旗的旗底由红白13道宽条构成：6条为白色，7条为红色。旗的左上角为一块蓝色长方形，上面分9排横列着50颗白的五角星，代表美国的50个州。但旗底13条红、白宽条不随州数的增加而改变，因为他们是美国初时13个州的象征。据1782年美国国务院为国旗面上的颜色所发表的正式声明说，红色象征强大和勇气，蓝色象征警惕、坚韧不拔和正义，白色象征纯洁和清白。现在每年的6月14日为国旗制定的纪念日（Flag Day），纪念国旗的起源，举行庆祝典礼向国旗致敬。

美国国旗

187.美国的银行业

[词语] banking in the United States

[含义] 美国的银行

[趣释] 在日常生活中，同美国人关系最密切的金融机构就是银行。美国的银行已经完全实现自动化、信息化、现代化，工作迅速、准确。美国所有的国家银行或州银行都属于联邦储蓄、保险公司。任何银行破产，存款在10万美元以内的储户都会得到联邦储蓄公司的赔偿。超过10万美元的储户，就要等到银行变卖财产后，根据情况收回存款。一般的情况是，一家银行倒闭，往往被别的银行或财团吃掉，储户利益不会有什么损失。美国人开户时往往是夫妻、姐妹或父子共同开启，否则，一个人遭不测或出远门，其他人就无法取款。美国的银行分普通存款、有息支票、无息支票等。普通存款可以每天存入或取出，利息低，开有息支票户需在银行保持一定额度的存款，无息支票户有100万美元的存款即可。无息支票的花样很多，价钱也不等。定期存款也有很多种，有长期的，也有短期的。其中有一种存款，期限9天，最少要存7500美元。个人定期存款，要求每年存入2000美元，只有59岁才能取出，中途取款要受银行罚款，政府还要罚10%的税。还有一种定期存款，存款额至少1万美元，最多为10万美元，期限为6个月，利息最高。存款10万美元以上的，存款人可跟银行协商，双方同意就行，银行也可以借钱给个人，条件是要有较高的收入，因为银行借钱的目的就是为了赚钱。为了方便顾客，银行装有电脑设备，客户可以申领一张卡，得到一个密码，把卡插入机器，存款、取款时按出密码就行。如果按错密码，卡会被收走，以防止盗窃和冒领。

188.美国的职业红娘

［**词语**］professional go-between

［**含义**］职业红娘；专职媒人

［**趣释**］职业红娘，就是专职媒人，在美国已经成为一个收入颇丰的行当。据福布斯网报道，美国有1200多家职业婚姻介绍所，2005年营业额高达2.36亿美元。职业红娘每年向客户收取5000至25000万美元不等。有些职业红娘一年最高收入可达10万美元，有时甚至更多，这还不包括可以达到6位数的“结婚津贴”。“做媒这一行业现在更为人知，也变得更有魅力了。”纽约媒人学院行政主管丽莎·克兰彼特说：“人们已经开始重视媒人的作用。”丽莎从2000年开始担任红娘，并在2003年与其他人一起创立了这所专门培训媒人的学校。丽莎在纽约的婚姻介绍所“VIP LIFE”已经促成了30多对新人，并拥有许多精英客户。她的收费是6个月无限制次数介绍要价1万美元，一年的收费是2万美元。尽管收费昂贵，但这种服务仍有很大需求，特别是在大城市。这些地方的单身贵族们每天忙于工作，没有时间去寻找另一半，他们当中很多人已经厌倦了网络约会，想通过更加有个性、隐私权受到保护的方式来筛选对象。在华盛顿已经从事做媒行业21年的安·伍兹着重在她的客户群里进行配对，然后她告诉对方双方的基本情况以及介绍他们认识。有些职业红娘不仅是为单身者配对，还扮演生活顾问的角色。她们喜欢被人们称作“爱情教练”或“爱情生活设计师”。她们对客户提供多方面帮助，扮演着如生活指导师、造型师或个人训练师的角色。

189.美国的中小学教育

［**词语**］elementary and secondary education in the United States

［**含义**］美国的基础教育和中等教育

［**趣释**］美国的教育由各州自行负责，因而在结构上并不完全相同。初等教育（elementary education）一般为6年或8年，6岁入学，12岁或14岁毕业。毕业后，80%的学生升入中学。小学教师一般应具有学士学位（bachelor），并有一项专长。在英国、法国，primary school（小学）与elementary school（小学）是同义词，但在美国，前者是指初等教育的最初几年，尤其是指幼儿园和小学低年级，后者指小学高年级。中等教育（secondary education）一般为6年，初中（junior high school）3年，高中（senior high school）3年。如果小学是8年制的，中学则为4年。美国的普通中学是单一型综合性中学，既设有普通课程，也设有专业性课程，可以适应学生的不同需要。同一中学的学生，有的计划升入大学，有的打算念完中学即就业，学生可以根据自己的情况，选学自己需要的课程。除普通中学（high school）之外，还有各种职业学校（vocational school），中学教师一般应具有硕士学位（master），并有一门专业。

190.美国的宗教

［**词语**］religion in America

［**含义**］美国宗教

［**趣释**］美国绝大多数人信奉基督教（Christianity）①，其他宗教也同时并存。美国宪法第一修正案明确规定禁止建立国

教，国会不得制定禁止信教自由的法律，禁止联邦和州干预教会组织活动，每个州的美国人都有同样的信教自由，宗教活动是美国人生活中的一部分。美国各地每个星期天的早晨都有数不清的人纷纷走进教堂做祷告。美国教会要比其他西方国家教会兴旺得多。最突出的特点是多种教派并存，目前共有250多个不同的宗教派别，22.2万多个地方性教会团体。新教（Protestantism）[2]信众最多，有7200多万人，占基督教会员的58%；罗马天主教（Roman Catholicism）[3]信众5000万人；犹太教（Judaism）信众600万人；东正教（Eastern Orthodoxy）[4]信众300万人；佛教（Buddhism）信众60万人。宗教对美国人来说，绝不仅仅是一种信仰，而且还渗透在美国人生活的各个方面。一个美国人如果参加某个宗教组织，便会在社会上获得某种身份和地位，使他意识到自己在社会团体中拥有一席之地而感到心安理得。美国人往往为这种观念主宰，他们宁愿在行动中和思想意识上同自己周围的人保持一致，也不愿做孤家寡人。

---

①参阅101.基督教。 ②参阅353.新教。
③参阅295.天主教。 ④参阅73.东正教。

191.美国东南部印第安人的家庭生活

[**词语**] American Indian's family life

[**含义**] 美国印第安人的家庭生活

[**趣释**] 美国东南部的印第安人居住在墨西哥湾以东的大西洋沿岸一带，该地区的印第安人主要讲穆斯科格语（Muskogean）。他们部落的政治基层组织是村落或小镇。每个村落就是一个自治单位，居民们享有共同的文化传统，使用共同的

语言。大多数印第安部落还处在母系氏族的阶段，有些部落已经出现一夫一妻制家庭。男女结婚要举行仪式，婚后新郎通常要搬到新娘家生活数年，然后方可建立自己的家庭。大部分部落不禁止甚至鼓励婚前性生活，婚后通奸则被严厉禁止，离婚现象颇为常见。印第安人在劳动中根据性别进行分工，妇女耕种土地，采集野果，收藏食物，抚养儿童，并从事各种手工业，如制陶、编织、织布等；男人从事狩猎、建筑和战争。在收获季节，男人也帮妇女收割庄稼。土地一般归耕种者家庭所有，也有部分土地由集体耕种，收获的庄稼则归部落首领所有。主要农作物有：玉蜀黍、豆类、南瓜、向日葵、烟草等。采集的果子有葡萄、李子、胡桃等。他们还要从事捕鱼工作。绝大多数的印第安人部落过着自给自足的生活，但经济上的分工和贸易已经出现。在一些富裕的部落，已有专门从事宗教活动的人员以及术士、巫师、巫医、占卜师等。绝大多数的东南部印第安人聚居俄克拉荷马州（Oklahoma）。

192.美国独立纪念日（国庆日）

[词语] U.S. Independence Day

[含义] 美国独立纪念日；美国独立日；美国国庆日

[趣释] 每年7月4日是美国的独立纪念日。1776年7月4日，大陆会议正式通过了托马斯·杰斐逊（Thomas Jefferson）起草的《独立宣言》（the Declaration of Independence），宣布北美13个殖民地脱离英国的统治，建立美利坚合众国（the United States of America）。从此，开始了美利坚合众国的历史。建国后，美国政府把7月4日这一天定为独立日，即国庆日。从1812年战争后，才开始了一年一度的纪念庆祝活动。人们有意识地把

民主理想、公民的义务同独立纪念日的爱国热情结合起来。这一天，按照美国传统，全国各地要举行各式各样的大规模的庆祝活动，美国总统在这一天要发表重要文告。在首都华盛顿，人们一清早就从四面八方涌向华盛顿纪念碑前的广场。这里有一大片可以容纳几十万人的草地，是举行大规模群众活动的中心。人们沿着当年总统就职时乘车驶过的路线，举行规模盛大的庆祝游行。一些小型的活动，则分散在附近的博物馆和纪念堂举行。有乐队演奏表演、有化妆表演，还有诗会等，前后在这里活动的多达几十万人。当天夜晚，包括首都在内的全国各地，都要放焰火以示庆祝。

193.美国哥伦布日

[词语] Columbus Day in the United States

Discovery Day

[含义] 美国哥伦布日；新大陆发现纪念日

[趣释] 在美国的40多个州，每年10月的第二个星期一是法定假日——哥伦布发现美洲纪念日。1492年10月12日哥伦布发现美洲的日子被称为“新大陆发现纪念日”（Discovery Day）。这一节日，也常作为哥伦布的诞生日来纪念。哥伦布（Christopher Columbus）是意大利航海家，后移居到西班牙。他几次探险横渡大西洋到达南、北美洲，有哥伦布发现新大陆之称。哥伦布发现美洲新大陆最早的庆祝活动是1792年开始的，1892年起每年10月的第二周星期一这一天，美国人以集会、游行等形式来庆祝这个节日。美国儿童尤其喜欢复述和表演1492年哥伦布发现美洲那次航行的故事，钦佩他的勇敢自信和坚韧不拔的精神。

194.美国各地的特色节日

［**词语**］holidays and festivals in America

［**含义**］美国的各地节日

［**趣释**］在美国，除传统节日、宗教节日之外，各地还有很多颇有特色的节日。1.开拓者节（Pioneer's Day）。每年7月15日，为纪念第一批白人定居点于1860年7月15日在新大陆建立而设此节，又称“爱达荷节”（Idaho Day）。犹他州（Uta）也有此节，但节日定在7月24日。2.友爱日（Friendship Day）。美国亚拉巴马州（Alabama）于1915年将每年10月第二个星期二定为“友爱日”。这一天是法定假日，不论宗教、信仰是否相同，人们都要以美好的愿望团结在一起。3.毛皮节（Peltry Day）。阿拉斯加州（Alaska）自1938年起将每年2月设为期10天的毛皮节。这是因纽特人（Inuit）的节日。节日期间，猎人出售皮毛，买回生活日用品，并纵情欢乐。游客观看雪橇比赛、冰球比赛和民族歌舞，购回世界上最漂亮最珍贵的毛皮物品。4.水鸟节（Waterbird Day）。每年11月是美国的水鸟节。节日活动中最引人注目的是“水鸟画大赛”。作品必须以画水鸟为主题，画幅一律规定长18厘米、宽13厘米。除奖金丰厚外，获奖作品还会印成水鸟邮票。水鸟节是鸟类学家大显身手的时机，孩子们也踊跃参加喂鸟活动。5.自由节（National Freedom Day）。每年2月1日是美国全国的自由节，纪念1865年的这一天美国总统林肯（Abraham Lincoln）签署了一项法令，解放北方所有的奴隶。1949年美国总统杜鲁门（Harry S.Truman）宣布这一天为自由节。6.花环节（Wreath）。每年5月1日是美国夏威夷（Hawaii）的花环节。花环是美丽和友谊的象征。节日这一天，每个人都佩戴花环互相问候。最吸引人的是花环比赛。如果哪位姑娘被选中为“花环皇

后”（Wreath Queen），人们还要为她举行加冕礼。7.樱花节（The National Cherry Blossom Festival）。每年4月中旬的一个周末，是首都华盛顿（Washington）的樱花节。这里要举行盛大的樱花游行，各州也会纷纷派代表团参加。整个游行队伍浩浩荡荡，热闹非凡。队伍中，用樱花装饰的彩车别具特色，漂亮的小姐们穿着和服，跳起日本传统的舞蹈，各种丑角也十分吸引游人。8.俄勒冈州约翰迪市的“中国节”（John Day Chinese Festival of Oregon）。美国俄勒冈州东北部约翰迪市（John Day）在每年的6月都要举行“中国节”，以纪念华人劳工和“神医”伍于念，纪念他们在开发俄勒冈东部时所做的贡献。1883年，伍于念随父从广东到美国华盛顿州当淘金工。当俄勒冈东部流行疾病肆虐时，他用中医方法救活了无数病人，成为当地家喻户晓的“神医”。他不仅用药如神，而且医德高尚，他行医一世，仅留有少量钱财，在美国享有崇高的威信。伍于念于1952年去世，其行医诊所现已被重修，开辟为纪念华人对俄勒冈东部所作贡献的展览馆。

伍于念药铺

195.美国国旗日

[**词语**] Flag Day in the United States

Flag Day (United States)

[**含义**] 美国国旗日

［**趣释**］美国国旗日是每年的6月14日。1777年6月14日，美国大陆会议通过了美国第一面由费城女裁缝贝蒂·罗斯（Betty Ross）所设计的正式“星条旗”（stars and strips）。当初旗子为7红6白相间排列的13条色带和左上角的13颗星，代表美国独立时的13个州。美国大规模的国旗纪念活动是在1876年建国100周年时进行的。19世纪90年代，不少公立学校倡议每年6月14日举行国旗纪念活动，很快得到广泛响应。1893年，美国宾夕法尼亚州（Pennsylvania）的费城（Philadelphia）首先承认6月14日为国旗日。美国国旗纪念日不是一个官方的联邦节日，但1937年6月14日，宾夕法尼亚州成为第一个（目前也是唯一一个）把国旗纪念日作为州节日的州。1942年制定的法令规定，美国人对国旗宣誓时，应取立正姿势，右手郑重地放在左胸前，以示对国旗的崇敬。

196.美国国宴

［**词语**］American state banquet

［**含义**］美国国宴

［**趣释**］美国国宴是白宫（White House）中规格最高的大型宴会[①]，人数一般限在126人。其中有美国总统夫妇、来访的外国首脑夫妇、来访团的贵宾、美国国务院和白宫官员以及记者等20余人，其他名额则在名义上属于每个公民。因此，每年白宫都能收到成千上万封要求参加国宴的自我推荐信。但参加国宴的最终人选往往由总统夫妇的好恶来决定。白宫的国宴通常由四星盛宴、文艺演出和舞会三个部分组成。开始时间为下午八九点钟，地点一般在白宫西侧的国宴厅。天气晴朗时，也可在玫瑰园举行。参加国宴时，客人接受总统接见后便进入宴会厅，社交助理会引导客人找到自己的位子。国宴通常是四道菜。头道为海鲜，

主菜为小牛肉或鸡肉等，还有饮料。酒类则受主人爱好影响，有时供应，有时则没有。饭毕，总统提议干杯，然后全体客人进入客厅喝咖啡或其他饮料。之后，去东厅参加招待会。招待会结束，贵宾们开始离去。如果安排有舞会，通常在上香槟时开始。其余客人要在贵宾、总统夫妇走后才能出去，任何人不得先于总统离开。只要总统夫妇站着，客人们都不应坐下。美国国宴规格极高，因此，能应邀作陪在美国是极为荣耀的事。

---

①参阅343.西方宴请的常见形式。

197.美国今日新娘的嫁妆

[**词语**] trousseaus in the United States

[**含义**] 美国今日新娘嫁妆

[**趣释**] 在美国，新娘结婚时按照传统习俗要带上所有家用麻绳织物、厨房用具、结婚后第一年四季穿的衣服。在过去，新娘父母通常要节衣缩食好几年，用积蓄、借钱、或变卖家里值钱的东西，为女儿出嫁准备一份像样的嫁妆。如今的新娘一般尽自己所能，为自己的新家添置一些东西。如果新郎经济上比新娘富裕得多，通常由新郎花钱买家具服饰。如果两人的经济条件差不多，那么则一起挑选购买，分担开销。现在，新娘的嫁妆一般包括漂亮的新娘内衣、衣裙、休闲服以及朋友们送的亚麻织物和厨房用品[①]。这些嫁妆与过去新娘带到她的新家、放在壁橱里的东西完全不同，生活方式变了，嫁妆也不一样了。纯亚麻床单过去曾是每个新娘必备的嫁妆之一，如今新娘生活在一个衣被一晾就干的世界里，她甚至不知道如何洗涤和熨烫亚麻织物。传统的装嫁妆的箱子不见了，人们也许只把一些重新油漆过，既可贮存东

西又可用作咖啡茶几的旧箱子称作嫁妆箱。如今新娘可能会准备的嫁妆基本是日用品，有如下四个方面：1.亚麻织物。主要是卧室用的，有床罩、床垫套子、3套床单和配套的枕套、保暖毛毯、厚毛毯、被子或电热毯、毛毯套等。2.浴室用品。与毛巾配套，3只浴室防滑垫、3套毛巾（2条大浴巾、2条擦脸毛巾、2条洗脸毛巾）、浴室门垫、6条客人用毛巾、浴室小地毯。3.厨房用品。主要是一些基本必须用具，包括3口尺寸不一样的有盖平底锅、2口尺寸不一样的煎锅、2只尺寸不一样的铝制或玻璃钢烤盘、咖啡壶、2件套烤肉盘、有盖的烤肉盘、滤锅、大滤器、2只尺寸不一样的烘烤或上茶用的有盖的陶瓷盘、一套锋利的厨用刀具、切肉叉和砧板、打蛋器、切碎机、削皮器、榨汁机、沙拉碗和做沙拉的用具、烘烤饼和加热食物的烤箱、面包电烤炉和烤面包器、一套防热布垫和烤炉防热手套、橡皮刮刀、烤松饼用的烤炉、长柄勺子、一套木制搅匙、烹调书以及各种厨房必备的大小物件；还有携带式电热轮转烧烤器、爆米花烘炉、酸乳酪制作器、咖啡豆研磨器、荷兰大烤箱等。4.厨房壁橱用具。抹布、海绵、簸箕和扫帚、刷子、干湿拖把、叠层式橡皮泄水盘、板凳式或折叠式扶梯、吸尘器、洗涤桶、熨斗和熨衣板等。

---

①参阅441.有趣的送礼会。

198.美国林肯总统诞辰纪念日

［**词语**］Lincoln's Birthday

［**含义**］林肯诞辰纪念日

［**趣释**］每年2月12日是美国第十六任总统亚拉伯罕·林肯（Abraham Lincoln）的诞辰纪念日。林肯总统于1809年出生在

肯塔基州（Kentucky）一个清贫的鞋匠家庭里。25岁前，他没有固定职业，1834年他被选为州参议员，1846年他当选为众议员，1860年11月他以200万张选票当选美国总统。但在南方奴隶主控制的10个州，他没有一张选票。1865年4月15日，在华盛顿的福特剧院遇刺身亡。林肯领导美国人民维护了国家统一，废除了奴隶制，为资本主义的发展扫除了障碍，促进了美国历史的发展。100多年来，他受到了美国人民的尊敬，是美国历史上最受敬仰的三位总统之一。他的诞辰纪念日2月12日，在美国大部分州里被定为公假日（public holiday）。美国另两位最受爱戴的总统是第一任总统乔治·华盛顿（George Washington）和第三十二任总统富兰克林·罗斯福（Franklin Roosevelt）。

199.美国人的各种婚礼形式

［**词语**］various American weddings

［**含义**］美国人形形色色的婚礼

［**趣释**］美国人的传统婚礼在教堂举行，被称“教堂婚礼”（church wedding）。从20世纪60年代之后，美国一些人主张婚礼从简，不举办招待会或宴会，不收受礼物，不穿正式的婚礼礼服。常见的有以下几种：1.公证结婚（civil marriage），婚礼大多数在当地法院举行，由一位法官当证婚人，亦称法院婚礼（wedding at court）。2.野外自助餐婚礼（wedding at cafeteria）。新婚夫妇到政府婚姻登记处注册之后，在风景优美的野外或静谧的公园举行婚礼，婚礼由牧师主持。婚礼之后，亲友和来宾欢欢喜喜地来到附近一家自助食堂（cafeteria）参加婚礼自助餐。有的客人还带食品和菜肴，与主人准备的合在一起，大家共享。聚餐完毕，新郎新娘坐车离去，就算结婚仪式完毕。

3. 雪橇婚礼（wedding at sledge）。美国蒙大拿州（Montana）爱好体育的青年经常到阿拉斯加（Alaska）滑雪，有些年轻人在那里相识相爱。结婚那天他们特地飞到阿拉斯加穿上婚礼服，坐在租来的狗拉雪橇上，尽情驰骋在白茫茫的雪地之上，晶莹的白雪象征他们爱情的纯洁和高尚。4. 游泳婚礼（swimming wedding）。夏威夷州（Hawaii）一些岛屿上的居民的结婚仪式在海边举行。在载歌载舞欢庆一阵之后，便把新郎新娘推入海中。他们一起游到事先准备好的小船上，船上准备了吃的和用具。然后，新人合力把小船划到别的岛上去度蜜月。5. 飞刀婚礼（wedding and knives）。纽约街头飞刀艺人的婚礼让人惊心动魄。婚礼中，随着牧师的祈祷，新郎向被缚在门板上的新娘一连飞出7刀。刀刀有声，有时会把主持婚礼的人吓得当场晕了过去。新娘认为，这样可以证明他们的爱情将永远持久，两人会白头到老。6. 私奔婚礼（wedding by making an elopement）。新型的“私奔”已不再是传统爬窗户逃跑的概念了。结婚双方为避免既费时又费钱的传统婚礼，现在流行私奔婚礼。还有专门的私奔婚礼公司专门承接这项业务，大大地节省了时间和开支。新人商定好无人认识他们的目的地之后，公司负责将他们送到那里，还会安排他们婚礼仪式的全部活动。结婚最简便的要数赌城拉斯维加斯（Las Vegas），它以“婚礼之都”（city for wedding）而闻名。在这个城市，结婚手续极其简便，人们不必请教会公布结婚预告[①]，不要任何证件。若是外国人，只要出示一下护照即可。在户籍登记处只需填写一张印有14种语言的申请表，即可领到结婚许可证。手续一般不超过十分钟。

---

①参阅296. 天主教徒的结婚预告。

200.美国人的婚姻合同

［**词语**］marriage contract

［**含义**］婚姻合同

［**趣释**］婚姻合同（marriage contract）又称“婚前协议”，是美国人在举行婚礼之前，到律师事务所去签订的一份合同。大多数人对自己的婚姻合同保密，但也有人透露了其中一些内容。据说主要是经济方面的内容。有的则是事无巨细，一律加以说明规定。如：子女问题、钱财问题、家务问题，有的还对“离婚”这个问题也提前做了说明，以免将来会有麻烦。美国女作家伊丽莎白·吉尔伯特（Elizabeth Gilbert）在《定终身》中解释自己为什么会和丈夫一起去签结婚合同，她说：“婚姻不仅是个人的爱情故事，也是最严肃的社会和经济契约。”据哈里斯网上评估公司开展的调查称，超过36%的成年人认为婚前协议在理财方面是明智的。哈里斯公司在2002年问同样的问题时，只有28%的人给出肯定的答案。该公司在2010年2月开展的调查发现，已有1/3的单身汉说，他们会要求伴侣签婚前协议。

201.美国人的家庭生活

［**词语**］family life in America

［**含义**］在美国的家庭生活

［**趣释**］在美国的家庭生活中，男女平等的观念深入人心。共同承担义务，平等分担家务是共识，没有大男子主义这一说。一般家庭，妻子做饭，丈夫洗碗；在公园左拖右抱领着小孩的多数是爸爸；在餐厅，常看到丈夫为妻子挪开座位的椅子，挂好脱下的外套。在美国，离婚率很高，初婚的夫妻一半以离婚收场，

再婚之后分道扬镳的比例更高。究其原因，在很大程度上与平等相爱有关系。双方只因相爱而结婚，一旦爱情丧失，双方就要离婚。民调表明，90%的人认为婚外情是错误的，有3/4的人认为这种行为不能容忍。夫妻双方一旦发现对方有婚外情，可能很快就一拍两散。离婚率高并不代表美国人家庭观念淡薄，美国家庭中不仅妻子顾家，丈夫更是如此。当家庭和事业发生冲突时，无论是晋升，还是求学，如果要抛妻弃子，分居两地，多数男性会毫不犹豫地首选家庭。因为他们知道因果关系：家庭好了，工作才能好；工作好了，家庭却未必好。整个美国社会都推崇家庭的重要性，美国大大小小选举中的候选人，几乎无一例外地要大打家庭牌。一个男人如果不爱家，是绝对得不到选民支持的。现代美国人的主流家庭生活观念，是有一条主线的，那就是基于平等的爱。美国的一位老教授在毕业典礼上对毕业生们说：他的祖父告诉他，不能把个人的职业成功置于家庭之上，他认为这是对的。

202.美国人的进步观

[**词语**] the sense of making progress

[**含义**] 进步观

[**趣释**] “进步”（progress）通常是指向前发展比原来好，或对时代发展起促进作用。例如：对物质财富的不断创造和生存条件的不断改善；对新事物的不断认识和对新现象的不断了解；对宇宙空间的探索和对未来的不断推进所取得的进展；等等。在美国，进步观是多种多样的，但绝大部分美国人的进步观指的恐怕还是对物质生活的不断追求。进步对他们来讲意味着国民拥有健康、卫生、财富、自由以及不断提高的生活水平和不断改善的生存环境。当然，美国人的进步观也包括对未知事物和现

象的认识与理解，包括对物质世界、对社会现象和对人的精神世界的认识与理解。美国人类学家马格里特·米德（Margaret Mead）把美国人的这种进步观的起源归结于美国家庭教育中的失误。美国的父母总是在孩子的面前塑造完美的形象，但是当孩子到青少年时发现自己的偶像父母并非完美的象征，在彷徨之中，他们借助家庭以外的世界来填补偶像破灭而出现的心灵真空。于是，一代又一代的青年张大渴望的眼睛去认识家庭以外的世界，去找回个人追求。这种一代对另一代的否定与选择所代表的新的希望和新的追求，便是所谓的进步。英美人的时间观是从过去经现在流向未来的单向的、不可逆转的运动，未来在他们的眼中代表着希望、机会、成功与进步。美国人认为历史并没有多大意义，看重的是未来。因为未来意味着不确定和冒险，冒险在美国人眼中历来代表着机会与成功。

203.美国人的离婚率

[**词语**] divorce rate in America

[**含义**] 美国离婚率

[**趣释**] 美国离婚率高是其婚姻的一大特征。19世纪末，人们还认为离婚是件不光彩的事时，离婚与结婚的比率为1∶16。进入20世纪后，此比率不断上升。同居者也越来越多。这种高离婚率的主要原因有：个人主义恶性膨胀；放纵的性欲取代感情和义务而成了维系家庭的纽带；性的不满足成为离婚的重要原因；紧张的工作节奏削弱了夫妻之间的感情，离婚法越来越温和；等等。也有人认为，美国女人对离婚年龄不敏感是造成离婚率高的重要因素。美国女人在任何年龄段都信任爱情，一旦她们发现现有的婚姻不能满足她们心理生理的需要时，她们就会比中国女人

更轻易选择离婚。据美国一个著名办离婚案的律师说，每年元旦过后是离婚的高峰期，进入2月份趋于平稳，情人节前后基本恢复正常水平。究其原因是，有些人虽早有离婚念头，但会等圣诞节、元旦过后再行动。因为圣诞节有配偶的礼物，年终有红包；还有的人新年有许愿的传统，许下一个美好的愿望，希望在新年实现；还有一个原因就是节假日团聚让配偶的缺点放大。总体上讲，美国人离婚的成本是不低的，但各州的法律不同，费用也不一样。最简便的离婚法恐怕要算加利福尼亚州（California）的“邮政离婚法”。该法规定：凡结婚不满两年愿意离婚者，只需要通过邮局向州里缴纳不到400美元，便可自动获准离婚。

204.美国人的家庭售物习惯

[**词语**] yard sale

[**含义**] 庭院售物

[**趣释**] 庭院售物是美国的传统文化。美国人有一个风俗习惯就是，每隔几年把家里多余不用的东西，不随便送人，也不随便丢弃，而是在自己房前屋后的庭院中廉价售卖。庭院售物的品种很多，大的如家具、电视机、自行车、音响之类，小的如厨房用具、文具用品、儿童玩具等。为了方便买主，大部分物件都标明价格，没有标价的可以问卖主。购买这类廉价处理的东西，人们可以讨价还价，只要两厢情愿，就可以成交。这种庭院售物规模小，不会在电视、报纸上做广告。以往是主人手写有Yard Sale的标题，注明时间、地点的广告，在超市、公告栏、电线杆或人们常去的地方张贴；现在多到互联网分类广告网站Craigslist上发布庭院售物信息广告。有时，这种廉价处理旧物的活动是在有些车库（garage）里或门廊（porch）下进行的，故又称车库售物

（garage sale）或门廊售物（porch sale）。有些人在搬家前处理旧物，因而又有搬迁售物（moving sale）的说法。如今，为了增加收入，缓解经济衰退造成的家庭财务紧张，美国居民对这种活动更加热衷。据统计，在过去两年里，互联网分类广告网站上发布庭院售物信息、广告的数量增加了200%，交易量比去年增加了16%。据一年一度的“世界最长庭院售物”，从阿拉巴马州（Alabama）到俄亥俄州（Ohio）绵延654英里的组织者说，有越来越多的居民和社区参与此类活动。

205.美国人的饮食习惯

[**词语**] Fating habits in the U.S.

the American dietary customs

[**含义**] 美国食俗

[**趣释**] 一般来说，美国人喜欢牛、羊、猪和家禽等肉类以及鸡蛋、蔬菜、水果等,不太喜欢鱼类及山珍海味。不吃肥肉及家禽的皮，不吃胶状或有头尾、带骨头的食物。大多数人口味清淡，不喜欢有刺激性气味的食物。烹调的主要方法是烤、煎、炸。早餐（breakfast）:一般在7点至8点。简单的早餐为果汁、麦片、烤面包及咖啡；丰富的早餐有薄煎饼、玉米片、香肠、火腿和各种做法的鸡蛋。早餐一般在家里吃，有时也有“工作早餐”。午餐（lunch）：一般在中午12点至1点，迟的1点至2点。上班或上学的人很少在家吃午饭，而是从家里带饭。通常是蔬菜和三明治（sandwiches）①，或汉堡包（hamburgers）②，意大利馅饼，即比萨饼（pizza）③，热狗（hotdog）④，再加饮料。午餐用餐时间很短，是三餐中最为简单的一餐。晚餐（supper）：一般在6点左右，比较丰盛。最先上果汁或浓汤，然后是主菜。常吃的有

牛排、猪排、炸牛肉、炸鸡、炸虾、火腿及烤羊排等。随主菜吃的有面包、黄油、米饭、面条等。多数美国人喜欢饭后有一道甜食，如蛋糕、小馅饼、冰淇淋等。最后喝一杯咖啡。睡前，孩子们喝杯牛奶、吃块小甜饼，成年人则吃水果和糖。周末或假日起床较迟，大多数家庭只吃两餐。早午餐（brunch）是早餐和午餐合并在一起吃，一般在10至11点，通常丰富，视作一天中的正餐。也有的全天外出吃便餐，或在餐馆吃饭。遇上天气好的节假日，美国家庭常常举行野餐或户外烧烤餐（barbecue）。野餐是将烧烤鸡一类的熟食装篮带到野外用餐；烧烤餐则是在自家庭院或郊外生炭火，将生食烤熟再吃。有的公园还为游人提供烧烤炊具。

---

①参阅255.三明治的故事。 ②参阅244.趣谈汉堡包。
③参阅49.比萨饼趣话。 ④参阅248.热狗史话。

206.美国人的纸巾友谊

［**词语**］paper friendship

［**含义**］纸巾友谊

［**趣释**］友谊（friendship）是一种人际关系，指朋友（friends）之间的感情。对友谊，人类有着共同的需求，但不同文化，对友谊有着不同的含义。在中国，在亚洲，友谊强调时间长久，强调责任感，朋友之间开放领域大，彼此所存隐私（privacy）[①]很小。真正的朋友肝胆相照，赴汤蹈火在所不辞。东方人的这种友谊观很难为英美人所理解，同样中国人和亚洲人也难接受英美人的友谊观。英美人认为，友谊是在共同的经历中，成员之间建立起来的非一般的伴侣关系。这种友谊只是在特

定时间、特定的情景中存在，伴侣或朋友之间不负任何责任，此时的朋友也不对彼时的朋友负责，人的个性（individuality）可以得到保护和发展。通俗地讲，美国人对朋友的定义并不严格，对友谊的标准自然也不会高。人们喜欢在轻松、友好、舒适的心理空间中生活，不希望也不愿意朋友之间产生很强的责任感。美国社会成员之间可以很快成为好朋友，之后因工作或生活需要彼此分手告别，此后，可能偶尔通个电话或节日寄张贺卡表示问候，或者干脆失去联系，各奔东西。若干年后老朋友相逢，则一见如故，友谊重新恢复。若双方不认为有恢复友谊的必要，则形同陌路，一切顺其自然。有人将英美人的友谊称为“纸巾友谊”（paper friendship），意思是友谊薄如纸，非常廉价，有用则用，无用弃之。英美人的这种友谊观与他们的生活环境和性格有很大的关系。一是英美人追求效率（efficiency）②，生活节奏快，无暇旁顾太多；二是人口流动性大，流动频率高，不断变化的生活情景，自然就会让友谊也打上情景的烙印；三是英美人崇尚个性与个人主义和根深蒂固的隐私观念，交往不会过密达到无话不谈的地步，朋友之间自然不会很“铁”。

---

①参阅435. 英语国家人民的隐私观念。　②参阅454. 注重效率的价值。

207.美国人淡泊的门第观念

［**词语**］weakening social hierarchy

［**含义**］淡泊的社会门第观念

［**趣释**］美国人说话直率，一般很少绕弯子。在答话时往往简单到只说“是”或“不是”；跟人打招呼，也不外乎一个“嗨”。听惯了较长礼赞话的人往往要好久才能适应过来。他们感

到难为情时，就实话直说，遇到别人特别客气地称赞或道谢时，会难为情到不知说什么才好。他们通常不送礼，当他们接到礼物时很难为情，如果他们没有东西回礼，就会更加如此。美国人不重视“地位”，尤其是社会地位。大多数美国人都不愿意因自己年龄或社会地位的关系受到别人尊敬，这样会令他们不自在。许多人认为“先生”“太太”“小姐”太客套，喜欢直呼其名。不过，如果觉得直呼其名不好，尽可以用比较客气的称呼。介绍时往往连名带姓，可是交谈没过多久，彼此就直呼其名了。美国人在一起聊天时，几乎从不提彼此的头衔。如果听惯了不离头衔的谈话，会觉得美国人说话不客气，不近人情。而美国人听到外国人习惯称呼头衔的谈话，会觉得很有趣，很特别。社会阶级的差异在美国是不受重视的，所以美国人没有家族世袭的头衔，只有职业上的头衔。这种职业头衔不是家族世袭的，而是自己“挣”的：如哈利法官、史密斯参议员、克拉克将军等。美国人第一次见面，不晓得对方的头衔，但又要表示尊敬，那么就要用“先生”“夫人”或“小姐”称呼，被你这样称呼的人也许会想到你不知道该用什么称呼，于是就会把正确的名称告诉你。不过，美国人的正式头衔是不常用的，他们注重友好，不拘礼节，不注重地位头衔。美国人相信，即使是直呼一个人的名字，仍然可以对他表示尊敬。美国是一个样样自己动手的国家，不管是多么受人尊敬的教授、医生、法官、商人，大多自己动手买菜、煮饭、洗衣服。在美国，服务是花钱“买”的，大多数人都买得起，家里是否有佣人与地位无关。他们喜欢家庭的宁静，不愿请个帮手使这种宁静丧失，他们愿意把钱花在旅游、度假等方面，而不愿请个佣人。

208.美国人对信用卡的爱与恨

[词语] credit card

[含义] 信用卡

[趣释] 信用卡于1915年起源于美国。目前世界上已有许多国家建立了信用卡制度。通俗地说，信用卡是银行提供给用户的一种先消费后还款的小额信贷支付工具。持卡人的购物需求超出了支付能力或希望使用现金时，可以向银行借钱，这种借钱不需要支付任何利息和手续费。信用卡就是答应借钱给持卡人的凭证。信用卡可以告诉持卡人：能借多少钱，需要什么时候还。另外，持卡人还可以在信用卡中没有钱的情况下，直接从ATM机中提取现金。信用卡的特点是：可以在卡里没有钱的情况下进行普通消费，在很多情况下只要按期归还消费的金额就可以了。在20天至56天免息期内按时还款，利息分文不收。应该看到，信用卡的目标客户是高端收入人群。信用卡的特点更多的是方便，而不是省钱。信用卡不仅要缴年费，而且一旦错过还款时间，罚息是很高的，信用卡的利息是按天计算的，并且是利滚利。最近，一家名为“学生监督”的研究机构发布调查结果表明，四年级大学生中，37%的人至少有一种信用卡，其中47%的受访者在学校获得信用卡，40%的人无法还清全款。面对金融危机下汽油价格上涨，美国一家宾馆的服务员芭芭拉·里格尔（Barbara Riegger）坚信，凭借手中的信用卡，她可以轻松地渡过经济危机。不过，随着账单的堆积，里格尔几乎让这张小塑料卡片弄得债台高筑。“只是太方便了，”她说，“用这张塑料卡片购买汽油、住宾馆或做其他你想做的事情，的确很方便，但很快我们意识到，我们花得太多了。”正如里格尔遭遇的那样，不少美国人不幸成为“卡奴”。“卡奴”将信用卡视为身份和成就的象征，大大地高估了自己的购买力，金

融危机一来，很快倾家荡产。根据白宫的文件，美国每年因信用卡受惩罚偿付的费用高达150亿美元。为了保护持卡人的利益，美国国会参议院于2009年5月以压倒性多数通过一项信用卡法案，以限制信用卡发卡者巧立名目乱收费的行为，保护已受到信贷危机冲击的消费者的利益。

209.美国人喜欢搬迁和跳槽

[**词语**] moving and job hopping

[**含义**] 搬迁与跳槽

[**趣释**] 许多美国人喜欢经常搬家，很少有人能在一栋房子里住5年以上。有的人出生在一个城市，上学时去另一个城市，在两三个城市读完初中，又接着去其他地方读高中。工作以后也会今天在这里，明天又去了那里。工作一变再变可以为自己谋得更高的职位，得到更高的工资。职业一改再改，也使雇主（如老板、经理）有可能把各种新思想、新见解和新技术引进他的公司或企业。据一份报告说，美国人每5个家庭中，就有一家每3年搬一次家。这样频繁的搬家，有很多原因，如想看看外地、外国到底是什么样子；看看别的地方，甚至别的国家人民怎样生活。更主要的原因还是美国是一个靠自己（self-reliance）的社会，美国人从小就重视培养自立精神①，一个人的成功与失败，不靠家庭背景，也不依仗有钱有势人的提拔，全凭自己的艰苦奋斗，因而经常跳槽更换工作，经常搬家更换生活环境是很自然的事，直到他们找到满意的工作、合适的生活环境时，才会相对稳定一段时间。

---

①参阅451.重视自立精神的培养。

210.美国人最喜欢的骑牛竞赛

[**词语**] bull riding contest

[**含义**] 骑牛竞赛

[**趣释**] 骑牛竞赛是一项激动人心的体育娱乐赛事。要求竞技者不用镫、勒、鞍而骑暴跳的野牛，在牛背上待8秒钟不被摔下来，算胜利。每年，北美最优秀的骑牛士都会荟萃在俄克拉荷马城（Oklahoma），历时9天，举行光背骑马、捆牛、骑牛等10项表演和比赛，其中骑牛最为精彩。每当比赛进入高潮时，俄克拉荷马城万人空巷，赛场气氛异常热烈。人们挥舞着写有崇拜骑牛士的彩旗，摇旗呐喊，为骑牛士们加油助威。骑牛的比赛规则为:骑牛士先骑在关在圈内的野牛的光背上，然后将野牛放进牛场内，如果骑士能在牛背上坚持8秒钟便为成功。另外，还根据骑牛士的动作及其惊险程度加分。那些未被驯服的野牛十分凶恶，它们不仅要把骑牛士从背上掀下来，而且还想用牛角穿透骑牛士的肋骨，然后用它的蹄子把摔在地上的骑牛士狠狠地踩上几下。参加这项运动的骑士堪称勇士，他们不仅要有高超的骑牛技巧，还要有超人的勇气、胆量和顽强的意志。一些优秀的骑牛士虽然没有被野牛抛摔致残，但他们在比赛时内脏都像绞柠檬汁般震荡和旋转，全身十分难受。一旦被牛摔落在地，骑士必须迅速跳开，以免做牛的“角下鬼”。这种比赛惊险刺激，得满分的骑士很少。在加拿大的“卡尔加里牛仔节”（Cowboy Festival in Calgary）[①]里也有骑牛比赛。

---

①参阅144.卡尔加里牛仔节。

211.美国万斯堡的雨节

[**词语**] Vanceburg Rain Day

[**含义**] 万斯堡雨节；万斯堡降雨日

[**趣释**] 每年7月22日，是美国万斯堡的“雨节”。万斯堡（Vanceburg）在美国中部的肯塔基州（Kentucky），每年“雨节”或“降雨日”的奇特景观，使这座本来不知名的小城名扬四海。“雨节”这一天，全城居民在天拂晓时都穿上节日盛装，涌向市中心广场。人们不时仰望天空，耐心地等待头上甘露的降临。果然不一会儿，天就下起雨来。就在雨开始降落的一瞬间，广场上欢声雷动，人们兴高采烈地打开携带的雨伞，或者穿上各色雨衣，大家载歌载舞、欢天喜地地庆祝雨节，然后陆续散去。大概是万斯堡地理环境独特所致，每年的这一天，季风差不多总是准时地把潮湿的空气吹到这里，引起规律性的降雨。据史料所载，自1870年至今的100多年里，7月22日这一天不下雨，累计不到10次。因此，万斯堡的人民就把这一天定为“雨节”或“降雨日”，并进行庆祝活动。

212.美国职业棒球大联盟（MLB）

[**词语**] Major League Baseball（MLB）

[**含义**] 美国职业棒球大联盟

[**趣释**] 美国职业棒球（baseball）①大联盟（Major League Baseball）是美国职业棒球运动的组织，也是世界四大体育事业联盟之一。棒球是美国发展最早的职业运动。第一个职业联盟国家协会成立于1871年，5年后改为国家联盟。另一组织美国联盟成立于1901年。1902年，国家联盟与美国联盟在“辛辛那提”

（Cincinati）会议中统一了赛制、规则和管理，也举行了所谓的“世界大赛”，由这两个联盟的冠军对抗争夺总冠军。目前，大联盟共有30支球队，其中，国家联盟16支，美国联盟14支。两联盟按美国地理区域各分为3区，各区的冠军队及战绩最佳的球队，即“外卡”（wildcard）队参加季后赛。每年7月举行国联和美联明星赛，由各城市轮流举办。1997年，为了刺激市场，大联盟首次举行跨联盟比赛，当时赛程安排是两个联盟同区球队之间对打，2002年开始采用一种新规则决定跨联盟之间的对手，原则上采用分区轮替制。这项制度使得以往只有世界大赛中才能碰面的球队，在赛季中也有交手的机会，也制造了更多的话题，最引人注意的跨联盟赛事是同城市、同州的球队或是世“仇”对垒。

---

①参阅40. 棒球运动。

213.美国职业篮球联赛（NBA）

［**词语**］National Basketball Association（NBA）

［**含义**］全国篮球协会；美国篮球职业联赛

［**趣释**］（美国）全国篮球①协会（NBA）是美国职业篮球运动组织，也是世界四大体育职业联盟之一。1949年由全国篮球联盟与美国篮球协会合并而成。该协会一共有30支球队，分属东部联盟和西部联盟。每个联盟各由3个赛区组成，每个赛区有5支球队。目前30支球队位于美国本土，1支来自加拿大的多伦多（Toronto）。东部联盟有大西洋赛区、中部赛区、东南部赛区；西部联盟有西北赛区、太平洋赛区、西南部赛区。每个赛季的前几名球队进行决赛，决出全国篮球协会冠军队，称世界冠军队。NBA全明星（all star weekend）赛始于1951年3月21日。该

项比赛是由观众和教练选举出24名职业篮球运动员组成东部队和西部队进行对抗。该赛事开办以来，吸引了世界广大球迷观赏。至2011年，共举办了60届全明星赛，其中东部队胜35次。美国职业篮球联赛是美国第一大职业篮球赛事，代表了世界篮球的最高水平，其中产生了迈克尔·乔丹（Michael Jordan）、魔术师约翰逊（Magic Johnson）、科比·布莱恩特（Kobe Bryant）、姚明、勒布朗·詹姆斯（LeBron James）等世界巨星。

①参阅154.篮球运动。

214.美国的植树节

［**词语**］Arbour Day

［**含义**］植树节

［**趣释**］美国的植树节（Arbour Day）一般是4月最后一个星期五。然而一些州根据当地气候另行规定了植树节的日期，南部有从1月到3月的，北部还有5月的。美国的植树节是由当时的新闻工作者莫顿（Julius Sterling Morton）于1872年创立的。19世纪以前的内布拉斯加州（Nebraska）曾是一片荒凉干燥的土地，树木稀少，大风一起黄沙满天，当地居民深受其害。1872年1月，他在州园林协会举行的会议上，提出了植树的倡议。当年的4月10日开始了内布拉斯加的第一个植树节，种植了近百万棵树。到1888年已有600多棵新栽种的树苗在内布拉斯加州平原上生长。1885年起，内布拉斯加州议会以莫顿的诞辰4月22日为法定植树节。1893年至1897年莫顿为美国农业部长。内布拉斯加州民众先后植树6亿多株，使该州10万公顷的荒野变成了茂密的树林。19世纪70年代，美国许多州也陆续进行了植树节立法。美国植树节在

全国兴起，扩大了公众的绿化意识，教育和激励了广大青少年参与植树和养护，增加了城市社区树林的面积，有效地保护了土地资源。

215.美国总统的权力和选举

［**词语**］powers of the president of the U.S.

［**含义**］美国总统的权力

［**趣释**］根据联邦宪法（Constitution of the United States），美国总统作为国家元首、政府首脑和武装力量总司令，拥有行政权、立法倡议权和否决权、外交权、军事权等，包括国会以法律授予的权力、按惯例而具有的权力以及最高法院裁决而给予的权力等。有的权力总统单独使用，如行使行政权、执行法律、任命较低级的行政官员等；有些权力由总统和国会共同行使，如行政外交权、任命政府高级官员、委派驻外大使、批准立法等。由于总统的地位居于立法部门和司法部门之上，总统还有很大的司法权，总统可以间接否决国会两院通过的议案，即搁置否决权，又称“口袋否决”（pocket veto）。这是总统控制立法活动的重要手段之一。根据宪法规定，国会两院通过的法案经总统签署后成为法律。如果总统收到法案10天内不签署，并将法案和驳文退送国会称为直接否决；如果国会正好在那10天内休会，而总统将自己不同意的法案搁置起来，不采取任何行动，就等于使其自行作废。美国宪法规定总统的资格（qualifications of the president）是：总统必须由生于美国、年满35岁、在美国居住至少14年以上的美国人担任，任期4年，以两届为限。如总统死亡、辞职或被免职，或无能力任职，由副总统继任。美国总统是经选举人（president electors）选举产生的。美国的50

个州和哥伦比亚特区共有538个选举人组成选举团（electoral college）。总统候选人由各政党于总统选举前几个月选出。候选人必须至少获得270张选票方能当选。按照宪法规定，如果无一候选人获得超过半数的选票，各州投一票，获得所有州过半者当选，但须有2/3州议员参加才算达到法定人数。总统选举每4年举行一次，日期固定在11月的第二个星期二。第二年1月20日举行总统就职典礼（president's inauguration ceremony），新总统宣誓就职①。美国总统的弹劾（impeachment of the president）由众议院履行。弹劾案由众议院简单多数票提出，由参议院受理，参议院拥有审判一切弹劾案的权力。当总统受弹劾并被定罪时，必须予以免职。

---

①参阅216.美国总统就职日。

216.美国总统就职日

［**词语**］Inauguration Day

［**含义**］总统就职日

［**趣释**］美国建立之初其宪法曾经规定，当选总统在次年的3月4日宣誓就职。1933年宪法修正案改1月20日为总统就职日。这一天举行总统就职典礼（inauguration ceremony），新总统宣誓就职并且发表就职演说（inaugural address），概述他对行政部门的各种政策和计划，任命各部部长。天气好的话，就职典礼在国会大厦东侧台阶露天举行。天气不好时，就职典礼在参议院举行。就职演说完毕，总统返回白宫，公开宣誓就职。宣誓时由美国最高法院首席大法官（Chief Justice of the U.S.）监誓。新总统一手持《圣经》，一手举起，朗读联邦宪法第二条规定的誓言：“我郑重

地宣誓，我将忠实地执行合众国总统的职务，并尽我最大的能力，维持、保护和捍卫合众国宪法。”（I do solemnly swear that I will faithfully execute the office of President of the United States，and will do the best of my ability，preserve protect and defend the constitution of the United States.）宣誓之后发表演说。在国会午餐后，返回白宫检阅游行队伍，就职大典上军乐队要演奏多首乐曲，其中包括美国国歌和《总统进行曲》。

217.美国式橄榄球运动

[**词语**] American football

[**含义**] 美国式橄榄球

[**趣释**] 美式橄榄球（American football）的正式名称为美式足球。橄榄球（Rugby football）运动是英、美、澳等国家人民喜爱的球类运动。因其形似橄榄，中文称其为“橄榄球”。橄榄球是由足球（football）发展而来的一项球类运动。1823年，在英格兰沃里克郡（Warwickshire）的拉格比市（Rugby）拉格比学校（Rugby School）进行的一场足球比赛中，一个名叫W.W.埃利斯（Ellis）的学生因一次踢球失误，感到十分惋惜，竟然不顾一切抱起球就跑。以后在该校足球赛中抱球跑的情况频频发生，久而久之，被人们所接受，成为“合法”运动。就这样，在英格兰产生了拉格比足球（Rugby football），在英国及英联邦地区推广。19世纪末，拉格比足球流传到北美，产生了美式橄榄球（American football）。美式橄榄球是一种冲撞型运动，比英式拉格比足球运动来得危险，因此，运动员在比赛时必须穿上很多特别的保护装备。比赛分为4节进行，每节15分钟。第一节和第二节为上半场，第三节和第四节为下半场。上下半场有12分钟的

中场休息时间。上半场的第一节和下半场的第三节结束各有2分钟休息，双方交换场地。比赛场地长100码（约91.44米），宽53码（约48.46米）。比赛场地中的细长白线叫码线（hashmarks），帮助球员、裁判员和观众了解进攻方将球向前推进的过程。场地中最重要的地方是端区，它是比赛场地的两侧得分线再各向外延伸10码（约9.14米）的区域。当持球一方将球推入对方的端区，他们就得分，得分多者为胜。（美国）国家美式橄榄球大联盟（NFL）①是美国橄榄球运动的组织，有着无数的球迷。NFL的决赛日，也就是超级碗冠军赛（super bowl），是全美最大的盛会，甚至被称为“非正式的国庆日”（Informal National Day）。

---

①参阅92.国家美式橄榄球大联盟。

218.米迦勒节

[词语] Michaelmas

Michaelmas Day

[含义] 米迦勒节；英国结账日

[趣释] 米迦勒节是基督教的传统节日，有数百年的历史，为纪念天使长米迦勒而设。节期西方教会定在9月29日，东正教教会定在11月8日。米迦勒（Michael）是《圣经》中的天使长。天使长带领或帮助天使执行上帝的命令，做上帝和人间的使者。在中世纪末米迦勒节是隆重节日，其日期恰逢西欧许多地区的收获季节，不少民间传统都与它有关。在英国，这一天不是公假日。英格兰人在这个节日有吃鹅肉的习俗，据说这是为了来年生活富裕。爱尔兰人在这一天把戒指放进馅中做饼，吃到戒指者有结婚之喜。米迦勒节是英国一年中四个结账日之一。

219.秘书中位高权重的国务卿

[词语] United States Secretary Of State

[含义] 美国国务卿

[趣释] 在美国，总统既是国家元首，也是政府首脑。联邦政府的各部部长都是总统部会的“秘书”（secretary）。如陆军部长英文称为Secretary of Army（陆军部秘书），各部部长称为Mr. Secretary（秘书先生），而不像其他国家称为Mr. Minister（部长先生）。美国国务卿英文名称是United States Secretary of State（美国国务院秘书）。根据美国总统继任法案中United States presidential line of succession（美国总统继任顺序）规定，美国总统一旦离开其职务，美国国务卿是第4位可代理总统职务的人物。也就是说，国务卿的职位仅排在总统、副总统、众议院议长和参议院临时议长4人之后。美国国务院英文为United States Department of State（美国国务部），设立于1789年9月，由美国外交部改组而成。它是美国联邦政府主管外交，兼管一部分内政事务的行政部门，为美国最庞大的官僚机构之一。根据联邦宪法，国务卿是政府的首席部长，执掌国家大印，总统辞职要向其提交辞呈：从上一任总统卸任到下一任宣誓就职期间，国务卿可以暂时代理总统职务（时间不超过8天）：一些联邦事务公告文件须由总统和国务卿联署。国务卿由总统任命(经参议院同意)，并对总统负责。在内阁是仅次于正、副总统的高级行政官员；任总统外交事务的主要顾问，内阁会议和国家安全委员会的首席委员。美国国务院还设有副国务卿：如政治事务副国务卿、协调安全援助计划副国务卿，以及副国务卿帮办、助理国务卿等官员。美国国务

卿现在的主要职责有4项：1.保存及使用美国国玺；2.与外国代表处理及协调国际事务；3.担任美国总统对国际事务的首席顾问；4.协调、指挥及监督美国政府整体海外事务(部分军事行动除外)。迄今为止，在美国68届国务卿中，的确有几位为民众所尊敬的人物。但对大多数中国人来说，印象最深的大概莫过于基辛格和希拉里两位。亨利·艾尔弗雷德·基辛格（Henry Alfred Kissinger），他于1969—1973年任总统国家安全事务助理，1973—1977年任国务卿。他任总统国家安全事务助理期间，奉总统理查德·米尔豪斯·尼克松（Richard Milhous Nixon）之命，来中国打破外交僵局。1971年7月9日，基辛格在访问巴基斯坦时突然装病，于凌晨登上飞往北京的飞机。回到美国后，基辛格向尼克松汇报。1972年2月21日，毛泽东在中南海会见了来访的尼克松。从此两国大门打开，增进了相互了解。基辛格曾于1973年获得诺贝尔和平奖，被誉为美国历史上最伟大的国务卿。他在此后的40多年里，访问中国50余次，2011年还出版了《论中国》（On China），算得上是中国人民的老朋友。希拉里·黛安·罗德姆·克林顿（Hillary Diane Rodham Clinton）是美国前总统威廉·杰弗逊·克林顿（William Jefferson Clinton）的夫人、前参议员。她在2008年美国总统选举民主党总统候选人的角逐中，败给对手贝拉克·侯赛因·奥巴马（Barack Hussein Obama）。由奥巴马总统提名，她于2009—2013任国务卿。在任职期间，她卖力推行美国亚太再平衡战略。2010年7月，在第17届东盟地区论坛外长会议上，希拉里声称南海的争议事关美国国家利益。南海局势从此升级。自那以后，希拉里多次在与东盟国家的交往中挑起南海议题，发起对中国的攻势。2011年11月，希拉里在美国援助菲律宾的舰艇，并公开宣称“美国将与菲律宾站在一起”，与菲律宾“一起战斗”，从而增加了菲律宾总统贝尼尼奥·阿基诺三世（Benigno Aquino III）挑衅中国的嚣张气焰。在钓鱼岛问题上，希拉里也以微妙的态度，适时地为日本“打气”，宣称钓鱼岛问题适用于《美日安全保障条约》第五条。在美国，希拉里是一名富有争议的政治人物，但有很强的公众影响力。2015年4月希拉里宣布参选美国总统，第二年7月获得民主党总统候选人提名。2016年9月22日，在世界著名的彭博通讯社（Bloomberg News）所公布的“全球50个最具影响力人物”排行榜中，希拉里名列第三，因而胜选的呼声甚高。11月9日总统选举结果揭晓，希拉里出乎舆论意料，败给了共和党候选人、地产大亨唐纳德·约翰·特朗普（Donald John Trump），无缘美国总统宝座。

220.面包小考

［**词语**］bread

［**含义**］面包

［**趣释**］面包是一种以小麦粉为主要原料，以酵母、鸡蛋、油脂、果仁为辅料，加水调制成面团，经过发酵、整形、成型、焙烤、冷却等过程加工而成的焙烤食品。面包有很多种方法分类：按用途可分为主食面包和点心面包；按质感可分为软质面包、脆皮面包、松质面包、硬质面包；按原料可分为白色面包、褐色面包、全麦面包、黑麦面包、杂粮面包等。此外，还有一些面包具有某些国家特色，是这个国家的特产。如：英国的复活节十字面包（hot cross bun）和香蕉面包（banana bread）；丹麦的丹麦面包（danish pastry），以表面浓厚的汤汁闻名，甜腻热量高；德国的椒盐8字面包（Brezel/Prezel）、法国的法式长棍面包（baguette）等都非常著名。尤其是丹麦的酥油面包，是近

年来开发的新产品，配方中使用较多的油脂，又接近馅饼（pie）和千层酥（puff）等西点类食品。这种面包虽然香酥柔软非常美味，但因为食品脂肪和热量实在太多，含对心血管健康非常不利的“反式脂肪酸”，要尽量少吃这样的面包，每周不要超过一个。面包具有悠久的历史，早在1万年以前，西亚古代民族就开始种植小麦（wheat）和大麦（barley）。古人利用石板将谷物（大米、小麦、小米、玉米）碾压成粉，加水调和后在烧热的石板上烘烤，这就是面包的起源。但这种未经发酵的面烤成的还不是真正意义上的面包。公元前3000年前后，古埃及人在偶然中发现了面的发酵方法：和好的面在温暖处放久了，受到空气中酵母菌的入侵，导致发酵、膨胀、变酸，再经过烤制，得到松软的面食，这就是最早的面包。迄今为止，面包已有5000多年的历史。面包（bread）的含义在西方和近东、中东的文化中已经超出了食物的范畴。如在基督教（Christianity）的圣餐礼（Blessed Sacrament）[①]中，面包代表耶稣（Jesus）的身体，在语言中还用面包指钱或粮食。如“挣面包的人”（breadwinner）指“挣钱养家糊口的人”，“面包篮子”（breadbasket）指“粮仓”。

---

①参阅106.基督教的圣餐礼。

221.明尼阿波利斯水节

［词语］Minneapolis' Water Festival

［含义］明尼阿波利斯水节

［趣释］每年7月14日至22日是美国明尼阿波利斯水节。明尼阿波利斯（Minneapolis）位于明尼苏达州（Minnsota）东南部，密西西比河（Mississippi River）的西岸，是重要的交通

枢纽。在印第安语中，明尼阿波利斯意为“水城”，被认为是密西西比河源头之一的依塔斯湖就在该城的北面。此外，该城周围还有22个湖泊。水同这里的人民生活息息相关，从而产生“水节”。节日前后持续9天，活动多达200项，其中有水橇滑行、海龟竞赛、化装游行、焰火晚会等。节日期间，色彩鲜艳的节日标语和活动海报贴满街道，穿着整齐校服的学生乐团不时穿街而过，载着穿戴奇特的男女的彩车缓缓而行，整个城市弥漫着欢乐的节日气氛。

222.名片左下角缩略语的意思

[**词语**] abbreviations in the calling/visiting cards

[**含义**] 名片上的缩略语

[**趣释**] 名片（calling cards visiting cards）已经成为人际交往中的结识工具[①]。在英语国家里，名片的用途十分广泛，除了主要用作自我介绍之外，还可以随赠送鲜花或礼物，发送介绍信、致谢信、邀请信、慰问信等使用，在名片上面还可以留下简单的附言。在军界或外交界，名片左下角常写有几个法文单词的首字母（亲自递交名片时，用铅笔写；由邮递员递交时，用钢笔写），它们分别代表如下含义：1. p. p.（pour presentation）：意即“介绍”。通常用来把一个朋友介绍给另一个朋友。如果收到朋友送来左下角写有“p. p.”字样的名片和一个陌生的名片时，便是为你介绍一个新朋友，应立即给新朋友送张名片或打个电话。2. p. f.（pour felicitation）:意即“敬贺”。用于节日或固定纪念日。3. p. c.（pour condolence）：意即“谨唁”。在重要人物去世时，表示慰问。4. p. r.（pour remerciement）:意即“谨谢”。在收到礼物、贺信或受到款待

后表示感谢。也可用于收到“p. f. ”或“p. c. ”名片的回复。5. p. p. c. （pour prendreconge）:意即“辞行”。在分手时用。6. p. f. n. a. （pour feliciter lenouvelan）:意即“恭贺新禧”。7. n. b（nota bene）:意即“请注意”。提请对方注意名片上的附言。

①参阅285. 使用名片的礼仪。

223.“墨尔本杯”赛马节

[词语]“Melbourne Cup” Horse Race Day

[含义]“墨尔本杯”赛马节；墨尔本赛马日

[趣释]【传统活动】每年11月第一个星期二，是澳大利亚墨尔本市一年一度的“墨尔本杯”赛马日①。赛马是英国人的传统体育活动，也是英语国家中最受人欢迎的一项活动。随着英国移民来到澳大利亚，喜欢赛马的爱好也带到了澳大利亚。1810年，在悉尼（Sydney）举行了首届大型赛马活动，1861年开始举办“墨尔本杯”赛马活动，以后每年定期举行，后发展成为与英国约克郡的南多尔顿赛马并驾齐驱的国际著名赛马活动。赛马日那天，墨尔本全市像过节一样，全城悬旗结彩，机关一律放假。下午3点左右，赛马正式开始，墨尔本街头，车辆停驶，行人止步，该市人民和全澳大利亚人民一样，都围在电视机或收音机旁收看收听“墨尔本杯”赛马实况转播。许多人借此机会买彩票赌马。当天中午，全国各单位都要为庆祝赛马日而举行午餐酒会。

①参阅252. 赛马运动与赛马彩票。

224.墨尔本的蒙巴节

[词语] Moomba Festival of Melbourne

[含义] 墨尔本的蒙巴节

[趣释] 每年3月的第二个星期一，澳大利亚的墨尔本（Melbourne）会开始一年度的“蒙巴节”（Moomba Festival），节期持续10天左右。墨尔本位于澳大利亚东南沿海，是全国第二大城市，国家工业、贸易、交通中心和重要的国际贸易港。那里还有著名的皇家植物园和海滨游览地。“蒙巴”在当地土著语言中是“联欢”之意。节日的第一天最为热闹，该市放假一天，居民倾城而出，附近城镇的居民也会赶来参加节日盛会。节日的主要内容是化装游行，此外，节日期间还会举行赛马、赛狗、舢板比赛、冲浪表演等。在开幕式那一天，市政府大厦前会搭起临时观礼台、街道两旁也会站满观看的群众。走在游行队伍和彩车队伍前面的是衣着华丽的军乐队，紧接着是200多辆彩车队伍。各个单位的彩车构思新颖独特，大有争奇斗艳之势。有的将少女化装成美丽的仙女，有的展现的是在椰林下活跃着一群东方美人，有的彩车呈现人们飞向宇宙的科学梦幻造型，有的彩车上则屹立着骑高头大马身着古装的男女骑士。电影、体育、歌咏、舞蹈各路明星也出现在游行队列里，他们频频挥手，向观众致意。游行队伍的压轴列阵，是当地华人的舞龙表演。节日期间最为有趣的要算从悉尼（Sydney）行进到墨尔本的比赛。所有参赛者必须穿着100多年前维多利亚时代的服装，他们或是驾着热气球、古董飞机，或是开着救火车、老爷车、蒸汽火车，从悉尼向墨尔本进发，在空中、地面，你追我赶，别有一番趣味。

225.母亲节

[词语] Mother's Day

[含义] 母亲节

[趣释] 每年5月的第二个星期日是母亲节。这个节日的创立与美国宾夕法尼亚州（Pennsylvania）费城（Philadelphia）的安娜·嘉维斯小姐（Miss Anna Jarvis）的提出和努力有关。安娜的母亲于1905年5月9日去世，给她留下一笔可观的遗产。她母亲是一个学校的总监和10个孩子的母亲。世界上许多英雄为国捐躯，她希望创立母亲节来赞扬世界的母亲。安娜决心实现母亲的遗愿，发起创立母亲节。她向美国国会、地方州长和妇女组织不断写信，建议以母亲生前喜欢的石竹花（亦称康乃馨）作为母爱的象征，设立母亲节。由于她的不懈努力，她的建议得到了美国各州的支持。1914年，威尔逊总统（Woodrow Wilson）宣布每年5月的第二个星期日（即安娜母亲去世那一天）为母亲节。母亲节也由美国传入英国和世界其他国家。为表示对母亲的尊敬，母亲节那天，母亲已经去世的人佩戴白色的康乃馨，母亲还健在的人佩戴红色的康乃馨。在美国，母亲节这一天家家户户应悬挂国旗。人们兴致勃勃地为母亲做一顿可口的早餐。父亲们则负责照料孩子和处理家务。不在家的孩子也要打电话向母亲表示祝贺。孩子要向母亲赠送贺卡和礼物。安娜在世时，把母亲节作为国家节日的已有43个国家之多，而国际母亲节则规定在每年的5月11日。

N

226.奶酪杂谈

[词语] cheese

[含义] 奶酪；乳酪；干酪

[趣释] 奶酪（cheese）又称乳酪或干酪，是从乳汁中凝聚出的半固体营养食品。它和黄油（butter）①的区别在于，黄油是从牛奶中提炼出的脂肪，加热了就是油，用于炒菜；奶酪除了脂肪还有较多的蛋白质，颜色多为黄色，一般用刨丝洒在意大利面或比萨饼（pizza）②上。做好的奶酪按照水分的含量分为软、中软、中硬和硬几种。由于外形和加工方法不同，奶酪的种类很多，如：奶油奶酪（cream cheese），一种未成熟的全脂奶酪，乳脂含量超过50%；比然奶酪（Brie cheese），法国最著名的奶酪，质软味咸，奶香浓郁；马苏里拉奶酪（Mozzarella cheese），意大利的一种淡味奶酪，做比萨饼（pizza）的主要原料；车达奶酪（Cheddar cheese），英国的一种硬质全脂奶酪；埃曼塔拉奶酪（Emmental cheese），德国的一种著名奶酪，果香味浓，口味刺激；帕尔玛奶酪（Parmesan cheese），一种意大利硬奶酪，经多年成熟干燥而成，是世界上最佳的奶酪之一，把它切成小块，可作餐前小点；蓝奶酪（blue cheese），具有因

真菌引起的斑纹，风味独特。奶酪的吃法很多，可做西餐配料，可单独作为主菜，也可夹在面包、饼干、汉堡包（hamburger）里一块吃，或与色拉（sala）、面条拌食。最经典的就是配上红酒直接食用。红白两物相互引发酒的醇香和奶酪的乳香，直至酒乳交融，尽享迷醉的感觉。秋冬季节，火锅当道。把奶酪放进小锅里，待它融化成稠稠的汤，来涮肉类和面包干，鲜浓温暖，是法国时下流行的火锅。干奶酪和蛋、糖可做成味美的“奶酪饼”（cheese cake）。奶酪是西方人日常生活中非常重要的食品，传说一个男子通过吃干酪的方式从三姐妹中择妻。第一个不削干酪皮，他认为她太小气了；第二个切掉厚厚的一层干酪，他认为她太浪费了；第三个切得不厚不薄，他选她为妻。后来人们用cheese parer（干酪屑、干酪皮）来比喻“小气鬼”“吝啬鬼”。在西方俚语中，人们还把全裸或半裸的杂志封面女郎称作cheese cake（奶酪饼），把半裸的男士称作beef cake（牛肉饼），两者都是人们喜欢的东西。

---

①参阅97.黄油和奶油。 ②参阅49.比萨饼趣话。

227.男士的正式着装

［**词语**］man’s formal dress

［**含义**］男士正式着装；男士礼服

［**趣释**］西方国家男士的正式着装有三种，分别用于请柬中所注的lounge suit，black tie和white tie字样的三种场合①。第一种是晨礼服（morning dress/cutaway），主要用于白天参加的典礼、婚礼，或星期天去教堂做礼拜；第二种是小礼服（dinner jacket/tuxedo），主要用于参加晚宴、音

乐会；第三种是大礼服（full evening dress），又称燕尾服（tailcoat），主要用于出席极其隆重的仪式和场合[②]。不过，目前国际上有正逐渐以黑色或深灰色西装套服（suit）取代礼服的趋势。三件一套的黑色西服（three-piece suit）配以白色衬衫和黑色蝴蝶结（black bow），会给人以格调高雅的深刻印象，其效果不亚于燕尾服。正式场合穿西装，要精心选择衬衫（shirt）和领带（tie）。衬衫最能体现一个人的风度，白色衬衫会使男士精神焕发，而穿大花格衬衫是不适合出席正式社交场合的。交际场合男士的衣着不应有过多的颜色变化，大致以不超过三色为适。穿西装套装最好配上西装背心（vest），因为要避免让人看见自己衬衫与裤子的连接处。如果穿的是两个扣子的西装，一般只扣上面一个扣子；如果穿的是三扣西装，只扣中间一个。西方国家男士时兴戴帽（hat），进入室内非脱帽不可，否则是很不礼貌的，但脱下的帽子不得放在他人床上[③]，还要摘下手套和太阳镜（sunglasses）。鞋袜要注意与整体服装搭配。男士只穿黑色或深咖啡色皮鞋。黑色皮鞋可以与黑色、灰色、藏青色西服相配，咖啡色皮鞋可与咖啡色西装相配。白色或灰色皮鞋只适合游乐时穿，不能用于正式场合。参加婚、丧、喜、庆等仪式，不能穿咖啡色皮鞋或无带皮鞋，只能穿黑色有带皮鞋，鞋面不应当有外文字母、流苏或坠子，皮鞋不论新旧，清洁是最重要的。男子穿袜子要注意长度、颜色和质地，不能穿太短的袜子，否则坐下时露出皮肉，是有失体统的；正式社交场合，不能穿白袜。

---

①参阅426.英美人社交场合的着装要求。
②参阅327.西方男士的三种礼服。
③参阅165.帽子的暗示与禁忌。

228.纽约的食品节

［**词语**］Food Day in New York

［**含义**］纽约食品节

［**趣释**］每年9月中的一天（通常是星期日），是美国纽约市的食品节。这一天一大早，市民便纷纷向位于市中心的曼哈顿（Manhattan）汇集。在那里，近千个出售各种食品的摊位早已摆放整齐。有德国的烤乳猪，汉堡的牛排，配上番茄酱的意大利通心粉，堆成宝塔形的各色法国奶酪，等等，几乎全世界好吃的东西都集中在这里。如：中国的馄饨，日本的鸡素烧和甜食，美国的热狗（hot dog），泰国的春卷，阿拉伯的抓饭，伊朗的干果，瑞典的咖啡、奶酒、蛋糕等。可以说，全世界各种美食应有尽有，品种多达几万个。据说各式各样的冰淇淋就有不下50种。节日这一天，除了吃的还有来自各国的后裔举办的盛大的集会游行，游行一般在中午开始。人们可以看到中国、英格兰、苏格兰、意大利、日本等国的移民后裔，以及美国土著印第安人穿着具有民族特色的盛装进行表演。此外，还有各大百货公司的广告车、宣传车行列。从上午到下午，到处都是人流，整个曼哈顿充满节日的欢声笑语。当游行队伍走完，纽约市大教堂奏响钟声，一位主教走出来向节日的人群祝福，食品节到此结束。

229.女孩16岁的生日庆祝会

［**词语**］birthday party

［**含义**］生日聚会

［**趣释**］女孩16岁是人生的一个大里程碑。在英国，年满

16周岁在父母同意下，可以成婚，即可以有合法的性生活，这一年龄因而被称为“age of consent”（法律上的结婚年龄）。因此，16岁生日也比往年要讲究一些。尽管没有明文规定只能为女孩办16岁生日，但事实上很少有人为男孩办16岁生日。甜蜜的16岁生日通常由父母操办，购买专门为这种庆祝会印刷的请柬（invitations），以女孩的名义向朋友发出邀请。如果不限制性别，可向女孩全班同学发出邀请。请柬上都要写明“请回复”（R. S. V. P. ）[①]字样。16岁生日庆祝会也有专请女孩子的，采用“女孩”庆祝会形式。有男孩参加的庆祝会通常是舞会。还有其他形式，如提前吃午饭，乘车郊游、看戏、游泳或参加家宴。如果那天请吃午饭或晚饭，所有菜肴都是过生日那个姑娘爱吃的。若是举行晚会，夜里11点会安排丰盛的小吃，如牛排（beefsteak）、鸡蛋饼、意大利馅饼（pizza）或脆炸鸡片等。如果是提前午餐，一般是炒鸡蛋和香肠，以及杯状面包和鸡蛋饼。参加这种生日庆祝会的服装没有什么规定，可以根据庆祝会的形式决定。能被邀请参加16岁生日庆祝会是莫大的荣幸，应准时或比规定迟5~10分钟到达。如果迟到超过20分钟，要事先给主人去电话。赴宴时必须带礼物，而且通常要比参加其他庆祝会的礼物更讲究一些。礼物应在庆祝会上打开，如果客人不多，女主人可以接一件拆一件；如果规模较大，而且很多人同时到达，可以等客人到齐后，再一一当众打开。女主人边拆包，边致谢，不必再写书面感谢信。庆祝会结束，客人离开时，要感谢主人的盛情邀请。

---

①参阅375. 邀请与请柬。

230.女士的正式着装

[词语] lady's formal dress

[含义] 女士的正式着装；女士礼服

[趣释] 在西方，着装应遵循“TOP原则”[①]。女士正式着装有三种，分别用于请柬中所注的lounge suit，black tie和white tie字样的三种场合。第一种常礼服（two-piece），即质地一致的上衣和裙子，亦称为“两件套”，主要用于职业女性在职业场合参加庆典、仪式等正式场合，突出女性优雅、端庄、干练的风采；第二种小礼服（evening dress），为长及脚背，但不拖地的露背式单色连衣裙，主要用于参加日间或晚间的正式聚会、仪式、庆典等。年轻女性的小礼服可短及膝下5厘米。与小礼服搭配的服饰宜选择简洁、流畅的款式，着重呼应服装所表现的风格；第三种晚礼服（evening gown/full dress），一般是袒胸露背，裙长及脚背的单色连衣裙。面料追求飘逸，下垂感好。颜色以黑色最为隆重。与晚礼服搭配的服饰有长手套，首饰等应选择典雅华贵、造型夸张，呈现女性风采，主要用于晚间正式聚会、仪式、庆典等的。女子戴帽子和手套进入屋内可以不脱帽和手套，如果要脱帽切忌放在他人床上[②]。室内戴太阳镜则被认为是不合适的。女士在社交场合除了布鞋、凉鞋、拖鞋外，其他鞋子一般都可以穿，但正式场合女士不可穿露趾的鞋，穿皮靴时要注意让裙摆盖住皮靴的筒顶。女士穿裙子应配长筒袜或连裤袜，颜色以肉色、黑色为主。修长的腿穿透明丝袜最合适。腿太细穿浅色袜，太粗穿深色袜子，不可穿白色袜子，太厚的袜子最好别穿，切忌穿挑丝、有洞、补过的袜子。女士切忌随便脱鞋[③]，穿袜时，袜口不可露在裙摆或裤脚外边，裙摆与袜口之间要是露出一段腿部，

在美国则是从事特种营生——妓女的标志。

---

①参阅456. 着装礼仪。 ②参阅165. 帽子的暗示与禁忌。
③参阅352. 鞋子的迷信和象征含义。

231.“女士优先”看绅士礼仪

[词语] Ladies First.

[含义] 女士优先

[趣释] 判断一位男士是否绅士（gentleman），不是看他的穿着打扮，也不能仅看他的谈吐举止，其首要标准在于他是否懂得尊重女性。西方将这一标准具体化为“女士优先”原则。在人际交往中给妇女适当的、必要的优待，实际上是表达对“人类母亲”所特有的感恩之意。讲究女士优先的原则，是男士培养高雅风度和精神文明的前提。在男女一同外出且条件不允许并行时，男士应让女士先行一步。只在开门、上（下）车、上（下）楼遇到障碍或危险时，男子应当走在前面为其开道。在街上并行时，男士应走在女士的左侧，以防来往的车辆造成不测。在乘汽车、火车时，男士应该首先上车，替女士找座位，然后再在靠近她的地方为自己找座位。如果找不到，就应当站在附近，以便照顾。在车上已有座位的男士，要为身边没有座位的女士让座，不论相识与否。乘坐的士时，男士应首先走近汽车，将右侧后门拉开，协助女士坐进车；到达目的地时，男士应首先下车，为其拉开车门，协助其下车。在狭窄的通道或出口遇到女士，不论相识与否，应侧身站立一旁让其先行。参加社交聚会，男宾见主人时，应先向女主人问好。女宾入室时，先到的男宾都应起立迎接。男士不能坐着同女士交谈，与陌生女士交谈要有分寸。出外

用餐，男士应帮助女士入座（seat a lady at a table），即先将椅子从桌下拉出，待女士入座时再轻轻把椅子推向餐桌，然后自己坐在女士的左侧或对面。点菜时，应把菜单递给女士，请她先点。待身边的女士进餐后，才进餐。同女士一起外出，应主动帮她提行李，但不要帮她拎随身的小包。如果男士为女士效劳，遭到再三拒绝时，男士不应勉强。总之，“女士优先”是国际社会公认的一条重要礼仪原则，它主要用于成年异性的社交活动之中。“女士优先”的含义是：在一切社交场合，每一位成年男子都有义务主动、自觉地以自己的实际行动去尊重女士、照顾女士、体谅女士、保护女士，并且想方设法、尽心尽力为女士排忧解难。倘若因男士不慎而使女士陷于尴尬、困难的处境，则意味着男士的失职。男士唯有奉行“女士优先”，才会被人们看作是有教养的绅士。反之，在人们眼里则会成为莽夫粗汉。

P

232.啤酒漫谈

[词语] beer

[含义] 啤酒

[趣释] 啤酒是水和茶[①]之后消费量居世界第三的饮料。啤酒是人类最古老的酒精饮料，它的起源与谷物的起源密切相关。人类使用谷物制造酒类饮料已有8000多年的历史。已知最古老的酒类文献，是公元前6000年左右古巴比伦（Babylon）人用黏土版雕刻的献祭用啤酒制作法。公元前4000年，美索不达米亚（Mesopotamia）地区已用大麦、小麦、蜂蜜制作16种啤酒，公元前3000年起使用苦味剂。公元前18世纪，古巴比伦国王汉穆拉比（Hammurabi）于公元前1750年颁布的法典中，已有啤酒的详细记载。公元前1300年左右，埃及（Egypt）的啤酒作为国家管理下的产业得到高度发展。1881年，酵母纯粹培养法使啤酒酿造技术得到飞跃进步，啤酒酿造由神秘、经验主义走向科学。啤酒于20世纪初传入中国，属外来酒种。中文根据beer的读音译为“啤酒”。它是以大麦芽、酒花、水为主要原料，经酵母发酵作用酿制而成的含二氧化碳的低酒精饮料。现在国际上的啤酒大部分均添加辅助原料。有的国家规定，辅助原料的总量不得超过麦

芽用量的50%。在德国，除出口啤酒外，德国国内销售的啤酒一般不使用辅助原料。到2009年，亚洲的啤酒产量约5867万升，首先超过欧洲，成为全球最大的啤酒生产基地。啤酒根据色泽可以分为：淡色啤酒（pale beer）、浓色啤酒（brown beer）、黑啤（stout beer）三大类。啤酒在原辅助材料或工艺上做了某些改变，成为风味独特的啤酒。如纯生啤酒、全麦芽啤酒、小麦啤酒、浑浊啤酒等。根据生产方式，可分为鲜啤和熟啤。鲜啤（draught beer）指包装后不经过低温灭菌而销售的啤酒，保存时间不宜太长；熟啤（pasteur beer）指包装后经过低温灭菌的啤酒，保存时间可达3个月。

---

①参阅382.饮茶习俗。

233.扑克牌中隐藏的知识

［词语］poker

［含义］扑克

［趣释］扑克牌是英语国家人民非常喜欢玩的一种纸牌。扑克来自英文poker的译音，也叫playing cards。四色牌中红桃英文叫heart（心）、黑桃英文叫spade（铲子）、梅花英文叫club（棒）、方块英文叫diamond（钻石）。扑克这54张牌里隐藏了许多玄机。大王代表太阳，小王代表月亮。牌面梅花、红桃、方块、黑桃4种花色分别象征春、夏、秋、冬四季；红桃、方块（红色）代表白昼，梅花、黑桃（黑色）代表黑夜；每个花色有13张，代表每季13个星期；点数为91点，代表每季91天；牌面有人物图案的牌有12张，代表一年的12个月，也代表12个星座；4种花色的点数相加，再加上小王的1点，正好是365点，代表一年365

天；如果是闰年，再加大王的1点，为366点，正好是366天。以上解释并非巧合，专家认为扑克牌的设计发明，与星相、占卜以及天文、历法有着千丝万缕的联系。每色牌中的K英文叫King（国王），Q英文叫Queen（皇后或女王），J英文叫Jack（侍从）。法国人和英国人对扑克的4种花色有不同的解释：法国人认为，黑桃、红桃、方块、梅花分别是矛、红心、方形和丁香叶；英国人则将4种花色分别理解为铲子、红心、钻石和三叶草。为什么要以这4种图案作为扑克牌的花色？历来说法很多，比较集中的有以下两种：一种认为这4种花色代表当时的4种行业。黑桃代表长矛，象征军人；红桃代表红心，象征牧师；方块代表砖瓦，象征工匠；梅花代表丁香叶，象征农民。还有一种看法认为这种花色分别来源于欧洲古代占卜所用器物的图样：黑桃代表橄榄叶，象征和平；红桃代表红心，象征智慧和爱情；方块呈钻石形状，象征财富；梅花为三叶草，象征幸运。一般认为，黑桃K是古以色列大卫（David），红桃K是法国查理大帝（Charlemagne），方块K是古罗马凯撒大帝（Caesar），梅花K是马其顿国王亚历山大（Alexander）。黑桃Q是希腊神话智慧女神雅典娜（Athena），亦名帕拉斯（Pallas）；红桃Q是《圣经·旧约》中的女英雄犹滴（Judith），又译朱迪思；方块Q是《圣经·旧约》中雅各第的第二个妻子拉结（Rachel）；梅花Q是英国都铎（Tudor）王朝中的一位王后阿金尼（Argine），她使英国以红、白两色玫瑰花为标志的两个王族战和。黑桃J是古代法国诗歌中的英雄霍吉尔（Ogier）；红桃J是英法战争中法国指挥军官圣女贞德（Saint Joan of Arc）的战友拉海尔（La Hire）；方块J是希腊神话中特洛伊王子赫克托耳（Hector）；梅花J是英国传说中的人物，阿瑟王（Arthur）故事中的骑士兰斯洛特（Lancelot）。扑克诞生至今已有数百年的历史，但究竟是哪国发明的至今没有定论。法国人认为扑克是法国人在1392年发明的；比利时人说比利时早在1379年就出现了扑克牌；意大利人则说是意大利1376年发明的；还有说是埃及、印度、朝鲜等国发明的。而更多的西方人认为，中国纸牌早在12世纪或13世纪（南宋时期）就传入欧洲，依此说法，最早发明扑克的国家应该算是中国。

234.葡萄酒

［**词语**］grape wine/wine

［**含义**］葡萄酒

［**趣释**］葡萄酒是用鲜葡萄或葡萄汁经发酵酿成的酒精饮料，通常分红葡萄酒（red wine）和白葡萄酒（white wine）两种。红葡萄酒是红葡萄带皮浸渍发酵而成；白葡萄酒是葡萄汁发酵而成，葡萄酒最初起源的国家有争议，但多数历史学家认为古代波斯（Persia）可能是世界最早酿造葡萄酒的国家。传说古代有位波斯国王，爱吃葡萄，曾将葡萄压紧放在一个大陶罐里，为防人偷吃，还写上了“有毒”字样。数天之后，国王妻妾中有个妃子对生活失去兴趣，擅自饮用了标明“有毒”陶罐里的饮料，滋味非常好，不但没有结束自己的生命反而异常兴奋，对生活充满了信心。她呈送了一杯给国王，国王饮后也非常高兴。自此以后，国王颁布了命令，专门收藏成熟的葡萄，压紧盛在容器内发酵，以便得到葡萄酒。后来葡萄酿酒技术从波斯传到埃及，再传到希腊、罗马乃至欧洲各国。欧洲人信奉基督教（Christianity）[①]，基督教徒把面包（bread）和葡萄酒（wine）称为耶稣（Jesus）的肉和血[②]，把葡萄酒视为生命中不可缺少的饮料酒，因此葡萄酒就在欧洲国家发展起来，法国、意大利、西班牙成为当今世界葡萄酒的“湖泊”。欧洲各国葡萄酒总

产量占世界的80%，欧洲国家也是当今世界人均消费葡萄酒最多的国家。葡萄酒的品种很多，按颜色分为白葡萄酒、红葡萄酒、桃花葡萄酒；按含糖量分为干葡萄酒、半干葡萄酒、半甜葡萄酒、甜葡萄酒；按含二氧化碳分为：不含二氧化碳的静酒和含二氧化碳的泡酒、汽酒。泡酒是指二氧化碳是葡萄酒加糖产生的，如法国著名的香槟酒（Champagne）；汽酒是指用人工方法将二氧化碳加入葡萄酒中。按酿造方法分为：天然葡萄酒、加强葡萄酒、加香葡萄酒、葡萄蒸馏酒。葡萄蒸馏酒经过细心调配的称为白兰地酒（brandy）[③]，不经调配的叫葡萄烧酒。

---

①参阅101. 基督教。 ②参阅106. 基督教的圣餐礼。
③参阅304. 威士忌和白兰地。

235.普通美国人的储蓄方式

[**词语**] savings

[**含义**] 储蓄

[**趣释**] 普通的美国人的储蓄方式有5种。1. 银行储蓄。美国的储蓄银行有：储蓄与信贷协会、商业银行储蓄部、信贷协会。2. 买人寿保险。有些人寿保险既为人们提供了一种储蓄方式，也是人们的一种保险行为。因为每当负担家庭生计的人一旦死亡或丧失劳动力时，保险即可对其家庭提供经济保障。保险费的数目决定于投保人的年龄、健康状况以及保险的类别，一旦付了人寿和养老险的保险费，投保人就可以获得终身保障，而且这种保险单还有现金价值，也就是说不一定要在死亡时才能得到好处。还有一种称为定期保险。这种保险没有储蓄性质，比较便宜，只在付保险费期限内提供保障。另一种迅速发展的是“团体

保险”。这种保险由某个企业、工会、社团或俱乐部的雇员联合投买。它不需体格检查，手续简便、投保数量大、费用低、利润也不高。在美国，每5个家庭中约有4个投买某种人寿保险。全国每年所付的保险费总额超过300亿美元。保险公司除为支付赔偿费出足够的现金外，余额可用于投资，从投资中获取利润。因此，投买保险的人成了间接的投资者。3.退休金和社会保障。社会保障制度始于20世纪30年代，规定雇主和雇员按照雇员工资的一定比例拿出钱来交付给联邦政府的退休计划。4.购买股票和债券。5.投资不动产。投资不动产，尤其是采取长期抵押按固定利率分期付款（payment by instalments）的办法购买住宅，每次偿还利息和部分本金。

Q

236. “7”是吉利数字

［**词语**］lucky number “seven”

［**含义**］幸运数字“7”

［**趣释**］有个英国人曾经写过一本关于数字“7”的书。书中说，“7”这个数字的意义可以追溯到5000年前。当时有7个外星人，乘坐7艘宇宙飞船探访了地球。从此，地球上出现了“七大奇迹”（Seven Wonders）、7种音符等。他认为“7”是天外的数字，能给人带来好运。美国人也认为7是吉利数字。据说全世界最大的飞机制造公司美国波音公司（the Boeing Company）在1954年生产出美国第一架喷气式客机之后，又生产出了美国第一架宽机身的超级喷气式客机。其第一架飞机试飞成功之后，飞机检验合格书上的号码正好是“70700”，公司决策者认为7是幸运数字，是吉兆，于是决定用“707”作为这种飞机代号，命名为“波音707”。以后又相继使用了“波音727”“波音737”“波音747”来命名后来研制生产的此类型客机。据报道，被称为“苏格兰第一村”的格瑞那格林村（Gretna Green），是苏格兰边境的一个村子，自1856年以来就是私奔情侣的圣地和天堂。在2007年7月7日这一天，有78对新人结婚，比同年情人节结婚的人数几乎高

出1倍。究其原因，是因为2007年7月7日含有3个幸运数字“7”，是千载难逢的好日子，所以结婚扎堆。

237.汽车影院和电脑影院

［词语］ drive-in movies and cinema with computers

［含义］ 汽车电影院和电脑电影院

［趣释］ 汽车电影院是直接将汽车开进影院中，观众坐在汽车内观看电影的露天影院。这种影院是第二次世界大战后的产物，开办这种影院，一是为了照顾那些以车为家的人，二是影院老板想借此来挽回因电视普及而受到的损失。现在，这种电影院大部分已经关闭，只有一些乡镇仍保留着这种纯美国的产物。目前，美国电影院的老板正在出新招，让大家享受到鸡尾酒（cocktail）①、鲜牛排（beefsteak）②和美味的意大利馅饼（pizza）③。如今的电影院银幕大得从天花板直垂地面，座椅是真皮的，音响系统令人有如身临其境。据报道，美国的新泽西州（New Jersey）有一座电脑电影院（cinema with computers），影院中的出入口、放片、倒带等工作全部由电脑控制。在电脑的严密监控和控制下必须对号入座，如果无票入场就要受到惩罚，倘若找不到座位号，电脑则很快会帮助观众找到位子。

---

①参阅110. 鸡尾酒和鸡尾酒会。　②参阅315. 西餐中的牛排。
③参阅49. 比萨饼趣话。

238.敲木器以避凶险

［词语］ touch wood（美）

knock on wood（英）

[含义] 用手敲敲木器；但愿老走这种好运

[趣释] 英国有一种流行已久的传统观念，认为用手触摸木头，或敲敲木器便能消灾避难。如果有人在公共场合说了不该说的不吉利的话，在座的人都会本能地敲敲桌子或其他木器；如果有人向别人夸耀说了过头的话，就会使所夸耀的事走向反面，别人就会马上好心地提醒他说："你最好敲敲木器再这样说。"（You'd better knock on wood when you say that.）如果自己意识到说了大话或不该说的过头话，应马上一边触摸木头或敲击木器，一边说："Knock on wood/Touch wood."这时，这句话就相当于汉语"但愿老走这样的好运"。例如，有人说了这样一句过头话："今年冬天我的几个孩子还没患过感冒呢！"他急忙就会一边敲敲木器，一边说"Touch wood"。西方人敲木器以避凶险有两个原因：其一是敲击木头发出的声音可以防止恶魔听到刚才的话而带来厄运；其二是认为木头中住着善良的精灵，特别是橡树，所以敲敲木头就会继续带来好运。

239.桥牌运动

[词语] bridge

[含义] 桥牌

[趣释] 桥牌是英美国家人民喜爱的二对二的四人扑克牌（poker）[1]游戏。第一本关于桥牌的书是埃德蒙·霍伊尔（Edmond Hoyle）1742年出版的。桥牌种类繁多，作为一种高雅、文明、竞技性很强的智力游戏，以它特有的魅力而称雄于各类牌戏，风靡全球。现代桥牌被称作"定约桥牌"（Contract bridge），是以两人为一对同伴共两队进行的牌戏，由英国的惠斯特牌（Whist）发展而来，经过惠斯特桥牌、竞叫桥牌，发展

成现在的定约桥牌。它与前三种牌戏的主要区别在于：只有叫牌所指定的额外墩数的墩分，才能计算是否够一局，其余任何赢墩的分数均不能作此项计算之用。桥牌与其他游戏相比，有以下突出特点：1.打桥牌的乐趣主要在于少靠运气，多凭智慧赢牌。在打牌过程中要运用数学、逻辑学知识，计算和记忆能力在桥牌中非常重要。2.桥牌对于改善人际关系和协调配合能力大有益处。打好桥牌，搭档之间必须密切合作、齐心协力才能实现目标。3.桥牌的基本过程类似于签订合同的全过程，所谓“定约”（contract），英语中就是“合同”之意：投标、竞标、双方讨价还价，最后由一方签得合同，然后此一方为完成合同任务而制订计划，另一方则为其设置障碍、阻止其完成计划。多劳多得和尽量减少损失等原则在桥牌中体现得非常充分。4.桥牌的趣味性还在于打桥牌时的运气成分不可避免，有时对手还会实施心理战术。如果仅就一副牌而言，高手也不敢狂言一定赢初学者。另外，牌手在经过精密的计算和判断之后，用某种高级打法（如投入、挤牌等）完成了有难度的约定，那种兴奋是不言而喻的。5.桥牌是一种高雅文明的游戏，也有人称桥牌是“无声的战争”。国际桥牌运动在第二次世界大战以后得到迅速发展。1947年，欧洲桥牌联盟在哥本哈根（Copenhagen）成立，1958年世界桥牌联合会成立，负责主办世界团体桥牌百慕大杯锦标赛以及奥运会公开赛和女子桥牌赛。世界桥牌联合会还在1962年第一次举办固定配对式奥运会桥牌赛，以后每隔4年举行1次。目前，桥牌已经成为2012年冬季奥运会表演项目。

①参阅233.扑克牌中隐藏的知识。

240.巧克力和朱古力

［词语］chocolate

［含义］巧克力；朱古力

［趣释］巧克力，又名朱古力，主要原料是可可豆粉。可可豆是热带植物梧桐科常绿乔木可可树的扁平种子，榨出的可可脂（cocoa butter）有独特的香味和融化性能，可可粉（cocoa powder）富有碳水化合物、脂肪、蛋白质和维生素B。最早的巧克力起源于墨西哥地区的古代印第安人（Indians）的一种含可可的食物，味道苦而辣。1526年，西班牙探险家将这种食物带回西班牙，献给国王，使欧洲人视它为迷药，掀起一股狂潮。16世纪，西班牙人将可可粉和香料拌和在蔗汁中，做成甜饮料。1876年，瑞典人将该甜饮料中掺入牛奶，完成了现代巧克力的创制过程。不久之后，有人将液体巧克力脱水，浓缩成一块块便于携带和保存的巧克力糖。1839年，荷兰人万·豪顿（Van Houten）将可可粉中的油脂脱去2/3，制成爽滑细腻、口感极佳的第三代巧克力，即现在人们所享用的醇美浓香的巧克力。巧克力可以直接食用，也可以用来制作蛋糕、冰淇淋①。巧克力具有一定的食疗作用：它能缓解情绪，对于集中注意力、加强记忆力和提高智力都有一定作用，有预防心血管病的作用。另外，还能提高免疫力、预防癌症、干扰肿瘤供血，对减缓衰老有一定功效。但8岁以下的儿童、糖尿病患者应少吃或不吃巧克力，心口痛患者要忌食巧克力。“朱古力”其实也是一种巧克力，英文拼写和巧克力一样。朱古力的成分与巧克力大同小异，其中蛋白质、膳食纤维、维生素E的含量稍微高于巧克力，脂肪、碳水化合物等其他成分与巧克力相近，都是以可可粉为主要原料制成的。

---

①参阅52.冰淇淋及冰淇淋圣代。

241.亲吻的礼仪

[**词语**] kissing

[**含义**] 亲吻礼仪

[**趣释**] 亲吻（kiss）是人们用来表达爱情、友情、尊敬或爱护的一种礼仪。亲吻起源于古代，流传最广的说法是，古罗马时严禁妇女喝酒，男子外出归来，常常要检查一下妻子是否饮酒，凑到她的嘴边闻一闻、嗅一嗅。这一举动后来逐渐演变成夫妇见面亲吻的一种礼节并且延续下来。后来，这种礼节范围逐渐扩大，终于演化成今天的亲吻礼仪。亲吻礼常见于西方、东欧、阿拉伯国家。行亲吻礼时，不同身份的人亲吻的部位是不相同的：长辈与晚辈之间，吻脸或额；平辈之间宜贴面；夫妻或情侣之间，吻唇或嘴；男士对女士表示敬意，可吻手指或手背。如果女士伸出手做下垂式，男子则可轻轻将指尖提起亲吻之；如果女方地位较高，男士要屈一膝做半跪式，再提手行吻手礼。嘴里小声说：“I’m every lucky to meet you。”（我非常幸运遇见你。）如果女方不伸手表示，则不吻，此礼在英、法两国最为流行。总之，行亲吻礼时要轻快，不能过重、过长或出声，不要把唾液留在对方的脸上、额上或手背上，如果不是特殊关系或特殊场合，年轻、地位低者，不要急于抢先行亲吻礼。在官方或民间的正式社交场合，贴面亲吻常与拥抱礼（greeting with a hug）[①]同时进行。

---

①参阅439.拥抱的礼仪。

242.情人节

[**词语**] Saint Valentine’s Day

[**含义**] 情人节；圣瓦伦丁节

[**趣释**] 每年2月14日西方情人节也称为圣瓦伦丁节（Saint Valentine’s Day），是西方各国情侣们互相赠送卡片、礼物，互表爱慕之意的节日。早在古罗马时代，2月15日牧神节（Februarius）就是情侣们的节日。青年男女在那一天欢聚一堂，姑娘们把表达爱意的祝辞放进签筒里，小伙子们依次抽签，抽到哪位姑娘的祝辞哪位姑娘就成为他的恋人。基督教兴起之后，教会于7世纪把这个深受青年欢迎的节日与基督教联系在一起，用基督教殉教者瓦伦丁的名字重新命名，节期由2月15日改为14日。圣瓦伦丁（Saint Valentine）是3世纪的一位主教。当时罗马皇帝认为已婚男子都不愿离家当兵，即使上了战场也不会成为好兵，因此发布了一道禁止结婚的命令。圣瓦伦丁对此十分忧虑，他违背皇帝的旨意，秘密为青年们举行婚礼，因此遭到监禁，于271年2月14日死于狱中。为了纪念这位主教，青年们在2月14日这一天选择情人，互赠礼品。最后“圣瓦伦丁节”就成了“情人节”，并且这个节日从欧洲传到北美和亚洲，但过节的习俗并不完全相同。在美国，孩子们喜欢唱一些在圣瓦伦丁节唱的歌曲。在小镇里，青年求婚者会悄悄地把一篮礼物放在情人的门口，然后敲敲门跑开。在意大利，传统的做法是情侣们互赠礼品，吃一餐浪漫的团圆晚餐。大部分的餐馆的饭桌上都会摆蜡烛和红玫瑰。在美国和加拿大，孩子们同自己的好友交换节日礼物，青年人则给朋友寄去圣瓦伦丁贺片，但贺片一般不签名，只简单写着：“猜猜我是谁。”年龄大些的青年喜欢在这天聚会或参加舞会。男人们也在这一天给自己的妻子或情人送上一束鲜花或一盒糖果。亲人之间、朋友之间不论年龄大小都可以互送小礼

品以表达感情，增进友谊。美国有很多专门出售这类礼品的商店。店里有装饰成心形的高级巧克力糖盒，系着红缎带的郁金香花束以及各式各样饰有花边，洒了香水的情人节贺卡，等等。事实上，情人节这一天在美国是一个很大的消费节日。在日本，姑娘往往给自己的情人送去一盒巧克力。总之，圣瓦伦丁节是一个充满爱情和友谊的欢乐节日。

243.趣话婚戒

[**词语**] engagement ring and wedding ring

[**含义**] 订婚戒指与结婚戒指

[**趣释**] 戒指（ring）的出现可以追溯到3000多年前，那时还没有戒指。埃及的统治者有将代表权贵的印章带在身上的习惯，但又嫌拿在手上太累赘，于是，有人想到镶一个圆环，把它戴在手指上。天长日久，人们发现男人指头上的小印章也挺漂亮，于是不断改良演变成为女士的饰品。后来又发展成订婚、结婚的标志，同属契约的一部分。结婚戒指戴在新娘的无名指上，表示新娘对丈夫的忠诚与服从。也有人认为，订婚和结婚戒指是古代抢婚演绎的结果。当时男子抢来其他部落的妇女就给她戴上枷锁。经过演变，枷锁变成了订婚、结婚戒指。男子给女子戴戒指，表示她已归他所有。戒指一般戴左手，关于戴戒指的含义有多种说法，其中西方公认最普遍的是：戴食指表示未婚或对爱情的渴望；戴中指表示已经恋爱或有对象；戴无名指表示已经订婚或结婚；戴小指表示离婚或单身。在国外，不戴戒指表示“名花无主，你可以追我”。按照西方传统的习惯说法，左手上显示的是上帝赐给你的运气，它是与心相连的，因而戒指戴在左手上有意义。未婚姑娘戒指应戴在右手无名指或中指上。另外，右手的无名指戴戒指，也表示具有修女的心

性。订婚戒指（engagement ring）是男方送给女朋友的戒指，用来确定男女双方准备结婚的意愿。在美国，青年结婚之前要赠送订婚戒指。戒指意味着对婚姻的允诺。也就是说，男女双方都要受婚约誓言的束缚。在古代，戒指一般作为交易的抵押品。中古时期，人们用碎金来订婚，未来新郎和新娘各保存一半，直至结婚。后来发展成用金戒指来做订婚礼物，现在又用钻戒取代了金戒指。结婚戒指（wedding ring）是男女双方一起佩戴的戒指，用来表示婚姻关系的确定。在西式传统教堂婚礼中，有交换结婚戒指的仪式①。由于结婚戒指新娘要天天戴，说不定要戴一辈子，因此新娘应选择自己喜爱的戒指。纯黄金或白金戒是最佳的选择。如果新娘想送一枚结婚戒指给新郎的话，必须选择稍大一点的戒指，而且要与自己的戒指相配。现在讲究精美戒指，只需刻上姓名字母和日期就行。欧美人的结婚戒指也会购买镶嵌玉石的戒指，根据对方生辰月份去选择彩色宝石。如1月选石榴石，象征友谊、忠诚、贞操；2月选紫水晶，象征诚实、和顺；3月选海蓝宝石，象征聪明、勇敢；4月选钻石，象征纯洁、无垢；5月选祖母绿，象征幸福、爱情；6月选珍珠，象征长寿、健康、富裕；7月选红宝石，象征热情、威严；8月选橄榄石，象征夫妻美满、幸福；9月选蓝宝石，象征慈爱、德高望重；10月选欧泊，象征温暖、安详；11月选黄玉，象征友谊、洁白；12月选绿松石，象征荣誉、成功。

---

①参阅326.西方基督教的传统婚礼。

244.趣谈汉堡包

[**词语**] hamburger

[**含义**] 汉堡包；汉堡牛肉饼；碎牛肉饼

[**趣释**]汉堡包又称汉堡牛肉饼。据说这种食品历史悠久，中世纪的蒙古人和通称为鞑靼的突厥各部族中流传将牛肉剁碎、加工，使之易于消化。14世纪前传到德国的汉堡市，用这种碎牛肉加工成的牛肉饼被称作“汉堡牛排”（beefburger），即“德式牛排”。19世纪五六十年代由德国移民带到美国，这种“汉堡牛肉饼”被简称作“汉堡包”，英文则直接用汉堡市的地名来命名。经过100多年后，它已成为美国型的食品，快餐汉堡包餐馆到处都有。“汉堡包”一词既指碎牛肉饼，也指面包夹牛肉饼。前者不方便拿在手中，一般都在盘中用刀叉食用。现在牛肉饼有多种加工方法，如将融化的奶酪涂在牛肉饼上，而且剁碎的牛肉还加有碎洋葱、香料、面包屑等调味。美国农业部还对这种食品的牛肉的质量、配料比例作了明文规定，其中规定肉沫的脂肪含量不得超过30%。早期快餐店出售的汉堡包由两片小圆面包夹一块牛肉饼组成。现代汉堡包除夹传统的牛肉之外，还在圆面包的第二层涂黄油、芥末、番茄酱或沙拉酱等，再夹入番茄片、洋葱、蔬菜、酸黄瓜等食物，可以同时吃到主食和副食。大多数美国人喜欢的是番茄酱。由于这种食物食用方便、风味可口、营养全面，现已成为世界上最畅销的快餐食品之一。值得一提的是，由于hamburger除了有“汉堡包”的意思，还有“碎牛肉”“碎牛肉饼”的意思，美国俚语中就有用make hamburger out of sb.（将某人做成汉堡包）的说法，用来形容“痛打某人”“把某人打成牛肉饼”。

245.拳击运动

[**词语**]boxing

[**含义**]拳击

[**趣释**] 拳击运动是美国、英国、加拿大等国人民喜爱的运动之一。运动员双手戴拳套，用各种拳法和步法，击打对方。以击中对方的头部、身体正面等规定部位有效，并以击倒对方为目标。被击倒者在裁判员呼数至10仍未站起，即为失败；如双方均未被击倒，则按有效击打次数等评分决定胜负。运动员按体重划分级别。比赛有业余和职业之分。拳击运动是历史悠久的运动项目，早在公元前688年第23届奥林匹克竞技会上就把拳击列为比赛项目。18世纪中叶，英格兰拳击家布劳顿（Jack Broughton）为拳击运动制定了规则。1867年英国举办第一次拳击锦标赛。1888年美国业余体育联盟成立，从这年起，每年举行拳击锦标赛。现代拳击运动于1904年在美国圣路易斯（Saint Louis）举行的第三届奥运会上被列为正式比赛项目，目前分11个级别。2012年开始，女子拳击被列为正式比赛项目，分13个级别。拳击运动是运动员双方通过两只拳头对抗，进行技能、技术和心理较量，被人称作"艺术化搏斗"。拳击的独特之处还在于人们对拳击运动的不同看法。拳击运动员是人对人的竞技项目，因而比赛时表现出来的打和被打，以及产生的伤害后果，特别是职业拳击中被打得直到不能站起来的场面，在许多人的思想上产生极大异议，使得许多人呼吁取消拳击比赛。

246.全国冰球联盟（NHL）

[**词语**] National Hockey League

[**含义**] 国家冰球联盟

[**趣释**] 国家冰球联盟[①]是北美职业冰球运动的组织，也是世界四大体育联盟之一。联盟于1917年在加拿大魁北克（Quebec）省的蒙特利尔市（Montreal）成立，当初只有5支加拿

大球队。在一系列的扩展之后，现在共有31支球队，24支位于美国，7支位于加拿大。传统上，因为联盟的加拿大血统，大部分球员都为加拿大籍。全国冰球联盟是全世界最高层级的职业冰球比赛，将北美分为东、西两大赛区，每个大赛区又分为3个分赛区。赛季分为两部分，一个是按照预定好的赛程进行的常规赛，一个是淘汰制的七战四胜制季后赛，最后一轮在季后赛胜出的球队便获得斯坦利杯（Stanley Cup）。1912年加拿大国家冰球协会首创六人制打法，被国际冰联沿用至今。全国冰球联盟的影响也越来越大，和NBA对于世界篮球的影响相似，斯坦利奖杯也具有了传奇色彩。目前，冰球运动技能居世界领先地位的国家有加拿大、美国和俄罗斯。

---

①参阅53.冰球运动。

R

247.让人啼笑皆非的美国法律禁例

[**词语**] American law prohibitions

[**含义**] 美国法律禁止某些行为的条例

[**趣释**] 美国是法制比较健全的国家，有些法律甚至“健全”到让人目瞪口呆的地步，而且这些法律仍然有效。如美国各州有着不同的法律禁例，有的非常奇特，令人费解甚至啼笑皆非。南卡罗来纳州（South Carolina）规定：没有得到女子学校校长的许可，人们均不得向女学生打招呼或扮鬼脸。否则，将受处罚。田纳西州（Tennessee）规定：算命必须是大学毕业生。伊利诺斯州（Illinois）规定：妇女在商店试衣服，不得超过6件，否则将被逮捕。印第安纳州（Indiana）规定：吃大蒜后4小时之内不得乘电车，违者必究。肯塔基州（Kentucky）规定：裸胸可以乘地铁，但每年必须至少洗1次澡。纽约市（New York City）规定：女人可以裸露胸部乘坐城市地铁。在男人可以不穿衬衫的地方，女人也拥有同样的权利。加利福尼亚州（California）的安大略市规定：禁止公鸡在不该叫的时候乱叫，否则主人将吃官司或罚款。俄亥俄州（Ohio）克利夫兰市规定：如果没有合法的捕鼠执照，使用老鼠夹也属于非法行为。爱达荷州（Idaho）规

定：男人如果给情人送一盒巧克力糖的话，这盒糖的重量不能超过50磅，否则情人有权上告；情人间连续接吻不得超过5分钟，否则将面临处罚。密歇根州（Michigan）规定：夫妻禁止在小汽车里做爱，除非这辆小车停靠在自家车库内；还规定：未经丈夫允许，妻子不得剪掉头发。蒙大拿州（Montana）规定：妻子不经丈夫允许偷看丈夫的信件属于重罪，哪怕她看的是其他女人写给丈夫的情书。阿肯色州（Arkansas）规定：丈夫打妻子属于合法，但一个月不能超过1次。俄勒冈州（Oregon）规定：夫妇做爱时丈夫嘴中不得骂骂咧咧，或诅咒某人，否则妻子有权上告。明尼苏达州（Minnesota）亚历山大市规定：如果丈夫嘴中有大蒜、洋葱或沙丁鱼味道的话，法律允许妻子拒绝与丈夫做爱。俄亥俄州（Ohio）波尔丁市规定：如果一条狗在公共场所狂吠不止，警察可以用咬它的办法来使它安静。路易斯安那州（Louisiana）规定：如果用真牙咬人，那只是简单的攻击行为；但如果满口假牙去咬人，将会罪加一等，变成严重攻击行为。据悉，美国一些党派已经向美国法律全书中数百条这样的地方法案发起“挑战”，他们在向各州议员发出倡议，尽快将这些搞笑法律废止，以免给世人留下笑柄。

248.热狗史话

［**词语**］hot dog

［**含义**］热狗；红肠面包卷

［**趣释**］热狗，英、美国家人民喜欢吃的一种食品。对于这种食品的产生，有两种不同的说法。19世纪中期，德国人发明了法兰克福香肠（frankfurter），又称“达克斯狗香肠”（dachshund sausages）。后来，这种香肠传至美国。20世

纪初，在纽约的棒球赛场，漫画家塔德·A.多尔根（Tad·A. Dorgan）看到小贩叫卖“达克斯狗香肠”时，即兴画了一幅漫画：一个小圆面包里夹着一节夸张的狗香肠，并加说明词称之为“热狗”（hot dog）。从此，美国“热狗”就成了人们喜爱的食物。另一说法是德国移民安东·弗奇特万根发明了热狗。1904年，安东·弗奇特万根在圣路易斯（Saint Louis）开了一家饭铺，出售牛肉、香肠。因为他买不起那么多副银刀叉，只好把手套发给大家，让大家用手拿着香肠吃。不久，他发现这种方法行不通，因为很多人吃完香肠后把手套也顺手带走了，而且洗手套既费事，成本也高。后来，他想出了一个高招：就是把香肠夹在一根细长的面包里出售，不但方便，而且很好吃，很快就博得大家的喜爱而传到各地。因为这种食品很像酷暑中伸着舌头的狗，所以人们都称其为“热狗”。著有名篇《美国语》（The American Language）的美国著名评论家、新闻记者亨利·A.门肯（Henry L.Mencken）对热狗的来历做了一番探究发现，虽然夹香肠的面包在美国销售多年，但在面包中夹上热的熏肉红肠并配以芥末等作料的第一人是哈利·斯蒂文斯（Harry Stevens），他长期在纽约体育场开设小吃摊，据称“热狗”这个名字确实是名噪一时漫画家塔德·多尔根取的。因为当时很多人认为红肠是狗肉做的。摊主的叫卖声是：“Get your red hots！”（来买红肠面包啊！）画家脱口说出hot dog，并写在漫画上。做热狗的香肠（franks）一词，是猪、牛肉混合香肠（frankfurters）的缩写。现在，这种香肠不是用猪肉，就是用牛肉，或是用猪、牛混合肉做的，其主要的作料有：芥末（mustard）、番茄酱（ketchup）、洋葱（onion）和泡菜（pickles）等。

249.人人平等的价值观

［**词语**］All men are created equal

［**含义**］人人生来平等

［**趣释**］平等是一种人际关系，指人们在社会、政治、经济、法律等方面享有相同的待遇。西方人普遍认为，平等观念与个人主义[①]和自我实现（self-achievement）[②]等价值观是不矛盾的。因为，一个压抑个性、反对个人独立的民族，不会有平等精神。在美国，平等是引起争论最多的价值观。自从托马斯·杰弗逊（Thomas Jefferson）在《独立宣言》（Declaration of Independence）[③]提出人类平等权利以来，美国违背平等原则事件一直存在。例如：对黑人的迫害[④]，对妇女的歧视，对印第安人的杀戮，等等。尽管如此，平等作为一种追求与信仰，仍为大多数美国人所接受和尊崇。人们普遍认为，每个人都是上帝的子民，在上帝面前人人平等，因而把任何人拒绝于任何权利以外都是违背上帝旨意的。人们承认，人的能力不是同等的，因而获取的财富和达到的社会地位就会有差异。在美国人眼中，事实上的不均等和权利和机会的平等是不一样的，美国人强调的是机会和权利的平等。美国人民的平等观念在日常生活中有许多具体的表现：在家庭，子女与父母不是服从关系，而是平等关系，打骂自己未成年子女的还有可能惹上官司，即使子女不起诉，邻居也会难以容忍而报警。在学校，教师与学生也是平等的关系，教师不存在师道尊严，教师是学生的朋友，要采用聊天启发的形式来组织教学，教师上课可以在学生中间来回走动，也可以直接坐在讲台上以显示轻松和亲切；学生可以随意打断教师的话语来表达自己的见解；等等。在公司，老板与职员之间并没有不可逾越的障碍，即使是等级森严的军队，成功的军官不是在非常的情况之下，也

不采用绝对权威的口吻与下级讲话。总之，尽管事实上美国存在着大量的不平等现象，但民众的平等观念在生活中却处处体现出来，有时常常达到中国人难以理解的地步。例如医生根据小孩的病情需要打针，但如果小孩怕疼坚决拒绝，医生只能更改治疗方案而不能强行注射。又如华裔家长采用中医传统疗法给自己子女治病结果惹上官司的也时有发生。根据事实改编的电影《刮痧》便是其中的典型。

①参阅88. 个人主义与个人权利。 ②参阅457. 自我实现的价值。
③参阅192. 美国独立纪念日（国庆日）。 ④参阅159. 马丁·路德·金全国纪念日。

250.容易引起误解的身势语

[**词语**] misleading body language

[**含义**] 容易引起误会的身势语

[**趣释**] 身势语（body language）又称“沉默语”（silent language）或“非话语语言”（non-verbal language），是社交双方交流信息时不可或缺的重要因素。中国和英语国家的身势语有许多相同之处，在交际中双方都能理解；但中英之间又都存在着不少动作一样、意义却不一样的身势语，在交际中往往容易造成误解。1. 跺脚。在英语国家里表示“不耐烦”，而在中国表示“气愤”“悔恨”。2. 用食指在太阳穴旁边画圈。英国人表示“简直疯了”，中国表示“用脑子思考”“动动脑筋”。3. 掌心向下，朝自己招动。英语国家的人表示让人“慢一点”，而中国人则表示“过来”。4. 用一只或双拳敲前额。英美人表示“内疚”“歉意”，而中国人则表示“沮丧”或“局促不安”。5. 用大拇指捅自己胸部。英美人表示“我”“本人”，而中国人则是

表示自鸣得意的典型动作，并且狂妄地自称“老子”。6. 将手掌放在脖子下。英美人表示“吃饱”“食物满到脖子”，而中国人则表示“杀头”“抹脖子”。7. 双臂下垂交叉。在英语国家是一种精神放松、态度随和、悠闲自在的身势，在中国是一种拒绝交往或居高临下的派头。

251.容易引起误解的哲学博士

[**词语**] Doctor of Philosophy

[**含义**] 哲学博士

[**趣释**] 哲学博士，最高级学衔之一，英文缩写Ph. D或D. Phil.，通常是学历架构中最高级的学衔。拥有人一般在大学本科（学士）或研究生（硕士）毕业后，再进行相当年数的研修后，撰写毕业论文并通过答辩，方能获得哲学博士学位。哲学博士的拥有人并不一定研究哲学。所谓哲学博士，是指拥有人对其知识范畴的理论、内容及发展都具有相当的认识，能独立进行研究，并在该范畴内对学术界有所建树。因此，哲学博士基本上可以授予任何学科的博士毕业生。但在英国，哲学博士的学位，比博士低，比一般硕士高，有人称它为“准博士”。此项学位的学习完全以研究为主。

S

252.赛马运动与赛马彩票

[**词语**] horse racing and pari-mutuel

[**含义**] 赛马与赛马彩票

[**趣释**] 赛马①是一项历史悠久的运动之一，自古至今形式变化多样，但最基本的原则都是竞赛速度。赛马有着严密的比赛规则，工作人员和检查人员分布于赛道两侧，许多赛场还设有摄影机，严密注意犯规行为。骑手须两次称体重，优胜马匹还要经过复查成绩才能被正式承认。其后还要抽取优胜马的马尿和涎水，以检查其是否服用过违禁药物。与赛马相伴而来的是赌马。最初，赌只是骑手与骑手、马主和马主之间的较量，赌资也只是一瓶酒或一餐饭，属于娱乐性质。1870年，巴黎的实业家奥莱发明了赌马彩票（pari-mutuel），很快就成了世界流行的赛马赌博方式。20世纪60年代开始，电子计算机被用到赌马活动中，赌马方式也日趋现代化。赌马的基本原则是，投注者在开赛前根据自己的判断，将心目中“优胜者”的号码填入马票，并填上一定数额的赌金，一并交付给服务柜台进行电脑记录。这就叫“买赛马彩票”，简称“买马”。比赛结束后，实际结果与投赌者猜测的马匹名次相符，就可以按相应的倍数中奖；如果没有买中，赌

金也不能收回。现在赌马的项目有许多种，有单一的，也有组合的。组合越复杂，买中的概率越小，但回报的倍数越高。“马迷”可以通过一种小型的专用投资电子设备“投注宝”在家里“买马”，买中后，可以通过投注宝兑现彩金。马迷坐在家里通过观看电视、借助电话、投注宝轻松赌马。总之，赛马是英语国家最受人们欢迎的一项活动。每年3月的第三个星期四，在英国约克郡（Yorkshire）的南多尔顿都要举行赛马，而且有趣的是亚军得奖，冠军不得奖。在澳大利亚的墨尔本（Melbourne），每年11月的第一个星期二，是墨尔本一年一度的赛马节[②]。这里每年都举行墨尔本杯锦标赛。马赛之时，万人空巷，人们围着电视机或收音机观看或收听马赛的实况。人们借此机会买马票赌赛马以碰运气。这一天是全市沸腾的日子，被称“墨尔本杯节”（Melbourne Cup Day）。

---

①参阅148. 看赛马的礼仪。　②参阅223. “墨尔本杯”赛马节。

253.三教堂音乐节

[词语] Three Choirs Festival

[含义] 三教堂音乐节；唱诗班音乐节；教会音乐节

[趣释] 每年8月中旬或下旬，英国的格洛斯特（Gloucester）大教堂、赫里福德（Hereford）大教堂、伍斯特（Worcester）大教堂，会轮流举办“三教堂音乐节”，也称“教堂音乐节”，节期大约1周。在基督教仪式中有“圣诗歌唱”的形式，称为“唱诗”（Psalmody）。有启应式（独唱与合唱交替）、轮唱式（分两组交替轮流唱圣诗中的一行或半行）、合唱式（无副歌、无交替）三种形式。因此，每个大教堂都有唱诗班和管弦乐队。节日

期间主要由每个大教堂的唱诗班和管弦乐队以及为音乐节特别组成的歌咏队和乐队演唱或演奏教会音乐作品。内容有声乐和管弦乐。

254.三家国际性的快餐店

[**词语**] Kentucky Fried Chicken，McDonald's & Pizza Hut

[**含义**] 肯德基、麦当劳和必胜客

[**趣释**] 1.肯德基炸鸡店（Kentucky Fried Chicken）缩写K.F.C.，是美国著名快餐连锁店，由肯塔基州（Kentucky）的哈兰·山德士（Harland Sanders）于1952年创建。主要出售炸鸡、汉堡包（hamburger）①、炸薯条（French fries）和汽水（soft drink）。该店的标志是一个长着山羊胡子，戴着一副眼镜，笑容可掬的老头，他就是肯德基的发明人山德士。这种炸鸡是用秘方调料，经特制锅烹制而成。它外焦里嫩，鲜美可口，独具风味，很快成为世界著名快餐。由于山德士为家乡餐饮业做出了突出贡献，在20世纪30年代被州长封为上校（Colonel）。2.麦当劳快餐企业（McDonald's）的创始人是克罗克（Rey Kroc），曾是“多种饮料搅拌器”的专卖商。20世纪50年代，他发现加利福尼亚（California）一家McDonald兄弟餐馆使用多台他的搅拌器，于是决定建立McDonald路旁餐馆联号来推销他的搅拌器。后来，他出售自己的搅拌器公司，以发展更出色的McDonald路旁餐馆。几年后，他买下McDonald兄弟的股权。现在，麦当劳公司在世界上已有几万家餐馆，大写的M是麦当劳餐馆的象征。专营汉堡包，配菜有莴苣（lettuce）、洋葱（onion）、番茄（tomato）等。汉堡包夹心不仅有牛肉，还有鱼肉、鸡肉等。3.必胜客（Pizza Hut）是全球最大的专营比萨饼（Pizza）②的餐饮连锁企业。它的

标志特点是把屋顶（hut）作为餐厅外观显著标志。必胜客公司隶属于世界上最大的餐饮集团百胜全球餐饮集团，在全球100多个国家有32500家连锁餐厅。比萨饼，又叫“意大利馅饼”，是一种烤制的圆饼，上面铺着乳酪（cheese）[③]、番茄（tomato）、蘑菇（mushroom）、肉条（meat）和其他配料。

---

①参阅244.趣谈汉堡包。　②参阅49.比萨饼趣话。
③参阅226.奶酪杂谈。

255.三明治的故事

[**词语**] sandwich

[**含义**] 三明治；夹心面包片

[**趣释**] 三明治在西方是一种常见的食品，又译“夹心面包”，就是用两片面包中间夹着肉片和奶酪的食品。Sandwich原本是英格兰一个地名，一个贵族的封地。18世纪时，英国有一位贵族，名叫约翰·蒙塔古（John Montagu），是桑维奇的第四代伯爵。他曾先后三次出任英国海军大臣，合计达14年之久，夏威夷群岛（Hawaii Islands）又称“桑威奇群岛”（Sandwich Islands）就是当年英国航海家和探险家库克（James Cook）根据他的封地命名的。据传此人名声很坏，贪污腐化，嗜赌成性。每当他赌瘾一来，便整天溺于赌台。为了不中断赌博、败坏赌兴，他吩咐仆人在用膳时间只需要给他送夹着烤牛肉等物的面包片。他的赌友将这种食品戏称为“桑维奇”（sandwich）。后来这种食品逐渐流传，成为大众喜爱的食品，既可以拿着吃，也可用刀叉吃，汉语音译“三明治”。据考证，这种夹心面包早在古罗马时期就有了，古罗马人称之为“offula”。现在，三明

治的种类很多，如火腿三明治（ham sandwich）、鸡肉三明治（club sandwich）、双层三明治（double decker）、三层三明治（three decker）等。甚至sandwich一词已成为构词成分，有“把……夹在中间”的意思，派生出一些新词，如sandwich board（挂在身前身后的广告牌），sandwich man（身前身后挂着广告牌的宣传员），sandwich course（工读交替制课程）。

256.三位一体主日

[**词语**] Trinity of Sunday

[**含义**] 三位一体主日；圣三主日；天主圣三瞻礼

[**趣释**] 三位一体主日是基督教的节日，节期为圣灵降临节（Pentecost）[①]后的星期日。“三一论”是“三位一体论”的简称，也是基督教基本教义之一。后世正统教会根据《圣经》记载，认定上帝通过圣父（God the Father）、圣子（God the Son）、圣灵（God the Holy Spirit）的行为与表现，而显本性。圣父、圣子、圣灵即是“三位”，又是“同一实体”的上帝。因此，节日期间敬拜圣父、圣子、圣灵三位一体的上帝，称为“三位一体主日”，天主教称为“天主圣三瞻礼”，东正教称为“圣三主日”。

---

①参阅272.圣灵降临节。

257.山姆大叔

[**词语**] Uncle Sam

[**含义**] 美国的象征

[**趣释**] 美国的象征是山姆大叔，其英文缩写U.S.正好与美国

国名United States（美利坚合众国）的缩写U.S.相同。1812年在第二次美英战争期间，纽约州（New York）的特洛伊城（Troy）有位肉类包装商塞缪尔·威尔逊（Samuel Wilson），诚实能干，富有创业精神，在当地很有威信，被人们称为“山姆大叔”（Uncle Sam）。在战争期间，他担任纽约州和新泽西州（New Jersey）军需检验员，在检验过的牛肉箱和酒桶上打戳。1812年1月的一天，纽约州长到牛肉加工厂参观，看见牛肉箱上都戳有E.A.-U.S.的标记，便问是什么意思。工人回答说，E.A.是承包商的名字，U.S.是美国的缩写。凑巧山姆大叔的缩写也是U.S.，因此有位工人就开玩笑说，U.S.就是“山姆大叔”。这件趣事传开后，山姆大叔名声大振，人们都把那些军需食品称为“山姆大叔”送来的食物。独立战争之后，政治漫画里出现了一个叫山姆大叔的人物。从此，山姆大叔便成为美国的象征。美国人还把山姆大叔诚实可靠、吃苦耐劳及爱国主义的精神视为自己民族的骄傲和共有的品质。19世纪30年代，一位美国漫画家特地作一幅画，将“山姆大叔”画成一个白头发、蓄着山羊胡子，头戴高帽，身穿红、白、蓝三色燕尾服（tailcoat）[①]和条纹长裤（星条旗图案）的瘦弱高个子老人。他的形象源自美国民间传说中的人物：好兄弟乔纳森（Jonathan）和美国佬杜德尔。“山姆大叔”的这个形象，逐渐被很多美国人接受。1961年，美国国会正式通过一项决议，确认“山姆大叔”为美国的象征。

山姆大叔

①参阅327.西方男士的三种礼服。

258.商务介绍与家庭成员介绍的礼仪

[词语] business introduction and family introduction

[含义] 商务介绍和家庭成员介绍

[趣释] 商务介绍、家庭成员介绍礼仪与一般的社交介绍[①]的惯例不同，有其自身的特点。首先，商务介绍（business introduction）不分性别和年龄，地位低的人总是介绍给地位高的人。如果两人地位相同，则遵循先介绍女子这一习惯。在商务世界，男人被介绍给比他地位低的人时，他无须起立。女职员在办公室里，当她的高级官长进来时，都必须起立，而她的直接上级进来时，则无须起立。其次，在介绍家庭成员（family introduction）时，不可称自己的妻子为“夫人”或称自己的丈夫为“先生”，只能直接说出他或她的姓名。当介绍家庭的其他成员时，一定要说清楚他们和介绍人的关系。如果是把某个家庭介绍给其他人时，对已婚夫妇应分别做介绍，即使他们是站在一起。另外，在介绍客人的姓名的同时，有时还要介绍他的称衔（title），即他的荣誉、阶级、职位或职业。有的人为自己古老的家庭历史而感到自豪，如果直呼其教名就显得不敬，尤其在那种有年龄差异较大的人参加的聚会更是如此。所以，要不要介绍某人的称衔，主要看聚会的正规程度。如果拿不准，则一并介绍；如果是一个非正式的聚会，而且数人已彼此熟悉，则完全没有讲究的必要。

---

①参阅428.英美社交介绍的礼仪。

259.《上帝保护新西兰》

[**词语**] God Defend New Zealand

national anthem of New Zealand

[**含义**] 《上帝保护新西兰》；新西兰国歌

[**趣释**] 《上帝保护新西兰》是新西兰国歌。歌词全文共三段，其中第一段译文如下："全国人民亲如一家，一同聚在神的脚下；我们自由的祖国，恳求上帝保护她。太平洋上三颗星，保卫它们不受侵犯，赞美歌声传四方；上帝保护新西兰。"歌词中提到的"太平洋上三颗星"是指南半球夜空中出现的"十字星座"（Southern Cross）。澳大利亚、新西兰和巴西这三个南半球国家的国旗上都标有十字星座的图案。《上帝保护新西兰》这首歌由托马斯·布拉肯（Thomas Bracken）作词，约翰·约瑟夫·伍茨（John Joseph Woods）谱曲。1940年《上帝保护新西兰》被新西兰政府选为新西兰国歌，同时也用英国国歌《神佑女王》（God Save the Queen）①作为正式国歌。

注：新西兰国歌歌词中文译文引自《世界知识手册》。

①参阅261.《神佑女王》。

260.神圣的数字"8"

[**词语**] holy number "8"

[**含义**] 神圣的"8"字

[**趣释**] 在英语国家的人民眼中，"8"是个吉利的数字。人们对"8"字的流行解释是："8"字树立表示"幸福"；"8"

字横倒为“∞”，数学上意为“无穷”。两者相加意思是“无穷幸福”或“幸福无穷”。人们因此认为，如果遇上两个或两个以上8字的日期，这一天便是极佳的好日子，很多人会选择这一天订婚或结婚。例如1988年8月8日这一天带有4个“8”，更是极为难得的良辰佳期，极受人们的喜爱。进行购物时，也要看看是否与“8”联系在一起。中国人的“8”与“发”谐音，也被认为是一个吉利的数字，在选择电话号码和车牌时也喜欢多带“8”的数字。有关方面也曾把多带“8”字的电话号码和车牌作为一种特殊商品来拍卖，出价高者得。

261.《神佑女王》

[词语] God Save/Bless the Queen

British national anthem

[含义]《神佑女王》；英国国歌

[趣释]《神佑女王》是大不列颠及北爱尔兰联合王国国歌。整首歌分为三段，歌词是这样的：“上帝保佑女王，祝她万寿无疆，神佑女王。常胜利，沐荣光；孚民望，心欢畅；治国家，王运长；神佑女王！　　扬神威，张天网，保王室，歼敌人，一鼓涤荡。破阴谋，灭奸党，把乱萌一扫光；让我们齐仰望，神佑女王！　　愿上帝恩泽长，选精品，倾宝囊，万岁女王！愿她保护法律，使民心齐归向，一致衷心歌唱，神佑女王！”这首歌词作者佚名，曲作者据传为亨利·卡累。原名《神佑国王》（God Save the King）。随着1837年至1901年维多利亚在位和1952年伊丽莎白二世登基，这首歌改称《神佑女王》。1740年首次演唱，18世纪后半叶起实际上已成为英国国歌。据考

证，最早有文字记载称其为“国歌”的是1825年。《神佑女王》这首歌随同英殖民帝国煊赫一时，许多国家采用其曲调填词作为国歌。

注：英国国歌歌词中文译文引自《世界知识手册》。

262.圣安德鲁斯节

[**词语**] St. Andrew's Day

[**含义**] 圣安德鲁斯节；苏格兰国庆日

[**趣释**] 每年11月30日是苏格兰（Scotland）纪念圣安德鲁斯的传统节日，苏格兰各地教堂都要举行节日庆祝活动。圣安德鲁斯（Saint Andrews）是在苏格兰建立基督教的圣徒，被视为苏格兰的守护神。在苏格兰的费夫郡（Fife）的一座城市里，有供奉安德鲁斯神像的古庙。该市也以这个圣徒之名被称作圣安德鲁斯市（St. Andrews）。该市是一座古城，著名的海滨胜地，有1410年建立的苏格兰最古老的安德鲁斯大学（University of St. Andrews）和著名的皇家古老高尔夫球俱乐部（Royal and Ancient Golf Club of Saint Andrews）。圣安德鲁斯节被视为苏格兰国庆日，但不是公假日。在这一天，苏格兰人在自己上衣的纽扣上别一枝蓟花（thistle）以示庆祝。传统的圣安德鲁斯十字旗（St. Andrew's cross）蓝底上有两条白色对角线，被视为苏格兰国旗，也是英国国旗（Union Jack）[①]的组成部分。

---

①参阅390.英国的“米”字国旗。

263.圣戴维节

[**词语**] St.David Day

[**含义**] 圣戴维节；威尔士国庆日

[**趣释**] 每年3月1日是威尔士（Wales）纪念圣戴维的传统节日，威尔士各地教会都要举行圣戴维节的庆祝活动。圣·戴维（Saint David），是6世纪基督教的一位主教，后来成为威尔士的守护神。在威尔士的达费德郡（Dyfed）有纪念他的圣戴维兹村（Saint David's）。在中世纪，这里曾是相当重要的朝圣中心。圣戴维节被视为是威尔士的国庆日，但不是公假日。在这一天，参加庆祝活动的人们上衣都要插水仙花（daffodil）或水葱（leek），因为它们都是威尔士的国花。

264.圣诞冬青和槲寄生

[**词语**] Christmas holly and mistletoe

[**含义**] 圣诞冬青和槲寄生

[**趣释**] 冬青（holly）是常绿乔木或灌木，约有400种，圣诞冬青是一种叶子有刺的小乔木，在圣诞节期间叶子油绿，果实鲜红，因常被用来作圣诞节的装饰物，而得其名。在英国，冬青树与圣诞节密切相关，家庭房间和教堂内经常用冬青树枝叶装饰。此外，人们在圣诞布丁（Christmas pudding）①上会用一小枝冬青树枝加以点缀，圣诞贺卡和广告上也使用冬青树的画面。有些圣诞颂歌的歌词里也提到冬青。有些人依然相信，不到圣诞前夕将圣诞冬青带回家是不吉利的。美国人也有用冬青装饰圣诞节的习俗。他们用冬青树枝编成花环挂在大门上，或将几枝冬青摆放在餐桌上。据说绿色可以辟邪，而冬青那红艳艳的果实、绿

油油的叶子，在寒冬腊月确实使人感到一股春天的气息。槲寄生（mistletoe）也是文学作品中的圣诞装饰灌木。它高不足1米，淡黄绿色。在西方人的眼中，槲寄生比起冬青要更胜一筹，他们认为槲寄生可以保护他们免受疾病、恶魔和妖巫的侵害。西方许多家庭都要在室内门框或天花板上挂上一束。西方各国还有“槲寄生树下之吻”（Kissing under the mistletoe）的传统习俗，即圣诞日（Christmas Day）[②]那天，凡在槲寄生树下走过的女子，人人可以亲吻。美国的一些男孩到了节日那天，常常故意把女孩引到槲寄生树下，理直气壮地亲吻她。

①参阅270.圣诞正餐。 ②参阅265.圣诞节。

265.圣诞节

［**词语**］Christmas

［**含义**］圣诞节

［**趣释**］圣诞节是基督教最重要的节日，为庆祝耶稣诞生而设，节期为12月25日。耶稣（Jesus），又称耶稣基督或基督耶稣。据《圣经·新约》中的福音书记载，他是上帝的儿子，是由圣灵感孕童贞女马利亚（Mary），取肉身降世成人的救世主。他在巴勒斯坦（Palestine）北部的伯利恒城（Bethlehem）一家旅店的马棚里降生[①]。从4世纪起，基督教会将每年的12月25日作为基督耶稣的诞生日来纪念。4世纪之前，罗马人以冬至（12月21日、22日或23日）为纪念太阳神的节日，因为从这天开始北半球开始白昼变长，黑夜变短，人们感谢太阳神从这天起开始赐给他们更多的光明和温暖，这大概就是基督教会把冬至之后12月25日定作圣诞节的重要原因。西方各国从12月24日晚开始圣诞节的

庆祝活动。12月25日是圣诞日（Christmas Day），在这一天，各教会都要进行隆重的圣诞礼拜或圣诞弥撒（Mass）[②]仪式；家家户户要装饰圣诞树（Christmas tree）[③]，给亲友寄圣诞贺卡（Christmas card）。圣诞节的重要风俗是扮成圣诞老人（Santa Claus）[④]给孩子们送礼物。圣诞之夜，家家都有食物丰盛的圣诞会餐，家人或亲友之间互赠礼品或贺片，表示美好的祝愿。

在英国，圣诞节是一年中最盛大的节日。圣诞节在传统上开始于圣诞日前夕（12月24日夜），一直延续到次年1月6日的主显节（Epiphany）[⑤]。事实上，人们在圣诞日前数周就开始了圣诞颂歌活动。他们聚集在教堂或市镇广场举行宗教仪式，包括唱圣诞颂歌、读《圣经》等活动。剧场和其他场所组织上演儿童们喜欢看的传统音乐童话剧。演出通常生动活泼、五彩缤纷，伴有音乐舞蹈和歌唱，观众们也常常参与共唱。圣诞节是一年中最重要的家庭假期。节日里家人团聚，探亲访友，人们互赠礼物和圣诞卡，装饰圣诞树，用圣诞冬青和槲寄生（Christmas holly and mistletoe）[⑥]布置房间，准备圣诞日午餐。圣诞节前数周，人们便开始购物活动。超市、百货公司也把商店布置得五光十色、琳琅满目。12月24日圣诞节的前一天，人们普遍开始放假，连邮局也不送信取信。许多单位包括银行和商店，关门比以往要早，以便迎接圣诞前夜[⑦]的到来。在圣诞夜里，孩子们最为高兴，他们盼望圣诞老人给他们送来心爱的礼物。孩子们上床前都会在床头挂一只长筒袜，据说圣诞老人会在袜子里装礼物。现在，圣诞老人的角色通常由他们的父母来担任。装饰圣诞树和布置房间也是节日的一项重要内容。12月25日圣诞日是圣诞节日的中心，也是传统的家人团聚的日子。在这一天，许多人去教堂参加宗教仪式，回家后打开亲友们的礼物盒，吃圣诞午餐（Christmas dinner）[⑧]，收看英王一年一度的电视讲话。12月26日是节礼日

（Boxing Day）[9]。按照传统，在这一天要给上门服务的人员赠送圣诞礼品。

欧美地区的圣诞节都是寒冷的冬天，而地处南半球的澳大利亚此时正值盛夏，因此该地的圣诞节又别有一番情景。在当地灼热的阳光下，身穿背心短裤的年轻人，与商店橱窗里身穿红色毛皮大衣、头戴皮帽、胡须和眉毛都沾着雪花的圣诞老人成了鲜明而有趣的对比。圣诞节也是澳大利亚一年中最重要的节日，举国上下都要隆重庆祝。节日到来的前一周，各家各户便开始准备，家庭主妇为丰盛的圣诞晚餐筹备食品。不仅孩子们在节日期间可以从父母和圣诞老人那里得到礼物，而且家人之间、亲友之间也要互赠贺卡和礼物。布置房间、装饰圣诞树也是必不可少的节目。圣诞前夕，许多澳大利亚家庭喜欢带饮料、生肉、鲜鱼及调料到森林里野餐。在夜色凉风中，他们熏烤生肉、鲜鱼，一边品尝美味佳肴，一边弹起吉他，跳起迪斯科。老年人则谈起难忘的往事和美好的未来。这里不必担心得不到圣诞老人的祝福，一切早已安排妥当。到12点钟声敲响时，圣诞老人出现了，和传统不同是，这里的圣诞老人尽管须发上沾雪花，却穿着背心裤衩。他的到来给人们带来幸福和欢乐，使节日气氛达到了高潮。当然，也有穿着传统服装的圣诞老人，他们要冒中暑的风险，因此工资也是最高的。澳大利亚的圣诞庆祝活动是从11月第二周的星期六上午开始的。此传统从1933年南部港市阿德莱德市（Adelaide）开始一直延续至今。目前该市的彩车旅行已经成为全国性的节日。游行中，市长的汽车走在队伍的最前面，接着是骑着高头大马整齐威严的军警，然后是各具特色的彩车队伍，数量有70多辆。彩车的节目根据神话和童话设计，彩车之间穿插着打着彩旗的化装游行队伍。彩车的倒数第二辆上坐着头戴“皇冠”的美女，圣诞老人则坐在最后一辆彩车上，他频频向人们问候，使节日气氛陡然升高。按照传统，每一年彩车至少要1/3不同于上一年，电台、电视台在这一天要向全国转播游行实况。11月的第二个星期二在澳大利亚的其他一些大城市也有热烈的庆祝圣诞节活动。

---

①参阅266.圣诞节前九天。 ②参阅297.天主教的弥撒。 ③参阅269.圣诞树。
④参阅268.圣诞老人。 ⑤参阅452.主显节。 ⑥参阅264.圣诞冬青和槲寄生。
⑦参阅267.圣诞节前夜。 ⑧参阅270.圣诞正餐。 ⑨参阅130.节礼日。

266.圣诞节前九天

[词语] Nine Days Before Christmas

[含义] 圣诞节前九天；旅店节

[趣释] 据《圣经·新约》记载，巴勒斯坦（Palestine）北部小城拿撒勒（Nazareth）有一名叫约瑟（Joseph）的木匠，其未婚妻马利亚（Mary）从圣灵怀孕，约瑟打算退婚。但在一天夜里，天使托梦给约瑟说，马利亚是纯洁的，她的怀孕是天意[①]，所生的儿子将来可以把百姓从苦难中解救出来。天使要约瑟娶马利亚，并给儿子取名为耶稣。约瑟听从天使的嘱咐，打消了退婚的念头。当时巴勒斯坦为罗马帝国的一个省，罗马帝皇下令：天下人民都要上名册。约瑟于是带着即将分娩的未婚妻从拿撒勒到伯利恒（Bethlehem）去报名上册。他们在伯利恒的时候，马利亚的产期到了，旅店里没有房间，马利亚就在一个马棚里生下耶稣，用布包好放在马槽里。罗马的基督教徒从336年（一说354年）起，把12月25日作为耶稣的生日来纪念，这就是圣诞节（Christmas）[②]的来历。英文There was no room in the inn.（意译“旅店客满”）后来成了成语典故，喻指“无栖身之处”。现在，按照基督教国家的传统习俗，圣诞节前九天（Nine Days Before Christmas）即12月16日至12月24日开始进行节日的庆祝活动。在菲律宾，从

12月16日起，教堂的钟声打破凌晨的寂静，召唤人们去做黎明的弥撒（Mass）[③]。在墨西哥，这九天又被称为“旅店节”，要举行宗教仪式和民间庆祝活动，纪念圣母马利亚和约瑟去伯利恒的旅程。节日期间，全国大、中、小学一律放假，工作人员则放假或轮休。节日期间的晚上亲朋好友轮流做东，组织庆祝活动。届时，参加者手持蜡烛成群结队地唱着要求留宿的歌谣。在马利亚和约瑟圣像的引导下，挨门挨户地在街上敲门“求宿”，一直敲到主持人家的时候，主人开门高兴地留大家住下。一个用硬纸做成装满水果、糖块、花生和各种小玩具的彩罐，早已悬在半空，孩子们蒙着双眼用木棒轮流来敲打彩罐，打破之后，大人、小孩唱着赞美诗，哄抢礼品。主办者最后用玉米粽子和龙舌兰酒[④]招待客人，大家尽欢而散。

---

①参阅44. 报喜节。
②参阅265. 圣诞节。
③参阅297. 天主教的弥撒。
④参阅155. 朗姆酒和龙舌兰酒。

267.圣诞节前夜

[词语] Christmas Eve

[含义] 圣诞节前夜；圣诞夜；平安夜

[趣释] 12月24日是圣诞节的前一天。这一天是传统上举行招待会的时间，特别是举行一年一度的单位招待会。在这一天，商店、银行等一些服务性单位也都会提前下班关门。根据耶稣是夜里出生的传说，从12月24日夜间起，各国都开始了圣诞的庆祝活动。有的举行大型音乐会，演唱圣诗；有的组织人员到各家演唱圣诞节颂歌、圣诗“平安夜”（Silent Night）。这一夜被称为“圣诞夜”。按照传统，西方各国的孩子们在上床睡觉时，都会

把一只旧袜子挂在床头上，好让圣诞老人[①]在夜间往袜子里装礼物。在英国，这天夜里许多人都去教堂参加宗教仪式。英国国教会和罗马天主教会称这种仪式为午夜弥撒（Mass）[②]。在美国，圣诞夜是狂欢夜，人们常常通宵达旦地庆祝。他们聚集在酒馆、舞厅、夜总会，尽情欢乐。有的全家共进丰盛的晚餐，然后围坐在熊熊的火炉旁弹琴唱歌，共叙天伦之乐。为纪念耶稣在马棚诞生之后被放在马槽里[③]，一些人家里用纸板搭起一个洞，上面撒着白色的粉末象征皑皑白雪，洞中放着自制的马槽，马槽里摆着耶稣像。有的旁边还摆着马利亚和约瑟的像。洞前点蜡烛，供上鲜花。这种圣诞马槽既可用来赞美上帝，也可供亲友或来客欣赏。那些虔诚的信徒们则在灯光通明的天主教堂里，参加纪念耶稣降生的午夜弥撒。圣诞夜最有趣的活动要数“报佳音”。当深夜来临，教堂里的唱诗班挨家挨户来到教徒家门前，齐唱起圣诞颂歌，以此象征天使在伯利恒（Bethlehem）郊外向牧羊人报告耶稣降生的喜讯。这家的主人要走出门来热情地应酬他们，加入歌唱。唱罢之后，主人把大家迎入家中，以茶点招待。说笑一番之后，唱诗班再去别的教徒家。这时，主人一家也往往随同前往。“报佳音”的队伍愈来愈大，欢乐气氛有增无减，常常持续到天明。

---

①参阅268.圣诞老人。　②参阅297.天主教的弥撒。

③参阅266.圣诞节前九天。

268.圣诞老人

[词语] Santa Claus

Father Christmas

[含义] 圣诞老人

[趣释] 圣诞老人是传说中的儿童保护神，每年圣诞节[①]为

儿童送来礼物，英国人称他为Father Christmas。圣诞老人的传统形象是：一位喜气洋洋的老人，他红面颊、白胡子，身着绯红长袍，头戴兜帽。按照民谣，他来自北极或格陵兰之类的北部地区。在圣诞前夕进入各家各户给儿童们送礼物。许多圣诞儿童剧（pantomimes）以他为题材，圣诞前夕商店竞相用圣诞老人的形象来招揽生意。关于圣诞老人的身世各地传说并不相同。一说他原名圣·克劳斯（Saint Klaus），出自荷兰语的圣·尼古拉斯的音变，与基督教义无关；一说圣诞老人是当年小亚细亚一位圣徒（一说某城的主教）的化身。他为人仁慈，乐善好施，生前做过许多好事。他死后人们怀念他，称他为儿童保护神。传说这位老人的邻居很穷，无力还债。邻居有三个女儿，只有一个身体健康，邻居想卖掉这个女儿还债。女儿们向老人求助，当夜老人把装了黄金的三只袜子悄悄地挂在三个女儿的床头。次日姐妹们醒来，喜出望外，爸爸不用再卖女儿了。她们知道，这是老爷爷在帮她们，这天又正好是圣诞节。一说这个老人曾经在圣诞前夕偷偷地把三袋金子送给一个穷人的三个女儿做嫁妆。当他悄悄地把金子从烟囱口仍进去时，有一袋恰好掉进晾在壁炉上的一只长筒袜子里，于是，装在长筒袜里给儿童送礼物的习俗便保留了下来。还有一种说法是，圣诞老人是一个住在北极的一位白胡子老爷爷，他胖乎乎、乐呵呵，身穿红衣服，总是背一个装满玩具和糖果的大口袋。每年到了圣诞节，乖孩子们熟睡时，他就悄悄地把礼物放在孩子们的长筒袜里。时至今天，天真的儿童们，还是在圣诞前夜郑重其事地将长袜挂在床或壁炉上，满怀希望地等待慈善的圣诞老人从北方

圣诞老人

雪国乘驯鹿雪橇前来给他们送礼物。当第二天一大早，儿童们从长袜中取出自己喜欢的礼物时，他们可能想不到送给他们礼物的圣诞老人竟是陪伴他成长的父母。

①参阅265. 圣诞节。

269.圣诞树

[**词语**] Christmas tree

[**含义**] 圣诞树

[**趣释**] 圣诞树是基督教庆祝圣诞节时的一种装饰起来的常青树。此习俗起源于欧洲德国，有几种不同的说法。其一是与纪念亚当、夏娃节有关。传说早期的圣诞树为象征伊甸园（Eden）的枞树，上面挂着一些象征禁果的薄冰，以纪念人类始祖亚当夏娃节（12月24日）。后来才添加了象征耶稣基督的蜡烛。其二是与使徒传教有关。传说使徒圣博尼费斯（St. Boniface）8世纪时在德国传教，遇到一批异教徒以男童为祭品供奉一棵老橡树。他救下男童，砍倒橡树，还指示他们今后要以枞树为圣婴基督的象征。此事发生在12月，遂与圣诞节相联系。还有一种传说是与一个穷男孩有关。传说在一个大雪纷飞的圣诞夜，一个穷男孩无家可归，又冷又饿。一个善良的农民将他领回家，让他在火炉旁度过了一个愉快的夜晚。满怀感激之心的男孩第二天告别时折了一段杉树枝插在地上，杉树枝立刻就变成一棵小杉树。孩子对农民祝福说："从今以后，年年此日礼物将挂满枝头；留下这棵美丽的杉树，报答你的善心。"后来圣诞树习俗从德国传到欧洲各国，1830年由德移民带到北美，19世纪末、20世纪初美国传教士又将这习俗传到日本和中国。现在的圣诞树多用枞树、杉树、柏

树等塔形常青树，上面挂满了礼物、彩花和彩灯，树顶上还有一颗大星。最初圣诞树上的饰品都有象征意义：树上的蜡烛（现用彩灯代替）象征耶稣是世界的光明，树顶上的大星则代表耶稣降生后将东方三位博士引到伯利恒（Bethlehem）的那颗大星，叫“圣诞明星”（Christmas star），或“伯利恒之星”（The Star of Bethlehem）[①]。当彩灯点亮后，圣诞树光华四射，分外迷人。大人们一旁欣赏圣诞树，孩子们手舞足蹈，甚至手拉手围着圣诞树跳舞做游戏。一家人轮流蒙上眼睛到圣诞树前摸彩来获得礼物。

---

①参阅55.伯利恒之星。

270.圣诞正餐

[词语] Christmas dinner

[含义] 圣诞正餐

[趣释] 圣诞正餐是圣诞日（Christmas Day）最重要的一项活动。按照传统，英国人的圣诞正餐是圣诞日的午餐。通常包括烤火鸡、圣诞布丁（Christmas pudding）、碎肉丸子、百果馅饼等，酒水多为葡萄酒。圣诞布丁是一种蒸熟或烤熟的布丁，有面粉、板油、鸡蛋、干果等各种配料，往往还放有白兰地酒，作为圣诞午宴的一道菜来吃。按照风俗习惯，布丁上面还插有一枝圣诞冬青（Christmas holly）[①]作为装饰。百果馅饼是用油酥面填入百果馅烘烤而成的小圆饼。百果馅通常是用葡萄干、果干、白糖、板油、香料及其他成分混合而成的内容丰富的果馅。人们一边享用大餐，一边收看电视中的英王讲话，频频举杯祝福。圣诞午餐还有一项别致内容，就是在开始吃之前要拉圣诞花纸拉炮。这种拉炮是用硬纸板制成的管状物，用彩色花纸包紧。拉炮里面有一根能发出爆

炸声的拉绳、一个小的礼品（通常是一张印有笑话的纸片），还有一个卷得很紧的纸帽。当两人分别拉两端的拉绳时，会发出“啪”的一声爆裂声，两人分别握住一半拉炮，就能得到小礼品或纸帽。读了纸片的笑话，人们会捧腹大笑；得到纸帽的，则将王冠形彩色纸帽戴在头上，直到圣诞正餐结束。

①参阅264. 圣诞冬青和槲寄生。

271.圣灰星期三

［**词语**］Ash Wednesday

［**含义**］圣灰星期三

［**趣释**］圣灰星期三是大斋节（lent）①首日，亦称四旬斋、封斋节的第一天。自古以来，人们就有头上蒙灰或坐在灰中来表达悲哀、自悲或悔恨的意思。在向上帝求告时，禁食、披麻、头上蒙灰是一种虔诚的表示。在大斋期的第一天里信徒要读《祈祷书》中的“大斋忏悔”。天主教按照罗马旧教的习惯，要用棕枝主日（Palm Saturday）①的棕榈叶烧成的灰撒在头上。大斋节是复活节（Easter）②前六个半星期的星期三开始的，故这一天称为“圣灰星期三”。

①参阅459. 棕枝主日。　②参阅81. 复活节。

272.圣灵降临节

［**词语**］Pentecost

Whitsunday

［**含义**］圣灵降临节；五旬节

［趣释］圣灵降临节又称五旬节，与圣诞节（Christmas）[1]、复活节（Easter）[2]一起，是基督教的三个重大节日之一。节期为复活节后第五十日。据《圣经·新约》记载，耶稣被钉死在十字架上后，第三日复活，此后第四十天升天，第五十日为圣灵降临节，故称五旬节。圣灵降临节又恰好是复活节之后的第一个星期日，英国人把圣灵降临节称为 Whit Sunday 或Whitsunday，意为“圣灵降临的星期日”。基督教的一些教派名还以此节为名。另外，犹太教也有五旬节（Pentecost）也是古犹太教的三大节日之一。它是庆丰收的节日，又名初穑节、初熟节。节期在收割庄稼的时候，节日期间要向上帝耶和华献祭。

---

①参阅265.圣诞节。　　②参阅81.复活节。

273.圣母洁净礼日

［词语］Feast of the Purification

Purification of Mary

［含义］圣母洁净礼日；主进殿节；献主节；

［趣释］圣母洁净礼日，又称主进殿节、献主节，是基督教节日。节期为每年2月2日。据《圣经》中的《新约·路加福音》第2章第22节至24节记载，按照摩西（Moses）律法，妇人产血不洁，要居家33天后，方为洁净期。耶稣出生后40天，满了洁净的日子，圣母马利亚（Mary）[1]和养父约瑟（Joseph）带着婴孩耶稣上耶路撒冷（Jerusalem）去，把他献给主耶和华。因为主的律法说：“凡头生的男子，必称圣归主。”他们又遵照主的律法，或用一对斑鸠，或用两只雏鸽作献祭。圣母以此为自己行洁净礼，将头生子耶稣带进圣殿，故基督教每年2月2日的“圣母洁净礼日”，亦

称“献主节”。天主教称为“圣烛节”（Candlemas）[2]、“圣母献耶稣于主堂瞻礼”；东正教称之为“主进殿节”，沿用旧历2月2日（即2月14日或15日）。不过，新教各派现已不守此节。

①参阅44. 报喜节。 ②参阅281. 圣烛节。

274.圣母升天节

[词语] Assumption of Mary

[含义] 圣母升天节；圣母安息节

[趣释] 圣母升天节又称圣母安息节、圣母升天瞻礼，是天主教、东正教的节日。节期天主教定于每年8月15日，东正教是为8月27日或28日。根据天主教、东正教教义，耶稣生母马利亚（Mary）[1]结束在世生命以后，灵体一起被耶和华接进天堂。教会设此节，以纪念马利亚荣召升天。圣母升天节是关于圣母马利亚的最古老、最神圣的节日，也是世界近40个国家的宗教的或世俗的节日。圣母升天（Assumption of Mary）自中世纪初起就是基督教艺术题材，13世纪后广泛用于教堂装饰，其典型艺术形式是：圣母作祈祷状破墓而出，由众天使承托冉冉上升，众使徒惊讶仰视等。

①参阅275. 圣母圣诞节。

275.圣母圣诞节

[词语] Nativity of Mary

[含义] 圣母圣诞节

［趣释］圣母圣诞节是天主教、东正教的节日，纪念耶稣生母马利亚（Mary）的诞生日。节期为每年的9月8日，但因历法不同，东正教的9月8日常相当于公历的9月20日或21日。据传马利亚的父亲为约雅敬，母亲为约亚。这对夫妇多年未生育，他们虔诚祈祷上帝，终于老年蒙恩，生下一女，起名马利亚。马利亚长大后和木匠约瑟订婚，在夫家尚未迎娶之前从圣灵怀孕生耶稣，被尊为圣母。

276.圣母无染原罪始胎节

［词语］Immaculate Conception

［含义］圣母无染原罪始胎节；无原罪始胎节

［趣释］圣母无染原罪始胎节，又称无原罪始胎节。节期为12月8日。基督教认为，人类始祖亚当（Adam）和夏娃（Eve）违背上帝命令，偷吃禁果的罪是所有人生来既有的罪，称为原罪（original sin）。天主教信条认为，耶稣之母马利亚（Mary）自怀耶稣起，就不再受亚当原罪的影响。1854年12月8日，教皇庇护九世（Pope Pius IX）在世界各地多数主教的敦促下发表通谕，宣布圣母无染原罪始胎为信条，并定12月8日为此节。东正教和新教各派不守此节。

277.圣帕特里克节

［词语］St. Patrick's Day

［含义］圣帕特里克节；北爱尔兰国庆日

［趣释］每年3月17日英国北爱尔兰（Northern Ireland）教堂都要举行纪念圣帕特里克节的庆祝活动。圣帕特里克（Saint

Patrick）是在爱尔兰建立基督教的传教士，活动时期约在5世纪中叶，被罗马教廷谥为圣徒。到7世纪末有帕特里克的神话不胫而走。说他用三叶苜蓿，一种白花酢浆草（Shamrock），将爱尔兰土地上的毒蛇驱入海中溺死；向不信教的人展示三叶苜蓿花，用这种植物的三叶共一叶柄，来比拟上帝的三位一体①。后来，圣帕特里克成了爱尔兰人的守护神，三叶苜蓿花成了爱尔兰的国花。圣帕特里克十字旗（St. Patrick's Gross）是北爱尔兰的国旗，也是英国国旗（Union Jack）②的组成部分：旗底白色，上有两条红色对角线。现在，每年3月17日圣帕特里克节是北爱尔兰的国庆日和公假日，人们身穿绿衣佩戴三叶苜蓿花，参加教堂里举行的各种纪念活动。据说为了纪念圣帕特里克节，爱尔兰每年都要船运大量的白花酢浆草去国外，以供圣帕特里克节之用。例如每年圣帕特里克节，在美国的纽约都要举行特别的庆祝活动，因为那里有大批的爱尔兰人后裔。

---

①参阅256. 三位一体主日。

②参阅390. 英国的“米”字国旗。

278.圣乔治节

[**词语**] St. George's Day

[**含义**] 圣乔治节；英格兰国庆日

[**趣释**] 每年的4月23日是英格兰（England）纪念圣乔治的传统节日，英格兰各地教堂都要举行纪念圣乔治的节日庆祝活动。圣乔治（Saint George）是在英格兰建立基督教的圣徒，后来成为英格兰的守护神。在伯克郡（Berkshire）国王的正式邸宅温莎城堡（Windsor Castle）里，设有著名的圣乔治教堂（St. George's Chapel），里面供奉着乔治的遗像。温莎城堡始建于11

世纪，是欧洲著名的皇宫之一。每年许多皇室成员在圣诞节来圣乔治教堂里参加嘉德勋章的授勋仪式。圣乔治教堂内有许多君主和名人的遗像，教堂和故宫一起是英国的旅游胜地之一，供游人参观。圣乔治教堂被指定为官方教堂，一向被人们视作典型的英格兰象征。圣乔治节被视为英格兰的国庆日，但不是公假日。在这一天，英格兰人在上衣佩戴玫瑰花以示庆祝。传统的圣乔治十字旗（St. George's Cross），白底上有红十字，被视为英格兰国旗，也是英国国旗①的组成部分。

---

①参阅390. 英国的“米”字国旗。

279.圣王基督节

[词语] Feast of Christ the King

[含义] 圣王基督节

[趣释] 圣王基督节是天主教节日，为纪念耶稣基督而设。节期为基督降临节（Advent）①之前的星期日。这个节日是教皇保罗六世1969年所颁布的新订教历中所规定的。

---

①参阅100. 基督降临节。

280.圣星期六

[词语] Holy Saturday

[含义] 圣星期六

[趣释] 圣星期六是基督教节日，为纪念耶稣复活而设。节期为大斋节（Lent）①的最后一天，复活节（Easter）②的前一

天。东正教（Eastern Orthodoxy）一直沿守此节。由于这一天是四旬斋的最后一天和复活节的前一天，象征春天降临，复活节即将到来，信徒们点火庆祝，以示耶稣从死里复活。教堂也鸣钟，宣告长达40天不能吃肉、没有娱乐的斋戒期结束。

---

①参阅66. 大斋节。　　②参阅81. 复活节。

281.圣烛节

[词语] Candlemas

Candlemas Day

[含义] 圣烛节；圣母洁净日

[趣释] 圣烛节是天主教节日，为纪念圣母洁净礼日而设。节期为每年2月2日。耶稣诞生40天后，圣母玛利亚（Mary）已经过了摩西律法规定“产妇要家居33天”的洁净期，和约瑟一起带婴孩耶稣从拿撒勒（Nazareth）到圣城耶路撒冷（Jerusalem），将孩子献给主耶和华。因为《圣经·旧约·出埃及记》中说：以色列中凡头生的，无论是人是牲畜，要分别为圣归主，将他献给上帝。他们又遵照律法用两只斑鸠，或一对雏鸽做献祭，为马利亚行洁净礼。耶稣是头一次被带进圣殿，献给上帝，因此基督教将此节称为“圣母洁净礼日”（Purification of Mary）①、“献主节”、“主进殿节”。在节日这天，天主教的圣职人员用蜡烛来祝福信徒，因而此节称圣烛节。这一天也是土拨鼠节（Groundhog Day）②。

---

①参阅273. 圣母洁净礼日。　　②参阅298. 土拨鼠节。

282.施洗约翰节

［词语］Midsummer Day

［含义］施洗约翰节；仲夏节；英国结账日

［趣释］施洗约翰（John the Baptist）是《圣经·新约》中的人物，他身穿驼毛衣，腰束皮带，吃蝗虫野蜜，在约旦河一带传道施洗，使罪得赦。耶稣也接受了他的洗礼，被人称作“施洗约翰”。后因反对分封王希律·安提帕（Herod Antipas）娶弟媳为妻而被杀。为了纪念他，基督教把每年6月24日设为施洗约翰节。这一天是夏至后的第三天，在英格兰是季节首日，原来西方有普遍礼拜仲夏（midsummer）太阳的活动，并且已经深入人心。基督教将这个日子定为施洗约翰纪念日，和在冬至前后的耶稣（Jesus）的纪念日很相称。因为施洗约翰说过：“他（指耶稣）必兴旺，我必衰微。”正好和冬至、夏至白昼的延减吻合。在6月24日施洗约翰节这一天，英国国教的共济会会员要在史前圆形石林迎接日出。在法国，村民们会聚集在一起，堆积起树枝、木片，在牧师进行晚祷后点燃。人们脱帽反复进行祈祷、诵赞美诗，然后一起绕火三周。舞蹈中的青年男女在烟雾中跑过，有的还要牵着家畜穿越烟雾，认为这样可以消灾祛难。烧剩的灰烬大家还要捧回，用以净化井水、保佑家庭。在瑞典，人们对纪念施洗约翰生日的观念已经非常淡薄，即称这一天为“仲夏节”（midsummer day）。该国地处北欧，靠近北极。冬季时间漫长，大部分地区几乎有半年时间见不到阳光。而仲夏节前后阳光充足，日照长达20个小时。到了6月24日仲夏节这一天，有些地区24小时全是白昼，因而这一天是瑞典人民最欢乐的日子。全国各地点缀着盛开的鲜花，人们穿着绚丽的节日服装，聚集在用各种鲜

花、树枝、花环装饰起来的十字形彩柱周围，层层环绕，跳起欢快的舞蹈。在农村，这一天还是青年男女自由交往、选择终身伴侣的佳节。

施洗约翰节在英国还是一年中的四大结账日之一。

283. “13”不吉利

[词语] “thirteen” as a taboo

[含义] 忌讳十三

[趣释] 欧美人对“13”这个数字十分忌讳。他们认为13不吉利，会给人带来灾难。据《圣经》记载，耶稣（Jesus）的门徒犹大（Judas）因为贪图30块银币而将耶稣出卖给罗马当局。在和耶稣共进晚餐之后，犹大带领官兵抓捕耶稣，导致他被钉死在十字架上①。意大利画家达·芬奇（Leonardo da Vinci）据此创作了世纪名画《最后的晚餐》（the Last Supper），画中生动地描绘了耶稣和他的12个门徒进餐的情景，而叛徒犹大就是就餐的第13个人。人们忌讳13这个数字由此而来。在西方各国，戏院、影院没有13排、13号的座位；宴会不会有13个人同桌就餐，也不会有13道菜肴；高层建筑不会有13层楼，而是12层直接升到14层。据报载，在美国得克萨斯州（Texas）的潘帕市，有段时间连续发生5起交通事故，人们纷纷指责交通管理部门，认为他们监管不力，要求追查原因。调查最后的结论是警方一辆13号的巡逻车是这系列事故的原因所在。人们认为正是这不祥的13号，才造成该市交通事故屡发，于是这辆“13”号车被改成了“25”。

---

①参阅56. 不祥的星期五。

284.使用电话的基本礼仪

[**词语**] manners of dialing phone and answering the phone

[**含义**] 拨打电话和接听电话的礼仪

[**趣释**] 电话、手机是现今社会的重要社交工具。在日常生活中，人们通过电话也能粗略判断对方的人品和性格。因此，掌握正确的、礼貌的使用电话礼仪有助于在电话交往中提高个人的素质形象。1.使用手机或座机拨打电话，打电话之前要列出要点，避免浪费时间；如果要找的人不在，可询问对方什么时间可以再打电话或请他回话；打电话时要首先通报自己的单位和姓名。交谈时间不要太长，一般不要超过三分钟；打电话时，如非重要、紧急的事情，应尽量避开受话人的休息、用餐时间。说话时态度友好，音量适中，切忌对着电话大喊大叫，震耳欲聋。拿起电话，先说Hello，并报出自己的姓名："This is Mr. Zhang./Mr. Zhang speaking."（你好，我是张先生。）听到对方接电话后，可以说："Can I speak to Mr Smith? /I'd like to speak Mr.Smith."（请史密斯先生听电话。）如果拨错了电话，不要马上把电话挂断，而应当有礼貌地道歉之后，再挂上电话："Sorry，I must have dialed the wrong number."（对不起，我一定拨错号码了。）或说："Sorry to have troubled you."（对不起，打扰您了。）在结束谈话要挂电话时也应该有礼貌："Well，I won't bother you any more."（好，不再打扰您了。）或"Thanks a lot.Good-bye."（谢谢您，再见。）2.接听电话（answering the phone/receiving a phone call）时语调热情大方、音量适中、表达清楚、文明礼貌；一般铃声响三声接听，响六声就应该道歉："对不起，让你久等了。"一般

来电话的人会主动介绍自己，如果没有介绍或是你没听清楚，就应该主动问：“请问，您是哪位？我能为您做什么？”如果对方要找的人就在身边，应该说“请稍等”，然后用手掩住话筒把电话交给对方要找的人。接听电话，一般左手拿话筒，右手准备纸和笔，便于随时记录有用的信息。拿起电话时往往会听到Hello的声音，回答时应该首先自报姓名和单位：“This is Mr. Smith，Toky Electronics”（德吉电子公司的史密斯先生。）如果对方没介绍自己，就可以问：“Who is calling，please？”/“May I ask who is speaking？”（请问你是哪位？）如果对方要求你替他找另一个人听电话，你就可以说：“Just a moment，sir.”（请稍等，先生。）或，“Hold the line，I'll see if he's in.”（别挂电话，我看一下他在不在。）如果对方要找的人不在，就可以说：“I'm sorry. He's is out of town. May I take a message so that he can call you？”（很抱歉，他出城了。我可以给他留个口信，以便他给您打电话好吗？）通完电话，感谢对方来电话是一种礼貌。“Thank you for calling.”（谢谢您打来电话。）或“It is nice of you to call.”（你能打电话来真是太好了。）一般来讲，应等打电话的一方先挂电话。如果对方是长辈或顾客，更应该让对方先挂。如果对方挂错电话，不应粗暴地将电话挂断，而应客气地告诉对方：“I'm sorry. It is a wrong number，sir.”（很抱歉，先生，您挂错电话了。）如果对方讲个没完，你又有急事不能让他谈下去，可以说：“Sorry，I don't want to take up too much of your time. I have to hung up now.”（对不起，我不想占用你太多时间，要同你说再见了。）

285.使用名片的礼仪

[词语] calling/visiting card

business card

[含义] 名片

[趣释] 在现代社会，名片已经成为人际交往中常见的结识方式。名片可分为普通社交名片（visiting card/calling card）和公务、职业名片（business card）两种。表达祝贺时，用名片替代便条做简单礼节性的表示，可以体现郑重；在送礼、送花时附上名片，犹如亲往；在拜访生人、长辈时附一张名片，可表明身份作为通报；在商业性的横向联系交际中，名片既可表明身份又起广告作用。在制作、使用名片时，要注意名片使用的基本礼仪：名片不要用缩写，与外国友人打交道时，名片应中英文兼备；不宜将所有职务都列在名片上，一般不要超过两个头衔；有条件的应把公务或职业名片与私下友人交际的名片分开；名片应保持干净、整洁，放在最易于掏出的地方。在递交名片时，职位低或年轻的应先向职务高的、年长的递名片，递交时应面向对方，双手向对方递出说："这是我的名片，请多多指教！"不宜像散发传单一样分发名片，以免造成不严肃、很随便的感觉。在西方，向对方索取社交名片不算失礼。正确的方法是，有礼貌地递交自己的名片之后，然后再向对方索取："May I have your business card?"（请给我一张您的名片好吗？）见到对方递出名片时，要用双手接过名片，以表重视；然后要认真阅读，记住对方的名字，不明白的地方要虚心请教，再郑重地放入口袋或皮夹。切忌单手接过名片后连看也不看，就把名片放在桌上，更忌讳用别的东西将名片压着，这是对对方非常不尊重的表现，交际中应该避免。在西方国家里，名片左下角标着几个字

母缩写[①]，还可以用作其他用途。

---

①参阅222. 名片左下角缩略语的意思。

286.收受礼物的礼仪

[**词语**] accepting gifts

[**含义**] 收礼

[**趣释**] 英美人送礼，重在形式本身，所以礼物贵贱，不在价格而在乎礼物是否为收礼人所喜好，能否给收礼人带去一份惊喜。所以，英美人收到礼物之后，要当着送礼人的面打开，对礼品大加赞赏，再表示谢意，以免使送礼人失望，辜负了他的一片心意。此外，收礼人还必须注意以下几点，才算符合西方礼仪：1. 如果甲、乙两人一起来，甲送礼，乙没有送。收到礼物后，不要当着乙的面将甲的礼物打开，以免乙尴尬。2. 如果英美客人送酒，他们希望能拿出来共享。但如果宴席已选好与菜肴搭配的酒，客人的酒只好搁在一边。3. 如果生日、圣诞节好朋友问你需要什么礼物，最好直言相告，说实话双方都省事。当然要知趣，不能尽挑贵的。4. 要充分利用对方的礼物。有些礼物如：领带、饰品等，如有机会见面时佩戴，送礼人会非常高兴。5. 收到礼物后，该回谢的应尽快办。如收到以名片附送的礼品，应尽快回信表示感谢。一般说来，名片放在礼物中是不妥的，名片只用于见面时赠予。可用白片写上名字放在礼物中。另外，收礼人应该遵守美国有关条令规定，上级不能收受下级送的礼物，在不主动索取的情况下，每次可以收取20美元以下的礼品或馈赠，一年之内累计礼品价值不得超过50美元。价值超过100美元的礼物必须上交，否则一旦被举报，就会被视为受贿。

287.手帕的用途

[词语] handkerchief

[含义] 手帕

[趣释] 在英美等国家里，使用手帕已有悠久的历史。英美国人喜欢手帕特别讲究手帕的质料，颜色一般比较素，无花手帕尤受人欢迎。青年男女往往在手帕上绣上自己名字的缩写字母，赠给自己的男友或女友，作为表达爱情的信物。在圣诞节①，手帕也是馈赠亲友的很好礼物。生活拮据的家庭有时将旧衣经裁剪缝边，自制手帕使用。不论是买的，还是自制的，使用前一律要熨烫平整，否则有失体面。现在，手帕还被人们发明出了一种新用途，就是购买质地讲究、价格不菲的手帕，叠成一定的形状，放在男士西服左上方的口袋里，露出一个小角，作为一种优雅的装饰品②。

---

①参阅265.圣诞节。 ②参阅327.西方男士的三种礼服。

288.斯诺克台球

[词语] snooker

snooker billiards

[含义] 斯诺克台球；障碍台球

[趣释] 斯诺克（snooker），也叫斯诺克台球（snooker billiards）、障碍台球，是英国、加拿大、澳大利亚、爱尔兰以及英联邦国家人民非常喜爱的一项室内运动之一。它使用的球桌长6.569米，宽1.778米，台面4角以及长边中心位置各有一个球洞，使用的球分为1个白球、15个红球和6个彩球共22个球。击

球顺序为一个红球、一个彩球，直到红球全部落袋，然后以黄、绿、棕、蓝、粉红、黑的顺序击球，最后以得分最高者为胜。一击之后，由于死球的阻碍使得对手不能够击打主球，使其同时直线完全通过任意球两边，即称为“斯诺克”（snooker）。使得这一情况出现的选手被称为“做斯诺克”（snookered），而另一方面需要“解斯诺克”。当即使获得台面上的最高分数仍落后于对手的时候，就需要通过做斯诺克来迫使对方失误犯规罚分。目前，国际台球组织有两个：一个是世界台球联合会，另一个是世界台球联盟。斯诺克是由台球（billiards）发展而来。19世纪晚期，台球运动风行于驻扎在印度的英军当中。1875年的一天，英军上校内维尔·张伯伦（Neville Chamberlain）嫌台球的玩法过于简单，便先后两次增加了黄、绿、粉色和棕、蓝5个彩球，从而导致斯诺克台球的产生。“斯诺克”（snooker）意为“阻碍”“障碍”，因而这种也称为“障碍台球”。目前，斯诺克职业排名赛有：大师赛（Benson and Hedges Masters）和世界杯赛（World Cup）；非职业赛有：世界锦标赛（IBSF World Championship）、世界青年锦标赛（IBSF World Junior Championship）、欧洲业余锦标赛（European Amateur Championship）、亚洲锦标赛（Asian Championship）等。

289.送礼的礼仪

[**词语**] giving gifts

[**含义**] 送礼

[**趣释**] 在英美等国家，人们在拜访朋友或看望亲人时比较重视以礼品来表示礼节。所送礼品因人而异，过重或过轻都不合适。一般来说，送鲜花、名酒、化妆品或儿童玩具是很合适的。

特殊场合，另当别论。多数人认为，对于相知不深的人送礼价值不超过25美元为宜。送礼时要注意以下几点：1. 礼品不在价格高，要设法做到投其所好；2. 到亲朋家做客，礼物应该送给女主人；3. 送出的礼品要撕掉价格标签，否则送礼等于没有“礼”；4. 送的礼物无论轻重，包装一定要美观；5. 送给婴儿礼物时，也要为婴儿的哥哥、姐姐们送一份，以免冷落他们。送礼时还要注意以下忌讳：1. 收礼人如果是基督徒，礼品包装丝带应避免交叉形成十字状；2在未征得父母同意的情况下，不要送小猫、小狗等宠物给小孩；3. 下属不宜送上司礼物，以免影响正常工作关系；4. 不要同在一地购买礼品与送礼品，礼品要在甲地买，乙地送，显示珍贵；5. 不要跨国邮寄礼品，有些礼品过海关时会给收礼方造成额外的支出，有时礼品的价值还不及收礼方付出的费用；6. 对一般的朋友，不要送内衣或首饰，以免造成误会；7. 不要在公共场合送礼；8. 送礼不可馈赠机密；9. 送花要注意花的含义，还有避开“13”这个不吉利的数字。美国“送礼文化”有两大特点；其一是送礼轻松务实，非常在意礼品的实用性。其二是送礼公私分明。私人性质的礼尚往来没有多少拘束，但工作场合，送礼收礼稍有不慎就可能触犯规定，情节严重的，有可能丢掉饭碗，吃官司。美国公务员要遵守“20/50”条令，即在不主动索取的情况下，每次可以接受价值不超过20美元的礼品或馈赠，但一年之内累计收受的礼品价值不得超过50美元。礼物价值超过100美元必须上交，否则一旦被举报就会被视为受贿。

290.送交新娘

[词语] giving the bride away

[含义] 送交新娘

［**趣释**］在西方教堂举行的婚礼礼仪（church wedding）中，无论是基督教还是天主教的结婚仪式，都有一个送交新娘（giving the bride away）的重要环节①。婚礼仪式开始后，在庄重缓慢的《婚礼合唱》（Wedding Chorus）乐曲②声中，由手捧鲜花的儿童和手捧婚戒的儿童引路，新娘挽着父亲的左臂，后面两名女伴托着她的长裙，沿着红地毯走上圣坛（altar）的台阶，来到新郎的跟前。父亲亲手将新娘交到新郎的手中，并向他们祝福之后，新郎亲手揭开新娘那象征年轻和纯洁的洁白面纱。新娘送交仪式完毕，父亲回来宾席就座。如果新娘的父亲已经过世，则由新娘的兄弟或新娘的伯父、叔叔来担任这项任务。

---

①参阅326.西方基督教的传统婚礼。　②参阅99.婚礼进行曲。

291.苏格兰的高地集会

［**词语**］Highland Gathering

the Highland games

［**含义**］苏格兰的高地集会；苏格兰高地运动会

［**趣释**］苏格兰高地的某些城镇一年一度举行传统的音乐、体育节。最有名的要数每年9月举行的布雷玛集会（Braemar Gathering），该集会始于1832年，有百余年历史。参加集会者身穿有本民族标志的高地服装，男子穿苏格兰方格呢短裙。他们参加各种竞技，有的跳轻松活泼的苏格兰民间舞，有的吹奏悠扬的苏格兰风管。传统的体育活动，大部分是比试体力的竞技角逐，如摔跤、射箭，以及需要极大臂力的掷锤子、掷铅球比赛。最吸引人的要数投松木杆比赛。松木杆如电线杆粗细，4.5米长，需要过人的臂力和高超的技巧才能将其投得远。现在苏格兰举行集会

已有40多个地方，像阿博恩（Aboyne）、隆耐克（Lonach）、布莱克福特（Blackford）、阿洛（Alloa）、马金克（Markinch）和莱斯里（Leslie）等城镇不在高地，但也举办类似的盛会。比赛项目有赛跑、跨栏赛路、跳高、撑竿跳高、链球、掷石锁等田径项目。因而这种集会也被称为“苏格兰高地运动会”。

292.苏格兰男人穿格子裙

［**词语**］men in skirts

［**含义**］男子穿裙

［**趣释**］苏格兰男子穿方格呢短裙有着悠久的历史。他们所穿的这种短裙英文称作“基尔特”（kilt），用连续大方格的花呢制作，穿裙时还要扎一条很宽的腰带。每当苏格兰高地居民喜庆集会时，他们总要穿上漂亮的方格裙，披上宽斗篷，头戴黑毛高帽，左边插一支洁白的羽毛，腰前配一条黑白相间的饰袋，脚穿黑鞋、长及小腿的毛袜，奏起风笛，跳起“辛特鲁勃哈斯”民族舞，一股苏格兰民族风情扑面而来。关于苏格兰方格呢短裙，英格兰人和苏格兰人一直有争论。英格兰人认为，是一个叫汤姆·罗琳逊（Tom Rollinson）的英格兰人最早倡导他们穿裙子。1715年，英国政府允许英格兰和苏格兰两地人民互通贸易。汤姆·罗琳逊北上淘金，在苏格兰北部开了一家加工厂。当地工人穿一种未经剪裁的服装，将整片布裹在身上，扎一根腰带，腰下部位用别针别出褶皱，类似短裙。这种服装全身连在一起，不方便工人劳动，汤姆便向裁缝提出将这种服装一分为二，于是便产生了苏格兰短裙。但苏格兰人说有历史记载表明，早在1624年，苏格兰军队就以苏格兰裙作为军服了。苏格兰人为维护男子穿裙的权利英勇斗争了30年。1745年，英国的汉诺威王朝（House of Hanover）镇压了苏格兰人民起义之后，下了英国历史上著名的“禁裙令”，苏格兰人为此进行英勇斗争了数十年，使王朝在1782年取消“禁裙令”。苏格兰短裙上的格子，有些以姓氏命名，代表不同的苏格兰家族。黑灰格被认为是“政府格”，也有特别为王室成员及贵族定制的格子图案，被称为“贵族格”。在过去，这些格子不能随便乱用，但随着时间的推移，方格的设计越来越多，现在估计不下千余种。

293.蒜头节

［**词语**］Garlic Festival

［**含义**］蒜头节；大蒜节

［**趣释**］从20世纪70年代末开始，美国加利福尼亚州距旧金山70英里的吉尔洛（Kiro）小城每年7月底都要举办一次大蒜节，节期3天。吉尔洛又名乔利（Jolley），地处加利福尼亚州中部的农业区，此地盛产大蒜，为吸引国内外客商，推销这里的大蒜及其制品，他们每年夏季7月底办好大蒜节成了发展当地经济最有效的办法。1984年7月27日，在吉尔洛市第六届蒜头节中，他们开设展出各类大蒜食品的场地就有75个之多，展出的大蒜食品有蒜粉、蒜片、蒜味酒等，以及用大蒜调味的千滋百味的各类美食佳肴，甚至连雪糕也不例外。在大蒜节期间，他们还举行各种与大蒜有关的技能技巧比赛，如编蒜、剥蒜、切蒜等等，再选出“大蒜皇后”。据说在编蒜比赛中，夺冠的是吉尔洛市的一位中年农妇。她用几千头蒜耗时16个小时，编成一条长105英尺的蒜辫。吉尔洛蒜头节独特有趣，每年都能吸引大批游客。

T

294.探视病人的礼仪

[**词语**] visiting a patient

[**含义**] 看望病人

[**趣释**] 在人际交往中，探望病人（visiting a patient）是颇有讲究的。有的探望者可以使病人精神振奋，增强战胜病魔的信心；有的探望者却给病人增加痛苦，使之意志消沉，沉浸在悲观的情绪之中不能自拔。在西方国家，病人不大习惯于被人探望，以求安静。因此，探视之前必须事先预约，一同去看望病人的人数也不宜过多，以免狭小清净的病房产生拥挤，既影响病人休息，又妨碍其他人。若病人住院，探望时间应遵守院方规定；若在家静养，探望时间最好是在上午10点至12点之前。切忌在午间和晚上去看望病人，影响病人的用餐和休息。与病人交谈语调要适中、声音不要过于洪亮。时间不宜太长，在10分钟到半小时内为宜。馈赠病人的礼品要认真考虑，精心挑选。一般送鲜花、水果、书刊是受欢迎的，若送食品或营养品要考虑对病人的病情是否合适。在送花的时候要注意花的文化含义是否合适送给病人，花的颜色或香味是否会影响病人的情绪或休息等。同病人交谈时，表情要冷静、自然。谈话中可以表达对病人的关切，以及

希望他早日康复的美好愿望，但忌讳详细询问病情，或当着病人的面向医生了解治疗的方法，在病人前吞吞吐吐以及故作神秘地与他人耳语，都会刺激病人，影响病人情绪。如果病人可以谈话，应谈些轻松的话题，如逸闻趣事、社会新闻以及战胜病魔的事例等这类愉快的话题，有助于稳定病人的情绪，增强战胜疾病的信心。对于因故不能亲自去探视的病人，可以委托他人转达自己的问候，如果认为实在有必要也可致函慰问，但一般不宜用打电话的方式慰问病人。

295.天主教

[词语] Catholicism

Roman Catholicism

the Roman Catholic Church

[含义] 天主教；罗马公教；罗马天主教

[趣释] 天主教（Catholicism）是基督教（Christianity）①三大主流宗派中的一个宗派，又称罗马公教（Roman Catholicism/the Roman Catholic）。基督教在4世纪成为罗马帝国（Roman Empire）国教之后不久，就逐渐分化成以希腊语地区为中心的东派和以拉丁语地区为中心的西派。476年，罗马帝国灭亡前后，罗马主教（the Bishop）逐渐成为整个西部教会的领袖，后自称教皇（Pope）。1054年，东西两派正式分裂，以罗马教皇为首的西部教会自称“公教”（Catholicism），即天主教，同自称“正教”（Orthodoxy）的东部教会②相对峙。天主教除崇拜天主上帝和耶稣基督外，还尊耶稣的母亲为“圣母马利亚”，强调天主教徒必须服从天主教会的权威，声称教士有受自上帝的神秘权力，可以代表上帝对人定罪或赦罪。设于罗马城北角梵

蒂冈（Vaticano）的罗马教廷（Roman Curia/Curia Romana）是天主教的中央管理机构，从古罗马的主教府发展而来。天主教Catholicism一词源于希腊语Katholikos，原意为“全世界的”“普遍的”。天主教自称“公教”，意为“普世性的教会”。中世纪时（Middle Ages）罗马教廷是西欧封建社会的主要支柱。后来，除宗教事务外，罗马放廷还从事广泛的政治活动。教廷的主要机构有国务院、财政局、法庭和圣部，教皇拥有最高权力。16世纪欧洲的宗教改革运动（Reformation）中产生新教（Protestantism）[3]后，天主教在欧洲部分国家中丧失了统治地位。

---

①参阅101.基督教。　②参阅73.东正教。　③参阅353.新教。

296.天主教徒的结婚预告

［**词语**］banns of marriage

［**含义**］结婚预告

［**趣释**］在欧洲，基督教（Christianity）分为传统的天主教（Catholicism）和新教（Protestantism）。新教婚礼步骤相当简单，一般新人双方有一方信教即可。但天主教婚礼步骤繁冗，时间较长，而且一般必须双方新人都是天主教徒才可举办。按照天主教教规的规定，教区内信徒在举行婚礼前一定要请教堂公布结婚预告三次。据说新郎、新娘有血缘关系或是其中一方已经结婚等，知情者看了结婚预告之后，必须对这桩婚姻提出异议。这个方法行之有效，因此流传至今。

297.天主教的弥撒

[**词语**] mass

[**含义**] 弥撒；圣体礼

[**趣释**] “弥撒”原为该仪式尚未正式开始前遣散未受洗礼（Christening）①者，以及结束时遣散全体与礼者的用语，“Ite，missa est.”是仪式结束，众教徒退席的拉丁文音译，后变成仪式的名称。行此礼意在以不流血的方式重温耶稣基督在十字架上对圣父的祭献。认为经过祝圣的饼和酒，实质上已成为耶稣基督的真正肉体和血。仪式分两部分:祈祷和领圣体。祈祷又称经言的礼仪或预祭，包括诵读《圣经》圣文和讲道。领圣体又细分为奉献（主礼人取出饼和酒）、主礼人祝祷、主礼人领圣体圣血，以及信徒轮流领圣体（信徒一般不领圣血）四个步骤。弥撒是天主教宗教仪式中最重要的部分，一般分为三类：庄严弥撒，又称大弥撒（High Mass），有奏乐，焚香等；小弥撒（Low Mass），无奏乐，是庄严弥撒的简化形式；特别弥撒（Special Mass），由于季节或节目不同而使用改编后的大弥撒，如还愿弥撒、婚礼弥撒。安魂曲是为纪念逝者超度亡灵所专用的弥撒。歌词遵循正常弥撒的内容，常省去“荣耀经”和“信经”而增加“最后的审判”。弥撒曲（mass）是天主教艺术形式之一，为圣体礼拜仪式音乐。用复调或单旋律圣歌写成。弥撒曲可以分为固定不变的经文曲，以及随不同节日、场合需要而变化的经文曲两类。

298.土拨鼠节

[**词语**] Groundhog Day

[**含义**] 土拨鼠日；土拨鼠节

[**趣释**] 每年2月2日是北美著名的土拨鼠节（Groundhog

土拨鼠

Day）。这一天，正好是基督教节日“圣母行洁净礼日”（Purification of May）[①]，天主教称“圣烛节”（Candlemas）[②]。英语有首古诗说：“圣母行洁净日天明媚，预示严冬要复回。”土拨鼠，又叫旱獭，体重4.5~6.5公斤，有条可爱的尾巴和短短胖胖的手脚，嘴巴前排有对门牙，能直立，呆呆傻傻的样子相当讨人喜欢。它们生活在北美大草原和加拿大等地区，是农民眼中的有害动物。据说加拿大安大略省（Ontario）威尔顿城的郊外，1956年2月2日早晨8点，当地有一个名叫威利（Wyllie）的农民偶然发现许多冬眠的土拨鼠从洞穴中探出了头，威利根据传说进行了观察，发现了土拨鼠的影子，果然，当年的春天过了6个星期才到。这个消息很快就传遍了全城，然后传遍世界。1960年起，每年2月2日的8点，来自全球通讯社的记者都会聚集在威尔顿城等待土拨鼠的天气预报，而威尔顿市商会也借机筹办了一次欢庆活动，并把2月2日定为土拨鼠节。到2002年，土拨鼠节已经连续举办了42届，节日的规模和影响也与日俱增，成为加拿大安大略省的一个热门旅游项目和加拿大的一个著名节日。

---

①参阅273.圣母洁净礼日。　②参阅265.圣诞节。

299.脱帽的礼仪

[词语] taking off one's hat

[含义] 脱帽礼

[趣释] 在英美国家中，人际交往流行脱帽礼（taking off

one’s hat）。脱帽礼是由中世纪的欧洲武士们首先开始的。传说当时武士对女士讲话时总是把头盔举起，以示尊重。后来逐渐演变成人际交往中的脱帽礼。现在，需要脱帽的主要情况有：1. 当男性在社交场合遇到熟悉的人，如果双方相隔较远，不能握手致意时，可以轻轻脱一下帽子，向对方微微颔首，用这种脱帽礼节向对方表示敬意。2. 在严肃的正式场合，如奏国歌、升国旗时，除军人行注目礼外，其他人必须行脱帽礼。3. 在悲伤的场合，如参加追悼会，向死者遗体告别时，在场者必须脱帽。4. 在观看电影、戏剧时，为了不遮挡后排观众的视线，应该自觉脱帽。5. 到亲友家作客进入室内时，男子必须脱帽，女子则视情况而定。如果帽子是服饰整体的一部分，按照约定俗成的礼仪习惯，也可以不脱帽。在别人家里脱帽时，必须注意不要违犯禁忌。[①]

---

①参阅165. 帽子的暗示与禁忌。

W

300.万灵节

[词语] All Souls'Day

[含义] 万灵节

[趣释] 万灵节是天主教节日，教会为纪念已逝世的信徒而设。节期一般为万圣节（All Saints' Day）[①]的第二天，即每年的11月2日。如该日是星期日，则改为11月3日。天主教认为，生前受过洗礼（Baptism）[②]但又犯有罪行的人，死后灵魂要在炼狱中涤罪；而信徒的祈祷会有助于其涤罪，使之得以早日有资格觐见上帝。天主教国家的人民都相信，在万灵节夜里死者一定返回家中，享用生前喜欢的食物。家家户户会准备糕饼，以备死者灵魂回来享用。于是，在节日前夜每家都要做些节日糕饼。富裕的人家还将糕饼分发给来访的客人和穷苦民众，嘴里要叫喊："精灵糕饼，精灵糕饼，送给基督徒的精灵糕饼！"

①参阅301.万圣节。

②参阅94.孩子的洗礼。

301.万圣节

[词语] All Saints'Day

Hallowmas

[含义] 万圣节；诸圣节

[趣释] 万圣节是基督教节日，也是一个民间节日。为纪念一切有名的和无名的圣徒而设。节期为每年的11月1日，东正教节期为圣灵降临节（Pentecost）①之后的第一个星期日，此亦称诸圣节、诸圣瞻礼。大约在公元9世纪，基督教会考虑到许多殉道的或得救的圣徒还没有自己的节日，使用东罗马帝国拜占庭（Byzantium）礼仪的教会于是定圣灵降临节后的第一个星期日为万圣节，西方教会则将11月1日定为万圣节。而10月31日是自古沿袭下来的民间鬼节，二者只相差一天，后来人们就将其合二为一。这个节日教会并无特别的举动，现已演变成民间节日。10月31日晚被称为“万圣节前夕”（Halloween），据说这一夜所有的魔鬼都得意扬扬，开始所谓的“百鬼夜行”。妖魔们在黄金的宅地里终夜跳舞。这种说法至今还在英国和爱尔兰一些地方流传。这天夜里也被称为“胡桃夹子之夜”，情人们将胡桃放进火里，用来占卜恋爱前景。如果均匀烧好，则顺利如意；如果迸裂四溅，预示前景不妙。美国的万圣节是从欧洲传入的。万圣节前夕，美国人在这天晚上聚会，按习惯饭桌上有纸和布制作的黑魔女和黑猫，象征妖魔和小精灵参与招待。不过，现在的万圣节和过去的鬼节也有很大的不同。节日来临时，许多城镇都要举行盛大的化装游行和化装舞会，纵情欢乐数日。万圣节是美国孩子们最喜欢的节日，因为大人在这个节日里不责备孩子，他们可以撒娇耍赖，可以要心爱的玩具和好吃的糖果。在万圣节前夜，美国家家户户门口都摆一个南瓜灯，用来镇鬼驱邪。大南瓜四面刻着

鬼脸，内心掏空点着蜡烛。晚饭后，孩子们兴高采烈地戴上早已准备好的假面具，或装成妖魔鬼怪，或扮成警察小偷，或形形色色的卡通人物，在家长的陪伴下走街串户，所到之处主人必定热情款待，否则就要被闹个天翻地覆。对于每个青年人来说，万圣节又是一个狂欢节。华盛顿、纽约等大城市是万圣节前夕最热闹的地方。青年们头戴各式面具，越令人恐惧越好，三五成群聚在一起走向市中心，“魔鬼们”狭路相逢时也相互问候，有的人化装成总统、名人，发表即兴“演讲”。在市中心广场，群“魔”乱舞，纵情欢乐的场景，一直延续到深夜。

①参阅272.圣灵降临节。

302.网球运动

[词语] tennis

[含义] 网球

[趣释] 网球（tennis）是一项用球拍击球的优美而激烈的运动，也是英、美等西方国家普遍开展的体育运动。世界四大网球公开赛中，英语国家就有三项。网球运动孕育在法国，诞生在英国，开始普及并形成高潮在美国。现在，网球盛行全世界，被称为世界第二大球类运动。14世纪中叶，宫廷中皇室贵族用绳将布扎成球状，用手作拍将“球”丢来丢去。法语叫作“tennez”，英语叫“Take it，play”意为“抓住丢过去”。这个游戏传到英国后，英王爱德华三世（Edward Ⅲ）特别感兴趣，下令建造室内球场。网球随即成为英国上层的娱乐活动。1873年，英国人沃尔特·克洛普顿·温菲尔德（Walter Clopton Wingfield）将早期网球加以改进，取名为草地网球（lawn tennis）。1874年，网球被带到美国，迅速在美国各地得到普及，在沙土地、水泥地、柏油地上都能举行比赛，于是“草地网球”去掉“草地”，称为“网球”。网球场地长为23.77米，宽为8.23米，呈矩形。中间有网分开。球为白色或黄色，重56.7克到58.5克之间。网拍长度不超过73.66厘米。比赛有男单、男双、女单、女双、混双五项，采用三盘两胜淘汰制。1896年，在雅典（Athens）举行的第一届现代奥运会上，网球被列为正式比赛项目。后来因为在“业余运动员”的问题上有分歧被取消，直到1988年汉城（Seoul）奥运会上才恢复为正式比赛项目。目前，网球的四大满贯为澳大利亚网球公开赛（Australia Open）（硬地）、法国网球公开赛（Roland Garros）（红土）、温布尔登网球公开赛（Wimbledon the Championship）（草地）、美国网球公开赛（US Open）（硬地）。

303.威尔士亲王的来历

［词语］the Prince of Wales

［含义］威尔士亲王

［趣释］按英国皇室的传统，“威尔士亲王”（the Prince of Wales）这个头衔一般只能由国王或女王授予其长子，即王位继承人。据历史记载，第一位授此衔的是14世纪初叶的爱德华二世（Edward Ⅱ）。1282年，英格兰国王爱德华一世（Edward Ⅰ）征服了威尔士（Wales），杀死了他们的首领。但是威尔士人不愿臣服于英格兰国王的统治，当英格兰国王和王后在威尔士的喀那芬城堡停留时，一些威尔士部族的首领晋见英格兰国王，表示他们不服英格兰国王统治，希望能立一位血统高贵、本地出生、不说英语、未犯过错误的新威尔士亲王来统治他们。一周之

后，英格兰国王按照威尔士人的条件，选定了威尔士新的统治者——威尔士亲王。这个亲王就是刚刚在威尔士出世的爱德华二世。从那时起，世世代代，英格兰国王的长子都被加封为威尔士亲王，至今已有好几百年的历史，现在的王储查尔斯王子便是第二十一位威尔士亲王。

304.威士忌和白兰地

［**词语**］whisky and brandy

［**含义**］威士忌和白兰地

［**趣释**］1.威士忌（whisky/whiskey）是一种以大麦、黑麦、燕麦、小麦、玉米等谷物为原料，经发酵、蒸馏后放入橡木桶中陈酿，勾兑而成的一种酒精饮料，属于蒸馏酒类。Whisky一词源自苏格兰盖尔语wisege beatha，字面意思是“生命之水”。由于英王亨利八世（Henry Ⅷ）喜欢而得以推广。酒名英化演变为whiskybae，后简化为whisky，美国英语或法国英语则拼写为whiskey。2.白兰地（brandy）是以水果为原料，经发酵、蒸馏制成的酒。通常所称的白兰地专指以葡萄为原料，通过发酵再蒸馏制成的酒。而以其他水果为原料而制成的酒则加水果原料名称以示区别，如樱桃白兰地（cherry brandy）、苹果白兰地（apple brandy）。白兰地是高度蒸馏酒。据传，从前有一位荷兰船主将葡萄酒进行浓缩以便运输，打算到家时再重新兑水，但浓缩后的饮料竟意外地受欢迎。荷兰语叫这种酒brandewijn，字面意思是“烧过的酒”。16世纪开始商品化生产后传入英国，被称作brandewine，后演变为brandywine，到17世纪被简化为brandy。白兰地储存年份标示：3个五角星，代表5—8年；4个五角星，代表8—10年；5个五角星，代表10—12年；V.O代表12—15年；V.V.O代表15—18年；

五角星V.S.O代表18—20年；五角星V.S.O.P代表25—35年；五角星X.O代表45年；EXTRA代表75年；NAPOLEON年数不详（40年以上）。V是very的缩写，意为“非常好的”；S是special或superior的缩写，意为“特殊的”“上等的”；O是old的缩写，意为“陈年”“陈酿”；P是pale的缩写，意为“清澈的”。威士忌的级数分辨：普通级，5年；中级，12年；高级，15年、17年、21年。威士忌和白兰地是世界上六大类烈酒[①]中的两类。

①参阅333.西方人的“生命之水”：酒。

305.温布尔登网球公开赛

[**词语**] Wimbledon the Championship

Wimbledon Tournament

[**含义**] 温布尔登网球锦标赛

[**趣释**] 温布尔登（Wimbledon）是全英格兰俱乐部（All England Club）的简称，位于伦敦西南部的温布尔登区。在这里，每年夏天都要举行网球锦标赛。第一届温布尔登网球锦标赛始于1877年。它是网球运动中最古老最具声望的赛事。这项为期2周的赛事于每年6月底至7月初的伦敦全英草地网球俱乐部举行。通常在7月第二个星期天结束。这项赛事在澳网和法网之后，美网之前[①]。赛事的持续时间主要依据天气情况而定。男单、女单、男双、女双、混双五个项目在同一时间不同场地进行。温布尔登还举办男单、女单、男双、女双的青年比赛，还为退役球员举办特别邀请赛，如35岁以上的男子双打、45岁以上的男子双打、35岁以上的女子双打比赛和轮椅选手的双打。

①参阅302.网球运动。

306.闻名于世的牛仔服

[**词语**] cowboy's clothes

[**含义**] 牛仔服

[**趣释**] 提起牛仔服，人们最先想到的是牛仔裤（Jeans）。它是用一种靛蓝色粗斜纹布料裁制的直裆裤、裤腿窄、缩水后紧包臀部的长裤，因其最早出现在美国西部，曾受美国西部矿工和牛仔们的欢迎，故名牛仔裤。现时的牛仔裤大多用劳动布制成。最早穿牛仔裤的不是牛仔，而是美国西部的金矿工人。19世纪40年代末，加利福尼亚（California）地区发现了金矿，美国随之掀起了淘金热。布商利维·斯特劳斯（Levi Strauss）也来到了旧金山（San Francisco）。他听说淘金工人的衣裤容易磨破，就用随身携带的厚实的帆布裁制出低腰、直裤腿、窄臀围的裤子，大受矿工的欢迎。由于这种裤子坚固耐用，穿上显得精干利索，也很快在牛仔们中间流行起来。做裤的帆布是意大利的港口城市热亚那（Genoa）生产的，叫Genoese，意思是“热亚那的”。后来人们干脆把用这种帆布做成的裤子也叫Genoese，最后演变成Jeans。1871年，这种裤子的发明者利维·特斯劳斯成立了以自己名字命名的“利维·斯特劳斯公司”。牛仔服（cowboy's clothes）也是淘金热时用帆布做成的上衣，受到金矿工人和牛仔们的欢迎，后通过影视宣传及名人效应，发展成为日常生活穿用的服装。到20世纪70年代，牛仔服风靡世界，已经成为全球性的定型服装，款式已发展到牛仔夹克、牛仔裤、牛仔衬衫、牛仔背心、牛仔马甲裙、牛仔童装等各种款式。利维·斯特劳斯公司已成为国际性的公司，销售网遍布世界各地。牛仔服装以其坚固耐用、休闲粗犷等特点受到各国人民的喜爱。虽然它的整体风格

相对模式化，但其细部造型及装饰则伴随着流行时装的周期和节奏，不断演绎和变化。

307.握手的礼仪

[**词语**] handshake

[**含义**] 握手礼

[**趣释**] 握手（handshake）是交际的一部分，也是一种交际礼仪。握手的力量、姿势与时间长短往往能够表达出对对方的不同礼遇与态度，显露自己的个性给人留下印象，也可通过握手了解对方，从而赢得交际主动。握手时，年少者要等年长者先伸手，男士要等女士先伸手，客人要等主人先伸手，职位低的人员等职位高的人先伸手。握手时间不宜过长，一般在3—5秒之内，松紧要适度，眼睛正视对方。异性握手只是一种象征性姿态，男的不可太用劲。美国人握手一般短而有力，握得太轻，美国人心里会嘀咕："He shakes hands like a dead fish."（他握手时像条鱼。）这在美国文化中被视作性格脆弱的表现。握手之前，要脱掉手套。冬天在大街上遇到朋友握手，美国人认为可以不脱手套，英国人认为一定要脱手套。聚会离开，不必人人握手道别，只要笼统说"Well，so long every-boby."（各位，再见）就可以了。握手时要合乎规范，避免禁忌。不用左手握手，在阿拉伯人和印度人的眼中，左手是不洁的；不要戴手套和墨镜握手（但女士在社交场合戴薄纱手套握手是合乎礼仪的）。不要在握手时另一只手插在衣袋里或拿着东西；不要在握手时面无表情，也不要只握对方的手指头。前者会使你显得傲慢，后者会使你显得与对方保持距离。不要拒绝和别人握手。即使有手疾、汗湿或手脏，也要向对方说明："对不起，我的手现在不方便。"以免

造成误会。在西方，要避免在两人握手时另外两人又交叉握手构成一个类似“十”字架的形状，这是大家都忌讳的。

308.渥太华的“春天节”

[**词语**] Ottawa Spring Festival

[**含义**] 渥太华的春天节；郁金香花节

[**趣释**] 每年5月第三周，是加拿大首都渥太华（Ottawa）的“春天节”。实际上每年到5月中旬，春天光临渥太华的时候，数万盆不同颜色的郁金香（tulip）竞相开放，成为渥太华令人神往的一景。园丁们把不同颜色的郁金香栽成方阵，连接成片，远远望去，好似一条条绚丽的彩带，把春天的渥太华装点得婀娜多姿，分外美丽。准确地说，渥太华的“春天节”就是“郁金香节”或“花节”。欧洲的荷兰素以花卉著称，尤其以郁金香最为有名。渥太华的郁金香正是来自荷兰，是两国友好的见证。据说第二次世界大战期间，荷兰女皇朱丽安娜（Juliana）为了躲避战乱带着女儿们曾一度流亡到这座城市，1945年战争结束后回国。为了感谢加拿大的友好情谊，荷兰政府每年向渥太华赠送1万株郁金香球茎，几十年来，从未间断。正因为如此，渥太华的郁金香才会越来越多，品种越来越全，才有了这一年一度的“春天节”。

309.屋里有只蟋蟀会带来好运

[**词语**] crickets in the houses

[**含义**] 屋中的蟋蟀；幸运之神

[**趣释**] 【迷信禁忌】蟋蟀（crickets）又名蛐蛐儿，是一种可以入药的昆虫，《圣经》中称它为可食的圣洁之物。西方人

对蟋蟀有着迷信观念，认为屋里有只蟋蟀会带来好运（A cricket in the house is good luck.）。人们普遍认为蟋蟀是家中的幸运之神，它的离去意味着幸运离去。蟋蟀的欢唱，意味着家运长久，生生不息。据说，蟋蟀还能预知风雨、死亡和未曾谋面的情人。因此，西方国家的人民认为对家中的蟋蟀必须恭敬有加，如果把家中的幸运之神都弄死了，必将倒大霉。而在圣诞节①期间家中有蟋蟀欢唱，家中必有好运。②

---

①参阅265. 圣诞节。

②参阅339. 西方人关于圣诞节的迷信禁忌。

310.舞会上的礼仪

［**词语**］manners at a dance/ball

［**含义**］舞会礼仪

［**趣释**］舞会（dance/ball）是一种常见的社交场合，它能促进人们之间的交往，增进友谊。舞会虽然气氛轻松随便，但种种礼仪不可忽视。私人舞会开始时，女主人应在客厅迎接每一位到会的宾客，并将新的宾客向就近的来宾介绍。如果男宾偕女宾同来，进舞厅时，应女子在前、男子在后，不能双双挽臂而行。在舞场上男子可以要求女子伴舞，但女子一般不能主动邀请男子伴舞。男子邀请已婚女子伴舞时，应先征求其丈夫的意见，得到许可后再与她跳舞。在跳舞进行中，允许插入换舞伴，但绝不能两个男子或两个女子跳舞。每位男士应当同举办舞会的女主人或主人的女儿跳舞以表示敬意，男士还要邀请他在餐桌上座位两侧的女士跳舞。他必须同他带来的女士跳第一支和最后一支舞。当女子不愿和某男子跳舞时，可以有礼貌地找个借口推辞，男子不可勉强。两人共舞时，如果有另外一位男子抵进来时，这位正在

跳舞的女士不可以拒绝转换舞伴。抵入进来是舞会上最糟糕的一种状态。特别是那些想共舞的人，经常没跳上几步就被抵入者打断。传统的观念认为，一个女士必须不断地与新抵入的舞伴跳舞。当一位男士看见一位他想共舞的女士时，他可以走上前，轻拍她的舞伴的肩膀，先前舞伴为新来者让出他的位置。新的一对舞伴跳舞直到第三者抵入或音乐停止。然而先前的舞伴不能重新抵入进来，从夺走其舞伴的人手中把女舞伴重新夺回来。而且，一个人不应该在接下来的舞中，再次抵入同一人的舞蹈中。舞厅提供饮食时，男士应陪同女伴进餐，并负责照顾她。当女伴打算回家时，男舞伴应立即允许，并略略送行。如果男舞伴先行，则应向女舞伴说明理由，请求原谅。离开舞厅不一定惊动主人，可以不辞而行。如果主人就在附近，可以向她表示谢意，然后告别。舞会后的一周之内，应给主人打电话或写信表示谢意。

X

311.西餐餐具的使用方法

[词语] correct use of tablewares

[含义] 餐具的正确使用

[趣释] 汤匙（soup spoons）:各种汤匙的拿法几乎是一样的。喝汤时用汤匙从里往外舀，再一勺一勺送进嘴里。喝到最后一点，可以用左手将汤盘向外倾斜，将最后汤汁舀起来喝完，就把汤匙放在汤盘里，而不放在餐桌或菜肴上。小汤碗（soup bowl）：如果盛汤的是有耳的小汤碗，喝汤要用圆形小勺，也可以用双手捏着小碗的双耳端起来喝。喝完后，汤匙放在汤碗的托盘里，而不能放在碗中。刀叉（knife and fork）：吃西餐时右手持刀，左手握叉。先把食物用刀切成小块，再用叉送到嘴里。正餐（dinner）中的刀叉的数目与上菜的道数是相等的，并且按照上菜的顺序由外至内排列。吃一道菜，换一套刀叉。暂时离开时，刀叉应摆成“八字”①。吃肉类或禽类主菜时，用右手的食指压准刀背，另外几只手指握刀柄，用左手的拇指、食指拿着餐叉，用刀子（meat knife）将肉切开，再用叉子（meat fork）将肉送进嘴里。吃鱼时，用吃鱼的刀叉（fish knife and fork）。握叉子的方法和握吃肉的叉子相同，拿吃鱼的刀子形同握笔。用

大拇指和食指握住刀把，中指协助食指切割鱼肉。用吃鱼的叉子比较斯文，只能轻轻地叉起一块去掉刺的鱼肉往嘴里送。鱼吃完后，刀叉也要放在盘子里。宴会上有一道肉排和一道鱼。一般是鱼先上，不能拿吃肉的刀叉去吃鱼，否则肉排上来，吃鱼的刀子不能切肉排，这道菜就没法吃了。吃鱼的这一副刀叉用完后也要放在盘上。吃色拉（salad）[②]的叉子与用餐叉的方法差不多。可以用叉子切开蔬菜，吃完色拉，把叉子放在色拉盘上。吃甜食时有时用甜食叉子，有时用调羹。一般是送上什么餐具就用什么餐具，用完后，把餐具放在甜食盘上。茶匙（tea spoon）：可以用茶匙搅拌杯中的茶或咖啡，不能用其喝饮料。用完后放在茶盘上，不能放在茶杯里。茶杯（tea cup）：用食指穿过杯子的耳朵，大拇指压住耳朵上面，用中指托住耳朵下面把茶杯固定，端着茶杯小口喝。注意小指头不要不自然的翘起来。净手碗（finger bowl）：用餐时端上来的清水或茶水，是用来清洗吃虾或螃蟹弄脏的手指的。西餐餐具的正确使用不容易一下就学会，在餐桌上聪明的办法是照着别人的样子做，就不会出差错。

---

①参阅314.西餐的餐桌礼仪。 ②参阅316.西餐中的凉拌菜色拉。

312.西餐餐桌上的禁忌

［**词语**］dos and don’ts at table

［**含义**］西餐桌上的惯例；西餐应注意的事项

［**趣释**］吃西餐（western-style food）除了注意餐桌礼仪之外[①]，还要知道餐具的正确使用、各种食物的不同进食方法[②]以及餐桌上的一些忌讳。1.不要用手帕擦嘴，而要用餐巾（napkin）。2.就餐中途离开时，不要把餐巾放在桌子上，而要

放在椅子上，只有用餐完毕，才把它放在桌上。3.就餐时身体不能前倾俯在食物之上，可把盘子靠近自己，身体自始至终保持挺直坐立。4.不要将大块食物咬一口之后，其余的放在盘里，而要用刀切成小块用叉进食。5.不要端起盘子或茶碟，喝茶或咖啡时端着杯子喝，茶匙放在碟上，喝完了茶匙只能放在碟中。6.在茶或咖啡加糖后，不要立即用茶匙搅动，待糖溶化后轻轻搅动几下即可，然后把茶匙放在茶碟的另一边。7.不要将面包、油炸小甜饼、糕饼等浸入茶、牛奶、其他饮料或汤类中食用。8.嚼食物时要闭紧双唇，不要张嘴巴发出声响。9.不要用嘴啜汤发出声响，要用勺子一勺一勺地送入口中，汤太烫不可用嘴吹凉，可轻轻摇晃，等凉些再喝。10.不要满嘴食物与人谈话，待咽下食物再开口。11.不可因太烫将口中的食物吐出，只能喝水冲凉。12.不能将鱼刺、骨头或肉渣之类直接吐在菜盘上或桌布上，而要先吐在手中再放在菜盘边上。13.不能将用过的餐具放在桌布上，而必须放在菜盘上。14.进餐时不能将两肘搁在餐桌上支撑身体，给人以懒惰的感觉，只有在两道菜之间，或喝咖啡开始交谈时，才可以将肘搁在餐桌上。15.不能用餐刀戳着食物进食，餐刀只能用于切割食物，不能碰到嘴唇。16.当刀叉不慎掉落在地，不能弯腰去捡，而要让它留在原地，叫服务员拿干净的来。17.不要在用叉或小勺送食进口的中途停住对别人讲话或听别人讲话。18.不要把盘中大块的食物都切成小块才吃，而应切一块吃一块。19.进餐时动作要文明，不要让刀、叉、汤匙同盘子和器皿碰击发出声响。20.从大盘中取食时不要用自己用过的或未用过的餐具，而要用公共的叉子或勺子。21.不要伸手或站起来越过邻座去取远处的胡椒罐或菜肴，而要请别人给你传递。22.食物上来之后，应先尝再决定是否要加调味品，否则，给人以不信任厨师的感觉。23.遇到不吃或不爱吃的食物，不要直接拒绝或解释，而应尝一点，然后留在菜盘里，等服务员撤走。24. 服务员斟酒时不要拿起酒杯，而应让它放在餐桌上，每次喝完后也要把酒杯放回原处。25. 不要把菜盘中的食物直接倒上番茄酱等调味酱，而应将调味酱放一点在菜盘边，用刀将食物切成小块后沾着吃。26. 不要将整个或整片面包涂上黄油后拿在手上吃，而应掰出一口可以吃完的小块涂上黄油吃。27. 不要掰下面包来擦干净菜盘，但菜盘里有小块食物叉不起来的时候，可以用面包帮助。28. 发现水杯或菜肴中有赃物时不要大声叫嚷，而应悄悄告诉服务人员另换一份。29. 喝饮料之前最好用餐巾或纸巾擦一下嘴，避免将菜肴屑掉入杯中或在杯上留下唇印。30. 不要把用过的盘子推到一旁或把它们摞起来，最好不要移动任何盘子的位置。31. 不要理会落在桌上的面包屑，如有不慎落下的饭菜，可在服务员撤走盘子时用餐巾捡入盘中。32. 当你给别人传递带把的奶油小罐或其他小罐时，应一只手拿着罐把，另一只手托住罐身，将带把的另一边递给对方。33. 如上汤时附有脆饼干，是给你边喝汤边吃的，不要把饼干泡在汤里，也不要沾汤吃或把饼干弄碎和在汤里吃，但牡蛎薄脆饼可以例外。34. 不要在嘴里塞满食物时喝酒，应先吞下食物，再拿杯喝酒。35. 喝茶或咖啡时，应用专用夹子夹糖，没有夹子时用手，而不是用茶匙去取糖。36. 喝茶或咖啡时不能用茶匙舀，而是端起茶杯喝，不能发出声响，最好另一只手用茶碟托住杯子，以免茶叶或咖啡滴到衣服上。茶匙应放在茶碟上，而不能放在杯中。37. 当别人敬酒时，必须放下手中的餐具停止进食，而不能继续吃喝。38. 男士不要在餐厅戴着帽子吃饭，也不要把帽子放在餐桌上，要把帽子挂起来或放在旁边的椅子上。

---

①参阅314. 西餐的餐桌礼仪。

②参阅311. 西餐餐具的使用方法。

313.西餐吃喝有讲究

[词语] western-style food

[含义] 西餐

[趣释] 西餐进餐时除了要遵守一般的礼仪①，注意西餐餐具的使用方法②之外，在进食的方式上也与中餐迥然不同，形成自己的习俗和规定。1.汤：西餐的汤分清汤和浓汤两种，不可直接端着喝。喝清汤用椭圆汤匙和汤杯，喝浓汤用圆形汤匙和宽口汤盘。喝汤时不能出声，也不可以用嘴将汤吹凉。可摇动汤杯使其稍凉。喝完后把汤匙放在自己身前的底盘上，汤匙不可放在汤杯中。2.面包：应在上汤之后吃。左手拿面包，右手将面包撕成小块，然后再用左手拿小块面包，用右手持奶油刀（butter knife）涂奶油，再用手将小块面包送进嘴里。用餐刀切面包、用叉子叉面包吃，或把面包浸在汤里捞起来吃都是不适合的。3.鱼：用吃鱼的刀将鱼切开，再叉着进食。若要吐出鱼骨或鱼刺可用手合拢在嘴上吐在手里，然后放在盘子上。吃全鱼时，吃完上层的鱼肉后切勿翻身，用刀叉剥去鱼的龙骨再吃下层。食用虾、蟹时，应先在净手碗（finger bowl）清洗手指。4.肉：不要把大块肉如牛排（steak）或猪排（chop）一次切成许多小块；吃的时候只切一两块。嚼肉食时，两唇合拢，不要出声。也不要用刀叉比划。吃完某些食物之后，把刀叉斜放在碟子较远的一边上。5.面条和甜点：吃面条时不可用刀将面条切断再吃，可用汤匙辅助叉子吃。吃甜点中的蛋糕、饼用叉子取食。较硬者可用刀切开后，再用叉取食。冰淇淋、布丁等用匙取食。小块的硬饼干，可用手取食，但千万不要用手给他人拿点心。

---

①参阅314.西餐的餐桌礼仪。

②参阅311.西餐餐具的使用方法。

314.西餐的餐桌礼仪

［**词语**］table manners

［**含义**］席间礼仪

［**趣释**］西餐和中餐各有一套不相同的用餐礼仪。初次用西餐的人，应该对西餐的餐桌礼仪有所了解。去西餐厅或到西方国家友人的家中赴宴，首先应注意着装礼仪[①]。用餐时举止要得体，否则就是失礼，被人认为没有教养。进入餐厅后，女士应由男士或服务生帮助，从椅子的左边入座。座位安排离出口越远处为上位。在西餐宴会上，女主人是第一顺序。女主人不坐，别人不能坐，女主人将餐巾铺在腿上，意味着用餐开始，女主人将餐巾放在桌上，是宴会结束的标志。西餐的餐具是刀、叉、勺，而且旁边摆了几副，不知如何使用时，切勿贸然行事。聪明的办法是，照着西方人的样子做，就不容易出错。要注意，不要用餐巾擦餐具、擦手。口中有食物时，不要与人讲话，无论餐前或餐后都不要在餐桌当众服药。餐巾要叠成长条形或三角形铺在腿上，以免汤汁把裤子或裙子弄脏。中途离开时把餐巾放在椅子上，表示一会儿就回来。刀叉的使用和摆放是有讲究的。吃肉类或禽类正菜的时候，右手用刀，左手用叉，用叉子按住肉块之后，再用刀切开。注意别让餐具发出声响。跟人谈话的时候，刀叉在盘上要放成“八”字。刀叉朝内，不能朝外，叉子弓朝上，齿朝下，这种摆放告诉服务生和别人，这个菜我还没吃完。如果刀叉并排放，刀刃朝内，叉齿朝上，是向服务生暗示：我这道菜不吃了，请收掉。勺子有几把，各有其用途，使用时照着别人的样子做。勺子不能含在嘴里，也不能直立在杯中。不用时，可平放在盘上。用浅盘上菜的食物，一般可以用手拿着吃的。先将食物放在自己盘中，再用手拿着吃。常见的食物有：带芯的玉米、肋骨、带壳的蛤蚌、牡蛎、龙虾、三明治、干蛋糕、小甜饼和某些水果。脆熏

肉、蛙腿、炸土豆条或片、小萝卜、橄榄，在非正式场合中，甚至鸡翅和排骨都可以拿着吃。带肥的熏肉用刀叉，脆熏肉则先用叉子将肉叉碎，再用手拿着吃。黄油（butter）可以用餐刀抹在面包、蛋卷、饼干或土司（烤面包）上食用。千万不要往蔬菜上抹黄油，这会被认为是对厨师或主妇的侮辱。在用餐过程中，不得用纸巾擦脸或用牙签剔牙，这被视为是没有教养、不文明的举动。总之，西餐的礼仪内容很多，如餐具的使用②、用餐的规矩③、水果的吃法④、餐桌上的禁忌⑤都应该有所了解，并且基本掌握，用餐时才不会出差错。

---

①参阅456. 着装礼仪。
②参阅311. 西餐餐具的使用方法。
③参阅313. 西餐吃喝有讲究。
④参阅317. 西餐中时令果品的吃法。
⑤参阅312. 西餐餐桌上的禁忌。

315.西餐中的牛排

[**词语**] beefsteak

[**含义**] 牛排

[**趣释**] 食用牛肉的习惯来源于中世纪的欧洲，那时，猪肉、羊肉是平民的食用肉，牛肉则是皇宫贵族们的高级肉品。尊贵的牛肉被他们搭配上了当时也享有尊贵身份的胡椒及香辛作料一起烹调，并在特殊场合中供应，以彰显主人的尊贵身份。到了18世纪，英国已成为著名的牛肉食用大国。今天，美国已成为消费牛肉最多的国家，牛排早在19世纪也成了美国人最喜欢的食用牛肉的方式。各国对牛肉的态度、风俗不同，所以牛肉的食用方法也不同：美国食用牛排的方式粗犷且豪迈，不拘小节，将整块菲力牛排（fillet）烧烤后再切片；罗马风味的牛排料理后，用油煎至表面金黄，并注入白葡萄酒。据说这样的料理可防止夏天

的过敏症。英国人则习惯于将大块牛排叉起来烤。法式牛排特别注重酱汁的调配，用各式酱汁凸显牛排的尊贵地位。英文steak是牛排的统称，其种类非常多，常见的有以下四种。1. tenderloin（嫩牛柳、牛里脊），又称“菲力”。是牛脊上最嫩的肉，几乎不含肥膘，因此很受爱吃瘦肉朋友的青睐。由于肉质嫩，煎三成熟、五成熟和七成熟皆宜。2. rib-eye（肉眼牛排）。瘦肉和肥肉兼而有之，由于含一定肥膘，这种肉煎烤起来味道比较香。不要煎得过熟，三成熟最好。3. sirloin（西冷牛排，牛外脊）。含有一定肥油，由于是牛外脊，在肉的外延带有一圈白色的肉筋。总体口感韧度强、肉质硬、有嚼头，适合年轻人、牙口好的人吃。切肉时连筋带肉一起切，不要煎得过熟。4. T-bone（T骨牛排）。呈T字形，是牛背上的脊骨肉。T形两侧一边量多，一边量少。量多一边是西冷，量稍少的便是菲力。这种牛排在美式餐厅常见，由于法式西餐讲究制作精致，对于量较大而质较粗糙的T骨牛排较少采用。牛排的熟度为六种：1. 近生牛排（blue）。正反两面在高温铁板上各烙30—60秒，目的是锁住牛排肉的湿润度。外层挂汁，内层生肉，保持原始肉味。2. 一分熟牛排（rare）。牛排内部为血红色，且内部保持一定温度，同时有生熟成分。3. 三分熟牛排（medium rare）。大部分肉接受热量参透传至中心，还未产生大变化。切开后，上下两侧熟肉棕色，向中心处转为粉色，中心为鲜肉色，伴随刀切有血渗出。4. 五分熟牛排（medium）。牛肉内部粉红可见，且夹杂着熟肉的浅灰和棕褐色，整个牛排温度口感均衡。5. 七分熟牛排（medium well）。牛排内部主要为浅灰、棕褐色，夹杂着少量粉红色，质感厚重，有嚼感。6. 全熟牛排（well done）。牛排通体为熟肉褐色，牛肉整体已熟，口感厚重。

316. 西餐中的凉拌菜色拉

[**词语**] salad

[**含义**] 色拉；沙拉

[**趣释**] 色拉（salad），又译沙拉，是西餐中的凉拌食品。它用各种凉透了的熟料或可以直接食用的生料加工成较小的块状后，再加入调味品或浇上各种调味汁沙司（sauce）拌制而成。色拉的原料选择范围很广，各种蔬菜、水果、海鲜、禽蛋、肉类等均可用于色拉制作。但要求原料鲜嫩、符合卫生要求。色拉大都有色泽鲜艳、外形美观、鲜嫩爽口、解腻开胃的特点。西餐中常见的色拉有：尼斯式色拉（salad nicoise），胶状色拉（gelatin salad），胡萝卜色拉（sunshine salad），沃尔多夫色拉（Waldorf salad），蔬菜大会色拉（vegetable combination salad），什锦色拉（mixed salad），家常蔬菜色拉（home-made vegetable salad），水果色拉（fruit salad），卤鸡色拉（chicken laesar salad），虾仁色拉（shrimp salad），火腿（ham salad），等等。色拉调味料（salad dressing）是油、醋、奶油等的混合物。色拉油（salad oil）是经过脱胶、脱色、脱臭等精致加工过的高级植物油，可以生吃，特别适合做色拉凉拌菜。色拉是西方人很喜欢的食品，色彩斑斓、美味可口。人们常把年轻没有经验的“青少年之时”或作家的“最佳时期、鼎盛时期”称作“色拉岁月”（salad days）。

317.西餐中时令果品的吃法

[**词语**] fresh fruits and dry fruits

[**含义**] 时鲜果品和干果

[趣释] 西餐中，时鲜水果（fresh fruits）是绝对不可缺少的。水果一般在甜点（dessert）之后上来，其吃法与中餐不全一致。苹果和梨:先将其切成4~8瓣，去皮、核后，再用叉取食。也可以将苹果或梨竖放盘中，沿纵向切下一角，先去核，用叉子叉住去皮，切成小块食用。李子：可用手将其掰开去核后再吃。杏和桃：用水果刀去皮、核后分成小块食用。香蕉：可先去皮，用刀切成小块食用。也可先切去两端，剥皮后切成片或段食用。橘子和荔枝：用手去皮后吃。橙子：用刀去皮后切块吃。葡萄（grape）：不可整串葡萄拿着吃，应揪一颗吃一颗。吃这类水果，要用手遮住嘴吃，以便将核、皮吐在手中，再放进果皮盘里。西瓜、哈密瓜、香瓜和菠萝等水果，应先去皮、切块装盘。吃时用水果刀切成小块，用叉或勺取食。核桃（walnut）之类壳硬的干果（dry fruits），不能直接用牙咬，要用专门工具（夹子或锤）把壳敲开或夹开后取食。在社交场合，在吃水果之前应在净手碗（finger bowl）①中净手，吃时应一小口一小口地吃，不要边吃边谈。不要把果皮、果核等随地乱吐。不论水果多么稀罕好吃，也不要悄悄放入口袋中带走。

---

①参阅311.西餐餐具的使用方法。

318.西方餐馆的特色

[词语] restaurants in English countries

[含义] 英语国家的餐馆

[趣释] 在英语国家的大都会里，有各种各样的餐馆，本地的、中国的、意大利的、法国的、希腊的、印度的、日本的、墨西哥的等等。餐馆的规模、级别和所处的地段不同，用餐的费

用也大不相同。在许多餐馆的门口、窗口、内墙都以看到各式精美的菜单。菜单不同，点菜的方式也大不相同。零点菜单（a la carte menu），顾客可以随意点菜，而固定价格菜单（fixed price menu）或是份饭单菜单（table d'hote menu），则固定每份成人或小孩的价格，这些价格包括几道菜肴和饮料。这种份饭（fixed price meal/set meal）西方人叫table d'hote meal。成人的份饭包括两道菜一份甜食和一杯饮料。成人主菜前有一道菜（entree），通常是开胃食品（starters/hors d'oeuvres），如果汁、菜汤、炸烤小块香肠、海味什锦等，量少而精致；主菜（main course）常为肉类，如牛肉、羊肉、鸡肉、鱼、海味等，配有蔬菜、蘑菇、米饭等，烹饪方式以炸、烤、烧、炖为主；甜食主要是小点心如苹果派、冰淇淋①、水果色拉②等；饮料一般为咖啡③、茶④、果汁、矿泉水和汽水。小孩的份饭只有主菜、甜食和饮料。酒是单列一项的，只有餐馆的菜单或广告注有licenced（特许卖酒执照），或full licenced字样的，才供应酒类，价格也比酒店贵得多。同样的食品和菜肴，在不同档次的餐馆的菜单上使用不同的词汇。普通餐馆用易懂的词汇，高级的餐馆用高雅的词汇。如前者称开胃食品叫starters，后者叫hors d'oeuvres；前者称甜食为sweets，后者称它为desserts或entremets；前者称主菜为main dishes，后者称它为main courses或entrees。一些繁华有名气的餐馆特别强调预先订座，集体用餐更需如此。在西方国家里，餐馆不仅仅是用餐之地，也是社交、娱乐、小憩的场所，有些比较讲究的餐馆设有钢琴，有的还有乐队，甚至还为用餐者提供跳舞的舞池。

---

①参阅52.冰淇淋及冰淇淋圣代。
②参阅316.西餐中的凉拌菜色拉。
③参阅145.咖啡漫谈。
④参阅382.饮茶习俗。

319.西方“成人”的含义

［**词语**］adult

［**含义**］成年人

［**趣释**］在英国和美国，男女年满18岁在法律上被承认为成年人，有权参加投票选举，可以在商店买酒精饮料，可以看含有暴力和性行为的影片，结婚可以不以父母同意为必要条件。事实上，在英国，16岁就被称为age of consent（成婚的年龄），年满16岁的在父母的同意下可以成婚，可以有合法的性生活，因而在西方许多国家，家庭都要为年满16岁的女儿举办一次隆重的生日庆祝会①。女孩17岁时，可以学习驾车。在美国多数的州里，16岁可以通过合格考试获得驾照（有些州15岁可以获得驾照）。在多数州，对含酒精的饮料严格控制，一般18岁以上可以饮葡萄酒和啤酒，年满21岁方可饮用含酒精量更高的饮料。不论男孩女孩，21岁的生日都是件大事，是他们成人的标志②。在英语国家里，人们通常认为成人应该对自己的言行负责，也应该有能力控制自己的感情和行为，例如，不轻易动怒、不把一切都形于言表、做事有责任感等等。在英语中，adult一词有时用作委婉词，意思是“含有色情内容的”，如an adult film（含有色情内容的电影）、an adult bookstore（销售含有色情内容的书籍、杂志、录像带等音像制品的书店）。

---

①参阅229.女孩16岁的生日庆祝会。　　②参阅334.西方人的生日。

320.西方乘坐交通工具的礼节

［**词语**］manners by air，train，bus and on ship

［**含义**］坐飞机、坐火车、坐公共汽车和坐船的礼节

［**趣释**］在国外旅行乘坐交通工具时，应尊重当地的风俗习惯，注意基本的礼节礼貌。1.乘飞机的礼节（manners by air）：若乘飞机，首先要提前预订机票。在美国，一般国内的旅行机票要提前6小时预订，到其他国家要提前72小时预订。乘飞机之前要提前到达机场。在飞机上，有事情要请服务员帮忙，而不要擅自搬动舱内设备。飞机降落后不要抢先下飞机，而要按顺序下机。2.乘火车的礼节（manners by train）：乘火车通过卧铺车厢时，男人要走在女士前面，为女士打开车厢门。在车厢里，不要大声说笑影响别人休息。避免争吵，要按号就座。若乘坐的是卧车的下铺，那么正确的座位应是对着车头，上铺乘客的座位对着车尾，靠窗的位子应属于下铺乘客。3.乘坐公共汽车的礼节（manners by bus）：一般来说，乘公共汽车首先应排队。如有同行的女伴，应让她先上，下车时，男士先下，走在前面，帮她安全下车，并帮她提袋。若公共汽车迟到，不要斥责管理人员或司机。4.乘船的礼节（manners on ship）：要求行为举止得体，在船上用餐时，要等同桌女士就座后方可坐下。点菜也应在女士之后。就餐时，衣装要得体，一等舱乘客用晚餐时可穿晚餐小礼服（dinner jacket）①。晚间公共场合，不要穿运动衫。

---

①参阅227.男士的正式着装。

321.西方的传统婚宴

［**词语**］wedding party

［**含义**］结婚喜宴

［**趣释**］西方传统的结婚喜宴由女方（或双方）操办，费

用由女方支付。婚宴后的蜜月旅行（honeymoon），费用由男方支付。在新娘、新郎和宾客到达婚宴地点时，摄影师立刻拍下新婚照片，新娘和新郎两家先后审看样片，选定各自需要的照片，费用由双方家庭各自承担。拍完结婚照之后，双方家庭亲属列队欢迎宾客，新娘母亲站在队首，新郎母亲站在其后，新娘母亲负责将宾客一一介绍给新郎母亲。如果新娘一家从另一个城市来，新郎的父亲站在队里，也将他的亲友介绍给新娘的父母。在大规模的正规婚宴上，有专人大声通报来宾姓名，这样做可以使双方家庭认识彼此的亲友。在入口处铺白布的桌子上放着一本“来宾簿”，供来宾签名纪念。迎宾时间较长，通常要备些饮料、烟和餐前小吃。当最后一批客人走过迎宾列队之后，新娘和新郎也随客人走进来。他们与客人寒暄、跳舞。宴会厅设有“新娘餐桌”和“父母餐桌”。新娘餐桌在大厅的一边或尽头。新娘、新郎坐在中间，面向宾客，对面不坐人。餐桌成马蹄形，中间是鲜花等饰物，与他们同桌的是男女傧相。过去婚礼蛋糕（wedding cake）[①]放在新娘餐桌的中央，由于它挡住了人们的视线，现已放在新娘桌旁边的小圆桌上。在父母餐桌就座的是新人的父母、祖父母或教父、教母。这两张桌子设有卡位，排定座次，对号就座。其他宾客不排座次，随意入座。宾客入座之后，男傧相提议向新娘、新郎祝酒，祝酒词很短，但很有感情。然后是新郎站起来致答谢词，并向他的妻子祝酒。新婚夫妇收到的贺电、贺信要在此刻大声宣读。在大型正式婚宴上，提议祝酒仅限于新娘餐桌的人。宴会的菜谱只考虑新人的意见，可以是牛肉汤或奶油汤，龙虾新堡包或牡蛎鸡尾酒。主菜有牛肉、蘑菇烩杂碎和奶油鸡等，还可以上蔬菜、肉冻和色拉（salad）[②]，甜食常常是果子冰淇淋（fruit ice cream），同小糕点、饼干或小块婚礼雪糕一起吃。人们一入座，就可以上第一道菜。在上餐末小吃之前，举行切蛋糕仪式。新娘在新郎协助下，从蛋糕底层切下两小块，互相送到对方嘴里。然后蛋糕被切成小块，和冰淇淋一道分送给客人吃。吃完餐末点心和水果后，开始跳舞。首先是新娘、新郎跳第一支舞，所有的宾客应观看喝彩。接着新娘请新郎的父亲、新郎请新娘的母亲跳舞，然后是新娘请自己的父亲、新郎请自己的母亲跳舞，紧接着是新娘的父亲请新郎的母亲跳舞、新郎的父亲请新娘的母亲跳舞。当新郎开始与女傧相跳舞时，宾客可以自找舞伴开始跳舞，所有的宾客都应设法请新娘跳舞。若新娘新郎跳舞聊天时间太长，会使本来想等新人启程的客人不耐烦而离去。因此，新人应在客人不感劳累之前启程去度蜜月。新娘向女傧相们作个暗示，她们便聚集在一起，新娘背对她们抛出手中的花束。抢到花者被认为是下一个结婚的新娘[③]。新人在男女傧相的陪同下，到房间迅速换上旅行装，在男傧相的护送下，穿过人群，走出大厅，坐上汽车，开始自己一生难忘的蜜月旅行[④]。许多青年夫妇都曾绞尽脑汁，精心安排起程方式，力图使场面别致而有戏剧性。

---

①参阅98. 婚礼蛋糕。
②参阅316. 西餐中的凉拌菜色拉。
③参阅349. 鲜花在西式婚礼上的象征意义。
④参阅75. 度蜜月。

322.西方公共场所的基本礼仪

［**词语**］manners in public places

［**含义**］公共场所的礼仪

［**趣释**］公共场所是人与人交往接触的地方，也是公有公用的活动场所。身处这些场所，要注意尊重他人，讲究基本的礼貌礼节。在西方国家里，在公共场所高声谈笑（talk loudly）被视

作一种极不文明的行为。在人群集中的地方如图书馆、阅览室、展览馆等，要求交谈者加倍地低声细语，音量以不引起他人注意为宜。交谈时手势不宜过多。在庄严肃穆的场合如宗教古迹、伟人故居、历史遗址等一定要保持绝对安静，不得在聆听他人讲话的同时，随意交谈或翻阅报刊。在公共场所不要吃花生、瓜子之类东西，更不能逼他人也尝一尝你的东西。在西方，吃东西要注意场合，一定不能在人来人往的公共场所，更不能边走边吃。在公共场合与人交往，千万不能戴口罩。在西方人的观念中，戴口罩者多为传染病病人（carrier of infection），人们对此唯恐避之不及。感冒发烧的病人或皮肤病患者不应出现在公共场合，因为那意味着你不尊重他人的健康。在公共场所需要打喷嚏（sneeze）、擤鼻涕（blow nose）一定要掩口、避人，使用手帕或纸巾。在西方，随地吐痰（spitting）是不文明的表现，会遭白眼，还可能受到罚款（be fined）。如感到要放屁的话，应当立即去洗手间（washing room），否则，不管是有声还是有味，都会令人处境尴尬。

323.西方国家里的反常家庭

[词语] abnormal families

[含义] 反常家庭

[趣释] 反常家庭是指一种不符合人们通常理解的家庭概念的“特殊家庭”或“变异家庭”。它是目前西方各国存在着的一种生活组织形式。国际上许多学者把反常家庭分为7类。1.鳏寡孤家庭。这种家庭由鳏夫、寡妇或孤儿组成。没有家庭成员之间的相互合作和精神慰藉，是残破家庭的一种。2.独身家庭。其中一类是属于终身不娶或不嫁，又不和父母兄弟住在一起的男人或

女人；另一类是男、女独居，不缔结婚约，但不影响性生活的。独身家庭在现代西方国家数量增加很快。3. 未婚同居家庭。指男女双方不按照有关法律规定办理结婚手续，而是根据双方意愿同居，结成“同居伙伴”或“协议”夫妻。4. 同性家庭。由同性恋（homosexuality）者结合而成的一种家庭，也有人称之为“准家庭”。5. 群居家庭。一类是同性群居，与同性恋家庭不同的是若干同性居住一处；另一类是异性群居，若干男子与若干女子群居。在这一类男女群居的家庭中，有的两性关系混乱，有的并不混乱，只是几对夫妻的联合。6. 人工家庭和天然家庭不同，是一些非血缘、非亲缘关系的家庭，各自根据需要充当家庭角色，以弥补天然家庭出现的家庭成员残缺、感情不和、关系破裂等不足。7. 现代偶婚家庭。在形式上维持一夫一妻制的同时，夫妇双方还可以各自同自己喜爱的异性同居。

324.西方国家里的丁克家庭

［**词语**］dink families

［**含义**］自愿不要子女的双薪家庭；双收入没有孩子的家庭

［**趣释**］丁克家庭是西方由一些不育者组成的袖珍家庭。其特点是双职双薪，主动选择不生育孩子。“丁克”（dink）一词由英文double income no kinds（双薪无孩）四个单词的首字母组成，因此“丁克家庭”的定义是双收入、没有孩子的家庭。这种家庭只有夫妇两个人，单位最小，结构简单。夫妇自愿不育，热衷于自身价值的实现和自我发展，对生育子女没有兴趣。人类学家认为，“丁克家庭”的出现，是城市工业化的必然现象。从全球生育情况看，越是发达的国家人口越是呈现负增长。这与生育意识的转变、教育程度的提高不无关系。白领、高知女性就业

率很高，她们的生育期又正好是职场竞争的关键时期，经济压力和繁忙工作成为一些妇女选择丁克的重要原因。丁克家庭的夫妇认为，没有子女一样能活得充实。他们相信西方的社会保障功能，也是他们选择丁克家庭模式生活的另一个重要原因。

325.西方国家里的家庭及其特点

[词语] features of the western families

[含义] 西方人家庭的主要特点

[趣释] 与我国传统家庭相比，西方国家的家庭有着很大的文化差异。1.在家庭结构上，西方家庭追随西方社会的组织观念，寻找民主平等的权利分配模式。家庭鼓励各个成员，包括儿童，自由表达自己的意见。注重全家达成协议，共同决定有关家庭的事项。夫妻平等，共掌大权。在家庭关系上，西方家庭强调“相爱”和“表达”，注重家庭成员之间的情感，鼓励公开表露个人感觉、心情和意见，即使彼此意见不同，或有生气的感觉表露出来也无不可。2.在家庭沟通上，很注重人与人之间要公开、直接、明确的沟通，有什么高兴的事要分享，有什么不悦或苦闷也要让大家知道。对方好，要随时夸奖或称赞；对方不好，也要说出埋怨、不满之意。夫妻之间、亲子之间都是如此。否则，会被认为不够亲近，待家人如外人，被解释为没有感情。3.在角色扮演上，注重扮演各个角色，要求能独立自主。夫妻是相辅相成的角色，同胞之间也是尽量平等待遇。因此，家庭成员的角色扮演要看情况而调整，有变动性，少有被固定、安排给予的趋向。4.在家庭发展上，鼓励子女早点成人离家，一过了青春期的孩子，就想办法脱离父母，靠自己生活，不再依赖父母；父母年老了，也要求自己照顾自己，都没有子女依赖父母、父母依赖子女的念头。

326.西方基督教的传统婚礼

[**词语**] sacramental marriage
sacramental matrimony
wedding ritual

[**含义**] 婚礼

[**趣释**] 婚礼被基督教认为是人生要受的七礼（the seven sacraments）[①]之一。在西方国家里，传统的婚礼一般在教堂按宗教仪式举行，称为church wedding（教堂婚礼）。基督教和天主教教堂婚礼的仪式不尽相同，新郎应在婚礼的前一两天到教堂与牧师或神甫沟通，落实每个细节。一般地说，新娘的礼服（wedding dress）是白色的婚纱（white wedding gown/bridal veil），新郎是黑色或白色的礼服。教堂婚礼显得庄重严肃。新郎在伴郎的陪伴下首先进入教堂，站在牧师对面，接着，随着婚礼进行曲（wedding march）[②]的节奏，新娘挽着父亲的手在花童和戒童的引导下走向圣坛（altar），来到新郎面前，由父亲将她亲手交给新郎手中，站在新郎的右边。牧师或神甫要求新郎、新娘向对方作出一辈子的承诺，使婚礼达到高潮。这对新人在神职人员和参加婚礼仪式亲友的祝福下，交换结婚戒指（wedding ring），亲吻对方。在牧师郑重说完"我现在宣布你们二人正式结为夫妻"之后，在欢乐的《结婚序曲》（wedding overture）音乐声中，新娘挽着新郎的手，步出教堂。新娘手中的花球[③]也不是一般的装饰品，在婚礼结束时花球被抛在到场的未婚女宾之中。如果谁得到花球，谁就是下一个要做新娘的人。在亲友的欢笑声中，这对新人坐上汽车，离开教堂开始他们的蜜月（honeymoon）[④]旅行，整个婚礼仪式前后需要一个小时。但一部分英国人和绝大部分美国人在结婚仪式之后，还要举行盛大的婚

宴（wedding party）[5]招待宾客，抛花球则安排在婚宴即将结束时进行，然后再送新人度蜜月。按照英国的传统习俗，新郎在驱车去新娘家接她去教堂举行婚礼的时候，亲友们要纷纷向他们扔破鞋，以表示对新人的祝福。现在，更多的是在新人的婚车上绑一只破鞋[6]表示对他们的祝福。

---

①参阅105.基督教的七礼。
②参阅99.婚礼进行曲。
③参阅349.鲜花在西式婚礼上的象征意义。
④参阅75.度蜜月。
⑤参阅321.西方的传统婚宴。
⑥参阅352.鞋子的迷信和象征含义。

327.西方男士的三种礼服

［**词语**］tailcoat，dinner jacket and morning coat

［**含义**］燕尾服、晚礼服和晨礼服

［**趣释**］西方男士应备有三种礼服以备不时之需。1.大礼服，又称燕尾服（tailcoat）。它包括黑色或深蓝色上装（上装的后摆呈燕尾形，因此得名）、白色的西装背心和白色的硬衬胸衬衫，以及白色的蝴蝶结。使用背带的黑色裤子，外侧有两条镶边，鞋子为黑色浅口皮鞋或黑漆皮鞋。附加饰物有黑色大礼帽、白色皮手套以及一根精致的手杖。这种礼服是在极正式的场合下穿着，而今穿这种礼服的人已经越来越少了。需要穿着这种服装的场合，一般会在请柬上注明“白领带”（white tie）[1]。2.小礼服，人们也称便礼服或晚礼服（dinner jacket/tuxedo）。小礼服包括一件黑色西服或白色西服上衣，下衣为镶有缎带的黑裤，白色翻领衬衫，黑色领带以及与之同颜色的腰带，黑色皮鞋和袜子。人们在穿小礼服时一般不戴手套和帽子，只在上衣兜内放一块手帕（handkerchief）[2]做装饰。这种礼服适用于较为庄重或较为正式的场合上穿着，如晚宴、音乐会、结婚典礼等。

需穿着这种服装的场合一般会在请柬上注明“黑领带”（black tie）。英、美等国的人通常都备有一套合体的小礼服。3. 晨礼服（morning coat）一般包括一件黑色或深灰色的上装和一条带纹的灰、黑色裤子。通常系灰色领带、穿黑色皮鞋、戴黑色礼帽（现在几乎无人戴）。这种礼服是人们白天穿着的正式礼服。适合白天参加典礼仪式，或去教堂做礼拜时穿。

---

①参阅426. 英美人社交场合的着装要求。 ②参阅287. 手帕的用途。

328.西方人的“宾戈”赌博

[词语] bingo

a game of bingo

[含义] 宾戈赌博；宾戈卡片赌博性游戏

[趣释] 宾戈是一种靠碰运气取胜的游戏，也是一种世界盛行的廉价赌博形式。宾戈在英国称为洛托（lotto）。它实际上是一种彩票，经常是成百上千人一起玩。玩者每人一张或多张“宾戈卡”，卡片上画有许多方格，有的方格有数字，有的方格空白。玩者先押任意一个号码，最大至75，凡先购得一张或多张卡把自己所押的号码（通常为20个号码）全部凑齐者为优胜，即可囊括全部赌金（或依照当地法律扣除一部分税金）。宾戈原流行于日本，后传到赌城蒙特卡洛（Monte Carlo），1960年英国国会颁布赌博法案，使为数众多的宾戈赌会得以成立，玩风大盛。在美国，宾戈是一种非常常见的风俗，不仅受到民众团体的鼓励，而且也得到教会的宽恕，因为它能带来一些必要的收入。参加者常聚集在远离城市喧嚣的地方，都是社会地位和兴趣相似的人一起玩。由于通常是一美元一张卡，宾戈被视为危险性低的赌博，大受民众的欢迎。

329.西方人的称赞及其回应礼仪

[词语] compliment and response

[含义] 称赞及其回应

[趣释] 称赞或恭维是一种维系和促进人际关系的语言交际行为，也是人们约定俗成的一种基本社交礼仪。只有面对他人称赞和恭维作出正确的回应才合乎社交礼仪，才能体现自身的修养和气质。事实上，称赞语可能是恭维者对人、对事、对物的由衷的赞叹，也可能是一种礼节性的寒暄，因此，说声“谢谢”是比较妥当的回应。在日常生活中，英美人对于陌生人的称赞，通常倾向于接受，用“谢谢”作为回应。这是因为陌生的双方初次交往，人际关系还没有建立，称赞对方是为了结交新人，开辟或建立新的人际关系。接受称赞也是为了同样的目的。在关系比较密切的人之间，人们对称赞语的回答往往比较谨慎。如果不加考虑地一味接受别人恭维就可能造成自我称赞的严重后果。也就是说在日常生活中，在熟悉的人群之间，对他人的称赞语并非一律接受，不接受的比率也不小。语言学家波米兰茨（A. Pomerants）和赫伯特（K. Herbert）将称赞语分为接受和拒绝两大类。对于接受的称赞语，除了微笑说“谢谢”之外，还可根据语境采用同意、提升、转移、说明等手法表示接受对方的称赞。例如：“我真喜欢穿你这样的衣服。”“谢谢。”（用谢谢接受对方的称赞）“你留长发真好看。”“我想也是。我再也不把头发剪短了。”（用同意对方来接受称赞）“你晒黑了显得更健壮。”“也显得更英俊了，对吧？”（用提升对方的称赞来表示接受称赞）“我真喜欢你这辆车子，太漂亮了。”“去年买的，原来那辆报废了。”（用解释来表示接受对方称赞）“这首饰真美。”“是

我妈妈的。”（用转移来表示接受称赞）“我喜欢你这个提包。”“我也很喜欢你的。”（用回敬称赞来表示接受称赞）对于不接受的称赞语，通常用弱化、质疑、否定、限定、不表态等方式来暗示拒绝称赞。例如：“这摩托挺漂亮。”“全都磨损了，得买辆新的。”（通过指出缺陷弱化对方称赞来暗示不接受称赞）“你这房子真好。”“什么？你开玩笑吗？”（用质疑来暗示不接受称赞）“查理，你的头理得不错。”“要是头发再留长一点就好了。”（用委婉的否定来暗示不接受称赞）“这客厅挺漂亮。”“但是小了一点。”（用限定称赞来暗示不接受称赞）“你这身衣服穿起来真帅！”“有什么事能为你效劳吗？”（用不表态来暗示不接受称赞）总的来说，西方人比中国人更常使用称赞语，这是因为从文化传统看，西方人以“扬升”对方来表示礼貌，中国人以“抑降”自己来表示尊敬。这也可以解释为什么西方人总是谢不离口，中国人则多用谦词的缘故。

330.西方人的付款方式

[**词语**] paying

[**含义**] 付款

[**趣释**] 在英美等西方国家里，购物旅行、娱乐、租房、纳税、雇工等活动需要支付时，通常有以下四种支付方式：1.现金支付（paying in cash）。现金支付仍然是西方国家的支付方式之一，因此，平时出门身上带少量现金，以应付小额支出比较方便。但钱不能多带，一旦丢失或遭抢，损失无法挽回。2.个人支票支付（paying by personal checks）。这是英美国家的主要支付形式。个人支票由银行发行，以个人的银行存款作保证。个人支票种类不同，使用办法不一样，银行发行支票收取的服务费也

不一样。如果透支，要缴纳透支费。但有的商店使用这种支票时金额有限制，有的商店还要求支票支付人出示银行发放的提款机卡、支票卡或身份证、驾照之类的证件，以防麻烦。3.旅行支票支付（paying by traveller's checks）。旅游，尤其是出国旅游，使用旅行支票最为妥当，可避免携带大量现金。携带大量现金既不安全，又不方便。但旅行支票要收取1%的费用。旅行支票可在任何地方的银行兑换现金，一旦丢失还可以挂失，但要记住每张支票的号码。4.信用支付（paying by credit cards）。信用卡由银行或专门机构发给持卡人，申请信用卡者必须在银行存有一定数额的存款，持卡人在约定的商店或服务行业消费时，不必支持现金而采用“刷卡”，然后由持卡人签字就行。信用卡最早在1915年出现于美国，20世纪60年代开始广泛使用。据2011年调查统计，美国已有75%的人持信用卡消费，平均每人持有4张卡。

331.西方人的节食理念

[词语] diet

[含义] 节食

[趣释] 节食是20世纪30年代科学家们提出的延缓衰老、延长寿命的理念。美国的梅奥诊所（Mayo Clinic）是全世界最大的非营利性连锁医疗服务机构。根据那里的专家推出的人体衰老进程：女性19岁开始长出第一条皱纹；人的肺活量从20岁开始下降；骨质从35岁就开始流失；过了40岁，人体肌肉在身体的比重每年以0.5%至2%的速度在减少；40岁以后，神经细胞以每天1万个的速度递减，从而使记忆力及大脑功能减退；人的舌头最初分布有1万个味蕾，到60岁后可能减半，味觉和嗅觉因而逐渐衰

退；男性到65岁时，有25%的人会有勃起困难……梅奥专家的“衰老进程表”描绘了人体不知不觉的老化过程。“节食”就是“卡路里限制”，能够延长寿命的现象是由美国康奈尔大学的克里夫·麦凯（Clive McCay）首先发现的，就是在美国处于大萧条时期的1934年，这位营养学家经过四年的观察发现，长期处于饥饿状态，老鼠的寿命有明显延长。他把这一研究结果发表在当年的《科学新闻通讯》上，不仅对当时那些排队领救济粮的人是一种极大安慰，而且对那些生活富裕的人也产生了深远的影响。随着节食观念的深入，近年来英美等西方人对于饮食的合理构成日益关注，强调多吃蛋白质和纤维素，少吃脂肪、盐和糖，把那些高盐、高糖、高脂肪的食品称作垃圾食品（junk food），对食品中的添加物亦越来越敏感。在英国，这些添加物被称作E number chemicals，原因是这类化学成分在食品包装上列出时，前面冠以字母E，后面是代号。在美国，则要写出具体的化学成分。人们认识到，均衡的饮食和经常的锻炼对于健康非常重要。英美国家的年轻女性十分注意节食，努力减轻体重，使身材苗条、好看。出版社每年都出版新书，推出最时髦的节食计划。然而，有些人过分注意节食，甚至出现厌食现象。人们把这些过分注意健康的人称作健康怪人（health freak），认为这些人过分挑剔，饮食过于简单，失去了生活中的一大乐趣。

332.西方人的社交称谓语

[**词语**] forms of address

[**含义**] 称谓语

[**趣释**] 称谓语是指在交际中称呼对方的语言形式。它是称呼者对被称呼者的身份、地位、角色和相互亲疏关系的认定，起

着保持和加强各种人际关系的作用。美国社会语言学家欧文·特里普（Ervin Tripp）曾对美式英语中的社交称谓做过深入的研究，总结出如下简明易记的规则：对主教（Cardinal）称阁下（Your excellency）；对总统（president）称总统先生；对神父（priest）称姓+神父；在不了解姓氏的情况下，神父、法官、医生等可以单称。sir（先生、阁下）和madam（夫人、女士、太太、小姐）是英语中的一组敬称语，一般不与姓氏连用，它表达的人际关系不亲密。具体地说，sir是人们对上级、长辈、长官、警察，以及学童对男教师、店员对男顾客的称呼。“sir”与姓名或教名连用不再具有“先生”的含义，而是表示此人有爵位。如Sir Charies Brown（查理士·布朗爵士）或Sir Charies（查理士爵士）。madam是对陌生女性的尊称，多见于店员对女顾客的称呼或民众对女警察的称呼。Madam可以和职称连用，如Madam Chairwoman（主席女士）；madam和氏姓连用是对已婚妇女的尊称，如Madam Smith（史密斯夫人）。Mr.（先生）、Mrs.（夫人、太太）是英语中另一组敬称用语，可以和姓氏连用，多用于对无职称者或不了解其职称者的称呼。语气正式，表达关系不亲密。如Mr.Smith或Mr.John Smith（史密斯先生，或约翰·史密斯先生）。也可以和职衔连用，如Mr.Chairman（主席先生）。Mrs.用于已婚妇女的称谓，通常与丈夫的姓氏或婚后的姓名连用，如Mrs.Jones或Mrs.Mary Jones（琼斯太太或玛丽·琼斯太太）。Miss（小姐）是对未婚女性的称谓，语气正式，关系一般。在英国，是学童对女教师的通常称呼，也是人们对服务行业年轻女性的称呼，通常和姓氏或姓名连用。如Miss Brown或Miss Mary Brown（布朗小姐或玛丽·布朗小姐），不能和教名连用，如不能说Miss Juliet（不能说朱丽叶小姐）。Ms.（女士）是对女性的敬称，由Mrs.（太太）和Miss（小姐）合成，是妇女要求平等的产物，使用时和妇女本人的姓氏或姓名连用，不涉及婚姻状况。对于已婚妇女而言，使用Mrs.（夫人）时，应和夫家的姓或婚后的姓名连用；使用Ms.（女士）时，应和娘家的姓或结婚前的姓名连用。在英语称谓中，一般不直呼某人的姓氏，或某人的姓名。如有，也是主人对仆人、上司对下属、军官对士兵，狱吏对犯人、中小学教师对学生的称呼。但直呼其名却相当普遍，甚至大学里学生可以直呼教师或教授的名字。这种喜欢以名相称的风气，反映了社会上人们不拘形式、期望关系密切的愿望。

333.西方人的“生命之水”：酒

[**词语**] wine and spirituous liquor

[**含义**] 葡萄酒和烈酒

[**趣释**] 在英语中，表示“酒”的名词有好些，wine通常指葡萄酒（grape wine）①，beer指啤酒②，liquor或spirits通常指烈酒或烧酒。在欧洲不少语言中，酒都有“生命之水”的意思。例如，拉丁语称烈酒为aqua vitae，瑞典语称烈酒为akvavit，法语称“烧过的酒”（白兰地）为eaude-vie，它们都有“生命之水”的意思。世界烈酒通常分为六大类，它们是以稞麦为主要原料的金酒（gen），酿制时加了杜松子，又称杜松子酒（geneva）；以大麦、黑麦和燕麦、小麦、玉米为原料的威士忌酒（whisky）③；以葡萄为主要原料的白兰地酒（brandy）；以大麦、稞麦、小麦、马铃薯为原料的伏特加酒（vodka）④；以甘蔗糖蜜为主要原料的朗姆酒（rum）；以龙舌兰为主要原料酿制的龙舌兰酒（Tequila）⑤。在欧美西方人的观念中，巴克斯或巴克科斯（Bacchus）是酒神，是他教会了人们种植葡萄、酿造美酒。在西方的酒馆里常见到他的画像，人们用他的圣物葡萄蔓

酒神巴克斯塑像

(grapevine)、常春藤(bush)做酒馆的装饰物和招牌。英文成语Good wine needs no bush(好酒不用幌)也证实了这一点。他们把开怀豪饮戏称为“向巴克斯奠酒”(to make a libation to Bacchus),把葡萄称为“巴克斯的水果”(Bacchus fruit),把葡萄汁、葡萄酒称作“巴克斯的甘露”(Bacchus' dew),把大酒鬼戏称为“巴克斯的儿子”(son of Bacchus)。英语中有两条谚语反映了西方人民对酒的看法。一方面他们认为适当饮酒有益健康,可以减缓衰老:“Bacchus, ever fair ever young.”(持杯歌舞,青春永驻。)另一方面,他们又深知饮酒过量危害健康:“Bacchus has drowned more men than Neptune.”(美酒为害甚于海水。或酒大伤身。)

①参阅234. 葡萄酒。
②参阅232. 啤酒漫谈。
③参阅304. 威士忌和白兰地。
④参阅140. 金酒和伏特加酒。
⑤参阅155. 朗姆酒和龙舌兰酒。

334.西方人的生日

[**词语**] birthday

[**含义**] 生日

[**趣释**] 在英美等国,人们很看重个人的生日(birthday),特别是孩子们的生日。儿童在13岁以前,每年都要举行一次生日庆祝会。女孩子16岁时,要举行一次比较隆重的庆祝会(birthday party)①,不论男孩、女孩,21岁生日都是件很大的事,因为这是他们成为成年人的标志②。儿童的生日庆祝会一般

在家庭中举行，时间安排在下午4时左右开始，父母常在装饰漂亮的生日蛋糕上插上与年龄相同数目的小蜡烛，让孩子自己吹灭。过生日的小孩自己切开蛋糕，把蛋糕一块一块分给客人吃。除吃蛋糕外，还有一些清淡的食品，如三明治（sandwich）③、冰淇淋（ice cream）④等。天气如果暖和，可以喝些果汁、汽水、牛奶等饮料，如果在冬天，则喝热巧克力等饮料。参加生日庆祝会的客人都应该给过生日的人带去一份生日礼品（birthday gift）。礼品可根据送礼的人与收礼人之间的关系远近，以及送礼人的社会地位和境遇而定。孩子们的生日礼物包括衣服、饰品等；大一点的孩子可以送书籍、文具等；青年人可以送领带、手提包、室内陈设品等。少女在亲戚以外可接受的礼品一般是花草、点心和书籍，除亲戚之外，女子一般不给别的男子送礼。如果丈夫（或妻子）过生日，妻子（或丈夫）可以买一件知道对方喜欢而又没买的物品作为生日礼物；老年人过生日，可以送百货公司销售的礼券、盆栽植物、老年保健书籍等。生日礼品要庆祝会上当着送礼人的面打开。如果客人不多，可以接一件打开一件。如果客人较多，可以找时间集中打开，客人们可以共同欣赏。主人打开包装时，要表运对送礼人的谢意，事后可以不必去信致谢。在英美等国，当某个亲朋过生日而自己又无法去祝贺时，通常会寄上一张生日贺卡以示祝贺。生日贺卡在商店可以买到，上面印有诸如“Wishing you many happy returns of the day.”（祝你多福多寿）的话。

---

①参阅229.女孩15岁的生日庆祝会。
②参阅319.西方“成人”的含义。
③参阅255.三明治的故事。
④参阅52.冰淇淋及冰淇淋圣代。

335.西方人的异性朋友

[**词语**] opposite sex friends

[**含义**] 异性朋友

[**趣释**] 西方人的异性朋友是与同性朋友（gay friends）相对而言的。西方人男女之间的交往是有分寸的。除少数人之外，男女之间交友一般不会轻易发生性关系，但男女间的约会的确很多。他们多数是一起外出游玩，互相有个伴，有个照应，仅此而已。他们外出都是各付各的费用，女方在经济上独立于男方。男女双方从恋爱到结婚这段时间长短差异很大。有的恋爱双方在坠入情网几天就突击结婚，有的男女双方苦恋十几年仍不结婚。这十几年来对他们说是“朋友关系”，实际是同居（cohabitation）。在英美国家里，同居现象比较普遍。许多西方年轻人不看重结婚证这一纸文书，也不重视进教堂这一传统仪式，他们注重的是男女双方是否能达到各方面的和谐而成为夫妻。现在，在恋爱、婚姻问题上，出现了一种“新的道德观”，这种观点主张男女双方“只要不是故意伤害别人”，可以同任何人发生性关系。在这种“新道德观”的支配下，产生了一个流行的口号：“结婚是监狱。”所以有许多人同居，不打算结婚。据1991年有关方面统计，英国18—49岁的未婚妇女中，有23%的成年妇女与人同居。不过，许多西方人对当下流行的“只有不结婚，双方感情才富有刺激性和新意”的时髦观点持否定态度。他们认为，这是一种不严肃的婚姻观，也是一种不负责任的生活态度。

336.西方人的葬礼习俗

[**词语**] funeral rites

［**含义**］葬礼仪式

［**趣释**］亲人去世之后，要到有关部门安排丧葬事宜。在美国，设有专门机构负责发放死亡证书，安排葬礼仪式，公墓管理机构也有专职安排丧事的人员。宗教仪式的葬礼程序，通常包括祷告、唱赞美诗和牧师致颂词。葬礼完毕，人们便向遗体告别，然后用灵车将死者送往墓地安葬。灵车为黑色，车窗装有黑纱。灵车在送葬队伍的最前面，后面紧跟死者的亲属。送葬人一律身着黑色或蓝色衣服，男士打黑领带、头戴黑礼帽，女士戴黑色的绸巾或面纱。黑色是哀悼的颜色①，参加葬礼的人以一身黑色装扮来表达对死者悲悼。英美人认为，在大庭广众节哀（restrain one's grief）是知书达理的表现，因此在葬礼中从不号啕大哭，为了掩饰泪眼，参加葬礼的人也常常戴上墨镜。西方人相信，死神是看不见黑色的，为了要瞒过死神搜索替死鬼的目光，因此都要穿戴黑色。在西方，送葬的行列非常庄严，行人不得打乱送葬队伍。行至墓地，还有一个短小的入葬仪式。公墓管理者一般绕穴安置几排座椅，以备死者家属举哀之用。送葬亲属以同死者关系的远近为序，一一进行象征性地掩土。随后工人便用推土机迅速把墓穴推平，把土夯实，再铺上碧绿的草皮。西方葬礼的特点是，人们只是静静地在灵柩旁静思、默祷，而不捶胸顿足、号啕大哭，从始至终保持着庄严肃穆的气氛，也不设宴席大操大办。

---

①参阅373.颜色在基督教中的象征意义。

337.西方人的子女观

［**词语**］child-rearing

［**含义**］养育子女；生儿育女

［**趣释**］总体来说，西方父母在养育子女（child-rearing）观念上与东方父母有较大的差异。在西方国家，年轻的父母必须独自承担起养育孩子的责任，而不会把孩子交给爷爷、奶奶或姥爷、姥姥。父母比较注意培养孩子的独立精神。刚出生的孩子往往是单独睡在摇篮中。孩子哺乳的时间有严格的规律，即使孩子哭闹，不到规定的时间也不随便喂奶。孩子一岁左右就被父母安排独自睡一个卧室。母亲若是职业女性，请保姆照看是常有的事。有时，两对年轻夫妇达成协议，在一对夫妇有事外出时，另一对夫妇临时负责照看。到了孩子四五岁有自己的世界时，父母比较尊重孩子的情感和意志。有些观点认为，在对待孩子的问题上，美国人和英国人仍存在着些许差异。一般认为美国的父母比较宠爱自己的孩子，社会上也有溺爱孩子的倾向，严禁父母用打骂的形式教育孩子。否则，就会引起社会公愤或法律上的麻烦。而英国人则认为，娇惯子女，父母对孩子表露过分的宠爱，会有害于儿童性格的发展。成年人仍可以合法地打骂孩子，许多学校仍保留着体罚这一戒规。西方父母对孩子的管教，多用说服教育，很少用“棍棒式”的方法。父母从小教育孩子要对自己的行为负责，一般不对孩子做过多的约束和干涉，平时还有目的地让孩子学会在困难的条件下生活的本领。西方孩子步入社会较早，许多孩子中学毕业后就自己找工作做了，即使他们升入专科学校或大学，许多人也是边工作边读书，在经济上许多人不完全依靠父母。

338.西方人对猫的迷信

［**词语**］black cat

［**含义**］黑猫；不吉利

[**趣释**] 猫是西方人常见的宠物之一。西方人对它存有很多迷信。英国人迷信地认为，猫的生命力极强，有“猫有九命”之说，并用“有九命的猫”来喻指富有生命力的人。由于猫生性狡猾，又喜欢在夜间四处游荡，中世纪的欧洲人将它们与巫术和妖魔联系在一起，甚至对猫怀有恐惧和仇视。人们曾普遍认为猫能施魔法，使婴儿无法呼吸。过去还有一种普遍的迷信，认为女巫和妖魔喜欢变成黑猫。因此，人们逐渐认为黑猫会给人带来厄运。如果看见黑猫从前面的路上经过，常会认为有不幸的事件即将发生。传说在滑铁卢战役（Battle of Waterloo）之前，法国统帅拿破仑看见过黑猫，结果法国人被英国人打败。也许是由于这一传说，在英国，人们将黑猫视为不吉利的动物。埃德加·爱伦·坡的短篇小说《黑猫》就是在这种迷信观念指导下写成的，小说中描述黑猫给主人带来了一连串厄运，非常恐惧。

339.西方人关于圣诞节的迷信禁忌

[**词语**] superstitious beliefs and customs on Christmas

[**含义**] 圣诞节的迷信与习俗

[**趣释**] 圣诞节（Christmas）几乎已成为全球性的节日，但了解西方人对这一重大节日的一些迷信和禁忌的人却不多，归纳起来，主要有以下几个方面：1.认为圣诞节如果不洗澡，来年必定牙痛或头痛。2.认为圣诞节出生的人，永远不会被绞死或淹死，但他们比其他人更容易看到鬼魂。要想不看到鬼魂，方法就是圣诞节晚上11点开始数筛子上的眼，一直数到天亮。3.圣诞节到来的时候，要亲吻家中的最长者，并向仆人和乞丐分发零钱。圣诞夜的烛光是不能熄灭的，因为烛光可以驱除魔鬼。4.在圣诞夜11点至12点之间待嫁姑娘用棍子抽打家里的猪，可以预测婚姻，

如果最先出声的是一头年轻的猪，她未来的丈夫就是个年轻人；如果是头年老的猪，她未来的丈夫就是个老年人。还有一个方法也可以预测未来的婚姻：姑娘在圣诞夜敲打鸡窝门，如果一只公鸡叫起来，她就会在来年嫁人；如果没有鸡答应，她来年不会结婚。5. 认为圣诞节期间家中有蟋蟀欢唱会有好运气[①]。

---

①参阅309. 屋里有只蟋蟀会带来好运。

340.西方人花样繁多的聚会

[**词语**] parties

[**含义**] 聚会；派对

[**趣释**] 聚会又称“派对”，是西方各国人民的重要社交形式。花样繁多，形式各异。1. 晚晚会（party party），是一种周末晚会。这种晚会一般晚上9点以后才开始，故称为“晚”。亲朋好友可以尽情欢乐到深夜或凌晨。“晚晚会”提供酒和主要食物，客人们可以跳舞。2. 烧烤聚会（barbecue party），即烧烤野餐聚会。“barbecue”在海地的泰诺语（Taino）中，原指柴枝搭成的“烤肉架”。3. 聚餐会（BYOB and BYOF），是各人自带酒和食物的聚会。BYOB是Bring Your Own Bottles（自带酒）的缩写，BYF是Bring Your Own Food（自带食物）的缩写。4. 回校暖身聚会（back-to-school party）是母亲在家庭或院中举行的主题聚会。目的是使孩子为即将到来的新学年积聚学习热情，减轻忧患。5. 野炊聚会或露天烤肉餐会（cookout party）是在野外或自家后院举行野餐聚会。6. 睡衣聚会（slumber party）是一种穿着睡衣在室内交谈聚会延续到午夜或凌晨，直到每个人扛不住睡觉的聚会。slumber意为“睡眠”。7. 乔迁聚会（house-warming party）是由搬新房的主人举办的聚会。英文名称的意思为“暖房聚会”。此外，还有单身汉聚会（bachelor party）[①]、新娘“送礼会”（bridal shower）[②]、生第一个孩子的“婴儿送礼会”（baby shower）、birthday party（生日聚会）、茶会（tea party）[③]、鸡尾酒会（cocktail party）[④]、午餐聚会（lunch party），等等。还有各种节日聚会（holiday parties），如新年聚会（New Year party）、情人节聚会（Valentine party）、万圣节聚会（Halloween party）、感恩节聚会（Thanksgiving party）、圣诞节聚会（Christmas party），等等。

---

①参阅85.告别单身的男士聚会。
②参阅441.有趣的送礼会。
③参阅343.西方宴请的常见形式。
④参阅110.鸡尾酒和鸡尾酒会。

341.西方少年的坚信礼

[词语] Confirmation

[含义] 坚信礼；坚振

[趣释] 坚信礼，又称坚振，是基督教七礼之一[①]。根据基督教教义，孩子出生后在一个月时受洗礼（christening）[②]，13岁时受坚信礼，只有被施坚信礼后，才能成为教会的正式教徒。坚信礼在某些基督教会中，是一种增强受洗者信心的宗教仪式。在罗马天主教（Catholicism）、圣公会（Anglican Church）和东正教（Eastern Orthodoxy）中，坚信礼是由主教（bishop）主持的圣礼。天主教的孩子要在十一二岁时正式加入教会，基督教的孩子在十三四岁，即使孩子在少年时期不举行坚信礼，长大后仍可随时补上。对于准备入学的孩子，需事先用一定时间讲授宗教教义。学习通过之后，便由主教或其他高级神职人员为一批

孩子举行坚信礼。举行仪式时，孩子的父母和亲朋好友均应出席。有些教会在仪式结束后还举行非正式的招待会，孩子父母和亲朋好友可以借机同主持仪式的神职人员攀谈。仪式结束后，父母请挚友在家里吃午饭，大家也都为孩子准备了礼物。礼物均和宗教有关，如一本《圣经》、一本《祈祷书》、小金十字架③，或带有宗教色彩的护身符等。施坚信礼时，信天主教的女孩需穿白色的连衣裙，头戴纱巾。基督教一般要求受礼者穿白色衣服，但淡色衣服亦可。男孩子则一律穿深蓝色或深灰色西装。坚信礼是一种宗教仪式，不带社交性。孩子通过宣誓，按照教父（god father）、教母（god mother）④在洗礼中表达的意愿入教，孩子和亲人都要欢度这一时刻，但是由于其严肃性，欢度有一定节制。

---

①参阅105.基督教的七礼。 ②参阅94.孩子的洗礼。
③参阅161.漫话十字架。 ④参阅128.教父和教母。

342.西方社会中的同性恋者

[词语] homosexual

gay and lesbian

[含义] 同性恋者

[趣释] 同性恋是指一个人在性爱、心理、情感上的兴趣主要对象均为同性别的人，无论这样的兴趣是否从外显行为中表露出来。和异性恋一样，同性恋属人类正常恋爱的类型之一。英文“同性恋”这个词由匈牙利人于1869年所创造，前缀homo-意为“相同”，拉丁语词根-sex表示“性”。homosexual意为“同性恋的”“同性恋者”；homosexuality意为“同性恋”。英文gay原意是“感受快乐的”“使人高兴的”。19世纪，妓女被谑称为

gay woman。20世纪六七十年代，美国的男同性恋者强烈要求在新闻媒体用gay称呼他们，来取代homosexual。现在，通常用gay指男同性恋者，用lesbian指女同性恋者。在以前，同性恋行为被基督教会谴责为罪恶，并在欧洲一些国家，包括英国，被认为违法，男人会因为同性恋而遭到监禁。1973年，美国心理学会、美国精神医学会将同性恋行为从疾病分类系统中去除，不再把同性恋视为一种病态。1960年代，同性恋维权运动兴起的导火索成为现代同性恋人群从压抑到抗争、从黑暗走向光明的转折点。他们成立了松散的组织“同性恋解放阵线”（Gay Liberation Front），美、英、澳等国的同性恋组织还出版发行报纸。到2011年6月，根据英国BBC公布的资料表明，在英语国家中加拿大和美国的8个州承认同性恋的合法婚姻。英国、澳大利亚、新西兰和美国42个州承认同性恋的居民关系。世界上绝大部分国家已将同性恋脱罪化，只有非洲和西亚和一些伊斯兰教国家和地区仍将同性恋视为违法。冰岛于2010年6月27日颁布相关法律，正式承认同性恋婚姻合法，成为全球第九个承认同性恋婚姻合法的国家。同一天，冰岛女总理约翰娜·西于尔扎多蒂（Johanna Sigurzardottir）与相恋多年的同性伴侣完婚，成为合法“夫妻”。南美洲阿根廷首都布宜诺斯艾利斯（Buenos Aires）在开完第一届世界同性恋运动会之后，又开设了一家五星级同性恋宾馆。澳大利亚的玛蒂格拉狂欢节（Australia's Marty's Carnival）[①]是全世界同性恋者的盛会，其规模仅次于世界闻名的巴西狂欢节。

---

①参阅22.澳大利亚同性恋者的狂欢节。

343.西方宴请的常见形式

[**词语**] entertainings

[**含义**] 宴请

[**趣释**] 宴请是人际交往的重要形式。在西方，常见的宴请有宴会、招待会、茶会和工作餐四种形式。1.宴会（banquet）是较为隆重的正餐，可分别在早上、中午、晚上举行，以晚宴最为隆重。宴会有以下三种：（1）国宴（state banquet），是国家庆典，或欢迎外国元首、政府首脑而举行的规格最高的宴会①。宴会厅里悬挂国旗，并由军乐队演奏国歌和席间乐。（2）正式宴会（formal dinner），除不挂国旗、不奏国歌和出席者不同之外，其他与国宴相似。它对来宾和服务员的服饰，以及餐具、酒水和菜肴的道数均有一定的要求。（3）便宴，指非正式宴会（informal dinner），家宴是便宴的一种形式，往往由主妇亲自掌勺，家人共同待客，显得亲切自然。2.招待会（reception）是一种较为自由的宴请方式。招待会只备食品和饮料，不备正餐，不排座次。常见的有冷餐会（buffet reception）和鸡尾酒会（cocktail reception）两种。冷餐会又叫自助餐（help-yourself dinner），可在室内或室外举行，参加者可坐可立，自由活动。菜肴以冷食为主，酒和菜均可自取亦可请服务员端送。鸡尾酒会简称酒会，以酒水招待为主，略备小吃。鸡尾酒会流行于20世纪五六十年代，常用酒精度较高的白酒。现在的酒会（drinks party）多用红、白葡萄酒和啤酒。参加者可在其间任何时候入席或退席，可以自由走动、自由交往。3.茶会（tea party）是一种简便的招待方式。它一般在客厅里举行，不排座次，请客人一边品茶，一边交谈。4.工作餐分工作午餐（working lunch）和工作晚餐（working supper），是现代生活中一种经常

采用的非正式宴请形式。它不请配偶及其他与工作无关的人员。有的工作餐还要参加者自己付费。在进餐过程中，大家可以边吃边谈，不必拘束。宴请采用何种形式和规格取决于宴请的目的、名义和习俗。正式宴会规格高，但人数不宜多，而冷餐会、鸡尾酒会形式简便、人数不限。女性聚会多采用茶会形式。正式宴会的请柬（invitation）[②]需在1—2周前发出，请柬上注有席位卡号和着装要求[③]，以及标明受邀请者需要回复的R. S. V. P.。宴请开始之前，主人应在门口迎接来宾，有时还可有少量人员列队欢迎客人。客人到达后，宾主握手问候，由工作人员带入休息厅小憩。无休息厅的，可引客人直接进入宴会厅，但不落座。主宾到达后，主人应陪同他进入休息室与其他客人见面。按西方习俗，客人抵达宴会厅时，有专人负责唱名。如安排讲话，应在热菜之后、甜菜之前进行。主人先讲，来宾后讲，亦可入席即讲。吃完水果之后，主人与主宾离席，宴会结束。在宴会上以女主人为第一主人（main host），人们入席、用餐、离席，均以女主人的行动为准，不得抢先[④]。

---

①参阅196. 美国国宴。
②参阅375. 邀请与请柬。
③参阅426. 英美人社交场合的着装要求。
④参阅314. 西餐的餐桌礼仪。

344.西沃德纪念日

[**词语**] Seward's Day

[**含义**] 西沃德日

[**趣释**] 每年3月30日，美国阿拉斯加州（Alaska）都要举行庆祝活动，庆祝美国政府与俄国驻美国公使签订俄国向美国转让北美领土的条约，使阿拉斯加成为美国第49个州。阿拉斯

加位于北美洲的西北，面积171.78万平方千米，原属俄罗斯，1867年3月30日，美国国务卿威廉·西沃德（William Seward）和俄罗斯驻美国公使签署条约，俄国人以720万美元的价格将阿拉斯加卖给美国人。美国人为了纪念这一天，将它命名为“西沃德日”(Seward's Day)。现已查明，阿拉斯加州有丰富的渔业资源、森林资源、旅游资源和矿产资源，除已探明的石油、天然气外，还有煤、金、铜等矿产。“阿拉斯加”在阿留申语（Aleutian）中的意思是“很大的陆地”。

345.悉尼游艺节

[**词语**] Festival of Sydney

[**含义**] 悉尼游艺节；悉尼节

[**趣释**] 每年1月1日元旦开始，澳大利亚最大的城市和港口，新南威尔士州首府悉尼（Sydney）都要举行为期一个月的游艺节。游艺节的举办地是在市内的海德公园（Hyde Park）。1月份当地中小学正值放假，游艺节可以为不同年龄的学生提供适合他们的游艺活动，有益于他们身心健康，开发智力、陶冶情操。游艺节期间，有国外的文艺团体在各大剧院演出，市政府还举办各种主题展览会，如城市建设展览会、环境保护展览会、生态展览会、军人生活展览会等，可买到代表悉尼的各种纪念品。在海德公园“游艺村”里，新南威尔士州（New South Wales）教育部门办的“教育之角”中的各种智力游戏，最能让孩子们充分发挥他们的聪明才智，因而也最令人注目。此外，还有免费的奇异水上表演、子弹快船、高空滑车等项目，都让孩子们欣喜若狂，流连忘返。

346.吸烟的礼仪

[**词语**] smoking etiquette

smoking manners

[**含义**] 抽烟礼仪；抽烟须知

[**趣释**] 抽烟有害健康，这是人类的共识。凡是能不抽的，应尽量不抽，实在想抽的，也有注意下列规矩和禁忌。凡是挂有No Smoking（禁止吸烟）或Please don't smoke（请勿吸烟）标识的地方，绝对不能抽烟。在一些没有禁烟标志的地方，如果没摆设烟灰缸，也不要抽烟为好。在飞机、轮船、火车上是禁烟的，如要抽烟，须到指定的地点。吸烟者在国外，订票时要事先说明。因为有的飞机、火车、轮船有分准许吸烟座位（smoking section）和不准吸烟座位（non-smoking section）。在演讲、正式谈判、参观或观看演出时是不能吸烟的。要吸烟，只能在休息时到休息室（staff lounge/lobby）里吸。在宴会上，切忌边吃东西边吸烟，两道菜之间的空隙，也不要吸烟。实在想吸烟，只能等到宴会结束喝过咖啡之后。在别人家里做客或用餐，如果主人不摆设烟灰缸，就暗示吸烟是不受欢迎的。如果实在想吸，应征求主人意见：Do you mind if I smoke？（您介意我吸烟吗？）只有主人表示同意后方可吸烟。在国外，没有让烟（offer a cigarette）的习俗，可不必让烟。即使对方是熟人，要让烟，也不能从烟盒拔出烟递给对方，而应打开烟盒，让对方从烟盒里抽取。因为，用手触摸烟嘴是不卫生的。在一些西方国家，妇女吸烟人数有所增多，如果你身边的女士打开烟盒，把烟放在嘴上，男士替她擦着火柴或打着打火机帮她把烟点燃，是有礼貌的举动。但是，要切忌一根火柴或一次打火同时为三个人点烟，因为这犯了西方的大忌①。正确的做法是:一根火柴或打一次火为第二个人点完烟

之后将火熄灭。再擦一根火柴，或再打一次火，给第三个人点烟。这是礼节和起码的礼貌。

①参阅111.忌讳“3”。

347.夏季银行假日

[**词语**] the August Bank Holiday

[**含义**] 夏季法定假日

[**趣释**] 在英国的英格兰（England）和威尔士（Wales），每年8月最后一周的星期一为夏季法定假日，即“银行假日”（bank holiday）。因为只有全国性的法定假期，银行才会关门停业。夏季假日连同周末，有三天的休假时间，可尽情享受即将逝去的夏季美好风光。人们通常全家驱车外出旅游度假，或去英国北部，那里纬度相对较高，夏季消逝也要稍早些，因而夏季假日定于每年8月的最后一周。

①参阅395.英国的银行假日。

348.夏威夷铁人三项运动

[**词语**] triathlon

[**含义**] 铁人三项运动

[**趣释**] 铁人三项运动（triathlon）是新兴综合性运动竞赛项目。比赛由天然水域游泳、公路自行车、公路长跑三项按顺序组成，运动员需要一鼓作气赛完全程。铁人三项起源于美国。1974年2月17日，一群体育官员聚集在夏威夷（Hawaii）的一个

酒吧里争论：世界上哪一种体育运动最有挑战性、最能考验一个人的体能？大家各抒己见，始终无法定论。最后约翰·科林斯（John Collins）提出：谁能在一天之内在波涛汹涌的大海游完3.8公里，再环岛骑自行车180公里，最后跑完42.195公里马拉松全程，中途不得停留，谁就是真正的铁人。科林斯的想法得到了大家的支持。于是，第二天就有15人参加了比赛，其中还有一名女选手，结果14人赛完全程。就这样，一项挑战自然、战胜自我的新型体育运动项目，就在这样充满戏剧性、冒险性的情况下诞生了。事后，人们把这项一次连续组合完成游泳、自行车和长跑三项运动，并在运动员体能、速度和技巧上提供挑战的综合体育运动项目称之为“铁人三项”，并追认该次比赛为首届世界铁人三项锦标赛。铁人三项运动在夏威夷诞生后，最初在夏威夷和加利福尼亚（California）流行，随后便迅速风靡欧美和世界各地。国际铁人三项联盟（International Triathlon Union，ITU）于1989年成立，总部设在加拿大。到2000年，已有126个国家或地区的团体会员。2000年悉尼（Sydney）奥运会已将铁人三项列为正式比赛项目，奥运铁人三项的标准距离是51.5公里，其中，游泳1.5公里，自行车40公里，长跑10公里。铁人三项的长距离是148公里，其中，游泳3公里，自行车120公里，长跑25公里；夏威夷（超长距离）铁人三项距离是225.995公里，其中，游泳3.8公里，自行车180公里，长跑42.195公里。2000年，铁人三项被列为奥运会项目。2006年，铁人三项被列为亚运会比赛项目。

349.鲜花在西式婚礼上的象征意义

[**词语**] wedding flowers

[**含义**] 婚礼仪式中的鲜花

[**趣释**] 在西式婚礼中，鲜花用量很大，是一笔不小的开支。教堂布置、婚宴场所都需要鲜花。新娘手中的花束或花球除衬托新娘的美之外，还有其象征意义。首先，由鲜花构成的花束既轻又易折断，象征着处女的脆弱；其次，鲜花在大自然中开过之后，就有结果，象征着新娘处女时代的结束，预示怀孕、生子。在现代西式婚礼中，一定会有一名小女孩手持花束与一名手持婚戒的男童一起，走在新娘的前面引路。当婚礼要结束时，新娘把手中的花束或花球抛向未婚的女伴时，哪个姑娘接着，她就被认为将是下一个新娘①。在英国传统的婚礼上，新娘头发上要戴香橙花（orange blossom）。该风俗于1820年从法国传入英国。据说香橙花表示丰产在望，因为很少有果树能比橙树的产量更大。白香橙花象征着新娘纯洁，多产子女。由于这一风俗，英语中有一条成语“去采香橙花”（to go gathering orange blossom）被用来喻指“去找个妻子”。

---

①参阅326.西方基督教的传统婚礼。

350.鲜明的实用主义价值观

[**词语**] a practical view of life

[**含义**] 讲究实际的人生观

[**趣释**] 一般来说，重视物质成就的民族，重视实用精神的培养。英国是一个在新教伦理指导下的国家，而美国、加拿大、澳大利亚、新西兰等四国在历史上与英国有着千丝万缕的关系，因而造就了它们共同的较为鲜明的实用主义（pragmatism）的社会价值观。尤其是美国，在这方面表现得更为突出。美国人重视科学技术，努力以最快的速度将科学思想转换成科学发明和

创造，再将发明创造以最快的速度转换到生产过程中，使之产生效益和利润。美国人很善于利用新的科学思想并使之转换成生产力。他们对爱因斯坦理论的充分利用就是例证。美国人的实用主义价值观促进了科学技术的发展，为世界人类做出了贡献。有的学者认为，美国不像德国那样是个十分善于思辨的民族，产生不出类似康德、黑格尔、马克思之类伟大的哲学家，却出现过威廉·詹姆斯（William James）的实用主义和约翰·杜威（John Dewey）的工具主义。美国的教育普遍关注解决实际问题的能力，技术教育在整个教育中占很大的比例，在科学研究中，自然科学的研究更受重视。从事社会科学研究的人们也主张实地调查，面向社会解决实际问题。大多数美国人认为，可测定性是世界的基本属性，可以用量化的方式进行认识。如人的智商、工作效率、工作时间、工作成绩等都可以用具体的数字予以统计认识。美国人的实用主义价值观造就了美国人讲究实际的性格，一旦看准了目标，就会付诸行动，并且孜孜以求。他们佩服精明务实的人，大小事情都尽可能自己动手解决。美国人在金钱上也非常务实。付出劳动就要取得相应的报酬，求助他人便当以惠相报。他们在劳动与报酬方面计算得清清楚楚，搭乘别人的汽车要分担汽油费，使用亲友的电话要交电话费，朋友一起外出吃饭，通常是各付各的等。

351.小孩出生

［**词语**］birth

［**含义**］出生

［**趣释**］孩子出生，尤其是第一个孩子的出生，是一件家庭大事。孩子出生后，应尽快通知最近的亲属，其他亲友可以用书

信或电话通知。有的专门用印刷成贺卡一样的“报喜卡”通知，上面只写孩子的名字和出生年、月、日，用粉红色或蓝色的丝带系在另一张写有其父母姓名和地址的卡片上。生女孩用粉红色丝带；生男孩用蓝色丝带；生龙凤双胞胎，用粉红色和蓝色两种丝带。有的家庭还在当地的报纸上刊登婴儿出生的启事，通知所有的亲友。英美等国同世界上许多国家一样实行人口出生登记。在美国，由各州的卫生部门负责。每个婴儿出生后，都要由各市、县具体主管出生登记的官员负责填写出生证，写明新生婴儿的出生年、月、日和地点，发给其父母。但登记的期限，各国有不同的规定。如果去看望产妇和孩子，应事先电话联系，看产妇是否愿意，何时去探望为宜，探望时可给产妇或婴儿带一件礼物。探望的时间尽量要短，不要对孩子的长相或名字发表评论。正常分娩的产妇住院一般不超过三天，而且大多数医院对探视的时间或人数均有严格的限制。因此大多数人都等候产妇出院回家才去探望。在西方，送给婴儿的礼物在婴儿不幸夭折后，必须退回原主。这个习俗有时会产生尴尬可悲的场面。因此，不要急于给孩子送礼。一般在孩子出生后几周，其母亲和婴儿都能见客，为婴儿举办送礼会（baby shower）[①]时再送最为合适。接到电话或收到“报喜卡”通知的亲友，可以通过电话或书信向新生儿父母表示祝贺。

---

①参阅441.有趣的送礼会。

352.鞋子的迷信和象征含义

［**词语**］superstitions and symbolism of shoes

［**含义**］鞋子的迷信和象征含义

[**趣释**] 除帽子[1]和伞[2]之外，鞋子也是值得注意的事物。按照自古流传下来的迷信，每次出门，西方人最忌讳的是先穿左脚的鞋子。传说历史上古罗马帝国奥古斯都（Augustus）皇帝没有按照先右后左的正确顺序穿鞋，结果遇到他手下的士兵造反。在英国，左脚先穿鞋，或将鞋穿反了（右脚的鞋穿在左脚，左脚的鞋穿在右脚）都是很不吉利的。到了中世纪，欧洲人又相信，先脱左脚的鞋，能防治牙疼。按照犹太人的说法，不能穿一只鞋子走路，因为那会使一个亲戚死亡。在跑步时不小心跑掉了一只鞋子，就意味着要严密保护自己的钱财；如果左脚鞋子忘了系鞋带，暗示那一天运气会很不好；如果迷迷糊糊两只脚都没系鞋带，则预示那一天会过得很轻松。西方人最忌讳两只鞋子一只鞋带是黑色的，而另一只鞋带是棕色的。因为黑色象征死亡，棕色象征棺材。在英国，向离开新娘家或上教堂举行婚礼的新娘新郎身上掷破鞋是带来好运的古老方式，现在更常见的是在他们的马车上或汽车上绑一只破鞋来表示祝福[3]。在东方，脱鞋是一种尊敬的表示。亚洲的一些国家里，人们进入佛教寺庙或清真寺时必须脱鞋。但在西方，由于受《圣经》的影响，脱鞋有着性暗示。《圣经》中记载，寡妇的兄弟答应她替他脱鞋，即表示这个兄弟答应娶寡妇为妻。现在西方一些酒吧、咖啡屋里，单身女子如果架起二郎腿，让鞋子挂在脚趾上，暗示她在等候中意的男子；单身女子到了别人家，切忌随便脱鞋，因为那是在向对方暗示你要我怎样就怎样。

---

①参阅165. 帽子的暗示与禁忌。

②参阅91. 关于雨伞的迷信。

③参阅326. 西方基督教的传统婚礼。

353.新教

[词语] Protestantism

[含义] 新教；反对教；改新教

[趣释] 新教（Protestantism）是基督教①三大主流宗派中的一个宗派。Protestantism一词源于德文protestanten，意为“抗议者”。原指1529年神圣罗马帝国举行的帝国议会中的少数反对派。该派诸侯对于会议通过支持天主教压制宗教改革运动各派的决议提出强烈抗议。后来，这个词成了16世纪宗教改革运动中脱离罗马天主教形成的一系列新宗派的统称。16世纪20年代，基督教抗罗宗的创始人、德国的马丁·路德（Martin Luther）在德国发起了宗教改革运动，迅即在整个德国形成燎原之势；在瑞士，茨温利（Huldveich Swingli）和法国宗教改革家加尔文（John Calvin）等的改革活动，进一步扩大和加深了新教的影响；在英国，英王亨利八世（Henry Ⅷ）出于政治上的原因，由上而下推行宗教改革，组成具有独特形式的新教会，以摆脱教皇的管辖。到16世纪中叶，新教的三个主要宗派，即马丁·路德创立的路德宗（Lutherans）、加尔文创立的归正宗（Reformed Churches）和作为英国国教的安立甘宗（Anglican Communion）②，都已在欧洲出现，同罗马天主教相抗衡。新教反对天主教会的封建统治，对天主教的传统教义做了一些删除，例如：不承认“炼狱”（purgatory）；不承认“变体论”，即不认为弥撒（mass）仪式中经神父“祝圣”后的饼和酒真正变成耶稣的身体和血；反对尊玛利亚为“圣母”等。在长期复杂的宗教战争之后，根据随之订立的一些合约，如1555年的《奥格斯堡合约》和1648年的《威斯特伐利亚合约》确认的“教随国定”原则，基本上形成了新教在西欧各国分布的格局：路德宗分布于德国大部和丹麦、挪威、瑞

典、芬兰北欧诸国；归正宗为瑞士、德国一部、荷兰和苏格兰；安立甘宗主要在英格兰。三大宗派的信徒人数占新教徒的绝大多数，被称为新教的主流派。现在，新教的主要宗派有“信义会”（Lutheran Churches），亦称“路德会”；圣公会（Anglican Church），即安立甘宗；浸礼会（Baptist Church）、长老会（Presbyterian Church），即加尔文宗的教会；卫理公会（Congregational Church），在英国卫理公会称为循道公会（Methodist Church）等。在现代中国，“基督教”或“耶稣教”就是指新教。

---

①参阅101. 基督教。 ②参阅398. 英国国教会。

354.新郎的男傧相及其职责

[词语] groom's ushers and best man

[含义] 新郎的迎宾员和男傧相

[趣释] 在西方，婚礼之前，新郎（groom）应先选好男傧相（best man）和若干位迎宾员（ushers）。男傧相通常由新郎的兄弟或最要好的朋友担任。如果婚礼隆重，男傧相在帮助新郎协调各种安排方面责任重大，新郎至少要在两个月前就要选定男傧相和迎宾员。在多数情况下，迎宾员、男傧相和新郎一样，礼服都是租借来的。新郎只为他们买些领带和手套。在大型婚礼中，男傧相的职责是多方面的，但首要任务是“照应新郎”。他应该确保所有的男性傧相（male attendants）准确无误地了解各项仪式的时间、地点以及所需要的用品等；他应协助新郎在婚礼前办好“告别单身汉聚会”（bachelor party）[①]；他应确保新郎所需的领带、手套以及迎宾员的礼物等；他还要为新郎及男性

傧相订好插在纽扣上的花饰以及婚礼上新娘所需的花束，并确保这些东西按时送到指定地点。在婚礼彩排时，男傧相召集所有的迎宾员吩咐他们应该做什么，使彩排顺利进行；他要协助新郎的母亲安排好接送的交通工具等后勤事项，接送客人去教堂和婚宴（wedding party）[②]的地点；他还要在举行婚礼的当天，协助新郎穿着打扮，检查结婚证是否已放在新郎外衣的内袋里，结婚戒指是否戴在小指上或放在背心的口袋里；男傧相还应负责准备一个信封，里面装上给牧师的酬金以及付给教堂的费用。他要在婚礼的前一个小时到达教堂，检查迎宾员是否都已到齐，并简要吩咐各人的职责；他和新郎应提前半小时来到教堂的祈祷室，绝对不能让新娘在那里等候。婚礼结束后，男傧相陪伴首席女傧相走出教堂，然后匆匆走去举行婚礼宴会的地点。他要看管好新夫妇的行李，把行李藏在载他们去度蜜月（honey moon）[③]的车上，以免被恶作剧的人找到。男傧相在喜宴招待会上一般坐在新娘的右边，要第一个站起来向新婚夫妇祝酒，并向所有客人宣读各种贺喜电报，祝酒词也要事先准备好。舞会开始时他应和新娘跳舞，和新娘、新郎的母亲跳舞，尽可能多地和女傧相跳舞；然后男傧相协助新郎换好出行的服装后，才把汽车钥匙、行李箱钥匙甚至宾馆的钥匙交给他；男傧相可能已为新婚夫妇订好了度蜜月的房间，还在他们到达房间时已经准备了美酒和鲜花。新郎的迎宾员的人数由婚礼规模来决定，至少必须一位。一般来说，迎宾员的人数要超过女傧相（bridesmaids）[④]的人数。迎宾员的主要任务是迎宾引座。一般在婚礼前集体迎候在教堂内门左边、首席迎宾员要把新娘母亲规定的一些特殊席位安排告诉其他的迎宾员，每个迎宾员备有一份教堂座位安排名单，新娘一方的客人坐在教堂左面长椅上，新郎一方的客人座在教堂右面的长椅上。新郎的母亲一般坐在右边第一排靠通道的第一个座位，新郎的父亲、兄弟姐妹、祖父祖母等家人均坐在右边第一排。新娘的母亲则坐在左边第一排靠通道的位置，其他家庭成员也坐在这一排。新娘母亲一到场预示婚礼即将开始，迎宾员关上大门，展开通道地上的帆布（避免新娘礼服的拖裙弄脏），把缎带沿柱子拉成一条直线，然后各就各位，准备婚礼入场式。婚礼的退场式之后，迎宾员要将客人护送出教堂，并尽快将教堂收拾干净。迎宾员还要首先设法将新郎新娘送到婚宴地点，还要给没交通工具的宾客安排车辆。如果是小型招待会，迎宾员还要帮忙为宾客服务。当婚宴接近尾声，新娘将花束抛向女傧相后去换装，迎宾员的最后一个任务是帮助新婚夫妇顺利坐上车去度蜜月。

---

①参阅88.告别单身的男士聚会。
②参阅321.西方的传统婚宴。
③参阅75.度蜜月。
④参阅356.新娘的女傧相及其职责。

355.新郎新娘婚礼前不能见面

[词语] The bridegroom can't see the bride on the morning before the wedding.

[含义] 新郎在婚礼举行前的那天早上不能见新娘。

[趣释] 在英语中，新娘称bride，新郎称bridegroom或缩略为groom，groom原意为“马夫”。但在古英语中“新娘”为bryd，“新郎”为brydguma，guma意为man（“人”）。就字面上讲，古英语中“新郎”是“新娘（的）人”（brydguma），而不是现在英语中“新郎”是“新娘（的）马夫”（bridegroom）。据考证，16世纪guma（gome）一词从英语中消失，新郎一词才呈现为这种拼写形式。很久以来，西方国家的人们一直认为新郎在婚礼举行前的那天早上见新娘是不吉利的（The bridegroom should not see the bride on the morning before the wedding.）。理由是新郎不见新娘，只在婚礼举行时等在神坛边，这时当他看到自己美丽的新娘时，才会更加爱她，两人婚后的生活才会更加和睦。还有人解释说，马上就要做新娘的姑娘是洁净的，需要与他人隔离一段时间，并且在结婚那天，新娘应当被新郎抱过门槛，现在人们普遍遵循这一习俗，只为图个平安吉利而已。

356.新娘的女傧相及其职责

[**词语**] maid and matron of honour

[**含义**] 首席未婚女傧相与首席已婚女傧相

[**趣释**] 在美国，最简单的婚礼上新娘（bride）至少也要有一位女傧相（wedding attendant）。隆重讲究的婚礼常常需要八个或更多的女傧相（bridesmaids），一个花童（a flower girl）、一个托戒指的侍者（a ring bearer）、一个小女孩傧相（a junior bridesmaid）、两个小男孩傧相（two pages）、一个未婚首席女傧相（a maid of honour）、一个已婚首席女傧相（a matron of honour）。在操办繁复的婚礼时，傧相肩负很大责任，那就是按时陪新娘、新郎去试装，安排婚礼前照相、举办婚礼前新娘送礼会（bridal shower）①、新郎和新娘共同举办的送礼会上的照相事宜等。新娘通常选择自己的姐妹担任首席女傧相，也可以让自己的好友担任，丧夫或离婚的女人不可以担任首席已婚女傧相。首席未婚和已婚女傧相在婚礼中扮演重要角色。在新娘走向圣坛的过程中，首席已婚女傧相走在新娘的前面，通过教堂的席间过道。首席未婚女傧相通常走在首席已婚女傧相前面。在婚礼上，新娘可以请其中一位帮她捧鲜花或者由站在新娘旁边的首席已婚女傧相从新娘手中接过花束，交给首席未婚女傧

相。她会在婚礼结束时把花束交给首席已婚女傧相，再由她交还给新娘。在罗马天主教（Roman Catholicism）[②]的婚礼上，首席已婚女傧相必须在新郎、新娘行“接吻礼”时为新娘揭开面纱，随后又为她重新盖上面纱。当新郎、新娘离开教堂时，两位首席女傧相一起帮助新娘拉直礼服裙裾，然后随新人沿过道走出教堂。这时，男傧相（best man）[③]走在首席已婚女傧相旁边，首席男迎宾员（head usher）走在首席未婚女傧相旁边。在筹办婚礼中，这两位首席女傧相必须尽一切力量帮助新娘及新娘的母亲。她们帮助制定请客名单、填写请柬、处理紧急事宜，帮助新娘在婚礼那天穿衣打扮和换装出行。女傧相通常从新娘的亲朋好友中挑选，在加拿大、英国等国，女傧相常由比新娘年龄小得多的人担任。

---

①参阅441.有趣的送礼会。 ②参阅295.天主教。
③参阅354.新郎的男傧相及其职责。

357.新娘的鞋子

［**词语**］bridal shoes

［**含义**］新娘鞋

［**趣释**］在西式婚礼中，新娘鞋（bridal shoes）是一个很重要的部分。一件精致的婚纱应该配一双怎样的新娘鞋，这是西方许多新娘要认真考虑的问题。因为选得好会使婚礼锦上添花，否则就会让婚礼留下永远的遗憾。一般来说，搭配西式礼服的新娘鞋，最好以银色、米白色、珍珠色、闪亮粉色为主，这种可以百搭的色彩可以搭配不同颜色的婚纱礼服。其实，在很早以前新娘鞋在盎格鲁—撒克逊人（Anglo-Saxon）的婚礼中就占有极重要的地位。它既是嫁妆的一部分，又是所有嫁妆的代表。按照当时

习俗，举行婚礼时，新娘要把这双鞋子交给新郎，而新郎要用这双鞋来敲新娘的头。婚礼结束之后，这双新娘鞋要钉在新房床头的墙上，作为权威的象征。

358.新西兰

［词语］New Zealand

［含义］新西兰

［趣释］“新西兰”（New Zealand）一词来自荷兰语，意为“新海中陆地”。1642年荷兰航海家阿贝尔·塔斯漫（Abel Tasman）来到这里，觉得这里与荷兰的泽兰省（Zeeland）相似，把这里命名为“新泽兰”（Nieuw Zeeland）。“泽兰”（Zeeland）一词在荷兰语中意为“海中陆地”。后来，大批英国移民到此后，将这个荷兰语地名英语化为New Zealand并沿用至今。新西兰是英联邦（Commonwealth）①主权国家，位于太平洋西南部的岛屿上，属温带海洋性气候。全国总面积27万平方千米，由北岛（North Island）、南岛（South Island）及附近的小岛组成。新西兰有12个行政区、其中北岛8个区，南岛4个区②。新西兰是一个移民国家，人口464万（2015年），75%以上为欧洲移民后裔，原居民毛利人（Maoris）约占15%。居民多信奉基督教新教和天主教。首都惠灵顿（Wellington），是全国政治、文化中心，也是世界上地理位置最南的首都。新西兰国旗为长方形，旗底深蓝色。红、白“米”字图案位于靠旗杆一边的上方，四颗镶有白边的红色五角星位于旗的右边，表示南十字星座（Southern Cross）③。国庆日为每年的2月6日④，国花为银蕨，国鸟为几维鸟。

---

①参阅414.英联邦。

②参阅附录5.新西兰各行政区一览表。

③参阅363.新西兰国旗。

④参阅360.新西兰的怀坦吉日。

359.新西兰的国家政权

[**词语**] The politics of New Zealand

New Zealand goverment type

[**含义**] 新西兰的国家政权

[**趣释**] 新西兰的政治体制为君主立宪的中央集权制(constitutional monarchy)。国家元首(head of state)为英国女王伊丽莎白二世(Queen Elizabeth Ⅱ),由女王任命的总督(Governor-General)代表。总督由总理提名,女王任命,任期5年。总督为法定的最高行政长官,兼武装部队总司令。1840年签订的怀坦吉条约(Treaty of Waitangi)①首次规定英国在新西兰设立和派驻总督。总督的主要权限是:召开和解散议会;在议会开会时,代表女王向议会宣读御书;代表王室批准法规;任命各级政府官员;大选后正式召见众议院多数党领袖以组成政府。按照惯例和法律,总督行使权力必须以行政会议的建议为指导,实权掌握在内阁手中。新西兰的政府首脑(head of government)为总理(Prime Minister),由在众议院中占多数席位的议会领袖担任,并兼任审计部门、立法部门、和新西兰情报局的部长。内阁(cabinet)是新西兰政府的组成部分,由总理和他的20名部长组成。内阁负责制定政策,设有众多委员会,负责协调和规划政府工作。新西兰实行两党制(国民党和工党轮流执政),没有联合政府。内阁会议秘密进行,内阁的一切决议集体负责。政府各部是新西兰贯彻实施内阁政策的主要机构,设有54个部。各部部长每年向议会作年度报告,供议会检查。部长的一切行动要向议会负责,在公众场合不支持政府政策的部长必须辞职。各部门的工作人员均为终身任职的公务员,不因政府的更换而停止工作。新西兰的议会(parliament)实行一院制,仅设

众议院（House of Representatives），是新西兰最高的立法机关，由97名议员组成，其中毛利族（Maoris）议员4名。议员任期3年，凡年满18岁，在其选区进行选民登记者均有资格被选为议员。公务员不能参选议员。国家公务员如当选为议员，即被认为已经辞去国家公务员职务。议会会期为每年6月至11月底或12月初。新西兰的代表权委员会（Representation Commission）每5年将全国按人口划为若干选区。目前为97个选区，其中4个为毛利人选区。每选区选出一名议员。议会选举为新西兰的普选。选举采用无记名投票方式进行。新西兰的选民登记是强制性的，但投票是自愿的。

---

①参阅360.新西兰的怀坦吉日（国庆日）。

360.新西兰的怀坦吉日（国庆日）

［**词语**］Waitangi Day of New Zealand

［**含义**］怀坦吉日；国庆日

［**趣释**］每年2月6日是新西兰人民的怀坦吉日（Waitangi Day），也是该国的国庆日。怀坦吉，又译威坦哲、怀唐伊，是新西兰北岛（North Island）东北部的一个小村镇。1350年新西兰土著毛利人（Maoris）已经开始在此定居。1777年以后，英国开始向新西兰大批移民，1838年，英国决定并吞新西兰。1840年2月6日，英国全权代表和毛利人酋长签订了《怀坦吉条约》（Treaty of Waitangi）。条约共有三条：1.毛利人承认英国女王对他们的土地拥有主权；2.英国王室保护毛利人的土地所有权，非女王不得购买毛利人的土地；3.毛利人享有英国臣民的一切权力。其中第二条于1862年通过《土著土地法》而失效。第一、三两条使新

西兰沦为英国的殖民地。1907年，在当地人民的不断斗争下，英国被迫同意新西兰独立，成为英联邦的自治领。1947年英国承认新西兰完全自治，至今仍为英联邦成员。现在，新西兰纪念2月6日怀坦吉条约签订日，把它视为该国的国庆日。

361.新西兰的教育

[词语] education in New Zealand

[含义] 新西兰的教育

[趣释] 在新西兰，学前教育有幼儿园、游乐中心、儿童日托中心等。幼儿园面向3—4岁儿童。初级教育接收5岁儿童入学（6岁为强迫入学年龄），先读幼儿班2年，上小学班读4年，许多地区还有中学过度班再读2年。然后13岁左右升入中学一级水平（即中学三年级）。新西兰有315所公立中学和15所私立中学。一些中学（尤其是大城市里的中学）只收男生或只收女生。学生进入中学无需经过考试筛选，但学校根据一项能力测试把学生分成不同的班级。除大城市按居住地区规定上哪所学校外，在其他地方要上哪所中学由学生家长选择。国家规定，青少年必须读中学至15岁，但至少一半的学生都要超过这个年限上至六年级或七年级。新西兰共有6所综合大学和一所农业专科技术学校。每所大学都设有艺术、法律、商业和科学方面的课程，每年有6700名大学生毕业，其中1800名学生获得硕士、博士学位。

362.新西兰的社会福利制度

[词语] social welfare in New Zealand

[含义] 新西兰的社会福利

［趣释］按20世纪末统计，新西兰的人口出生率为15.7‰，婴儿死亡率为新生婴儿的12.5‰。平均预期寿命女子为76岁、男子70岁。新西兰的人均产值为1万美元上下，因此，新西兰人的生活水平普遍都比较高，一般家庭都有良好的居住条件，拥有各种现代化设施和汽车等。在新西兰，所有公民都可以得到全面的保健服务。这些服务大部分得到国家支持，其中很多服务是免费提供的。比如，到公立医院去看病，妇女的妊娠检查、分娩、产后医疗以及儿童牙科治疗，还有许多医药也是免费的。新西兰是最早实行社会福利的国家之一，它为老年人、残疾人、失业者和病人制订了许多社会保险计划，其中一项事故补偿计划为所有事故受害者提供补偿和善后费用。

363.新西兰国旗

［词语］national flag of New Zealand

［含义］新西兰国旗

［趣释］从1840年怀坦吉条约（Treaty of Waitangi）① 签订之日起，新西兰就成了英国的殖民地。新西兰国旗图案始于1867年，当时旗面上只有“NZ”两个英文字母（New Zealand的缩写）。1901年，采用现在的国旗式样：旗底为深蓝色，左边上方为英国“米”字国旗（Union Jack）②图案，右边是四颗镶白边的红色五角星。1907年新西兰独立，成为英联邦（the Commonwealth）自治领，此国旗一直沿用至今。国旗呈长方形，左边英国国旗图案表示同英国的传统关系；右边四颗白边红五角

新西兰国旗

星表示南十字星座（Southern Cross），又是独立和希望的象征。

①参阅360. 新西兰的怀坦吉日（国庆日）。 ②参阅390. 英国的“米”字国旗。

364.新西兰的宗教

[词语] religion in New Zealand

[含义] 新西兰宗教

[趣释] 新西兰人口比较少，平均每平方千米只有13.2人。约85%的新西兰人生活在城镇，74%的人口住在北岛（North Island）。80%左右的新西兰人认为自己是欧洲人的后裔，他们的先辈主要来自英国；毛利人（Maoris）占总人口的12.9%。在新西兰，宗教信仰完全是自己的事情，人们普遍信仰基督教[①]，主要教派有：圣公会（Anglican Church）[②]、卫理会（Methodist Church）、长老会（Presbyterian Church）和罗马天主教（Roman Catholicism）[③]，还有其他许多教派。圣公会、卫理会和长老会是新教[④]的三个主要教派。也就是说，新西兰的基督教主要是新教和天主教。其他世界性的主要宗教，如佛教（Buddhism）、印度教（Hinduism）、伊斯兰教（Islam）、犹太教（Judaism）等在新西兰也有人信仰。此外，还有一部分人没有任何宗教信仰。新西兰是真正的多元文化社会，为具有各种信仰的人提供宽松的自由环境。大约10%的人口属于积极参与活动的基督徒，许多公共假日也来自基督年历。宗教受到法律的保护，人权法禁止对宗教的歧视。主要城市拥有教堂、寺院、清真寺，犹太教堂和其他宗教礼拜场所。外国留学生的寄宿家庭和学生旅馆可以保证宗教饮食要求得到尊重。

①参阅101. 基督教。 ②参阅398. 英国国教会。

③参阅295. 天主教。 ④参阅353. 新教。

365.新西兰毛利人试婚习俗

[**词语**] trial marriage

[**含义**] 试婚

[**趣释**] 毛利人（Maoris）是新西兰的少数民族。现代毛利人已经接受英裔新西兰人的影响，多数会讲英语，许多人进入城市当雇工。部落界限已被打破，民族意识开始形成，民族文化得到复兴和发展。毛利人从出生到青春期以前，只是赤身裸体地在妈妈身边游戏玩耍。他们忌讳男女同场活动，即使看电影、看戏也分男子场和女子场。他们一般不愿意谈论宗教、国内政治和私人的话题。但毛利人有婚前同居的习俗，他们到了结婚年龄之后，一般是和自己相中的姑娘同居试婚一段时间，如果双方感到可以在一起生活，经过父母的同意，就可以举行婚礼。若不满意，则重新选择再试婚。

366.新西兰人的文化生活

[**词语**] cultural life in New Zealand

[**含义**] 新西兰的文化生活

[**趣释**] 在新西兰，艺术得到大力扶持并得以健康发展。新西兰的画家、雕塑家，新西兰的芭蕾舞团、戏剧院、乐团、歌剧院和电影制片等通过伊丽莎白女王二世艺术委员会得到经济资助。新西兰人酷爱书籍，人们每年都会购买大量出版物。在文学方面，新西兰有享誉世界的短篇小说家凯瑟琳·曼斯菲尔德（Katherine Mansfield）。在绘画、陶瓷、编织方面，新西兰的国际声誉在不断提高。在供观赏的艺术方面，毛利族艺术家的作品的独特魅力越来越为世人所注目。新西兰人热心积极参

与各种各样的文化活动，专业的和业余的音乐、戏剧、舞蹈团体在全国十分活跃。新西兰宜人的气候适合开展体育活动。橄榄球（Rugby football）①是冬季主要的体育运动。同时人们也越来越喜爱英式足球（football）、曲棍球（hockey）、滑雪（skiing）等运动。在夏季，人们的主要运动项目有板球（cricket）②、垒球（softball）、网球（tennis）、田径（track and field）、游泳（swimming）和划船（boating）。高尔夫（golf）③和赛马（horse racing）则无论冬夏都很受欢迎。

---

①参阅92. 国家美式橄榄球大联盟。 ②参阅37. 板球：绅士的游戏。

③参阅84. 高尔夫球运动。

367.新西兰人的饮食与喝茶习俗

[词语] food and drink in New Zealand

[含义] 新西兰人的饮食

[趣释] 新西兰人的饮食习惯大体上与英国人相同，饮食以西餐为主，口味油腻，对动物蛋白质需要量比较大，牛肉、羊肉、鸡肉、鱼肉都是他们爱吃的。他们采用欧洲大陆式的用餐方法：始终是左手握叉，右手拿刀。他们在吃饭时不爱谈话，有话要等用餐后再谈。他们爱喝啤酒，人均啤酒年消费量达130公升。国家对烈酒严加控制，有些餐馆只出售葡萄酒，专售烈酒的餐馆对每份正餐只配一杯烈酒。除了爱吃瘦肉外，欧洲移民的后裔还特别爱喝浓汤。受英国风俗的影响，饮茶也是新西兰人的爱好。他们喜欢红茶，每日至少7次，即早茶、早餐茶、午餐茶、午后茶、下午茶、晚餐茶和晚茶。每次喝茶都很正式，很多机关、学校、工矿企业都有专门的喝茶时间。各种茶叶店、茶馆随处可

见。新西兰可以说是世界上喝茶最多的国家之一，茶叶在进口商品中占有相当大的比重。

368.欣赏歌剧、音乐会的礼仪

[**词语**] manners at operas and concerts

[**含义**] 欣赏歌剧、音乐会的礼仪

[**趣释**] 歌剧（opera）和音乐会（concert）都是高雅艺术，深得英语国家人民的喜爱。在进剧场欣赏这些高雅艺术的时候，一定要穿着得体，举止文明，表现出良好的素质和修养。一般要提前15分钟左右进场，以便找到座位。如果迟到，要在幕间休息入场，尽量不要打扰他人；观看演出，不戴帽子，不吃带壳、带皮、带响的食品；不要把脚踩在前排座椅上。安静倾听是欣赏歌剧、音乐会演出的起码礼仪。这不仅是对演员和其他观众的尊重，也间接表达自己的修养。在演出中发出噪音是很不礼貌的。因此，不要大声说笑、交头接耳，也不要做出分散其他听众注意力的举动；切勿在剧场中接电话，为防止手机发出尖锐的铃声，应将手机暂时关闭或设置静音、震动状态。喝倒彩是最为不雅的行为，如果对某个节目不满意，不要交头接耳，评论应在演出结束后进行。不要进行现场拍照或录像，以免影响艺术家们的演出，同时也为了保护版权；未经准许，不要随意向演员献花；如确必要，应事先联系，由工作人员做出安排；观看演出时不能抽烟，抽烟应在幕间休息时到吸烟区去，以免影响他人。适当的掌声是观众对演员劳动的回应，但是，过于热情或不合理的掌声则会扰乱演员的情绪。一般来说，听音乐会时鼓掌学问很大，不懂的人不要随便乱鼓掌。一首交响曲分为四个乐章，它是一个整体，乐章和乐章之间不能鼓掌。当指挥的手还举在空中，表明音乐还未结束，即使音乐结

束，还应有几秒钟的回味时间。通常以音乐结束3~5秒之后，掌声如潮涌起，才是最佳时机。鼓掌时机的掌握，可以通过观察指挥或演奏者的姿势和神态来判断，鼓掌应随大家停止而停止，不应鼓个没完。

369.星期天出生的人命好

［**词语**］A person born on Sunday will always have good luck.

［**含义**］星期天出生的人有好运

［**趣释**］英语国家的人普遍相信，每个孩子一出生便于天上的星辰联系在一起，主管这个星辰的神将影响这个孩子的性格、智力和气质，甚至决定这个孩子一生的命运。星期一是月亮之日，它的主宰神是月神狄安娜（Diana），这天出生的孩子会像她那样志行高洁，容貌端庄美丽；星期二是火星之日，它的主宰神是战神玛尔斯（Mars），这天出生的孩子会像他那样体面优雅，风度翩翩，富有魅力；星期三是水星之日，它的主宰神是神使墨丘利（Mercury），因为他是众神的使者和亡灵的接引神，这天出生的孩子会颠沛流离，饱经风霜；星期四是木星之日，它的主宰神是大权在握的最高天神朱庇特（Jupiter），这天出生的孩子会趾高气扬，脾气暴烈，目光远大；星期五是金星之日，它的主宰神是爱神维纳斯（Venus），这天出生的孩子不仅俊俏可爱，而且待人宽厚、仁爱，乐善好施；星期六是土星之日，它的主宰是萨图恩（Saturn），这天出生的孩子一生必定要经过许多磨难，含辛茹苦，劳碌终生；星期天是太阳之日，它的主宰神是太阳神阿波罗（Apollo），这一天出生的孩子必定相貌姣好，健康活泼，一生平安幸福。英国人有一首民谣是这样说的：Monday's child is fair of face, Tuesday's child full of grace, Wednesday's child is full of woe, Thursday's child has far to go, Friday's child is loving and giving, Saturday's child works hard for its living.But the child who is born on the Sabbath's day, is lucky and happy and good and gay.（星期一的孩子相貌多俊美，星期二的孩子身段多优美；星期三的孩子多折磨，星期四的孩子远奔波，星期五的孩子生性博爱好周济，星期六的孩子劳碌为生计，只有出生在安息日（星期日）的孩子，兼得幸运、活泼、善良和魅力。）

370.《星条旗》

[词语] Star-Spangled Banner

American national anthem

[含义]《星条旗》；美国国歌

[趣释]《星条旗》是美利坚合众国国歌。歌词分为四段，通常只唱第一段和第四段。这两段歌词是这样的："哦，你可看见，透过一线曙光，我们对着什么，发出欢呼的声浪？谁的阔条明星，冒着一夜炮火，依然迎风招展，在我军碉堡上？火炮闪闪发光，炸弹隆隆作响，它们都是见证，国旗安然无恙。你看星条旗不是还高高飘扬，在这自由国家，勇士的家乡？""玉碎还是瓦全，摆在我们面前，自由人将奋起保卫国旗长招展。祖国自有天相，胜利和平在望；建国家，保家乡，感谢上帝的力量。我们一定得胜，正义属于我方，'我们信赖上帝'，此语永矢不忘。你看星条旗将永远高高飘扬，在这自由国家，勇士的家乡。"这首歌写于1814年9月14日，弗朗西斯·司考特·克伊（Frances Scott Key）填词，约翰·斯塔福德·史密斯（John Stafford

Smith）谱曲。这首歌通过描写人们看见星条旗时的激动心情来表现他们的爱国之心。1931年3月3日，美国参议院通过一项法案规定，《星条旗》为美国国歌。在此之前，美国没有正式国歌。

371.幸运的兔子脚

[**词语**] rabbit's foot

[**含义**] 兔子脚；象征好运的护身符

[**趣释**] 英国人和西方人迷信认为，兔子脚能给人带来好运这是因为在英国有个流传很久的传说，若有人被邪灵恶整的话，可以在午夜月圆时分，将兔子的右后脚挂在脖上，就能保护自己，而且兔子不同的部位，还有不同的保护用途，所以英国人认为兔脚代表幸运，通常被称为“幸运的兔脚”。兔子的繁殖能力很强，奔跑快如闪电，并且非常聪明，它们经常能从优秀猎人的枪口下逃脱。因而，兔子就被莫名其妙地认为是神奇了。在原始社会，巫术被认为是可以感染的，即使局部与整体之间的联系已经切断，局部也能代表整体的特性。因为是兔子后脚给兔子以奔跑的速度，所有后脚就成了幸运物。后来经过不断演化，兔子后脚就成了有康复作用的护身符（amulet）。在现代社会里，人们更多地认为兔子是狡猾、机智的象征。在文学作品、影视作品中，战无不胜的兔子形象不断出现，一种动物能持续这么长时间一直保持良好的形象，或许因为它真的能给人带来好运。今天，兔脚一般被当成幸运物而成为搜寻的对象，它们的流行也许已经衰退，但却依然被制成钥匙圈出售。

372.休战纪念日和退伍军人节

[词语] Rememberance Sunday/Rememberance Day

Pappy Day

[含义]（英国）休战纪念日；（美国）退伍军人节

[趣释] 每年最靠近11月11日第一次世界大战停战纪念日的星期日，是英国的休战纪念日（Rememberance Day/Rememberance Sunday）。这一天，英国各地都举行隆重的纪念活动。在伦敦，教堂要举行特别纪念活动，市民要举行群众集会，缅怀在两次世界大战中的死难将士。主要活动之一是在伦敦第一次世界大战阵亡将士纪念碑前，由皇室主要成员敬献花圈，要举行传统的“两分钟默哀”仪式（the two-minute silence）。政府高级官员和各政党首脑届时均出席。参加活动的人们一律佩带退伍人做的假罂粟花，因而休战纪念日亦称“罂粟花节”（Poppy Day）①。

美国为了纪念1918年11月11日签订的第一次世界大战停战协定，1919年定这一天为停战纪念日。此后每年，美国人民都要举行庆祝活动。后来，人们的庆祝热情明显减退。1954年6月1日，总统签署国会法案，将停战纪念日改为“退伍军人节”（Veterans' Day）。每逢这一天，美国总统和各州州长都宣布向全体退伍军人致敬，退伍军人举行集会游行和各种庆祝活动。1968年，美国国会通过“星期日假日法”，将退伍军人节改在每年10月的第四个星期一，以使人们可以度3天的周末。

---

①参阅438.罂粟花节。

Y

373.颜色在基督教中的象征意义

[**词语**] colours in Christianity

[**含义**] 基督教中的色彩

[**趣释**] 不同的颜色在基督教中有其特定的装饰用途和象征意义。1.黑色（black）：在教堂装饰中用于耶稣（Jesus）受难日（Good Friday）①。作为丧葬色，黑色象征悲痛、绝望、死亡（但在天主教中以紫色代黑色）。2.蓝色（blue）：象征希望和对神圣德行的爱；象征忠诚和信义（作为天使的礼服）；象征谦虚（做圣母玛利亚的袍服）；（在天主教中）象征谦卑和赎罪。作为丧葬色，（对神）象征永恒（eternity）、（对人）象征不朽（immortality）。淡蓝色（pale blue）：象征和平、基督教的慎重、对善行的爱、良知。3.绿色（green）：象征信义、欢乐、不朽、匡扶正义。在教堂装饰中，它象征上帝的恩惠、欢笑、欢乐、复活。淡绿色（pale green）：象征洗礼。4.紫色（purple）：象征正义、王权。5.红色（red）：象征为正义、博爱所做的牺牲；（在装饰中）象征神爱。在教堂装饰中用于殉教者和降灵节（Pentecost/Whitsunday）②。6.白色（white）：象征纯洁、真实、洁白。在教堂装饰中用于基督节（Feast of

Christ the King）[3]，作为所有圣徒（殉道者除外）的丧葬色，白色表示希望。7. 黄色（yellow）：象征正义、坚定、智慧、光荣，也象征嫉妒、反复无常、无节制。在基督教艺术中，犹大（Judas）穿黄衣，圣彼得（St. Peter）也穿金黄色衣服。8. 紫罗兰色（violet）、棕色（brown）或灰色（grey）这三种颜色在教堂中都用来装饰基督降临节（Advent）[4]。紫罗兰色常表示忏悔，灰色表示磨难。

---

①参阅379. 耶稣受难日。　②参阅272. 圣灵降临节。
③参阅279. 圣王基督节。　④参阅100. 基督降临节。

374. 盐的迷信作用

［**词语**］spilling salt

［**含义**］撒盐；不祥之兆

［**趣释**］西方人非常重视盐（salt），也对盐存在着迷信。盐曾经做过薪俸（salary），salary一词原指“配给盐”，后来以钱代替给物，salary便被引申为薪俸、薪水。在《圣经》中，盐被用来指“社会中坚”（the salt of the earth）。在英国，年轻女子准备餐具时不在桌上放盐杯，意为她已经不是处女。在西方，人们认为盐具有预兆的功能。相信如果有人不慎把盛盐的杯子或盐罐碰翻或倒扣过来，是要争吵的信号，或是要遇到坏事。倒出去的盐粒有多少，这样做的人就会流多少眼泪。在达·芬奇（Leonardo da Vinci）的名画《最后的晚餐》（the Last Supper）[1]中，出卖耶稣（Jesus）的犹大（Judas）旁边是一只被他手臂不慎碰翻的盐罐，这说明碰翻盐罐要出坏事的观念流传悠久。在中世纪，若想知道即将出生的婴儿是男是女，人们

把干盐撒在孕妇的胸部，如果盐往下流就是生女儿，否则就生儿子。也可以把盐放在熟睡孕妇的床头，如果孕妇醒后先叫男人的名字就会生男孩，叫女人的名字就生女孩。波斯人还有孕妇头上撒盐的习惯，认为这样会使她生下的婴儿更漂亮。美国人相信，在要出远门的人衣服里缝点盐，以使他不太想家。人们还相信盐具有镇邪避灾的作用，用右手抓一小撮盐从左肩上方撒出去，就可以消灾避难。美国人相信，谁吃一口盐而面不改色，他就能长寿。在病人床头放一碗盐，能帮助病人尽快康复。对于刚出生的体弱婴儿，在他的摇篮里放一袋盐，可以增加他的成活率。

---

①参阅283.“13”不吉利。

375.邀请与请柬

[**词语**] invitation

[**含义**] 邀请；请柬

[**趣释**] 邀请，在社会生活中是非常重要的一环，也是交际活动中必不可少的礼节。大到政府、单位盛大的庆典或宴会，公司企业隆重的仪式或典礼，小到家庭、个人热闹的婚宴或聚会，都少不了要邀请宾客。邀请分正式邀请和非正式邀请两种。正式邀请通常是用正式请柬（invitation）或邀请信。两者都必须有以下内容，邀请者邀请被邀请者参加定于何日何时举行的何种活动。政府单位，公司、企业使用的正式请柬用第三人称书写，左下角标注着装要求，分为Casual，Informal，Lounge suit，Black tie，White tie 四至五个等级[①]以及R. S. V. P.（法文Repondez S'il Vous Plait.的缩写，意为“请回复”）等字样。家庭个人的正式请柬也用第三人称书写，左下角也有Dress coat

（穿礼服）或Morning dress（常礼服）、Lounge suit（普通西服）、No dress（衣着随便），以及R.S.V. P.等字样。被邀请者收到请柬后应立即用第三人称回复，表明是应约还是无法应约[②]。西方国家的青年人结婚之前，邀请亲朋好友参加自己的婚礼而发出婚礼请柬（wedding invitation）也是一种正式请柬。过去的传统是由新娘一方进行，现在则由新娘、新郎共同来负责。请柬上要写清婚礼日期、地点、结婚双方的姓名等。被邀请的人则带着庆贺的礼物参加婚礼。一般来说，邀请宾客是很认真仔细的。过多地邀请客人，会有贪图钱财之嫌。非正式邀请一般用于家庭或个人举办的聚会，通常是打电话或口头通知。例如：My wife and I are going to give a barbecue party，Could you make it？（我和妻子要搞一个烧烤聚会，您能来吗？）正式请柬或邀请信一般提前两三周通过邮局寄出，隆重的庆典或宴会的请柬也有派专人送达被邀请者，被邀请者收到请柬后，应尽快回复，将答复邮寄给邀请者或立即回复交给送请柬的人带回。

---

①参阅426.英美人社交场合的着装要求。 ②参阅129.接受邀请与赴约。

376.要向打喷嚏的人祝福

[词语] Bless you

God bless

[含义] 祝福你

[趣释] 英美等国家，每当有人打喷嚏（sneeze），周围的人总是连忙说："Bless you！"或" God bless."这不是西方的礼貌，而是他们对人打喷嚏也存在着迷信。西方人普遍认为人在打喷嚏的那一刹那，灵魂会变得相当脆弱，恶魔撒旦（Satan）

就会利用这个机会，窃取打喷嚏人（sneeze）的灵魂。为了对他进行保护，防止灵魂被偷走，最有效的办法是周围的人应在第一时间说："Bless you！"而打喷嚏的人则应回应说："Thank you."感谢对方祝福自己。

377.耶稣升天节

［**词语**］Ascension

［**含义**］耶稣升天节；耶稣升天瞻礼；主升天节

［**趣释**］耶稣升天节，又称主升天节，是与圣诞节（Christmas）[①]、复活节（Easter）[②]、圣灵降临节（Pentecost）[③]共为基督教各派普遍庆祝的节日。纪念耶稣当年"复活"后第四十天上升天堂。节期为复活节后的第四十天，在5月1日和6月4日之间的某一天。据《圣经·新约》中记载，耶稣复活后的四十天中，曾多次向门徒显现，讲述上帝的国。嘱咐他们不要离开圣城耶路撒冷（Jerusalem），等候圣灵的洗礼。到第四十天，耶稣领着门徒到伯大尼（Bethany）的对面，就举手给他们祝福。他还在祝福的时候，离开地面，门徒们目睹他进入云层，上到天堂去了。因而又称耶稣升天瞻礼。三四世纪之交，东西方两派教会都规定复活节后第四十日为耶稣升天日，自5世纪起，耶稣升天成为基督教绘画艺术的重要题材之一。

---

①参阅265. 圣诞节。　②参阅81. 复活节。

③参阅272. 圣灵降临节。

378.耶稣受割礼日

[**词语**] Circumcision of Jesus

[**含义**] 耶稣受割礼日

[**趣释**] 耶稣受割礼日是基督教节日，节期为每年1月1日。耶稣传说是基督教的创始人，但当时的文献资料并没任何记载。据推测他存在的时间应是1世纪初。据《圣经》说，巴勒斯坦北方省加利利（Galilee）的拿撒勒城（Nazareth）里一位女童玛利亚（Mary），尚未被夫迎娶，即由圣灵赐孕。后随丈夫约瑟（Joseph）到伯利恒（Bethlehem）在该地一家客店的马棚里产下耶稣[①]。按照犹太的传统习俗，男婴取名时须在下身施行手术割去其包皮，称为“行割礼”。《圣经·路加福音》第2章21节记载：“满了8天，就给孩子行割礼，与他起名叫耶稣。”教会据此定耶稣圣诞后的第8天，即1月1日为此节。东部教会（包括东正教）沿用旧历（犹太历），节日在相当于1月13日或14日。

---

①参阅265.圣诞节。

379.耶稣受难日

[**词语**] Good Friday

[**含义**] 耶稣受难日；受难节

[**趣释**] 耶稣受难日，又称受难节。节期为复活节（Easter）[①]之前的星期五。以纪念耶稣被钉死在十字架（Cross）上。《圣经·新约》中记载，耶稣在自己受难前曾三次预告此事。他说：“人子必须受许多苦，被长老祭司长和文士弃绝，并且被杀，过三天复活。”后来，在犹太教逾越节前间，耶稣果真被钉在十字架

上受难而死。基督教规定，每年复活节前的星期五为受难日，英文因此称Good Friday，意思为“神圣的星期五”。天主教、东正教以及基督教圣公会、信义会和其他一些教派都有礼拜仪式[②]。在许多地方，不同教派在这一天联合举行礼拜，以表示团结合一。这一天，教会里饰以黑布，从上午11时开始，提供所谓的“三个小时服务”，它起源于耶稣在十字架上生存了三个小时。说教的题目是由所谓的“七句话”构成，它的意义是耶稣被钉在十字架上，死前的三小时中所讲的七句话。参拜的人从教会回家后，要吃十字架形状的热果子面包。这一天也是英国的公共假日（public holiday），亦称银行假日（bank holiday）[③]。

---

①参阅81.复活节。 ②参阅104.基督教的礼拜。
③参阅395.英国的银行假日。

380.议会的特权、职责和选举制度

［**词语**］parliamentary privilege, functions and electoral system

［**含义**］议会的特权、职责和选举制度

［**趣释**］一般认为，英国的议会始于1264年。为解决财政困难，当时的摄政者西门·孟特福（Simonde Montfort）伯爵召集会议，并规定由贵族、僧侣和每郡两名骑士、每市两名平民代表参加。该会议有700多年的历史，被称作英国的“议会之母”。后来，召开这种会议时贵族和平民分开，因而议会便有贵族院（House of Lords）和平民院（House of Commons）之分。现代的议会始于17世纪中期，当时英国资产阶级在反对王权的斗争中，通过议会限制了王权。1689年和1701年，英国议会分别通过了《权利法案》（*Bill of Rights*），确认议会是高于王权的最

高立法机构。议会的特权（Parliamentary Privilege）是指在行职权时不受妨碍。英国议会的上院（Upper House）即贵族院和下院（Lower House）即贫民院都拥有某些特定的权力。如：下议院的特权包括言论自由；民事诉讼中不被逮捕；免除陪审、免除作为证人而听审或作为司法长官的工作；有权继承王位等。其他权力包括下议院有权控制其议会的进行；宣布取消议员的资格，宣布因此造成的议员空缺；处罚违反或藐视特权的议员。上议院的特权大体与下议院的特权相同。议会的职责（Functions of the Parliament）主要是立法、监督政府和财政。具体有：通过法律提案（bills）；为政府提供进行工作的措施和方法；讨论国家当前的重要政治问题；检查政府的政策落实情况和管理情况、尤其是财政支出的情况。此外，议会也商议批准通过的重大国际条约和协议等。议会选举制度（Parliamentary electoral system）是指下议院的议员选举（因为上议院的议员不是选举产生的①）。议员选举每5年举行一次，但执政党有权提前选举。为便于选举，英国被划成许多选区，每区用无记名投票方式选出一名议员。每个候选人必须交500英镑作为未通过的罚金。未偿清债务的破产者、判处一年以上徒刑的囚犯、教会的教士、上议院的议员、司法官和文职官员不具备议员候选人资格。

---

①参阅386.英国的国家政权。

381.因纽特人的抢婚习俗

[**词语**] grabbing marriage

[**含义**] 抢婚

[**趣释**] 因纽特人婚礼有一个特殊传统，便是“抢婚”。

抢婚是当一对青年男女彼此产生感情发展到一定程度之后，男方会帮女方盖一栋房子送给女方家里或是缝制一套御寒衣物送给女方，要是女方家庭成员搬进新房或是女方穿上男方送的衣服，那么双方的婚姻关系便算是定下了。婚礼的日期大多在冬季，因为冬季的大风雪阻碍人们外出捕鱼、打猎。举行婚礼的那天，小伙子事先悄悄地躲在姑娘家附近。姑娘则在屋里与人谈笑，佯装不知，故意让他在风雪中多受些“考验”。聪明的小伙便会用计将姑娘引到屋外，以达到“抢人”的目的。若在夏天，小伙则直接到姑娘家里，拉上姑娘就走，姑娘则假装不从，哭哭啼啼，她的家人也假装视而不见，最后姑娘的叫喊声便会慢慢地消失在远方。这便是“抢婚”的过程。新娘被抢到男方家以后，一对新人叩拜家族长老、父母兄弟、亲朋好友等，然后大家一起吃一顿鱼肉饭，喝碗鱼汤，纵情跳一阵舞之后，婚礼便宣告结束，客人各自散去。

382.饮茶习俗

［词语］tea

［含义］茶

［趣释］茶与咖啡（coffee）①、可可（cocoa）②并称为世界三大饮料。茶原产地在中国，茶叶是中国人民对世界饮食文化的贡献。世界各种语言中“茶”的发音都源于中国话，英语tea的发音就受到闽南话的影响。中国人饮茶的习俗始于公元前2780年的神农时代。6世纪，茶的栽培技术传至日本，1684年由日本引种到印尼爪哇（Java）。1827年荷兰品茶官员把中国的茶种和工人带到荷属东印度群岛。17世纪，英国的东印度公司（East India Company）称为世界上最大的茶叶垄断公司，在普及饮茶方面起了重大作用。17世纪，荷兰人饮茶成风，午后饮茶习俗也传到美洲殖民地新阿

姆斯特丹（今纽约）。后来，英国人也逐渐形成午后用茶点的习俗[③]。1834年，印度开始种植茶叶。目前，世界茶叶产区主要在中国、印度、印度尼西亚、斯里兰卡、肯尼亚、乌干达、津巴布韦等国。世界上有一半人喝茶，大大超过喝咖啡和喝可可的。但茶叶的商业价值却不如咖啡，这主要是因为茶叶很大部分在产区就被消耗了。茶有强心、利尿、醒脑、提神、防癌、减肥的保健功能。但在18世纪80年代茶和咖啡传入瑞典时，竟被当作有毒之物。国王古斯塔夫三世（Gustav Ⅲ）下令叫两个双胞胎死囚一个喝茶、一个喝咖啡，每天几杯，可以不处死。结果，他们俩都活到80多岁，大大超过当时人们的平均寿命，他俩因祸得福不仅免去一死，还为茶和咖啡在瑞典的普及立下汗马功劳。在英语国家中，英国人和新西兰人喜爱喝茶是出了名的。英国人每天下午4至5点钟有茶休（tea break），即专门喝茶的时间。新西兰人每天要喝七次茶，而且每次茶都有名称，很正式[④]。西方人喜爱喝红茶（black tea），通常在茶水中加奶和糖。比起英国人来，美国人更喜欢咖啡，但随着人们对咖啡副作用和茶保健功能的认识，已经越来越多的人用茶来取代咖啡了。

---

①参阅143.咖啡漫谈。
②参阅149.可可趣话。
③参阅406.英国人的喝茶方式与茶点。
④参阅367.新西兰人的饮食与喝茶习俗。

383.英格兰人的婚俗

［**词语**］England marriage customs

［**含义**］英格兰婚俗

［**趣释**］英格兰人的婚俗丰富多彩，从求婚到度蜜月均按自己的传统方式进行。在英格兰北部的约克市（York），求婚方

式颇为奇特，继承了古代民间遗风。女孩成年以后，需要出嫁了，便穿上不同颜色的紧身服饰向男性示意。不同颜色表示不同意思，和信号灯的作用一致。穿绿色衣服表示："来吧，我愿意恋爱，大胆地追求我吧！"穿黄色衣服表示："机遇是有的，如果合我的意，还是有成功机会的。"穿红色衣服表示："目前我还不想谈情说爱，不要追求我。"勇敢的小伙子会根据对方的服色，再根据自己的选择去大胆追求，绝不会被扣上行为不端的帽子。一旦双方确立恋爱关系，男方要给女方订婚戒指（engagement ring）并举行订婚仪式（engagement party）①，这种习俗遍及整个英国。结婚或订婚戴戒指是许多民族的传统风俗，英格兰人教堂里举行婚礼仪式，新郎给新娘戴戒指是不可缺少的一项内容。人们甚至认为，不戴戒指的婚姻是无效的。按照西方习俗，订婚戒指实际上就是求婚戒指，现在一般流行大钻戒，奢华气派。结婚典礼上互换的结婚戒指则应是男女对戒，他们认为这种和谐之戒，能增强夫妻之间的互相体谅和包容，至于价值大小并不重要。订婚戒指一般和男士工资成正比，按男方3个月的工资计算。美国的习俗是男方向女方求婚，送上求婚戒指，而且最好要想一些新奇浪漫的场景，如夕阳海边、烛光夜晚单膝跪地深情脉脉地说"你愿意嫁给我吗"之类的话，很多女孩朝思暮想的就是这种求婚模式。还有些男士在求婚没有十足把握的时候，先买一个赝品钻戒去求婚，待求婚成功后再带女方去珠宝店挑选喜爱的戒指。如求婚失败，赝品也会被丢弃。英格兰人的订婚戒指绝不可能是赝品。金戒指象征爱情的纯真，银戒指以示情感的温柔。传统的英国人订婚戒是金制的而且不镶任何宝石，结婚戒指应加饰物。至于戒指的质量则根据个人的经济条件不同而定。16—18世纪时，英国人的结婚戒指内侧常常刻上家族的图案和箴言，如"上帝使我成为某某的妻子"，现在婚戒上大多只刻新郎新娘名字的开头字母。

---

①参阅72.订婚仪式。

384.英国

［**词语**］the United Kingdom of Great Britain and Northern Ireland

the United Kingdom

［**含义**］大不列颠及北爱尔兰联合王国；联合王国

［**趣释**］大不列颠及北爱尔兰联合王国，简称英国（Britain）或联合王国（the United Kingdom）。“不列颠”（Britain）一词源于凯尔特语（Celtic），意为“杂色多彩”，指古代部族身上喜欢涂各种颜色。因曾有部分不列颠人迁居法国，故将本土称为“大不列颠”，而法国北部称为“小不列颠”或“布列塔尼”。英国位于大西洋中的不列颠群岛上，东南隔北海、多佛尔海峡（Strait of Dover）、英吉利海峡（English Channel）与欧洲大陆相望。英国是一个岛国。由大不列颠岛、爱尔兰岛东北部以及附近许多小岛组成。典型的温带海洋性气候，全年温和湿润。全国总面积24.41万平方千米，由英格兰（England）、苏格兰（Scotland）、威尔士（Wales）和北爱尔兰（Northern Ireland）四部分组成。全国有72个郡（counties）①，其中英格兰45个郡，威尔士9个郡、苏格兰12个郡、北爱尔兰6个郡。英国人口为约6061万（2006年）。其中英格兰人占人口总数的80%，其余为苏格兰人、威尔士人和爱尔兰人。通用语言为英语。居民多信奉基督教（Christianity）和天主教（Catholicism）。首都伦敦（London），人口为751.77万（2005年），是全国政治、经济、

文化中心，世界著名大都市。英国的国旗称为Union Jack②，国庆日为每年6月第二周的星期四③。国花为玫瑰，国石为钻石，国鱼为红胸鸲。

①参阅附录1. 英国各郡一览表。 ②参阅390. 英国的“米”字国旗。
③参阅399. 英国女王诞辰庆祝日。

385.英国的高等教育

［**词语**］higher education in Britain

［**含义**］英国的高等教育

［**趣释**］英国的高等教育是指接受综合大学（university）或工科大学（polytechnic）的教育，并获得学位或高等学位，不同于高中毕业后的进修教育（further education）。英国的大学历史悠久，全国有40多所大学，可以分为5种。第一种是12世纪和13世纪建立起来的牛津大学（Oxford University）和剑桥大学（Cambridge University），入学考试严格，只招收学习最优秀的学生。教学采取公开讲座和个别辅导制度（Tutorial System）。第二种是15世纪至16世纪在苏格兰（Scotland）建立起来的4所大学：圣·安德鲁斯大学（University of St. Andrews）、格拉斯哥大学（University of Glasgow）、亚伯丁大学（University of Aberdeen）、爱丁堡大学（University of Edinburgh）。这些大学与牛津、剑桥大学有许多相似之处，但学生一般住在家里。第三种是1830年间建立的“中年”大学，也称“红砖”大学（Red Brick），泛指三流大学。第四种是二战后建立起来的大学，其中包括20世纪60年代建立起来的10所技术大学。第五种是两所分别建于1969年和1973年的开放大学（Open

University）和白金汉大学（Buckingham University）。开放大学通过电视对不同年龄和不同性别的人开放。白金汉大学是由一些学术人士、专业人士和商人合办的私立大学。英国大学设有3种学位：学士（Bachelor），是学生顺利完成大学或理工学院学业后获得的第一个学位。非理科的学士称文学士（Bachelor of Arts）即BA。硕士（Master），是对享有硕士学位或其他高等学位的简称，如哲学硕士（Master of Philosophy/M.Ph.）学位，比一般硕士学位高，比博士学位低，有人称它为"准博士"。博士（Doctor），哲学硕士和博士的学习，完全以研究为主。

386.英国的国家政权

[**词语**] politics of the United Kingdom

The United Kingdom government type

[**含义**] 联合王国的国家政权

[**趣释**] 英国是典型的资产阶级议会制度下的君主立宪制（constitutional monarchy）国家。英国国家元首（head of state）是英国女王。政府首脑（head of government）是首相。君主制是英国古老的世袭制，除1649年至1660年间建立共和制外，从未中断其延续。英国当今的君主是伊丽莎白二世女王（Queen Elizabeth Ⅱ），英国人不仅把女王看作是国家元首，而且看作是国家统一的象征①。内阁（cabinet）是英国政府的领导核心，国务活动的最高决策机关。由20名左右大臣组成，其领导由女王任命为首相（prime minister）。首相由议会中多数党领导担任，按照英国宪法惯例，首相也是财政大臣（first lord of the treasury）和文官部②大臣（minister for the civil service）。也就是说，首相掌握财政权和人事权。作为议会多

数党的领袖，首相不仅控制内阁，也操纵着议会，集行政与立法大权于一身。女王陛下政府（Her Majesty's Government）是英国政府的组成部分之一，由负责管理国家各方面事物的各部大臣组成。首相由女王任命，其他所有大臣由首相提名，女王任命。尽管政府也由身为上议院的大臣代表，但绝大部分大臣是下议院议员，大法官总是由上院议员担任。议会（parliament）是英国的立法机构[③]。由英王、上议院和下议院三部分组成。英王只是议会象征性的组成部分，主要部分是上议院和下议院，而起决定作用的是下议院。议会不受成文法（statute law）的约束，可以自行立法。英国的上议院（Upper House）简称“上院”，即贵族院（House of Lords），议员不是由选举产生，而主要由王室后裔、世袭贵族、新封贵族、上诉法院（Court of Appeal）法官和教会的大主教、主教组成。人数不固定，1991年时有1187名。议长由大法官兼任。权利为只讨论并通过或拒绝下院送交的法案。21世纪以来，其地位与作用逐渐削弱。下议院（Lower House）简称“下院”，即为众议院（House of Commons），亦称平民院。议员（Members of Parliament/MPs）由普选产生，共有650个议席。下院首席官员为议长，由议员选举产生。议长主持下院会议，并领导委员会负责议院的管理工作。下议院的主要职权有立法权、监督政府权和监督财政权。院内设有多种委员会。如全院委员会、常设委员会、特别委员会、联合委员会等。下院议员任期规定为5年，但政府可以提前大选。在英国法律上，辅助英王行使权力的最高机构称为枢密院（Privy Council），历史上指英王的私人顾问委员会。18世纪以前，它是国家最高行政机关，从乔治一世（George Ⅰ）继位起，它已经成为一个纯属礼仪性质的机构。现在的主要职能是主持皇家典礼、颁布“枢密院会”（Orders in Council），处理英国海上法庭和殖民法庭的上诉等。枢密院官员人数不固定，大约400名。枢密院司法委员会（Judicial Committee of the Privy Council）是英国枢密院的常设委员会，英国附属国和联邦某些成员国司法机关的最高上诉机构。枢密院常设委员会（Committee of the Privy Council）指枢密院所设的一些顾问委员会。有的是常设委员会，有的是临时委员会。

---

①参阅392. 英国的王室和王位继承。②参阅393. 英国的文官部和文官制度。
③参阅380. 议会的特权、职责和选举制度。

387.英国的货币

[词语] pound sterling

[含义] 英镑

[趣释] 英国货币的基本单位是英镑（pound）。约在775年，撒克逊（Saxon）王国曾发行银币（sterling）：每240枚银币需要一磅重的银铸成。常衡的一镑约等于后来金衡的一镑，故名“英镑”。诺曼人征服后，英镑分为20个先令（shilling）或240个便士（pence）。先令略作s. 是shilling的缩写。便士略作d. 源自拉丁文denarius，古罗马的小银币名。英镑略作lb.，代号为£，源自拉丁文的Libra，是古罗马的重量单位，约等于12盎司。1英镑等于20先令，1先令等于12便士，它们之间的换算很繁杂，不便使用；再加上从“两便士”（two pence）到“十一便士”（eleven pence）、“二十便士”（twenty pence），它们的拼读规则、连写和不连写规则更令外国人头疼。1971年2月，英镑终于改为10进制。1英镑等于100便士，英镑的代号为£，便士的代号为P.，取消了中间单位先令。由于受旧习惯的影响，现在的英国偶尔还称新的5便士为1先令。另外，在文学作品中还会出

现以前的金币单位“基尼”（guinea），1基尼相当于21先令。目前，英国流通的货币分纸钞（bank note）和铸币（coin）两类，单位是英镑。铸币有1便士、2便士、5便士、10便士、20便士、50便士、1镑、2镑、5镑共9种。所有的铸币正面均为英国女王伊丽莎白二世（Her Majesty Queen Elizabeth Ⅱ）肖像，背面除铸有币值外，在不同行政区所铸的硬币有不同的图案。所有硬币，不论哪里铸造，全国通用。以前有1克朗（25便士）的硬币，于1990年停止流通。纸钞有5镑、10镑、20镑、50镑4种。所有纸币正面皆有英国女王伊丽莎白二世肖像，编号及币值。5镑背面为英国19世纪慈善家伊丽莎白·弗莱（Elizabeth Fry）的肖像，10镑背面是19世纪生物学家查尔斯·达尔文（Charles Darwin）的肖像，新版20镑背面是著有《国富论》的英国古典政治经济学家亚当·史密斯（Adam Smith）的肖像，50镑背面是英格兰银行第一任总裁约翰·霍布伦（John Houblon）的肖像。以前有1英镑的纸币于1988年退出流通。

388.英国的酒馆文化

［**词语**］public house

public bar

［**含义**］酒馆

［**趣释**］大家都知道，英国人爱喝茶，但实际上英国人更爱喝酒。据有关资料证实，英格兰（England）和威尔士（Wales）有7万个酒馆，苏格兰（Scotland）也有几千个。酒馆英语称public house，字面意思是“公众的房子”，简称为pub，就是指一幢有执照、卖酒给公众喝的房子。这种酒馆出售烈性和非烈性饮料，一般还兼售快餐、小吃。这类酒馆几乎遍及英国城乡，

在英国有着悠久历史，其中亦不乏有数百年历史但有闹鬼传说的老酒店。有趣的是，主人不但不避讳，还把他家的“鬼”大书特书，像立传一样摆在每张桌子上，“有鬼”的酒店生意更好，酒卖得也更贵。对多数英国人来说，酒馆就是一种俱乐部，可以去轻松一下，听听音乐，和朋友聊聊天，玩点游戏，再吃点喝点。英国酒馆的营业时间（licensing hours）每天分为两段，具体时间因地而异，一般是上午11:30至下午2:30，下午6:00至晚上10:30，多数酒馆还有花园，夏天顾客可以到园中吃喝。因此这种花园也称为啤酒花园（beer garden）。英国法律规定，16岁以下的少年不得进酒馆，顾客可以在店里买了吃食和酒，拿到花园里与孩子们一起吃喝，因而尤其受父母们欢迎。酒馆内部一般设有共同酒吧（public bar）和卧榻酒吧（lounge bar）。有的还会设餐馆和宴会区。公共酒吧是酒馆中最受欢迎的地方，此处不但酒卖得最便宜，气氛也最轻松，酒馆的掷镖游戏（darts）、多米诺牌游戏（dominoes）、九柱游戏（skittles）、纸牌游戏（cards）等都设在这里。有些大型设施完备的酒吧近似小旅馆，可供住宿。酒馆的门口挂着醒目的招牌（inn sign）。酒馆中与供应啤酒和酒精饮料厂商之间有专卖关系的被称为专卖酒馆（tied house），由不同厂商提供酒类的叫作自由酒馆（free house）。与专卖酒馆相比，自由酒馆的供货来源不受限制，酒类品种也更为齐全。大多数英国人并不怎么热衷鸡尾酒（cocktail）[①]，而啤酒（beer）[②]总是最受人欢迎。不过，喝威士忌（whisky）[③]的人也不少，因为英格兰是威士忌的故乡。

---

①参阅110.鸡尾酒和鸡尾酒会。

②参阅232.啤酒漫谈。

③参阅304.威士忌和白兰地。

389.英国的烙薄饼节

［词语］Pancake Day

［含义］烙薄饼节；圣灰节；忏悔节

［趣释］薄饼（pancake）是一种用面糊在平底锅（pan）上烙成的传统食品，比发酵面包历史更为悠久。英国现代薄饼用面粉、鸡蛋、发酵粉、牛奶、脂肪、糖和盐烙成，通常和蜂蜜、水果、蜜饯一起吃。基督教大斋节，又称四旬斋（Lent）①开始的前一天是天主教的忏悔节（Shrove Tuesday）②。按照欧洲的传统习俗，这一天是开始40天斋戒之前最后的日子，还可以欢宴享乐。这一天不仅要吃薄饼，还要举行烙薄饼比赛。因此，烙薄饼节又俗称圣灰节、忏悔节。过了这一天，人们就要守斋，妇女需要在这一天烙很多薄饼。在伯明翰（Birmingham），人们还举行传统的翻薄饼赛跑（pan cake race/tossing the pancake）。通常只有妇女才能参加竞赛。每个参赛的妇女必须穿裙子，外面扎上围裙，还要用头巾把头发包起来。参赛者手持平底锅，锅内放一张烙好的薄饼。她们排成一行，听铃声起跑，途中需将薄饼向上抛起，使之翻转后再落回锅中3次，饼落在地上为犯规，最早跑完全程1/4英里（约300公尺）又无犯规者为胜。奖品为一本《祈祷书》，教堂的牧师还要亲吻优胜者的面颊，以示奖励。现在，翻接薄饼比赛也有站在原地进行的，在规定的时间里翻薄饼次数多又无犯规者为胜。

①参阅66.大斋节。　②参阅60.忏悔节。

390.英国的“米”字国旗

[**词语**] the Union Jack

[**含义**] 大不列颠及北爱尔兰联合王国国旗；英国国旗

[**趣释**] 英国的正式国名是大不列颠及北爱尔兰联合王国。简称联合王国。由英格兰、苏格兰、威尔士和北爱尔兰联合而成。联合王国国旗为长方形，由深蓝底色和红、白“米”字组成。制定于1801年。联合王国国旗由代表英格兰的圣乔治十字旗（St. George's Cross）[①]、代表苏格兰的圣安德鲁斯十字旗（St. Andrew's Cross）[②]、代表北爱尔兰的圣帕特里克十字旗（St. Patrick's Cross）[③]三面国旗组合而成，1801年开始使用，并延续至今。由于最早正式设计英国国旗时，威尔士早已和英格兰合并，所以国旗上没有代表威尔士地区的标志。在英国国旗的英文名称the Union Jack中，“Union”是指1606年斯图亚特王朝（House of Stuart）的詹姆斯一世（James Ⅰ）从苏格兰来继承英格兰王位，将英格兰和苏格兰联合起来；“Jack”意为悬挂在船首表示国籍的小旗。英国国旗的准确称呼应是Union Flag或 British National Flag。由于其图案像汉字中的“米”字，于是将其俗称为“米”字旗。

英国国旗

---

①参阅278. 圣乔治节。　②参阅262. 圣安德鲁斯节。
③参阅277. 圣帕特里克节。

391.英国的社会福利制度

[**词语**] social welfare in the United Kingdom

[**含义**] 英国的社会福利

[**趣释**] 第二次世界大战后，英国建立起一整套福利制度，成为一个典型的福利国家（welfare state）。主要有国民保险、国民保健、个人社会福利、住房和教育五方面。具体实施计划是：每个有职业的公民，每周都要向国民保险和保健机构交一笔钱，雇主也得为雇员交一笔保险金，政府也拿出一定数量的金额。目的是为了保障那些需要医疗保健却因为穷而没有这种条件的人；确保失业者每周能领到一笔救济金以维持生计；为那些到了退休年龄的人提供一小笔养老金；也给盲人、残疾人等发放救济金；儿童和孕妇也有专门的福利，等等。完备的社会福利制度也带来严重的负面影响，给国家造成沉重的财政负担。完善的种类繁多的社会福利，养育了很多懒人。很多英国家庭一家三代完全靠政府救济，不需工作和劳动，好吃懒做混日子。据统计，英国19岁至59岁的人中，平均每5个就有1个靠政府的救济过日子。目前，英国福利项目有51项，不工作的英国人每年从国家的税款里拿走750亿英镑。高福利伴随着高税收。平均每个纳税人每年要为不工作者多支付3000英镑（约4920美元，32500元人民币），造成广大纳税人的强烈不满。面对英国高福利的社会制度，英国的两大政党保守党（the Conservative Party）和工党（the Labour Party）①纷纷在年度党代会上宣布，将大幅度改革现行福利制度。保守党前党魁邓肯·史密斯（Duncan Smith）在改革福利制度的政策调研报告中说："眼下我们共有51种社会福利项目。连很多负责福利的官员都搞不清到底哪些人该领哪些福

利。”他表示，一旦实行改革，将把名目繁多的福利简化为两大类：一类是劳动补偿，另一类是生活补贴。

---

①参阅43. 保守党和工党。

392.英国的王室和王位继承

[**词语**] British royal family and succession

[**含义**] 英国王室及其王位继承

[**趣释**] 英国女王伊丽莎白二世是英国国家元首，宪法规定的君主，被视为国家形象的化身。英王名为英国立法机构的组成部分之一，司法和行政机构的首脑，皇家三军的总司令和英国教会的世俗领袖。实际上，国家由以议会中的多数派政党选出的首相为首的政府所治理①。英王享有个人特权，如除有明文规定外，法律不适用于英王，英王不能被起诉等。英王极为重要的职权是任免首相，每周两晚和首相讨论国务问题。王室（Royal family）是指英国国王及其亲属。根据英国王位继承原则，英王（King of the United kingdom）是世袭的。现在的英国女王伊丽莎白二世于1952年登基即位。其丈夫菲利普·蒙巴顿（Philip Mountbatten）先后被封为爱丁堡公爵（Duke of Edinburgh）和菲利普亲王（Prince Philip）。女王有三子一女，长子查尔斯（Charles）被封为威尔士亲王（Prince of Wales）②，是王储。现在王室的世袭可追溯至1066年征服英格兰的威廉一世。英国王位的继承与即位（succession and accession），部分根据“成文法”（statute law），部分按照“习惯法”（common law），其基本原则是世袭。1701年颁布的“王位继承法”（act of settlement）规定，英王死后，其儿子先于女儿有继承权，长

子先于次子有继承权。如英王无子女，则由其弟继承。女儿继承王位即成执政女王（Queen Regnant），其丈夫无特殊地位和特权。继承人法还规定，天主教徒或与天主教徒结婚者均不得继承王位。英王死后，即由新王继承，无空位期（interregnum）。即位时立法召见枢密院（Privy Council）的全体官员（Privy Councilors），也有其他人被邀请参加。

①参阅386.英国的国家政权。 ②参阅303.威尔士亲王的来历。

393.英国的文官部和文官制度

[**词语**] British civil service system

[**含义**] 英国文官部及其文官制度

[**趣释**] 英国的文职公务员称为Civil Servant，字面意思是“公民的仆人”。管理文职公务员的文官部称为Civil Service，字面意思是“公民服务”。主管文官部的大臣（Minister for the Civil Service）通常由政府首相（Prime Minister）兼任[①]。英国文官部的工作关系到政府所有的活动，上到制定政策，下到履行日常职责。文职人员均为政府公职人员，其任职范围上至主管，下至信差。文职人员对各自的大臣负责，协助各部门大臣制定施政方针并帮助其实施，其本身没有宪法所规定的制定政策的责任。无论什么原因，文职人员不因首相的更换而受影响。1988年7月统计，英国全日制和半日制文职人员共有576900人。英国于1855年设立文官委员会（Civil Service Commission），以检查各部门所提名的文官申请者的资格。1870年起实施功绩制（merit system），规定文官中的大部分基层人员需通过公开竞争而录用。

①参阅386.英国的国家政权。

394.英国的五朔节

[**词语**] May Day

[**含义**] 五朔节；国际劳动节

[**趣释**] 按英国的传统，5月1日五朔节是迎春日，也是中古时代和现代欧洲的传统春季节日。各地习俗不同，但庆祝活动一般有举着小树枝叶或花环游行，选五月王（May King）或五月王后（May Queen），立五月树为五月柱（Maypole），祷祝丰收和人畜两旺等。这一天，青年们一大早就去森林里采花，用露水洗脸。据传，用这一天清晨的露水洗脸会使皮肤娇嫩。在五朔节，英国各地人民举行游园会，欢庆在漫长阴暗的寒冬之后阳光普照大地，万物开始生长，期盼丰收的来临。五朔节游园的中心活动是选出最佳美女当选“五月王后”。当选五月王后的美女头戴花冠，作为春天的象征，乘彩车游行。五朔节的另一项活动是在广场或草坪当中立“五月柱”，用它来作为万物生长的象征。五月柱柱顶系着许多彩带，男女青年或儿童们围着五月柱载歌载舞。他们把彩带缠在一起，呈现出五彩缤纷的景象。伦敦的五朔节有自己独特的庆祝方式。清晨，麦格达兰学院教堂唱诗班的成员会登上教堂的塔尖，在整6点钟时会放声高歌。街道上，一大群脚系铃铛，头戴用鲜花装饰成的帽子、身穿镶有彩色穗带的白衬衣的青年，在提琴和手风琴的伴奏下，跳起充满魔力并能带来幸福的传统莫里斯舞（morris dance）。他们时而跺脚、时而跳跃，整齐划一地挥动着手中的白手帕。那欢快的音乐、奔放的舞步、悦耳的铃声使行人流连忘返。1889年，在第二国际代表大会上，规定每年5月1日为国际劳动节（May Day）。

395.英国的银行假日

[词语] bank holiday

[含义] 法定公假日

[趣释] 英国的银行休假日（bank days）就指英国的法定假日（public holidays）。按照传统，英国的银行在一般民众的公休日如星期六、星期天照常开门营业，只有在法定的假日才关门停业。英国的邮局、机关、学校、多数的工厂和商家在法定假日也都放假。在英格兰（England）和威尔士（Wales），下列日子为法定假日：元旦（New Year's Day）①、耶稣受难日（Good Friday）②、复活节星期一（Easter Monday）、圣灵降临节（Whitsunday）③的第二天（Whitmonday）、5月最后一周的星期一（the Spring Bank Holiday）、8月最后一周的星期一（the August Bank Holiday）、圣诞节（Christmas Day）④、节礼日（Boxing Day）⑤。但英格兰8月第一周的星期一为银行休假日，元旦和元月2日以及5月1日五朔节（May Day）⑥为银行假日；威尔士还规定每年3月17日的圣帕特里克节（St. Patrick's Day）⑦和7月12日的奥兰治节（Orangeman's Day）⑧为当地公休假日。

---

①参阅443.元旦。
②参阅379.耶稣受难日。
③参阅272.圣灵降临节。
④参阅265.圣诞节。
⑤参阅130.节礼日。
⑥参阅394.英国的五朔节。
⑦参阅277.圣帕特里克节。
⑧参阅7.奥兰治节。

396.英国的中小学教育

[词语] school education in Britain

[含义] 英国的中小学教育

[趣释] 英国的中小学教育制度比较复杂，一般为两种制

度，一种是“公立学校”（the state school），另一种是“私立学校”（the independent school），前者是大多数，后者数量虽少，但影响很大。公立学校分为公立小学和公立中学。公立小学学制六年，包括两个阶段：第一阶段称为“幼儿园”（infants'school）阶段，学制两年；第二阶段学制四年。学生5岁上学，11岁毕业。公立中学分为“综合学校”（comprehensive school）和“文法学校”（grammar school）两类。小学毕业时，经过考试（the eleven plus），成绩优异者上文法学校学习，成绩低下者上“技术学校”（technical school）和“现代中学”（secondary modern school）学习。学生无须经过考试，即可进入综合学校学习。这种学校是招收同一地区有各种才能儿童的国立中学，学校为他们提供范围广泛的（comprehensive）“综合”教育。与文法学校、技术学校和现代中学相比，绝大部分的学生都在综合学校学习。少数的学生可以上文法学校，学校主要提供知识教育，为上大学做准备。技术学校开设文科和技术综合课程，现代中学教学内容比文法中学要求低，职业性内容很多。上这类学校的学生约占5%。到16岁时，各类中学的学生必须经过“一般水平普通教育证书”（Ordinary Level of General Certificate of Education）考试，简称GCE考试，成绩不合格者，可以拿到“中学教育证书”（Certificate of Secondary Education），离校后参加社会就业。成绩合格者再继续学习两年，18岁时通过“高级水平普通教育证书”（Advanced Level of the General Certificate of Education）的考试，合格者可以升入大学学习。英国私立学校自成系统。私立学校第一阶段称作预备学校（preparatory school/prep school），学生七八岁入学，13岁毕业。经过普通入学考试（Common Entrance）升入私立系统中的中学阶段：公学（public school）。公学是一种独立于英国普通学制之外，要付费的学校。所谓“公”是指这类学校招生范围可以遍及英国全国，而不像国立综合学校只限招收同一地区的学生。公学等这类收费学校的财务一般委托慈善机构掌管，与国立学校（state school）相比，亦称私学（private school）。公学学制五年。公学教学设施好，师资水平高，学费昂贵。学生以成绩优良、讲究时尚，与外界隔绝而著称。在英国，公学的影响很大。如伊顿公学（Eton College）、哈罗公学（Harrow School）、拉格比公学（Rugby School）等，很早就在世界上负有声望。英国上层阶级大多数成员就读公学，高等学校特别是牛津大学（Oxford University）和剑桥大学（Cambridge University）的学生大部分来自公学。英国中小学的学年（school year）分3个学期（trimester system），每学期15周左右。秋季学期8月下旬开学，12月份结束；冬季学期1月份开学，4月上旬会结束；夏季学期4月下旬开学，8月上旬结束。

397.英国的宗教

[**词语**] religion in Britain

[**含义**] 英国宗教

[**趣释**] 在英国，每个人都享有宗教信仰的自由。英国的国教是英国国教会（Church of England）①。有两个“官方的”教堂，即英格兰教堂（英国圣公教会）和苏格兰教堂（长老派）。除此之外，各种不同宗教和数不清的教派在英国都可以找到自己的代表。绝大多数英国人信奉基督教新教（Protestantism），尽管当前去教堂做礼拜的信徒人数并不多，每周约110万人。伊斯兰教（Islam），是英国国内最大的非基督教团体，估计信徒超过150万。此外，印度教（Hinduism）、锡克教（Sikhism）和犹太

教（Judaism）也有大量的信徒，且数量还在不断增长。据有关方面统计，在英国信奉基督教约占总人口的71.6%；信奉伊斯兰教的占2.7%；信奉印度教占1%，信奉其他宗教的约占1.4%；不明或没有宗教信仰的人士约占23.5%。近年来，基督教（Christianity）[②]信徒在英国有下滑趋势。

---

①参阅398.英国国教会。　　②参阅101.基督教。

398.英国国教会

［**词语**］Church of England

Anglican Church

［**含义**］英国国教会；圣公会

［**趣释**］英国国教会（Church of England）是英国在宗教改革中建立的民族教会，也称英格兰圣公会（Anglican Church），或译作“安立甘教会”。在16世纪，英王亨利八世（Henry Ⅷ）的西班牙妻子长期不育，英国王位的继承权有可能旁落到西班牙的危险，英王要求与妻子离婚，但罗马教徒（Roman Curia）不准。于是，英国发起宗教改革，英国教会脱离罗马教会，称为英国的“安立甘宗”（Anglican Church），英王把自己封为教会的最高领导人。1563年，通过议会颁布39条作为正式信仰的内容，英国圣公会正式定型。它既不同于天主教（Catholicism），又与东正教（Eastern Orthodoxy）有别，称作“安立甘教会”或英国国教、基督教新教（Protestantism），成为基督教的三个主要宗派之一[①]。在当今英国，一般由首相（the Prime Minister）提名，然后由英国女王伊丽莎白二世（Queen Elizabeth Ⅱ）[②]任命两位英国大主教（Archbishops）以及所有其他主教。英国教会不

从国家获取金钱赞助，因为它本身就是大财主，拥有大量的证券和国债。英国两大主教分别为坎特伯雷大主教（the Archbishop of Canterbury）和约克大主教（the Archbishop of York）。英国共有42位主教（Bishops），两位大主教，在英国上议院（the House of Lords）[③]700多个席位中占有26席。英国国教目前有两个教派：清教徒（Puritanism）即“纯洁教派”和卫理公会（Methodist）。

①参阅353. 新教。 ②参阅380. 议会的特权、职责和选举制度。
③参阅392. 英国的王室和王位继承。

399.英国女王诞辰庆祝日

[**词语**] Queen's Birthday

[**含义**] 女王诞辰日；英国国庆日

[**趣释**] 在英国，女王是正式的国家元首、大不列颠法统的首脑、三军总司令和英国国会的最高总裁（supreme governor）[①]。英国女王伊丽莎白二世（Queen Elizabeth Ⅱ）生于1926年4月。1952年2月6日，继承其父英王乔治六世（King George Ⅵ）的王位，1953年6月2日加冕。伊丽莎白女王众多的御前公务包括：定期出访外国，特别是英联邦国家，大力简化皇室的繁琐仪礼，改革大肆排场的皇室出巡。她接触黎民百姓，博得臣民的爱戴和敬重。女王的诞辰日是4月21日，她的“官方”生日（Official Birthday）是6月的第二个星期四。由于在法律上英国女王是英国的元首，所以英国官方的女王诞辰庆祝日，每年6月第二周的星期四就是英国的国庆日。但这一天不是法定假日，也不举行特殊庆典仪式，只有军队举行场面壮观的行军旗敬礼分列式。那

天，士兵穿戴整齐，军乐队奏着高亢的乐曲，女王伊丽莎白二世头戴王冠，身穿红袍，端坐在马背上，检阅军队。普通百姓则拥立在街道两旁，向女王欢呼致敬。将特拉法加广场（Trafalgar Square）、牛津广场（Oxford Square）以及公园、街道、和商店等公共场所布置得五光十色，人们在广场集合、演出，大多数家庭准备丰盛食物，以示庆祝。在4月21日女王实际生日那天，公共建筑物上会挂联合王国国旗，演奏国歌《神佑女王》。

---

①参阅392.英国的王室和王位继承。

400.英国人的盖伊·福克斯节

[词语] Guy Fawkes' Night

Guy Fawkes' Day

[含义] 盖伊·福克斯节；盖伊·福克斯之夜

[趣释] 每年11月5日夜晚，英国人都要过传统的盖伊·福克斯节，举行群众性的庆祝活动。这个节日原本是为纪念破获火药阴谋案而设立的，但随着时光的流逝，其历史意义早已被人忘却了。盖伊·福克斯（Guy Fawkes）是罗马天主教徒，火药阴谋案中的关键人物。他和同伙潜入英国上议院的地窖，埋下36桶火药，妄图将英王詹姆斯一世（James Ⅰ）和全体议员炸死。后因阴谋败露而被捕处死。现在，人们在11月5日盖伊·福克斯节那天晚上，要在公园、广场或住宅的花园内举行晚宴，或者烧烤小猪集会。大家燃放烟火，焚烧盖伊（Guy）的模拟像等以示庆祝。在此节来到之前几天，人们用旧衣服，里面塞满麦秆、废报纸、树叶等做盖伊模拟像，还施放烟火，人们欢呼雀跃，场面十分热烈。在节日几天前，儿童们也可以举着盖伊的模拟像去挨家挨户讨钱。

401.英国人的忌讳

[**词语**] culture taboos in the U.K.

the British common taboos

[**含义**] 英国人的忌讳

[**趣释**] 英国人在日常生活中有一些禁忌和习俗是外国人必须了解的。英国人不喜欢大象（elephant）和孔雀（peacock）的图案，在他们的观念中，认为大象愚笨，是愚蠢的象征；孔雀用炫耀的方式吸引异性，是淫鸟、祸鸟。英国人不愿购买有这两种图案的商品，也不会有厂家用这两种图案来为自己的产品做商标。因此，外国人给英国人送礼时，也千万别用有这两种图案的物品作为礼品。另外，百合花（lily）相传是人类始祖夏娃（Eve）被逐出天堂时所流出的泪水所变。在基督教（Christianity）艺术中，百合花是高雅、纯洁的象征。在现代花语中，百合花意为“纯洁”，是常见礼品花卉之一。然而，英国人却认为，百合花意味死亡，最忌讳以此花作为礼物送人。

402.英国人的迷信行为

[**词语**] superstitious behavior

[**含义**] 迷信行为

[**趣释**] 初到英国的外国人，常常会对英国人的一些奇怪举动而感到纳闷，一了解，才知道是他们的迷信观念在作怪。1.对流星许愿。在繁星璀璨的夜晚，每当流星（falling stars）出现的时候，英国人尤其是英国女子，就会连忙合上双手放在胸前，嘴里念念有词。原来，英国的迷信观念认为，在流星坠落的那一刹那许个愿，这个愿望有可能就会变成现实。这是因为一颗流星

坠落时，意味有一个人的灵魂正飞到天堂去。如果这个时候许个愿，这个灵魂就会把许愿者的心愿带给无所不能的上帝，仁慈的上帝就会使他的愿望得以实现。2.赶走鸡蛋壳里的小恶魔。大部分英国人不善厨艺，但他们在饮食方面几乎人人都存在一些迷信的习俗。最令人感到奇怪的举动是，他们在吃完煮鸡蛋之后，一定会用勺子把剩下的蛋壳戳穿。原来，英国人认为吃剩的蛋壳里都会藏着小恶魔，如果不把蛋壳戳穿赶走小恶魔的话，全家人都会遭到厄运。3.黑兔和白兔。英国人对兔普遍存在迷信，而且在不同的地方，这种迷信是相互矛盾的。有些地方认为黑兔意味厄运，遇到黑兔从前面道路中穿过，预兆祸事临头。而在英国的另一些地方却认为，黑色兔子是祖先灵魂的化身，能带来好运，绝对不能射杀。在英国的威尔士（Wales），人们会用兔脚接触刚出生婴儿的全身，因为这样会给孩子带来终身的幸福。如果有人在每月的第一天说声“白兔子”，就会给全月带来好运。不过，在一些地方人们却认为，兔子生活在黑暗的地洞里，它们为巫婆的化身。有些人甚至认为，遇见白兔子是死亡的征兆。

403.英国人的迷信征兆

[词语] omens and superstitious

[含义] 迷信征兆

[趣释] 征兆（omens）是指预先显露出来的迹象，主要特点是发生的事都是无缘无故的。英国人尽管生活在科技发达的现代社会里，思想深处仍受传统观念的束缚，对一些问题看法表现得相当迷信。例如：1.跌倒和下落。英国人认为身为领导者，在自己的队伍面前跌倒是不好的征兆；百叶窗下落也是坏运的征兆。2.撒盐。用餐时弄撒了盐是不幸的征兆，为了抵消这个不

幸，赶快抓一撮盐从左肩上撒出去。3. 猫头鹰。猫头鹰在西方普遍被视为是智慧女神雅典娜（Athena）化身的圣鸟，在雅典受到精心保护，是雅典城的标志。但在英国，猫头鹰被认为是不吉利的凶鸟，一旦听到它在附近叫，是厄运的预兆。4. 狂吠的狗。看见狗群咆哮就是看见厄运或死亡的预兆。6. 山楂树枝。山楂树枝有刺，让人联想到耶稣当年被钉死在十字架之前所带的荆冠（the crown of thorns）。因而许多人认为，把山楂树枝带到家里是很不吉利的。7. 信天翁（albatross）跟着船飞。信天翁是南太平洋的一种蹼足大海鸟，被视为好运的象征。当它们跟着船飞时，对船员来说是吉兆。

404.英国人的三个禁忌

[**词语**] three taboos in Britain

[**含义**] 英国人的三个禁忌

[**趣释**] 一般地讲，英国人的交际礼仪在欧洲是很有代表性的。他们恪守礼节，但率真务实；追求个性，但遵守公德。英国人较为拘谨，注重修养。对他人讲究文明礼貌，也要求他人对自己有礼貌。在英国，对外国人有三件事是很忌讳的。1. 不能插队（加塞）。英国人有排队的习惯，他们一个接一个地上公共汽车、火车或买报纸等。如果不注意社会公德而随便插队，会被视为是一种令人不齿的行为，而遭到白眼或谴责。2. 不能问女士年龄。英国人非常不喜欢谈论男人的工资和女人的年龄，就连他们的房子、家具、衣物值多少钱也不能随便问。他们认为，这些都是他们的隐私，外人是不能随便打听的。3. 不能砍价。在英国购物，最忌讳的是砍价。英国人不喜欢讨价还价，认为这是很丢面子的事情。他们认为一件商品价格合适就买，不合适就

走开。如果购买的是一件贵重的艺术品或一宗数量很大的商品时，他们才会小心地与卖方商定一个合适的价格。另外，英国忌讳直接提到“厕所”（lavatory/toilet），而是用委婉语[①]代替。最常用的是“男士屋”（men’s room/men’s）和“女士屋”（ladies’room/ladies’）来指男厕所和女厕所，或用“洗手”（wash hand）来指上厕所。小孩子要大小便可以说“我要去那个地方”（I want to go there.）。在朋友之间和家庭内部，厕所的常用语是“100号”（No.100）。

①参阅437.英语中卫生间的委婉语。

405.英国人的饮食习惯

[**词语**] the British food and customs

Britain’s food habits

[**含义**] 英国食俗

[**趣释**] 英国人喜欢吃牛肉、羊肉、鸡肉，尤其爱吃火腿、新鲜蔬菜，喜欢喝汤，每餐要有水果。早餐（breakfast）一般在7点至8点。简单的早餐只喝咖啡或牛奶；比较重视的早餐有早餐谷类食品（breakfast cereal），如玉米粥（cornflakes）、燕麦粥（oatmeal）等，牛奶、煎或煮鸡蛋、炸香肠、熏肉、火腿肉、烤面包以及果汁、咖啡或茶。吃烤面包时喜欢抹黄油、果酱或蜂蜜。午餐（lunch）称为light meal。比较简单，一般在12点至2点，通常是自带三明治（sandwiches）[①]、水果等在工作地点解决，也可与同事轮流凑钱买咖啡、茶和牛奶。学校一般有点心店，出售糕点，也有的同学自带午餐。大学生午餐在学校餐厅用餐。有些人家下午5点至6点吃茶点便餐（high tea），虽不

如dinner丰富，也是一餐。晚餐（supper）一般是main meal，因此也可称为正餐（dinner）。时间一般在7点至8点。晚餐有固定座位，男女主人分坐在餐桌两端，女主人负责烹饪，男主人负责分切大块熟肉。富裕家庭晚餐最为丰富。一般最先上的菜是汤，然后用特制的刀和叉吃鱼。主菜是羊或猪的肘子肉（a joint of meat）即羊、猪的腿肉（a leg of lamb or pork），或鸡、鸭肉。随主菜同时上的还有几样蔬菜，接着上的是布丁（pudding）。随后清理餐桌，最后上甜食。甜食通常是各色水果和核桃仁做成的色拉（salad）。酒通常是红葡萄酒。普通人家的晚餐通常在茶点便餐之后，晚餐只是喝些热饮料和吃几块饼干。现代家庭一边看电视，一边吃晚餐。有一种速冻盒装的便餐叫电视餐（TV dinner），就是用有格的铝盒盛上汤、主菜、蔬菜及甜点，平时冷冻收藏，用餐时只需用烤箱花20分钟至30分钟热一下即可。有的人家晚餐到餐馆吃，时间可在下午5点至晚上11点。餐馆有份饭（table d' hote），也可点菜（a la carte）。服务员会问："Dinner or a la carte? "意思是问要价格固定，包括几道菜的份饭，还是根据菜单点菜。

---

①参阅255.三明治的故事。

406.英国人的喝茶方式与茶点

[词语] tea break

[含义] 茶点；茶休

[趣释] 英国人爱喝茶，尤其喜爱喝红茶（black tea）。英国现在茶叶的销量，尤其是红茶的销量已经超过了中国。英国不产茶叶，几乎全部依赖进口。在漫长的海上运输中，红茶更容

易保存，也更容易被不法商人掺假。与中国人几千年的饮茶历史相比，英国人饮茶只有200多年的历史。现在，茶在英国已成为大众化的饮料。饮茶时，一般加牛奶，有的也加糖。一天中的任何时候都可以饮茶。在城镇的旅馆、茶馆或小吃馆（tea shops）、饭店、快餐馆等均有茶水供应。一杯茶（a cup of tea）英国人的通俗说法是“cuppa”。英国人对怎样泡茶有一套与中国人完全不同的方法：喝茶时一定要在茶具中倒一点冷牛奶，然后冲热茶，最后再加糖。这个顺序不能被颠倒，假如有人先倒了热茶，再倒上冷牛奶，就会被认为没有教养。英国人有一个不同于其他国家的饮食习惯，就是每日的茶点（tea break）。每到下午四五点钟，人人都会放下手中的工作，来一次非正式用餐，就是喝一杯茶，吃点点心，然后再工作。茶点一般是现成食品，有面包、黄油、果酱、糕点或饼干，与茶一起食用。各种糕点比面包更受欢迎，如烤饼（scones）、松脆热煎饼（crumpets）、茶点心（teacakes）、松饼（muffins）等。英国人把不掺牛奶的茶称为white tea，把掺牛奶的茶称为write tea。一般家庭都有一套用茶器具，讲究的家庭则有茶具车（tea wagon）。主人在厨房将茶准备好后，用茶具车将所需的茶具、糖罐、奶罐、糕点等一并推入用茶房间。有些人还把简便的晚餐也叫作“正式的茶点”（high tea），一般是熟食加茶水。

407.英国人的家庭生活

［**词语**］family life in Britain

［**含义**］在英国的家庭生活

［**趣释**］据英国维珍财产与人寿保险公司调查表明，有3/4的人对自己的生活感到非常惬意，这种感觉来自幸福的家庭生

活，而不是财富和漂亮的容貌。英国《每日邮报》（The Daily Mail）报道说，1/3的被调查者表示自己家庭成员的健康和快乐是他获得良好感觉的关键因素。29%的人则将愉快的主要因素归功于同自己配偶的牢固关系，10%的人认为自身良好的健康状况使自己倍感快乐。在众多的答案中，只有5%的人认为财富是快乐的关键所在。没有人认为漂亮的容貌能使人生活充满快乐。调查表明，60岁以上的人是最快乐的群体，而最痛苦的是那些十八九岁的青少年。在这一群体中，认为自己经常感到快乐的人只占这一群体的7%。在谈到什么使人变得不快乐时，有1/3的人表示，与恋人或配偶分手让他感到伤心，另有1/3的人认为自己不快乐的原因是个人经济拮据。大部分人将子女的出生视为生命中最快乐的日子。调查还表明，住在英国东南部的人是全国最心满意足的群体，那里有81%的人认为自己生活得很快乐，英国东北部的人们有80%的人认为自己生活得很愉快。最不开心的人要数苏格兰人（the Scots）和伦敦人（Londoners），这两个地区，只有67%的人声明自己生活很愉快。在普通的英国家庭中，许多男士在家里经常洗衣服、熨烫衣服，有的还负责买药品和日常用品。年轻的父亲为婴儿换尿布、关心孩子的学习等。他们认为这样做是他们应尽的义务，也体现了男女平等和对女性的尊重，是一种绅士派头。

408.英国人的彭斯之夜

[**词语**] Burns' Night

[**含义**] 彭斯之夜

[**趣释**] 每年1月25日晚在苏格兰（Scotland），人们都要举行盛大的纪念苏格兰人民伟大的民族诗人罗伯特·彭斯（Robert Burns）诞辰的传统活动，称作“彭斯之夜”（Burns' Nigth）。

彭斯生于1759年，卒于1796年。他出生于一个农民家庭，只受过很少的正规教育，但他博览群书，上至天文地理，下至各国文学，几乎无所不知。他出过一些诗集，他的诗才似乎表现在他的讽刺诗中，但使他蜚声世界的却是他为许多著名曲调编写的歌词。纪念活动通常以晚餐的形式举行。人们在晚宴上吃传统的苏格兰饭，包括苏格兰小肚、土豆泥、胡萝卜泥等。身穿紧身苏格兰高地传统服装的风笛手演奏风笛，人们朗诵彭斯的一些脍炙人口的诗歌，演唱以彭斯的诗歌为歌词而谱写的歌曲和民歌。晚宴结束以后，人们跳起活泼轻快的苏格兰民间舞蹈，尽情欢乐，直至深夜。纪念活动的最后一项内容，常常是人们手挽手，围成一个大圆圈，齐声歌唱彭斯作词的古老民歌《友谊地久天长》（Auld Lang Syne）。彭斯之夜不仅苏格兰纪念，英格兰的许多地方也纪念，居住在外国的英国人也纪念这个节日。英国的一些驻外使馆也把彭斯之夜视为重要的社交活动。近年来，北京也曾举行过盛大的彭斯之夜纪念活动。在北京工作的苏格兰专家，与首都的学术界、文艺界人士在彭斯之夜集会，朗诵彭斯的诗歌，演唱以彭斯作词的歌曲，高歌《友谊地久天长》。

409.英国人的性格

[**词语**] the lonely conservative British

[**含义**] 守旧孤寂的英国人

[**趣释**] 英国人总体上讲比较守旧，有“守旧的英国人”（conservative British）的称誉。他们很重视本民族沿袭的传统，在生活中处处表现出种种守旧的性格。例如，他们在居室中仍然摆放着祖辈、父辈留下来的东西，在现代化的住宅内，冬天仍用老式壁炉取暖，一些旧衣物也常穿或保留着，并不在乎

其旧；在社会生活中，英国人喜欢独处，有“独处的英国人”（solitary British）的称誉。他们平时在人际交往中，往往表现出冷漠的神态。例如，在公共场合，都喜好处于不引人注意的位置，与人很少交谈。他们与邻里之间也很少来往，处于各人自扫门前雪的状态；英国人还有一个特点是酷爱读报。由于英国人的这一性格，使英国成为世界上各种报纸和报社最多、且报纸销量最大的国家之一。对普通的英国人来说，每天早晨吃早餐和读早报是首要大事，还认为晚上看报可消除一天的疲劳。在上下班乘公共汽车或地铁时，也有不少人埋头读报，即使是在比较拥挤的车厢里，他们也能借助一份报纸安然处之。

410.英国人的衣着习惯

[**词语**] English dress code

[**含义**] 英国人的穿着

[**趣释**] 英国人注意着装，穿着要因时而异。他们往往以貌取人，仪容态度尤需注意。他们讲究穿戴，只要一出家门，就得衣冠楚楚。虽然英国已无昔日雄风，可自负心特别强。中上层人士由于过着舒适的生活，因此有了一种传统的“绅士”“淑女”风度。但他们守旧，一般都热衷于墨守成规、矜持庄重。在人们印象中，认为英国人绅士、淑女风度浓厚，穿着一定很考究。事实上，高级服装在英国销量不大，这与英国人花在衣着上的钱不多有关。他们花在衣着上的钱只占生活总开支的7%，而意大利人和德国人花在衣着上的开支为10%。英国人在生活穿着方面以节约、方便、实用为美德。他们夏天穿夏装，秋天穿夏装外罩保暖外套，冬天穿夏装外套棉外套。这与他们室内和车内有良好的供暖设备有关，也与英国属海洋性气候的自然环境有关。英国人往

往把自己不用的旧衣服、鞋和帽子送到义卖商店，义卖商店统一进行消毒、整理后出售，所得钱款用来资助穷人。英国人对二手货没有什么不好的看法，光顾二手衣服专卖店的人有生活拮据的，也有生活富裕的，他们只要觉得穿着合适、漂亮，就会掏钱购买。他们对待二手衣服的这种态度与店里衣服交易规范、消毒整理很彻底有关，与整个英国社会不会瞧不起穿二手衣服的人这种社会风气也有关，还与店内二手衣服不乏名牌和高档货有关。而且还有好多是服装店内换季淘汰下来的新衣服，价格比原价要便宜许多。

411.英国人的基督教葬礼

[**词语**] funeral rites in Britain

[**含义**] 英国的葬礼

[**趣释**] 【婚葬习俗】英国人典型的基督教葬礼一般在教堂举行。参加葬礼的人都穿着庄重得体的深色衣服[①]。死者从灵车中被缓缓抬进教堂，安放在讲坛之上。死者亲属和生前好友在台下肃然坐定。首先由牧师（pastor）布道，阐述人的生死之道，最后带领大家诵经、唱圣歌，为死者的灵魂升天堂祈祷。接下来由死者的亲属们强抑哀伤先后登台，每人各述一段，回忆一件件与死者共同走过的那段人生之旅中，最能体现死者个性与高尚人品的趣事。含泪的幽默引得台下众人忍不住发出阵阵辛酸的轻笑。送别死者时，死者的家人格外自制、从容，仿佛坚信终有一天会与死者在另一个世界重逢。死者下葬，入土为安。死者的亲属与参加葬礼的人握手致谢后，大家相继乘车匆匆离去。随着时代变迁，环保意识更多地介入生活的方方面面，更多的英国人开始选择海上环保葬礼作为自己的最终归宿。用棉布单包裹死者遗体，

放入一个胶合板棺木，再用水泥密封。死者的亲朋好友一起乘船出海，在指定的海域把棺木缓缓放入海中。最后，参加葬礼的亲朋一起举杯，饮用死者生前最喜欢的酒。不列颠航运公司负责承办这种海上环保葬礼。葬礼所用的材料、棉花、水泥均能在咸水下自行分解。另外，为缓解公共墓地紧张问题，英国开始试行改造原有墓地。改造计划是深挖原有墓穴，深埋原有棺木，继而腾出空间，在上层再修新墓穴。新铭文直接加在原有墓碑上。已经损坏或不重要的墓碑拆除，墓碑重修后只写新铭文。只有那些超过百年，无人照料的墓才有可能接受改造。

---

①参阅336.西方人的葬礼习俗。

412.英国议会中的帽子

[词语] hat in the British Parliament

[含义] 英国议会中的帽子

[趣释] 在英国，hat通常指四周有边的礼帽，以区别无边的bonnet（软帽）或cap（鸭舌帽）。英语有句俗语："A man's hat in his hand never did him any harm."（帽子拿在手里，您不会有害。）因而"帽子在手"（hat in hand）表示恭谨、谦和。在英国议会① 厅里，保留着许多稀奇古怪的规矩。其中有一条规定，议员进入议会厅后不得戴帽子。为了避免麻烦，许多议员赴会时索性就不戴帽子。但是，议会厅里还有一个规定，议员在发言时必须戴帽。为了不让没戴帽的议员犯难，议会厅备有一顶专为发言者使用的帽子，谁想发言，谁就把这顶帽子戴上。于是，每当开会时，这顶帽子就在大厅里被议员们传来传去。尤其是每当为某个议题进行激烈辩论时，场上为争夺发言权而抢帽子的高

潮就达到顶点。口哨声、跺脚声、帽子在空中的飞舞声取代了议会的肃穆气氛。令人可笑的是，不管议员的头是大是小，都得戴上这顶宝贝帽子。结果常常是发言还没开始，便引发出阵阵哄笑声。

413.英国宗教改革中的清教徒

［**词语**］Puritans

［**含义**］清教徒

［**趣释**］清教徒（Puritans）是指要求清除英国国教中天主教（Catholicism）残余的改革派。英国国教会（Church of England/Anglican Church）在英王亨利八世（Henry Ⅷ）和英国教徒由上至下发起的宗教改革中，脱离罗马教会成为英国的国教教会[①]。到16世纪中叶，英国国教会内出现了改革派。他们主张清除国教会内残留的天主教旧制和繁琐仪式，取消教堂中华丽的装饰品，反对封建王公贵族的骄奢淫逸，并主张过勤俭清洁的俭朴生活，宣传《圣经》规定的道德标准，因而得名“清教徒”。Puritan Calvin一词来源于拉丁文的Purus，意为“清洁”。清教徒信奉法国的宗教改革家加尔文（John Calvin）的主张，认为《圣经》才是唯一最高权威，任何教会或个人不能成为传统权威的解释者和维护者。清教徒内部分为激进派和温和派。激进派提倡共和政体，坚持政教分离，主张长老制（Presbyterianism），改组国会，代表了中等资产阶级和小贵族的利益，遭到当局的迫害，部分清教徒向国外移民。其中首批清教徒于1620年乘“五月花号”（Mayflower）到达北美。该船9月离开英国，载着102名清教徒（Pilgrim Father）到达北美新英格兰的普利茅斯（Plymouth），成为首批英国的北美殖民者[②]。温和派主张君主立宪，代表大资产阶级和上层新贵的利益，内战时企图复辟王政。

1660年，清教徒被宣布为非法，后被称为“不奉国教者”。在现代英语中，puritans一词，多用来指在道德与宗教方面主张严肃者，生活严谨、反对享乐的人。

---

①参阅398.英国国教会。　②参阅45.北美的感恩节。

414.英联邦

[**词语**] the Commonwealth of Nations

the British Commonwealth

[**含义**] 英联邦

[**趣释**] 英联邦（British Commonwealth of Nations）由英国和已经独立的前大英帝国（British Empire）殖民地或附属国组成，是英国对联邦其他成员国在政治、军事、财政、经济和文化上维持控制和施加影响的组织。第一次世界大战后，英国殖民地纷纷要求独立，并逐渐用“英联邦”代替“大英帝国”或“不列颠帝国”的称号。所有英联邦成员国都承认在位的英国君主为联邦首脑，使用同一语言：英语。英联邦各国间的联系主要靠首脑会议。英联邦政府首脑会议（Commonwealth Heads of Government Meeting）通常是两年召开一次。也定期召开部长会议。1988年，英联邦有48个成员国，人口12亿。其中有4个特别成员国，不出席英联邦政府首脑会议。

415.英美人多信星辰决定命运

[**词语**] to bless one's lucky stars

to thank one's lucky stars

［**含义**］庆幸好运；感谢自己的运气好

［**趣释**］古希腊人为了表示太阳在黄道（ecliptic）上的确切位置，把黄道带分成十二段，每段一个宫，每宫一个星座，宫名与星座名相同，每个宫里的星座都与一段古希腊罗马神话联系在一起，这就是“黄道十二宫”（signs of the zodiac）。一个人出生时，太阳处于某个宫，这个人就属于某个星座。他必然获得与该宫位相关的特征和命运，并且成为他生命的主旋律。例如，双子星座的人十分聪明，具有较高的智商与超强的记忆力；狮子座的人具有惊人的能力、生命力和诱人的魅力，因而能以一种居高临下、高人一等的姿态告诫引导别人。相信星辰决定命运的人认为，一个人的智商和性格不是爹妈遗传的，命运也并非像算命先生所说的是前世和祖辈“修”来的，而是出生时的命星（star）所决定的。一个人如果“出生在幸运的命星之下”（to be born under a lucky star），他就命宫大吉、生来有福、吉星高照；如果“出生在不幸的命星之下”（to be born under an evil/unlucky star），他就命宫带凶、生来命苦、生来灾星照命。西方占星术（astrology）亦称星占术，是一种论述星宿对人间事务的所谓影响，研究根据星宿的位置和外表，预言世事的占卜方术。它滥觞于古巴比伦（Babylon），定型于古希腊罗马的神谱信仰。占星术士（astrologer）运用日、月、行星在某一时刻黄道十二宫的星位和中天标记的天宫图（horoscope）来测算目前和预测未来。占星术认为，一个人出生时太阳的位置是第一主要的，月亮的位置是第二主要的。例如，一个太阳和月亮都处于室女星座出生的人们往往会强化室女宫的特征。但是，如果这个人出生的太阳在室女星座，月亮在狮子星座，他的性格就变得过分自信而惹人注目。此外，其他行星的位置也很重要。例如，一个人出生时木星（Jupiter）行至金牛星座，预告他会因心

地善良而一生好运，命运之神保佑他腰缠万贯、财源丰茂；如果土星（Saturn）这时也在金牛星座，预示着他一生在财产上的灾难，他可能有钱，但注定要破产。总之，一个人的性格和命运会受多个星宿的影响和制约。同一星座出生的人，由于他们出生时月亮和行星的位置并不完全相同，因此会有不同的性格和不同的命运。从自然科学的角度来看，占星术是不折不扣的迷信。它之所以能在当代社会中东山再起，甚至在国际上形成一种风潮，是由于它与其他占卜迷信有着不大相同的特殊之处：它既是原始宗教、原始思维的产物，又有自然科学的浓重色彩。应当看到，在西方各国，相信占星术的人为数不少，除了平民百姓，还有像美国里根总统、印度前总理英迪拉·甘地这样的高级官员。全世界有300多家最大的商业机构，每年花巨资来征求星相学家的意见。西方有不少报纸、杂志开辟有《每日星命》《每周星命》《每月星命》等栏目。星座与人生预测的一些基本常识几乎是老幼皆知。在日常语言中也有不小影响，反应星辰、决定命运的词语俯拾即是。因此，占星术作为古希腊罗马神话传说的孑遗和西方古文化的积淀，学习和研究西方文化的人对它有所了解是很有必要的，把它作为茶余饭后的一种消遣和娱乐，也无可厚非。但是，若把这个伪科学当作学问去潜心研究，那就显得愚昧和无知了。

416.英美人不喜欢频繁体触

［**词语**］touching culture

［**含义**］体触文化

［**趣释**］体触（touching）是指在交际中借助身体接触来传达或交流信息的行为，也是人类一种重要的非语言交际方式。在交际中，除了握手（handshake）①、拥抱（hugging）②和亲

吻（kissing）[3]之外，还有许多体触行为。英语国家被认为是交际中身体接触较少的“非体触文化”（no touching culture）国家，中国是体触频繁的“体触文化”（touching culture）国家。因此，英美人和中国人在交际中的肢体语言上存在着较大差异。1.英美人同性之间，尤其是同性青年之间，频繁的体触如拉手、抱肩、搂腰等被视为禁忌，因为这是同性恋的行为。但在一般在异性朋友之间则是正常行为。而中国人的看法正好相反。2.英美人在通过拥挤的人群时，习惯用手去“分开”一条路而避免肢体触碰，而大部分的中国人习惯用身体挤出一条路。3.英美人在领路时，通常为一前一后。即使并肩而行时，无论异性同性都不能触碰。而中国人领路，熟悉者多并肩而行，关系较好的两人身体相挨。4.英美人在拥挤的公共场所座位不够时，宁可轮流坐，也不会两人挤一个座位。而中国人同性或恋人共享一个座位是常见行为。5.英美人不允许他人随便触碰自己的身体，儿童也不例外，如果成年男子触碰或拥抱女童，往往被视为猥亵行为。在中国的小学里，教师在谈话中摸摸学童的头，拍拍肩或背，是关心、鼓励的举动，这在西方的学校常被视为是一种侵犯的行为。6.英美人对肢体碰撞或距离过近极为敏感。在排队或拥挤时无意触碰他人应立即表示歉意。而中国人在拥挤时，无意中触碰了他人，被认为是正常现象，触碰的和被碰的都不会在意。7.英美人表示鼓励或安慰时，常常拍拍对方放在桌上的手，或拥抱对方一下。英美男子还爱用手拍拍下属、同事或朋友的背部，以示鼓励和祝贺。在中国人中，除少数被西化的人有类似举动，绝大部分人没有这种行为。

---

①参阅307.握手的礼仪。 ②参阅439.拥抱的礼仪。

③参阅241.亲吻的礼仪。

417.英美人的饮食禁忌

[词语] different food eating customs

[含义] 不同的食物习俗；不同的食物禁忌

[趣释] 饮食是一种文化，一个民族的饮食习惯与这个民族历史、传统、宗教有着密切的关系。在世界上，许多食物对一个民族来说是禁食的，面对另一个民族则是美味佳肴。几十年前，美国人普遍认为茄子是不可生吃的，必须用盐水泡过煮熟才可食用；吃黄瓜时，必须切去一块再磨出白沫，否则就不敢吃。蚝，又称牡蛎（oyster），是世上公认的美味佳肴，但美国人的传统观念认为，一年之中最适宜吃蚝的只有5月至8月中不带字母“R”的月份，如5月May、6月June、7月July、8月August，这4个月的英文拼写不带R，吃蚝可以避邪消灾。在第二次世界大战之前，英国人不食胡萝卜，认为胡萝卜只配喂马，上不得餐桌。

418.英美人的禁忌语

[词语] taboo

[含义] 禁忌；禁忌语

[趣释] 禁忌（taboo）是世界各民族人民的共有现象，它的产生、存在和延续有着明显的社会根源。语言禁忌是社会禁忌的重要组成部分，它反映在社会生活的方方面面。Taboo一词源自汤加语（Tongan），原意是“神圣的”。据说1777年英国航海家库克船长（James Cook）来到汤加群岛，发现当地习俗奇特，禁忌很多，taboo这个词后来被引入欧洲各主要语言之中。最早的禁忌是由迷信愚昧引起的，随着社会的发展，禁忌语的形成有多种因素。英美人的宗教和宗教信仰是禁忌语存在的重要领

域。例如，人们只有在严肃的谈话中才会使用上帝（God）、魔鬼（devil）、基督（Christ）、耶稣（Jesus）这些词语，而平时避免使用，数字13成为民间禁忌是宗教信仰的典型例子[①]；种族歧视语是英语禁忌的另一组成部分。过去，白人用恶毒的语言咒骂过黑人和其他有色人种、少数民族。今天，随着黑人和有色人种、少数民族人民地位的提高，像Niger或Negro（黑人）、Chins（美籍华人）、Japs（美籍日本人）、Kikes（美籍犹太人）等侮辱性词语就成了禁忌语。性别歧视是禁忌语的又一个组成部分。英语中常用一些动物来指女性如用bat（蝙蝠）指贱妇、丑妇，用dog（狗）指丑妇、妓女，用chicken（鸡）来指见面熟的年轻女子；英语中还有轻蔑色彩专指中年妇女的词语如trot（老太婆）、hag（专做坏事的女人）、hen（爱管闲事、唠叨的中年女人）等也成了禁忌语。此外，咒骂和猥亵语是禁忌语的另一个类别，这类词语多由4个字母组成：如shit（狗屎、胡扯）、hell（混蛋、畜生）、fuck（他妈的、滚开）等，以及某些由4个字母组成身体某些部位的词语，如tits（奶头）、dick（阴茎）、cunt（外阴）等这类4个字母词被认为是粗俗下流的词语，曾被禁止收入《牛津词典》（The Oxford English Dictionary）。现有词书籍虽已开禁，英美人对这类词语仍然十分敏感。有教养的人口中很难听到，严肃的文学作品中也极为少见，英语的禁忌语还广泛存在于人们生活的各个领域中，比如，人们讳言疾病或死亡，讳言大小便等生理现象，讳言生殖和性行为，讳言聋、哑、瞎、病生理残疾，英美人万不得已要提及这类禁忌的时候，就得借助他们的委婉语（eumphemism）[②]。禁忌语具有时代性，一个时代的禁忌语到了另一个时代就可能是普通名词。例如women（妇女）在历史上曾是禁忌语，意为“情妇”“奸妇”，后来被female（女性）代替，到了19世纪female被lady（女士）代替，

lady用多了，变得粗俗，最后women又被用来指女性。在日常生活中，只要需要，人们准备随时维护禁忌语的权威和尊严；同样，只要需要，人们准备随时突破禁忌，向其权威挑战，使用禁忌语。

①参阅283."13"不吉利。

②参阅421.英美人的委婉语。

419.英美人的邻里关系

[词语] neighbourhood

[含义] 邻里关系

[趣释] 英国和美国都是英语国家，同属一个文化，在许多方面有共同之处，但英国人和美国人在邻里关系上都存在着相当大的差异。在美国，邻居之间互相串门，聊聊各自所见所闻是常事。邻里之间谁家临时缺什么用的甚至吃的，可向邻居借；孩子放学回家找邻居同龄孩子玩耍，这些都是常事。美国人不是围墙高筑、重门封锁的国民，他们很少有静居独处之念。美国人邻里之间常常院子相通连在一起，常常不经邀请，就相互拜访。美国人的这种生活习性与他们国家的历史有关。美国初期居民极少，所以邻居非常重要，不能把他们摒于门墙之外。邻居在艰苦创业时会提供保护和帮助，因而彼此守望相助。再者，美国是个幅员广阔的国家，从无筑墙之城，美国人也用不着防范邻邦。与美国人的邻里关系截然不同，英国人的邻里之间彼此彬彬有礼，和睦相处，却很少来往走动。对英国人来说，邻里之间不请自来地相互走动，无异于是对他们隐私的一种侵犯。去英国居住的美国人一致认为，做英国人的邻居很难，并且有很多事令他们费解。认为英国人为了保全隐私而绝交于整个外部世界（Englishman maintains his privacy against the world.）。人类学家霍尔（Edward T. Hall）对英国人的这一现象解释说：“英国人的社会交往不取决于空间距离，而取决于社会地位及身份。”

420.英美人的领带

［**词语**］black tie and white tie

［**含义**］隆重的礼服和极为隆重的礼服

［**趣释**］领带（tie）是男子的装饰品，它最早出现在17世纪。当时，一支克罗地亚（Croatia）的骑兵队来到巴黎。他们的脖子都系着一条传统的彩色围巾。法国军官看后争相仿效。巴黎街头爱赶时髦的公子哥和贵族也纷纷系起围巾来。一次一位大臣上朝，按照流行的方式在领上围了一条白绸巾，并在前面打了一个结。路易十四（Louis XIV）见了这种新奇的饰物大为欣赏，于是宣布以领巾作为高贵的标记，下令凡尔赛（Versailles）的上流人士一律这样打扮。领带的前身就这样诞生了。直到18世纪工业革命兴起，资产阶级大量生产时髦时装，这时领带才真正问世。从此领带风靡整个西方世界，并逐渐传遍全球，成为男子们喜爱的饰品，美国有些大公司甚至要求职员上班必须打领带。现在，在英美国家市场上领带品种可谓琳琅满目。不过，从领带的材质上可以分为真丝领带和涤丝领带。细分的话，又大致可以分为色织真丝领带、印花真丝领带、色织涤丝领带和印花涤丝领带四大类。英美人平时穿着十分随便，穿西装（western style clothes）也不爱打领带①，但是正式场合或隆重的场合，领带就成了服饰中不可缺失的部分。在一些正式社交场合的请柬中，甚至用领带来表示着装要求②。例如，请柬中注明“黑领带”（black tie），表示男士须穿隆重的小礼服

(dinner jacket)[3]，女士穿盛装裙；注明“白领带”(white tie)表示男士须穿极隆重的大礼服(tailcoat)，女士须穿盛装长礼服，梳头发，戴首饰和长手套。

---

①参阅64.穿着随便的美国人。 ②参阅426.英美人社交场合的着装要求。
③参阅327.西方男士的三种礼服。

421.英美人的委婉语

[**词语**] euphemism

[**含义**] 委婉语

[**趣释**] 委婉语是在日常生活中人们用来表达有所忌讳不便直说的隐私或粗鄙事物的温雅、婉转的话语。Euphemism一词源于希腊语，eu-表示“好”，词根-pheme意为“说”，euphemism的本意是“说好听的”。每个民族，每个社会都存在这样那样的禁忌[1]，而在万不得已的情况下，人们要表达这些禁忌的事物和现象时就产生了委婉语。在英语国家里，年龄是个敏感的问题，人们避免用old(老)这个词来称呼上了年纪的人，于是senior citizen就成了elderly people的委婉语，因为senior(年长的)和citizen(公民、市民)两个词都含有一定的尊敬成分。“死亡”(die，death)在任何一个民族，任何一种语言中都是禁忌语，都有很多委婉语替代它。英语中有：pass away(逝世)、expire(寿尽、气绝)、depart(走了)、go to heaven(上天堂)、be gone(走了、离开了)、go to better world(去极乐世界)、be with God(和上苍在一起，去见上帝)等。对一些严重的疾病，英美人也用委婉语来表达。如：用big C(大写的字母C)来代替癌症(cancer)，用TB(肺结核tuberculosis

的缩写）来指肺痨病，用VD（性病venereal disease的缩写）来指性病等。英美人对身体的某些部位不愿直接提及，而使用文雅的委婉语。如，用abdomen指称“腹部”（belly），用posterior指称“臀部”（buttocks），用chest指称“胸部”（breasts）等。尽管西方人思想开放，但他们也不愿直接提及性或与性有关的事物。他们用“做爱”（make love或ML）“同床”（sleep together）“发生关系”（have sex）等来指代性行为，用“一件事”（an affair）来指婚外恋，用“亲密”（intimacy）来指私通，用“遇到麻烦”（go into trouble）来指未婚先孕等。除表达人的生理现象如大小便、上厕所有许多委婉语之外[②]，英美人对长相、生理缺陷，在大多数情况下不愿直接提及也使用委婉语。如，disabled（残疾人）来代替crippled（残废人），用sightless（无视力）来代替blind（瞎），用heavyset（发福）来指代fat（肥胖），用slender（苗条）来指代skinny（皮包骨、骨瘦如柴）。人们用psychiatric problem（精神问题）来指代mad（疯），曾经用mental hospital（精神病院）来代替insane asylum（疯人院），现在又要用psychiatric hospital（精神病医院）、mental home（精神病之家）来代替mental hospital（精神病院）。此外，社会上的一些现象、职业也存在大量幽默、含蓄、风趣的委婉语，如，把“失业”称为unwaged（无薪）、between jobs（歇业），把“清理下水道的工人”称为“sanitary engineer”（卫生工程师），“理发师”称为beautician（美容师），把“罢工”称为industrial action（产业工人行动），把“贫穷落后的国家”称为developing countries（发展中的国家），“发达富裕的国家”称为developed countries（发达国家），等等。总之，英美人流行的委婉语体现了他们的民族性、社会风俗性，既有传承，又有发展。只有了解他们的委婉语才能更好地沟通、交流，达到尊重对方文化习俗，加深了解，增进友谊的目的。

①参阅418.英美人的禁忌语。 ②参阅437.英语中卫生间的委婉语。

422.英美人的姓名

［**词语**］full name

［**含义**］全名

［**趣释**］西方大多数人的全名由三部分组成：教名+中间名+姓氏。教名（Christian name/baptismal name given name）：按照英美民族的习俗，一般在婴儿接受洗礼（baptismal ceremony）[①]的时候，由牧师或父母、亲朋为其所取名，是受法律承认的名字（first name）。中间名（middle name）：由钟爱孩子的父母或亲朋所取，他们甚至把自己的名字直接取给孩子，有的用母亲娘家的姓作为中间名，有的中间名为本人自己所取。外人一般不称呼中间名，也不得其详，甚至法院也不承认中间名是法定姓名的一部分。姓（family name/surname/last name）即家族的姓氏。子女多数随父姓，妇女出嫁后随夫姓。姓氏原来是有含义的，随着时间的推移，大多数失去原义，只是一种符号而已。美国的犹太人对姓氏采取无所谓的态度，经常更换。他们原本没有姓，是18世纪末19世纪初，美国法律制约才被迫使用姓氏；西班牙人的后裔比任何人都重视姓氏，绝不轻易更换。教名有男女之分，绝大多数情况下可以判明性别，如Peter（彼得）为男子名，Mary（玛丽）为女子名。但也有少数教名男女都用，仅在拼写上稍有区别，如Francis（弗朗西斯）为男子名，Frances（弗朗西斯）为女子名。还有少数教名男女公用，拼写

和读音完全一致，如Dale（戴尔）、Lindsay（林赛）等。一个全名叫Linda Jane Smith的名字，可以判断这是女子的全名，教名为Linda，可以缩写，也可以不缩写。中间名为Jane，一般为缩写。姓为Smith，翻成中文时常写成“林达J.史密斯”，或者“L.J.史密斯”。西方人并不会觉得儿子用父亲的名字犯忌。相反，有些人还十分乐意让儿孙沿用自己的名字。例如，美国前总统富兰克林·罗斯福（Franklin Roosevelt）为自己的儿子取与自己相同的名字。为了有所区别，英美人称呼与父亲同名的人时，常常加上个“小”（Junior）来区别。例如，石油大王大洛克菲勒（John D. Rockefeller，Sr.），他的儿子叫小洛克菲勒（John D. Rockefeller，Jr.）。Sr.是senior（老、大）的缩写，Jr.是junior（小、幼）的缩写。英美人在熟悉的人之间互相称呼时，习惯用名而不用姓，即称呼对方的第一名。名字被叫惯或表示亲昵时，常常在发音上有所变化。例如，把“约翰”（John）叫作“约翰尼”（Johnny），把“詹姆斯”（James）叫作“吉米”（Jimmy/Jimmie），把“简”（Jane）叫作“珍妮特”（Janet），把“伊丽莎白”（Elizabeth）叫作“莉比”（Libby）、“莉萨”（Lisa）或“莉齐”（Lizzie）。一个人的名字在发音上有所变化，以表示亲热时，通常发音变化了的名字，就是这个人的昵称（hypocorism/pet name）。

---

①参阅94.孩子的洗礼。

423.英美人对结婚的禁忌迷信

［**词语**］Marry in Lent，live to repent

［**含义**］斋期不结婚，斋期结婚，终身懊悔。

［**趣释**］婚姻是人生中的一件大事，西方人和东方人一样是很慎重和讲究的。在民间流传的一些习俗中，存在着一些有趣的禁忌和迷信。一忌婚礼当天仪式前新郎新娘见面；二忌两队男女同时、同地举行婚礼，因为其中一对会招致灾祸；三忌结婚礼仪前试婚纱；四忌丢失结婚戒指。如果丢了，会很不吉利；五忌左脚先迈进举行婚礼教堂的门槛。新娘若想一生幸福，必须右脚先迈进门槛。在婚礼日期的选择上也有一些讲究。认为婚礼当天天气晴朗，新娘会交好运；星期三结婚吉利，星期五、星期六结婚不吉利；有月亮时结婚，大吉；六月结婚，大吉。因为英文六月（June）一词来自Juno（朱诺），朱诺是古罗马神话中的天后，也是婚姻的保护神。六月是献给天后的月份，人们相信，在这个月结婚，婚姻会受到这位女神的护佑。人们最忌在斋期（Lent）[①]和五月结婚。因为“结婚在斋期，一生都是懊悔时”。（Marry in Lent，live to repent.）“结婚在五月，懊悔总不绝”。（Marry in May，repent.）

---

①参阅66. 大斋节。

424.英美人对色彩的看法

［**词语**］the meanings of colours

symbolism of colours

［**含义**］色彩及其象征意义

［**趣释**］英美人认为色彩可以产生很多联想，能够影响一个人的情绪。因此，他们重视环境色彩的情感反应和对交际的影响，十分重视色彩研究在商品生产、商品广告、商品销售中的作用。英美人认为：1. 黑色（black）在情绪上有悲哀、紧张、焦

虑、恐惧、沮丧、忧郁、不高兴、情绪低落的感觉。黑色象征黑暗、权力、控制、保护、衰退、神秘、智慧、赎罪和死亡。2. 白色（white）在情绪上有快乐、明亮、中性、寒冷的感觉。白色象征庄严、纯洁、高雅、女性、谦卑、快乐、光亮、单纯、忠诚和懦弱。3. 红色（red）在情绪上有冲动、深情、愤怒、挑战、相反、敌对、充满活力、爱情、兴奋的感觉。红色象征幸福、情欲、亲密、爱情、烦躁、不安、骚动、高兴、愤怒、罪恶和血液。4. 橙色（orange）在情绪上有不愉快、受打扰、兴奋、苦恼、心烦意乱、对抗、相反、激发、敌对的感觉。橙色象征太阳、有成果、收获和考虑周到。5. 棕色（brown）在情绪上有悲哀、不温柔、沮丧、忧郁、不高兴、情绪低落、中性的感觉。棕色象征忧郁、保护、秋天、衰退、谦卑、赎罪和补偿。6. 紫色（purple）在情绪上有压抑、悲伤、尊严、庄严雄伟的感觉。紫色象征智慧、胜利、谦卑、财富、悲剧和华丽。7. 蓝色（blue）在情绪中有凉爽、愉快、从容、遥远、无限、安全、卓越、平静、未成熟的感觉。蓝色象征尊严、悲伤、不成熟和真理。8. 绿色（green）在情绪上有凉爽、愉快、从容不迫、控制的感觉。绿色象征安全、和平、忌妒、仇恨、有进取心和冷静。9. 黄色（yellow）在情绪上有不愉快、激动、敌对、高兴、喜悦、快活的感觉。黄色象征表面魅力、太阳、光线、智慧、男性、王权（中国）、年龄（希腊）、卖淫（意大利）和饥荒（埃及）。

425.英美人忌讳谈钱

[**词语**] money

[**含义**] 钱

[**趣释**] 在日常生活中没有人能离得开钱，但英美人平时却

很忌讳谈有关钱的问题。他们认为，钱的问题纯属个人隐私，即使在家庭内部，往往也互不了解工资收入的准确数字。这种互不了解并不说明家庭成员之间的关系不亲密，而是反映出一种观念；家庭成员允许各自保持一定的独立性和独处的自由。所以，在与英美人交往时，不问他们挣多少钱是明智的。与钱有关的另一个问题是问人家买某物花了多少钱。在英语国家里，虽然人们也经常议论市场物价的涨落，或笼统地谈论某地或某商场、超市物价的高低，但是，如果直截了当地问人家买某物花多少钱通常被认为是很不礼貌的。因为英美人认为，他花自己的钱，买自己喜欢的东西，不论花了多少纯属个人隐私，与他人无关。如果不识趣而贸然打听，就是干涉别人的隐私。但若是认为有了解的必要，可以采取不冒犯对方，就像间接询问对方年龄那样进行："这个东西看起来质量不错，我想挺贵吧？""你是不是花了好价钱才把它买下的？""我想，像这样的东西最近价格是一定涨（或降）了不少，对吧？"用这种友好的方式谈话，对方一般不会拒绝告诉实情，就可避免冒犯对方而达到询问价格的目的。

426.英美人社交场合的着装要求

[词语] informal and formal dress

[含义] 便服和礼服

[趣释] 英美人的穿着打扮要根据场合而定，不像中国人穿着打扮界线不太分明。在正式场合他们按社交习俗打扮得正正规规[①]，而在非正式场合，服装非常随便[②]。英美人出席宴会等的正式着装要求，一般在请柬中注明有casual、informal、lounge suit、black tie、white tie等字样。现将英、美两国人民上述场合男、女着装要求分述如下。

英国人的着装分四种场合。1.casual指便服。男士可穿浅色西装，可以不穿整套西装，但仍须穿上衣（jacket）；女士可穿长西裤。2.informal又称lounge suit，指较隆重着装。男士穿整套深色西装，女士穿样式隆重的衣裙。3.formal或black tie指隆重的礼服。男士穿晚礼服（dinner jacket），在热带可穿白色礼服，统称小礼服[③]；女士穿盛装长裙。在热带也可穿短的晚装。4.white tie指极隆重的礼服。男士穿燕尾服（tailcoat），即大礼服，也可穿官服，佩带勋章等；女士穿盛装长礼服，头发要梳起来，戴上首饰。

美国人的着装分五种场合。1.casual指便服。不需要穿整套西服，甚至不需要打领带，可以穿牛仔裤；女士可以穿长西裤。2.informal指不隆重的衣着。男士无须打领带，但最好有上衣（jacket）；女士可穿长西裤。3.lounge suit指较隆重的装束。男士穿整套的深色西服；女士穿样式隆重的长裙。4.black tie指隆重的礼服。男士穿晚礼服（tuxedo），在热带可穿白色礼服；女士穿盛装长裙，在热带可穿短的晚装。5.white tie指极隆重的礼服。男士穿燕尾服，即大礼服，也可穿官服，佩戴勋章等；女士穿盛装长礼服，戴长手套。

---

①参阅456.着装礼仪。　②参阅64.穿着随便的美国人。

③参阅327.西方男士的三种礼服。

427.英美人喜欢用扑克牌赌博

［**词语**］gambling with poker

［**含义**］用扑克牌赌博

［**趣释**］美国人好赌，在世界上是出了名的。赌博的形式很多，其中扑克牌赌博历史悠久。用扑克牌（poker）[①]做赌具进行

赌博最早见于欧洲，法国移民把扑克牌传到美洲路易斯安那地区（Louisiana），再从密西西比河（Mississippi River）流域传开。美国南北战争期间，双方士兵都爱好打扑克牌，扑克因此广为流行。1870年前后，美国驻英大使将扑克介绍到英国维多利亚女王（Queen Victoria）宫廷。自20世纪中叶起，也有妇女玩这种牌。玩牌人数自2人至14人不等，最好是六七人，经常是用52张（去两张王牌）一副牌，各花色价值相等，每种花色内各牌分值自大至小次序为A、K、Q、J、10、9、8、7、6、5、4、3、2，A也可以当作1。各局单独计分，玩者力争赢得赌注总额。否则，也要尽量少输。先由各家打赌，打赌可以进行一轮或多轮，最后一轮结束后，仍未退出的各家亮牌。牌值最高者赢得全部赌金，包括已退出打赌的各家所下的赌注在内。任何一家打赌时可以吹嘘，谎报自己手中的牌值。如果其他各家手中的牌值优胜于他，但所赌牌值低于他，此家即获胜。除此之外，用扑克牌还有多种赌博形式。美国人好赌，为其赌博业的蓬勃发展奠定了基础，全世界四大赌城，美国有两座。赌城拉斯维加斯（Las Vegas）是世界四大都城之首，位于内华达州（Nevada）的一片大沙漠里，当时政府财政拮据，便立法开赌。赌博业使这个沙漠小镇财源滚滚，兴旺发达。美国的另一座赌博“名城”大西洋城（Atlantic City），位于新泽西州（New Jersey），20世纪70年代设赌之后，进入蓬勃发展期，不到10年时间就成为拉斯维加斯的强有力竞争对手。赌场酒店全部集中在滨海大道上，有40多座，其中最著名的“泰姬·玛哈”，整个赌场光老虎机就有7000台，大型赌盘250台，各种赌博形式应有尽有，当然扑克牌是其中最常见、最重要的一种。四大赌城的另外两座赌城是欧洲的蒙特卡罗（Monte Carlo）和亚洲的澳门（Macau）。澳门博彩业有悠久的历史，在亚洲规模最大。但据业内人士说，澳门赌博规模充其量也只有拉斯维加斯的1%，而如今的大西洋城又成了拉斯维加斯的竞争对手，大有后来者居上之势。由此，不难推测美国人的赌博业到了何种程度。

①参阅233.扑克牌中隐藏的知识。

428.英美社交介绍的礼仪

[**词语**] general introduction and self-introduction

[**含义**] 一般介绍与自我介绍

[**趣释**] 介绍（introduction）在人际交往中是常事。介绍有正式和非正式之分，当第三方将互不认识的双方作正式介绍给对方时，中国和西方在介绍顺序、介绍方式上不尽相同。在介绍方式上，英文介绍没有中文那种“行政职务+姓名”的叫法，行政职务一般是姓名介绍过后，作为补充说明。例如：Mr.Hoffer，I would like to introduce you to Dr Johns，director of the language institute.（哈弗先生，我愿意把你介绍给约翰博士，语言学院主任。）Dr.Johns，this is Mr.Hoffer，the academic advisor from Golds College.（约翰博士，这位是哈弗先生，歌德斯大学的学术顾问。）而中国人在介绍他人时，往往只介绍行政职务或职务+姓，至于名字往往就被省略了。例如“这位是新闻出版局局长”。在介绍顺序上，西方一般遵循下列顺序：先将男的介绍给女的，以体现对女性的尊重（但如果女性为18岁以下的姑娘，一般没有此殊荣）；先将年少的介绍给年长的；先将职位低的介绍给职位高的；先将客人介绍给主人；先将小姐介绍给太太。有时，如果人数众多，而且又是“一盘散沙”，可以先介绍近的，后介绍远的；或是从左到右，或从右到左自然顺序一一介绍。如果要介绍的双方都是男的，或都是女的，年纪相仿，职

务差不多，可以采用“先次后要、先温后暴”的原则，即介绍者认为哪个重要（或想讨好哪个），先将次要的向重要的介绍；认为哪个脾气暴躁，先将脾气温和的向脾气暴躁的人介绍。至于第三者引见的非正式介绍，中、英规则大体相同，那就是随便、随和、自然，甚至幽默诙谐为准。有时，在大型社交场合，主办方想把某个人介绍给大家，就可以使其亮相，然后向在场者作简要的介绍，以突出其被介绍的地位。另外，在熙熙攘攘的社交场合，如果没有第三者做介绍，自我介绍（self-introduction）也是一种可行的交际方式。在正式场合，自我介绍可以是：“May I introduce myself? My name is...”（我可以自我介绍一下吗？我名叫……）在非正式场合，可以说：“Hello，my name is...”（你好！我名叫……）或“Hello，I don’t think we met before，My name’s...”（你好！我们以前没见过面，我名叫……）。在西方各国，自我介绍人们习以为常，你自报家门之后，对方没有不应酬的道理。至于在介绍过程中双方如何握手（handshake）[①]，如何使用名片（calling card/business card）[②]也要符合西方社交礼仪。以上只是社交场合中的一般介绍和自我介绍。在商务中介绍和家庭成员介绍时，还要符合其自身的惯例和礼仪[③]。

---

①参阅307. 握手的礼仪。 ②参阅285. 使用名片的礼仪。

③参阅258. 商务介绍与家庭成员介绍的礼仪。

429.英美西方国家里的单亲家庭

[**词语**] single-parent families

[**含义**] 单亲家庭

［**趣释**］单亲家庭（single-parent families）是指只有母亲或父亲一个人带着孩子过日子的家庭类型。在英美等西方国家里，除了核心家庭（nuclear families）①之外，单亲家庭已经大量出现。在美国，1960年单亲家庭占总家庭数的8%，1973年占13%，1980年占21%，1985年占26%（约1600万名儿童）。1981年英国的单亲家大约90多万个，儿童约有150万名。据1993年美国民政部门统计，美国有1090万个单亲家庭，占美国家庭总数的1/3，其中90%是单身母亲家庭。造成单亲家庭的主要原因是分居、离婚，一方被另一方遗弃或私生子女的存在。目前，英美国家离婚率比较高，美国离婚率高达50%，生活在双亲家庭中的儿童还不到儿童总数的50%。在英国，1971年通过的“婚姻调整法”使离婚变得更加容易。该国的单亲家庭中有4/5是由离婚或分居造成的。单亲家庭一般都面临严重的经济困难，是继失业者、领养老金者之后的最贫困者。不仅如此，那些没有父亲或母亲的儿童往往学习成绩差，且容易走上犯罪的道路。

---

①参阅430.英美西方国家里的核心家庭。

430.英美西方国家里的核心家庭

［**词语**］nuclear families

［**含义**］核心家庭；标准家；基本家庭

［**趣释**］核心家庭（nuclear families），又称标准家庭或基本家庭，是指一对夫妇和他们未成年的子女所组成的家庭类型，这是英美等国常见的家庭。对文化人类学发展有着显著影响的美国人类学家拉尔夫·林顿（Ralph Linton）认为，“夫妻和子女是一切家庭结构的基础。”“将来有一天只剩下核心家庭一

个人，他在生命最后时刻也将寻找其妻和孩子。”在英国，1990年由一对夫妇和一两个未成年子女组成的家庭占全部家庭总数的65%，一对夫妇和3个或3个以上未成年子女组成的家庭占全部家庭总数的14%。而美国，核心家庭目前有5300万个。在英美等国，绝大多数家庭的家长都是父母，认为理想的家庭应该是民主家庭，父亲和母亲在决策方面应该有同等的发言权。在某些事情上，子女也应当有发言权。然而很多家庭还是按老习惯行事，父亲的话就是法律。美国人类学家乔治·彼得·默多克（George Peter Murdoch）认为，核心家庭所起的作用是其他集团不能起到的极为重要的作用：核心家庭满足性需要，减少导致家庭破裂的性竞争；它能保证妇女在其怀孕和哺乳期间受到保护；它是濡化的必要条件。只有在一起生活的成年男子和女子才有足够的知识使男孩子和女孩子耳濡目染；这种家庭男女分工，更有利于生活。

431.英语国家里的各式便餐店

[**词语**] informal eating

[**含义**] 便餐

[**趣释**] 在美英等国，提供便餐（informal eating）饮食的各式店、馆、摊不少，归结起来，有以下几种。1.自助餐馆（self-service restaurant）：顾名思义是“自助”。进餐馆之后，自取盘子、刀、叉和汤匙，沿着一个专门的架子排队将盘子向前推，边走边取自己想吃的食物，放进盘子，一直推到收银员面前结账。然后，端着食物找个位子坐下用餐。这种自助餐馆随处可见，营业时间长。2.快餐店（snack bar/fast food restaurant）：经营的是快餐（snacks/fast food），常见的有热狗（hot dog）①、炸薯条（French fries）、炸鱼

和炸薯条（fish&chips）、意大利馅饼（pizza）[2]、汉堡包（hamburgers）[3]、肯德基炸鸡（Kentucky fried chicken）、希腊肉棍子（sou vlaki）、中国份饭（chop-suey）和墨西哥玉米面卷肉饼（tacos）。炸鱼和炸薯条是典型的英国快餐，在美国和加拿大最流行的快餐是热狗和汉堡包。在快餐店里的“抽一次”（draw one）是“倒一杯咖啡”（pout a cup of coffee）的意思；“BLT”是指用咸肉（bacon）、生菜（lettuce）和番茄（tomato）做的三明治（sandwich）[4]。快餐店有些是连锁店（chains store），如肯德基（Kentucky）和麦当劳（McDonalds）、必胜客（pizza hut）[5]等。3. 快餐部（snack counter）：一般附设在购物中心（shopping centre）、大型百货商店（department store）、超市（supermarket）[6]。4. 快餐摊（snack stand）：分散在街道两旁或街心公园中，有的在车上。其中最方便、最便宜的是马路边上的热狗摊。你去买热狗时，摊主会问：“Do you want it all dressed? ”（你要全部佐料吗？）你可以全要，也可以选其中几种，有的摊则由顾客自取。快餐店和快餐部有桌子和座位，顾客可以店里吃（eat in），也可以带走（take out）。快餐店都是自助餐店，不必付小费（tips）[7]。有些快餐店，特别是意大利馅饼店，还有外送。顾客可以打电话要餐，店内派人送上门。5. 杂货店餐馆（drugstore restaurant）：是杂货店内设的餐馆。有咖啡、茶、饮料和便餐。有的杂货店餐馆供应相当丰富的饮食，清晨和深夜都营业，既方便，又便宜。

---

①参阅248. 热狗史话。
②参阅49. 比萨饼趣话。
③参阅244. 趣谈汉堡包。
④参阅255. 三明治的故事。
⑤参阅254. 三家国际性的快餐店。
⑥参阅171. 美国的购物市场。
⑦参阅83. 付小费的习俗。

432.英语国家里的几种传统迷信

[词语] folklore and old wives tales beliefs

superstitious beliefs

[含义] 迷信观念

[趣释] 英语国家和世界上的其他国家一样，也存在着许多传统的迷信观念和迷信说法。尽管随着时代的发展，许多迷信观念对人们的生活影响正在逐渐淡化，但学习英语的人还是应该对英语国家中最常见的传统迷信说法有所了解。1. 大清早鼻子痒，这天会有喜讯。（If your nose itches early in the morning，you will hear a piece of good news that day.）2. 行人碰到野兔横穿过路，凶多吉少。（It is unlucky if a hare runs across a road in front of a traveler.）3. 当你的耳朵发热时，必是有人谈论你。（If your ear burns，someone is talking about you.）4. 牙齿长得快，见上帝也快。（Quickly toothed，quickly with God.）5. 要进房屋，先跨右脚。（Enter a house right foot foremost.）6. 弄死一只青蛙，会有三天下雨。（If you kill a frog，it will rain hard for three days.）7. 新月时理发，头发长得密。（If you cut the hair in the new moon，it will grow better.）8. 下床方向错了，一天都不会顺利。（To get out of bed on the wrong side means you will have a bad day.）9. 牲口躺下表明有雨。（Cattle lying down indicate rain.）10. 左手掌发痒，会收到礼物。（If the palm of left hand itches，you are going to receive a present.）11. 看到一个便士，捡起它，你整天都会幸运。（Find a penny，pick it up，and all day long you'll have good luck.）

433.英语国家的住房种类

[**词语**] housing

[**含义**] 住房

[**趣释**] 在英语国家，住房（housing）有各种样的，都可通称为accommodation，该词的本义是“膳食供应”“居住舱室”。最常见的公寓大楼（apartment building）的套间。其中包括单独的起居室（living room）、厨房（kitchen）和浴室（bath room）。一般分为单身套间（bachelor's apart）、无起居室的一居室套间（one-bed-room apart）、两居室套间（two-bed room apart），等等。同一层楼上的住宅公寓套间称为flat。有大有小，一般包括起居室、卧室、厨房和浴室，但有的小套间得与别人分享浴室和厨房。在美国，flat可用来指建筑结构较差的，无暖气和热水供应的一套房间；在英国，flat可用来指豪华的公寓房间。两户分居住宅（duplex）是一栋房子供两家分开居住，各有各的大门。有的是左右邻居，有的是上下邻居。四户分居住宅（four flat）在美国是指四户人家分开居住的住宅。并联住宅（townhouse/terraced house）是指一排连在一起的住房，这种住宅有些前后有草坪或庭院。独立住宅（independent/detached house）是独门独户的一栋住宅，前后左右有草坪或庭院。并联住宅或独立住宅的房东有时出租多余的房间，浴室和厨房合用。在英国，还有半独立式住宅（semi-detached house），是指与他人房屋共用一墙，相连接的住宅。别墅（villa）是指市区或郊区独立式或半独立式的花园住宅。平房（bungalow）是指只有一层的单独房屋。斜顶屋（chalet）通常指度假地的小屋，小别墅。顶层公寓（penthouse）是大厦顶层价格昂贵的一套房间。单间屋（bed-sitter）在英国指只用于起居睡眠、卧室兼起

居室的单间房屋。附属房（annexe）是指附属或加盖的房子。经济公寓（tenement building）指城市居民区供多户分担的房屋或公寓。

434.英语国家里的座位安排

[**词语**] seating arrangement

[**含义**] 座位安排

[**趣释**] 座位安排是利用空间位置表示地位和人际关系的一种重要形式。从家庭到社交场合座位的安排或选择往往都显示出人的地位和人际关系。1.餐桌位置的安排。①家庭餐桌。英语国家习惯于长方形的餐桌，一家之主的丈夫总是坐在餐桌的首端，妻子一般坐在靠近厨房的另一端。子女及家庭成员分坐在长桌两侧。②宴席餐桌。英语国家宴席座位的排法很多，通常做法是主宾座位固定，其他人随便坐，但男女必须分开坐。外事宴请座位安排遵从国际惯例，排桌次离主桌位置的远近以地位的高低来确定。地位越高，离主桌越近，反之则越远。英语国家的人在家庭宴请时，餐桌座位以右为上，左为下。如果夫人一起出席，以女主人为主，男主宾坐在女主人的右上方，其夫人则坐在男主人的右上方。一对夫妇参加家庭宴请时，男主人陪女主宾；女主人陪男主宾。男主人陪伴最尊贵的女主宾入席，并让她坐在自己的右侧；女主人由最尊贵的男主宾陪伴入席，让男主宾坐女主人的右侧，女主人的左侧是第二位重要的男宾。2.会见与接见的座位安排。在接见、会谈时，英语国家座位安排与中国类似，即以右为上，长方桌，以桌子的两端为上；面向门的位置为上。会谈时，主人一方在长桌靠门的一边，背向门，客方坐在面对门的一边。外事会见时，主宾及其他客坐在主人的右边，主方其他人员坐在

左边。平时开会时，最权威的人士坐在长桌一端，其他人分坐两边。3.个别交谈的座位安排。英语国家的个别交谈根据两者之间的关系确定座位安排。以长方桌为例，两人分坐在桌子一角的两侧：表明关系友好，交谈气氛诚挚亲切，避开领地界限之争。两人同坐桌子一边：表明两人关系亲密，或两人目的一致，地位相等，交谈气氛融洽，有利于达成合作协议。这种位置往往是夫妻、恋人和密友选择的并肩位置。两人分坐在桌子两边：形成一种对立竞争的位置，桌子成为两者之间的屏障。

435.英语国家人民的隐私观念

[**词语**] One should respect other's privacies

[**含义**] 重视别人隐私

[**趣释**] 隐私（privacy）是个人、家庭或群体的一种心理需求与社会需求，也是人的一种心理态势。从社会行为的角度上讲，隐私就是不愿告人或不愿公开的私事。东西方文化上的差异，会在隐私观念上表现出来。一般来讲，西方人比东方人更强调个人隐私，例如英美国家里的女人不喜欢被别人问及年龄、婚姻状况，而中国人为了表示关心与友好，常常询问女士上述有关问题。西方人普遍认为，隐私可以确保个人自主，不受他人控制和支配；可以情感放松，自由表达情感，不受外界约束；可以有效自我评估（self-evaluation），在总结经验的基础上，对新的行为作出选择；可以有限保护交际（limited and protected communication），通过思维界定，不同场合做不同的交际选择，以维护个人与社会的和谐。美国为保护个人隐私，保障社会机制的正常运行，早就制定了隐私法，并且随着时代变迁，这些法律不断修改、调整，以达到隐私、暴露、监测三者的平衡。我们在

与英语国家人士交往的时候，要尊重他人隐私，以免发生不快；我们在英语国家社会里，行为要得当，不要在隐私这个问题上触犯法律。

436.英语国家人民喜欢狩猎

[词语] hunting

[含义] 打猎

[趣释] 狩猎（hunting）是指寻找、追赶、并猎获自然环境中的野生动物的休闲运动。其目的是为了消遣而潜随或追赶猎物，满足户外活动、骑马、驱狗、联谊等雅兴。在英国，狩猎是指猎捕大野兽，射杀小野兽或鸟类则另称射猎。而美国和其他国家将二者都称为狩猎。如今，在英美等发达国家，狩猎已经演变成一种高档消费形式和少数人从事的运动休闲项目。狩猎作为一项美国贵族传统活动已有几百年历史了。这使得狩猎在英国具有了特殊的文化涵义。贵族们狩猎不是为了获取食物，而是为了娱乐和运动。狩猎时必须遵守许多原则。例如，为了公正地对待作为游戏对象的猎物，追逐和杀戮受伤的动物或藏匿在饮水区等待猎物等都被视为不光彩的行为。秋季是美国人的狩猎季节，美国有41个州把哀鸽（doves）作为猎鸟。有数百万人用步枪、猎枪、弓箭甚至黑粉火枪追捕鹿、熊等猎物。狩猎是加拿大因纽特人（Inuit）的传统生活方式。夏季，他们划着单人皮划艇，用叉、梭镖、网和绳子捕猎海豹，4月至6月，他们捕杀白鲸和有长牙的角鲸。因为鲸提供了大量的肉类和脂肪，满足因纽特人食物和燃料的需求。在秋冬季节，他们捕猎驯鹿和海象。居住在加拿大东北部的印第安人（Indians）仍然按照传统的方式捕猎。他们将驯鹿的肩胛骨放在火上烤，骨头变热、裂开，然后“专家”根据骨

头的裂痕和斑点，确定到哪个方向捕猎。到20世纪中叶，澳大利亚土著居民（aboriginal Australians）还基本过着他们祖先那种原始狩猎生活。他们用长矛、石斧、飞来去器（boomerang）[①]捕杀袋鼠、鸵鸟、负鼠等猎物，居住海滨的土著居民主要以捕鱼为生。新西兰北岛（North Island）有著名的狩猎场，猎物有各类野鹿、野猪、山羊及小型动物，如野兔、果子狸等。由于持枪所造成的危险和为了保护野生动物等原因，各国对打猎又有严格的限制和规定。英、美等国规定在一定季节人们可以打猎，并要持打猎证。澳大利亚、新西兰等国规则限制较少，人们可以尽兴在狩猎区内打猎而无需政府的许可。

---

①参阅27.澳大利亚土著的飞来去器。

437.英语中卫生间的委婉语

[**词语**] euphemisms for toilet

[**含义**] 卫生间的委婉说法

[**趣释**] 委婉语（euphemism）是用来表达某些不便直言或明说的话语[①]。例如汉语中有“茅房”“洗手间”代指厕所，“去洗手间”代指“去大小便”。英语中也有一些关于“去厕所”“去大小便”的委婉语。在英美国家，人们忌讳厕所（lavatory，loo，toilet，W.C.）之类的词语，而常使用的委婉语有powder room（化妆室），rest room（休息室），men/men’s（男士/男士房间），women/women’s（女士/女士房间），convenience（方便去处），等等。“上厕所”的表示方法很多，如to wash one’s hand（去洗手），to powder one’s nose（给鼻子擦粉），to spend a penny（去花一个便士），to answer the natural’s call（响应自然的召唤）、to relieve nature（释放自然）、to relieve oneself（放松自己）等都有“上厕所”的意思。在同人交谈时想上厕所可说：“May I be excused？”（我可以离开一会吗？）学生上课时想上厕所，可以说：“Sorry，I have to do my business.”（对不起，我得办点正事。）英语中，关于“厕所”，还有几个有意思的词语：16世纪90年代，约翰·哈林顿爵士（Sir John Harrington）发明第一个厕所，他称其为“water closet”。结果他的名字“the John”便成了厕所的委婉语。于是，便有“go to the John”（去约翰那儿）来指“上厕所”的俗语。toilet（厕所）这个词来自法语，原来的意思是“刮脸时用的布”（shaving cloth），在英语里曾指“梳妆台”，后来用来指代洗澡间（wash-up room），进而有“厕所”的含义，可见toilet本身是委婉词，现在已经失去委婉的含义了。1872年，英国有个叫托马斯·克拉佩（Thomas Crapper）的水暖工发明了抽水马桶（flushing toilet with a cistern），结果他的姓“克拉佩”（crapper）成了厕所的委婉语，因而上厕所可以说“go to the crapper”（去克拉佩那里），或“take a crap”（用一下克拉佩）。不过在一些礼貌场合，使用“Excuse me”（对不起）似乎更为间接和礼貌来表达“去方便”之意。

---

①参阅421.英美人的委婉语。

438.罂粟花节

［**词语**］Poppy Day

［**含义**］（英国）休战纪念日

[**趣释**] 在英国，每年最靠近11月11日的星期日，是传统的休战纪念日（Rememberance Sunday）[①]。首都伦敦和全国各地都要举行隆重的纪念活动，缅怀在两次世界大战中死去的几百万将士。参加活动的人有皇室主要成员、政府高级官员、各政党的首脑以及退伍老兵和广大民众等。每人胸前都须佩戴假的罂粟花（poppy），代表第一次世界大战时存在现已灭亡的欧洲国家法兰德斯（Flanders）玉米地里生长的花，那深红色罂粟花象征着两次世界大战中阵亡的将士。这些假花是退伍军人制作的，并且在纪念日的前一天星期六向公众售出，因此这一天称为“罂粟花日”（Poppy Day）。英国皇家退伍军人协会（Royal British Legion）的代表负责将这些假花售出，这个协会的主要收入来自这些假花的售卖。后来，人们也将（英国的）休战纪念日称为“罂粟花节”。

---

①参阅372.休战纪念日和退伍军人节。

439.拥抱的礼仪

[**词语**] hugging;

greeting with a hug

[**含义**] 拥抱礼

[**趣释**] 拥抱礼是英美等西方国家熟人、朋友之间在见面或告别时用以表示亲密感情的一种礼节，通常与亲吻（kiss）[①]同时进行，适用于民间或官方仪式之中。正确拥抱的要领是，两人相对而立，各人上身稍稍向前倾，右臂偏上，左臂偏下，右手环拥对方左肩部位，左手环拥对方右腰部位，彼此头部及上身向一侧相互拥抱。首先向对方左侧拥抱，然后各向对方右侧拥抱，最后

再向对方左侧拥抱，拥抱一共三个回合。在拉美大部分国家，可能会遇到热烈的拥抱，并在对方肩背上热情地拍打，墨西哥就是如此。但哥伦比亚和阿根廷不这样，拥抱同握手（handshake）②一样普遍，见面时拥抱，分手时也拥抱。在欧洲一部分国家，如意大利、希腊、西班牙人们也行使这样的拥抱礼节。商务交往中可能第一次见面多以握手表示，但第二次见面迎接的礼节很可能是拥抱。在俄罗斯男性好友见面先是紧握手，然后紧拥抱。大多数北美人，如美国人尤其男性对拥抱持否定态度。他们觉得拥抱太过亲密，出乎意料。在中国，除了外事活动外，普通社交场合一般不拥抱。在涉外交往中应十分注意尊重对方民族传统和风俗习惯。礼仪的精髓和精神是为别人着想，当一个外宾拥抱你的时候，接受它是最不失礼的办法。当要向别人行拥抱礼的时候，务必了解对方是否有这些习俗，并相应做此准备。

---

①参阅241.亲吻的礼仪。　　②参阅307.握手的礼仪。

440.有关理发的禁忌与迷信

[词语] Cut neither hair nor nails at sea.

[含义] 坐船不要理发剪指甲

[趣释] 西方人对理发（haircut）也存在着迷信和禁忌。人们相信如果在月亮逐渐变圆（上弦）的时候理发，会有助身体健康，在月圆前三天的清晨理发时机最佳，新月时理发，头发长得好（If you cut the hair in the new moon, it will grow better.）。如果在月圆后第十四天（朔日）理发，身体会逐渐变弱。法国人认为要避免在5月份理发，尤其要避免在复活节（Easter）①前的星期五理发，认为这时理发会发生危险和意外。

欧洲人普遍的观点是：秃顶是聪明的标志。但对男人来说，脱发并非好事，因为头发与男性潜在的生命力有关。美国人相信，抛掉带头发的梳子，会造成秃顶。要想避免秃顶，最好的办法是每次都把理发时剪下的头发全部收集起来烧掉或者最好干脆剃光头。美国人认为，抚摸秃顶人的头，会带来幸福，但如走在路上遇到一个秃顶的女人，则预兆会生病或贫穷。西方人普遍忌讳在海上坐船理发或剪指甲。原因是人们理发或剪指甲被理解成是在向古罗马神话中的冥后普洛赛庇娜（Proserpina）奉献物品。人的毛发和指甲原是人体的一部分，剪下来落到地上便是向她作奉献。海上是海神尼普顿（Neptune）的领地和势力范围，他不能容忍人类在他管辖的范围内无视他的存在，而向别的神祇奉献物品。也就是说，在海上坐船理发或剪指甲会惹起海王的妒忌而发生意外。因此，欧美一些国家至今仍有“坐船不要理发剪指甲”（cut neither nails nor hair at sea.）的习俗。

---

①参阅81.复活节。

441.有趣的送礼会

［**词语**］bridal shower and baby shower

［**含义**］新娘送礼会和婴儿送礼会

［**趣释**］1.新娘送礼会（bridal shower）。在英美国家，有给即将成为新娘（bride）的姑娘送礼的习俗。客人们把礼物（gifts）像阵雨（shower）一样落到新娘身上，称为bridal shower，中文译作“新娘送礼会”。传说有一位青年爱上一位姑娘，这个小伙平时对穷人非常慷慨，连自己的面包都分给了穷人。最后，他自己也成了一个穷人。姑娘的父亲非常生气，拒绝

给姑娘嫁妆，还要逼她嫁给富人。城里的人知道后，非常同情这对恋人。于是，大家纷纷给姑娘赠送大量生活用品，数量大大超过了她父亲要给的那份嫁妆。在大家的帮助下，这两个年轻人如期举行了婚礼。此后逐渐形成习俗，姑娘即将做新娘时，其亲朋好友纷纷赠送礼物以示祝贺。这种送礼会通常由新娘的好友来操持，送礼会的礼品相对来讲，都是一些经济实用的东西。送礼方式与婴儿送礼会相同。2.婴儿送礼会（baby shower）。在西方，还有给第一次做母亲的妇女送礼的婴儿送礼会（baby shower），又译作“婴儿秀”，这也是典型的西方民俗。刚当上父母的年轻夫妻的亲朋好友、邻居、同事受邀而来庆祝新生命的诞生[①]，带来礼物帮助这对夫妻开启核心家庭[②]的征程。在送礼聚会之前，年轻夫妻先到商店或婴儿用品店，挑选所需的婴儿用品，并且将这些婴儿用品的目录清单输入商店或网络。送礼会的前一天，亲朋好友来到商店或上网查询，根据各自的预算选定列表上的用品名单，再选择礼品具体的款式、颜色、购买并包装好之后，于聚会当天带来送给这对年轻父母。公司的同事往往凑钱买一件诸如婴儿车或婴儿床等大物件，帮助这对年轻人减少由于婴儿诞生而产生的巨大开支。大多数客人都因为能送给对方既代表个人祝福特点而又实用的礼物感到高兴，比单纯送红包要更加富有人情味。

---

①参阅351.小孩出生。 ②参阅430.英美西方国家里的核心家庭。

442.愚人节

［**词语**］April Fools’ Day

All Fools Day

［**含义**］愚人节；全愚节；万愚节

［**趣释**］愚人节全称是4月愚人节、全愚节、万愚节，是西方各国的一种流传很久的风俗。其起源一直众说纷纭，很难查考。按照传统，每年4月1日这一天，人们可以用任何方式，恶作剧、假新闻等哄骗或愚弄他人，不负任何道德或法律责任。因此，愚人节实际上是一个开玩笑、愚弄他人取乐的节日。受骗上当者被人们称作“4月的傻瓜”（April fool）。在法国，上当者被人称作“4月的鱼”，因为4月的鱼最容易上钩。在英国的苏格兰，上当者称为“布谷鸟”（cuckoo）。因为在英语中，cuckoo（布谷鸟）被认为是最愚蠢和疯狂的。愚人节已持续了数百年，从欧洲流传到美洲、亚洲及世界各地，其起源不详。有人认为愚人节与古罗马3月25日的“嬉乐节”、印度3月31日的“欢悦节”有相似之处。在时间的选择上，似乎与“春分”（3月21日前后）有关，因为此时天气变化突然、无常，似乎是大自然在愚弄人类。也有人认为此节可能与法国采用新历引起的社会影响有关。16世纪中叶法国决定采用现行历法——格里高利历法（Gregorian calendar），查理九世将原来的4月1日改为新历岁首1月1日，并于1564年通令全国实行。改历后，各地的守旧分子留恋旧习，不愿更新。因此，到了4月1日这一天受到爱开玩笑人的欺骗和愚弄。以后又相沿成习，形成了这个开玩笑的节日。值得提及的是，墨西哥的愚人节不是4月1日，而是12月28日，据说这一天借别人的东西可以不归还。

443.元旦

［**词语**］New Year’s Day

［**含义**］元旦；新年

［**趣释**］传统元旦是公假日，如果碰巧是星期六或星期日，

公假日则放在其后的星期一。城市里的英国人过新年没有什么特别习俗，主要是因为圣诞节（Christmas）[①]刚过完。早些时候，英格兰和苏格兰人在元旦这一天，会由家长打扫厨房，认为这样可以驱除恶魔，使日子过得顺利和幸福。他们还举行“蛋卜”，就是将蛋清放在一盆清水中，以蛋清的形象来占卜吉凶。英格兰的男女青年在元旦这一天，都会争先恐后地争取第一个跨进长者家门槛，并赠送一块煤作为敬贺新年的礼品。相比之下，英国人的除夕夜（New Year's Eve）要热闹得多。12月31日虽然不是公假日，但人们举办传统的聚会和舞会，其中规模最大、最热闹的是伦敦（London）的特拉法加广场（Trafalgar Square）举行的公众狂欢聚会。大多英国人在除夕之夜都举杯畅饮，辞旧迎新，高唱《辞岁歌》。英格兰和苏格兰居民在除夕欢宴之后，各家各户的家长都要到大街小巷游逛，直到午夜才肯回家。苏格兰人把12月31日称为“除夕日”（Hogmanay），孩子们在这一天到处唱歌，并会得到大人们的奖赏。这一天还有新年礼物和丰盛的年餐饭。大城镇都要举办隆重而热闹的“迎新年”聚会。由于基督教长老会的影响，苏格兰的新年要比圣诞节更具有节庆气氛。圣诞节仅仅是一个宗教节日，新年元旦才是赠送礼品、举行聚会和拜访亲友的佳节。苏格兰人除夕守岁，到午夜12点时，教堂钟声响起，人们互相拥抱、亲吻、祝贺新年。到处都弥漫着欢乐的气氛，到处都可以听到《友谊天长地久》这首苏格兰民歌。当地还有一种习俗，认为除夕午夜之后，朝屋里迈进第一脚的人（first-footer）往往预示这一家新年的运气。如果进来是黑头发的人，认为他或她会给这家带来好运气，如果来访者提着食物和酒，就预示这家来年丰衣足食。在美国，元旦的热闹程度不及感恩节（Thanksgiving Day）[②]和圣诞节。最热闹的要算除夕夜。各地教堂都要举行隆重的礼拜活动。人们聚集在教堂、街头或广场，唱诗、祈祷、祝福、忏悔，等候辞旧迎新的那一刻。午夜12点一到，教堂钟声齐鸣，汽车、轮船、火车的汽笛声纷纷响起，乐队高奏歌曲《一路平安》。人们欢呼雀跃，相互拥抱亲吻，沉浸在欢乐之中。纽约的时代广场（Times Square）每年除夕狂欢景象最为壮观，通常要持续到凌晨两三点钟结束。元旦当天为公休日，通常比较安宁、闲散。许多人起床很晚，然后同家人一起看电视，吃新年饭。也有不少家庭在元旦举行“家庭招待会”（open-house reception），招待亲朋好友。用蛋、香料、砂糖和酒调配成的“蛋酒”（egg-nog）是这种场合最受欢迎的饮料。元旦这一天，仍有不少州会举办富有地方特色的庆祝活动。如加利福尼亚的玫瑰花会、费城的化装游行，在不少州，还会举办美式足球赛（American football games）[③]。美国人有在新年里向别人表示“新年决心”（New Year resolution）的习俗。这种决心通常都不是什么宏图大志，而是“戒烟”“戒酒”“诚恳待人”这类日常生活中朴实而琐碎的打算。在加拿大，新年期间不清理房屋周围的积雪，而是用积雪在房屋四周筑起一道围墙。因为他们认为雪是吉祥的象征，雪墙可以阻止妖魔的侵袭。

---

①参阅265.圣诞节。 ②参阅45.北美的感恩节。

③参阅217.美国式橄榄球运动。

444.约翰牛

［词语］ John Bull

［含义］ 英国的绰号和象征

［趣释］ 英国的绰号和象征是约翰牛（John Bull）。关于约翰牛的形象和绰号的来历与一本小说有关。18世纪，英国苏

格兰（Scotland）作家约翰·阿布什诺特（John Arbuthnot）在其政治讽刺小说《约翰·布尔的历史》（The History of John Bull）中创造了约翰牛的形象。据《简明不列颠百科全书》记载，约翰·阿布什诺特（又译约翰·阿巴思诺特）是数学家、医生和作家。在他的笔下，约翰是英国的“自由民”（freeman），为人粗暴冷酷，桀骜不驯，颇有些牛劲。他盛气凌人，凌辱弱者，如果谁流露出对他稍有不满的反抗情绪，便立刻摆出一副格斗的架势。作者通过这个赳赳武夫的形象暗喻当时英国专横跋扈，抨击民权党的好战政策。后来，约翰牛由最初那个身强力壮、满脸横肉的中年男子船长形象，变成一个年过半百、五短身材的矮胖子。于是，漫画上出现的约翰牛是个头戴宽边礼帽，脚蹬翻口皮靴，身穿西服的绅士模样。当年那种杀气腾腾的气概收敛了不少，原来的贬义似乎变成褒义。“约翰牛”逐渐变成一个饱经世故的实干形象，成为英国人的标准形象。

约翰牛漫画

445.约会礼仪

[词语] making an appointment

[含义] 约会

[趣释] 约会（making an appointment）是指预先约定一次会面。在英语国家，无论是拜访亲朋，还是与教授、经理、上司谈话，都需要事先约定时间，就连去医院看病，去上档次的理发店理发，都要事先约定，以免打乱对方安排。约会的方式往往因

相互间的关系亲疏而有所变化，在不同的社会背景也有不尽一致的行为准则，但征得对方同意，确定双方会面时间、地点以示对对方的尊重，是东西方人们社交通常遵守的基本准则。约定双方会面的时间、地点等事宜可以当面进行，但更多的是通过电话、书信、传真（fax）或电子邮件（E-mail）。英语国家的人时间观念很强，差不多人人都用记事本安排各项活动。预约对象的地位越高，活动繁忙，越要提前预约。在西方，大学的系主任、校长，企业工厂的总经理、总裁约会要通过他们的秘书安排，绝不容许事先不约就贸然闯进他们的办公室。如果是对方提出的约会要求，在目的和内容不明确时，应事先弄清对方的意图，以便会面时心里有数；如果自己提出约会，应该主动向对方说明用意。当对方拒绝时，不应勉强。一旦约会成立，就要设法准时赴会，并且事先对会面的情况做好充分的准备；如何谈才能说服对方，达到预期目的。会面时，应在简单的寒暄之后尽快切入主题，而不要东拉西扯，浪费时间。正题谈完之后，应该主动告辞，以免浪费对方过多时间，如果因故不能准时赴约，需电话通知对方，以表歉意，并且告诉对方大约迟到多长时间。

Z

446.再婚或多次结婚的仪式

［**词语**］second or subsequent marriage

［**含义**］再婚或多次结婚

［**趣释**］由于再婚或多次结婚的人数增多，在英美国家，人们对再婚或多次结婚的看法和做法也发生了变化。然而，第一次结婚和再婚或多次结婚之间仍然存在很大的区别。由于再婚一般举行小型非正式的婚礼，不像第一次结婚那样需要做详尽的计划或安排。所以，如果订婚要通知亲朋好友的话，通常也是非常简单，并且日程安排与结婚日期靠得很近。丧偶或离婚的人再婚，邀请朋友、亲戚通常只打电话，或口头邀请。当然，也可发书面邀请信，但不发凹凸版的婚礼请柬。由于某些牧师不太愿意为离过婚的人主持婚礼，所以想再婚的人一旦做出结婚决定，就必须尽快拜会牧师。也许牧师不愿意在教堂为他们主持婚礼，但可能愿意在其他地方举行婚礼。再婚即使在教堂举行婚礼，也是小型、简单的婚礼，没有正式的入场式和退场式，花卉植物一类的装饰和音乐都不需要。一个丧夫的女子再婚，一般由儿子或一个朋友护送以及在一个已婚的女傧相陪同下走进教堂，新郎与新娘各请一个傧相，他们是婚礼的唯一见证人。离过婚的女子或男

子再婚，如果前夫或前妻同意，他们10岁以上的孩子通常会出席婚礼。过去，妇女再婚穿白裙子是很忌讳的，但如今人们已能接受，只需新娘的裙子是接近白色的，而不是那种纯白色的像第一次正式结婚的礼服[①]那样即可。根据婚礼的时间和隆重的程度，新娘一般可穿西装或长礼服，颜色只要她认为合适即可。当然，也不能穿红色或黑色的衣服。如果愿意，新娘手里可以拿一束淡雅的鲜花如铃兰花，新郎胸前别一朵胸花。下午6点以前举行的婚礼，新郎一般穿深色西装，白衬衫和系领带。再婚的新娘一般不戴面纱，但可以戴与衣裙相配的蝴蝶结领结、鲜花或一项相配的漂亮帽子。在家里、宾馆或俱乐部举行的婚礼，尽量办得简短而庄重，一切按事先与牧师商量好的步骤进行。

---

①参阅34.白色的婚礼。

447.在美华人和唐人街

[词语] the Chinese and Chinatown in the U.S.

[含义] 在美华人与唐人街

[趣释] “唐人”是西方各国对中国人的通称。唐朝是中国有代表性的强盛朝代。盛唐时外国来华的使者和商人络绎不绝。其中于唐代开始同中国建立关系的荷兰、暹罗（今泰国）等国即用唐的国号称中国人为“唐人”。盛唐声威远扬海外，使唐字与中国成为同义语，一些有关中国的词汇均冠以“唐”字。美洲、澳大利亚的大城市称华侨或华裔聚居区为“唐人街”（Chinatown），其英文字面是“中国城”。据1985年统计，定居在美国的华人（the Chinese in the U.S.）约有108万人，属少数民族。首批中国移民于清朝时作为苦工被招募去美国，大多

从事底层工作，如铁路工人和佣人等，部分人经营洗衣店、杂货店和餐馆。第二次世界大战前后赴美的专家、学者大多居留在美国，许多人成为律师、医生、工程师或大学教授等，提高了华人在美国的社会地位。许多华人居住在唐人街（亦称为“华埠”）。1940年前居住在唐人街的人自成一个社会，保留着许多中国传统。例如，美国旧金山市（San Francisco）的唐人街成为该市的一个著名城区，面积有16个方街区，人口约6.5万人，是亚洲以外最大的华人居住区。四周有金融、旅馆和商业区。作为旅游中心，当地有古董店、餐馆、茶馆、庙宇、剧院、唐人街蜡像陈列馆等。随着华人境况的好转，现在许多人已经逐渐从唐人街迁出。中美建交以后，美国对中国文化日益发生兴趣，华人地位提高了，因而对自己的文化遗产感到十分自豪。世人对唐人街的态度也发生了变化：过去往往把唐人街视作贫民区，是华人的耻辱；现在人们光顾唐人街的商店，品尝各家餐馆的菜肴，购买中国的烧菜配料，观看中国电影等。迅速发展的服装业和餐饮业，为唐人街的经济打下基础。在纽约的唐人街，就有9家华人报纸，450多家餐馆供应各式中国菜肴，6家大型超市，供应香港、台湾、中国大陆可以买到的一切商品。在今天，一位不懂英语的新移民来到纽约唐人街根本无须担心，一切都可以用中文，所有的办事机构、服务机构都用英、汉双语服务。在唐人街就可以找到工作。美国华人为美国的繁荣做出了卓越的贡献，其中涌现出多名世界知名的科学家，有的从政，担任了美国联邦的部长、议员。

448.在梯子底下走过会倒霉

[**词语**] walking under ladders

[**含义**] 梯下行走；不吉利

［**趣释**］西方人最忌讳从梯子底下行走，宁愿多走路也不会这样做。因为他们相信，从梯子底下行走，会给自己带来霉运。中世纪时，欧美人普遍认为，斜梯子看起来很像绞架，在梯子底下走过就是给自己执行死刑（A leaning ladder was thought to resemble the gallow and so by walking underneath a ladder, you are playing out your own execution.）。还有一种解释认为，一把斜靠在墙上的梯子与地面形成三角形，代表着Holy Trinity（圣三位一体），从梯子下走过，意味着对Holy Trinity的破坏，因此很不吉利。如果不慎从梯子下走过，你也不必担心，有两种驱灾方法（ways of avoiding bad luck）可以避免厄运。第一种方法是交叉手指，即将中指背在食指上，求神保佑，直到看见一只狗为止（Cross your finger until you see a dog.）。第二种方法是往自己鞋上吐口水，然后继续走路，要等到口水干了才能看鞋子（Spit on your shoe and continue walking, but don't look down at the shoe until the spittle has dried.）。

449.蜘蛛会带来钱财

［**词语**］If you see a small spider, you will get a lot of money.

［**含义**］蜘蛛会带来财运

［**趣释**］蜘蛛（spider）是一种会吐丝织网的昆虫。古埃及人把蜘蛛和未来财富、幸运联在一起。从中世纪起，人们还把蜘蛛放到胡桃壳里（walnut shells）串成项链（necklace），挂在脖子上，以保佑自己不生病。虽然蜘蛛样子丑陋可憎，但它在家中可以护家人免遭厄运。人们相信，悬挂在天花板上的蜘蛛，预

示着这家财运亨通，钱财滚滚而来。英国南部肯特郡（Kent）的人们认为，要想发财致富，就得放生蜘蛛。英国人普遍认为，蜘蛛是财神，对它有亲切感，遇到小蜘蛛，也不会急忙把它赶走。因为看到小蜘蛛，会带来财运（If you see a small spider, you will get a lot of money.）。据说，电影“蜘蛛侠”“蜘蛛超人”就是在这种理念下塑造出来的。

450.致谢的礼仪

[词语] thanking

[含义] 致谢

[趣释] 致谢是各国人民都遵守的礼仪规范，也是和谐人际关系促进社会文明的举动。由于社会文化不同，致谢的方式和范围也有所不同。在英语国家，人们对于他人给予的巨大帮助要表示感谢，对举手之劳的小事（如指路、找钱、传递东西）也要表示感谢；接受他人的馈赠要表示感谢，听到他人对自己的赞美也要表示感谢；甚至顾客光临商店购买了物品，店员要表示感谢，主人邀请客人参加宴会，主人还要向光临的客人致谢。人们不仅对上司、同事、陌生人的帮助表示感谢，而且还对十分亲密的亲戚、朋友或父母、子女的帮助也要表示感谢。英美人谢不离口，首先是欧洲的传统。现代西方人奉行的是个人本位原则，彼此之间分得一清二楚，相互做一点事，哪怕是芝麻大的小事，受惠的一方也会觉得有负于对方，说声“谢谢”算是一种回报。有学者认为，西方人如此频繁的致谢，相当大的一部分是出于礼貌而不是感谢的本意。西方人在表达致谢时十分注意言辞的适度，一句话能表达清楚的，不用两句话。过分的致谢言辞不仅会使被感谢者感到不自在，而且还会给人留下虚情假意、不真诚的印象。感

谢语有：Thanks（谢谢），Thanks a lot（多谢），Thank you very much（十分感谢），Thank you very much indeed（实在是太感谢了），I really don’t know how to thank you enough（我对你真是感激不尽）。说话者可根据情景选用上述话语。对于他人的致谢做出合乎规范的回答，也是起码的社交礼仪，沉默不语通常被理解为你为他所做的事并非出于情愿，这会使致谢者十分尴尬。答致谢语有：You are welcome. Not at all. 或 Don’t mention it.这些话都有“不谢”“不客气”之意。有人认为如果朝致谢者笑一笑，也是一种回答方式。如果回答It doesn’t matter.或Never mind.是不恰当的，因为只有别人向你表示歉意时，才这样回答。如果把中文“这是我应该做的”这句客气话译成This is what I should do或It’s my duty用来作致谢答语，英美人听了会觉得十分奇怪。如果当事者觉得别人的帮助太大，口头致谢还不够正式和庄重，则可以通过书信来表示谢意。英美国家的一个惯常做法是在应邀参加一次宴会或其他较为重要的社交活动之后写信表示感谢。

451.重视自立精神的培养

［**词语**］self-reliance

［**含义**］自立精神；自力更生

［**趣释**］在英语国家，有一个家喻户晓的寓言故事：God helps those who help themselves（天助自助者）.说有个赶牛车的人在乡间大车陷进了泥坑里，车夫祈求神灵的帮助，而不是自己设法把车弄出来。这时，大力神海格立斯（Hercules）出现了，对车夫说：“你用肩膀抵住车轮，再抽打你的牛呀！”车夫照他的话做了，果然把车从泥坑里推了出来。大力神对车夫说：

"神只帮助那些依靠自己力量的人。"在英语国家，父母常用这个故事来教育小孩，培养小孩的自立精神，增加他们的独立意识。在可能的情况下，平时尽量让孩子拥有自己的空间，多征求孩子的意见，并且尽量满足他们的意愿和选择。这样做的目的，是希望孩子在18岁左右能成为独立自主、自食其力，并且对自我行为负责的人。西方教育体制也总是鼓励青少年学会自立，并授之以相应的能力。青年人在职业、婚姻、家庭、爱好等方面，倾向自我抉择，他人的意见作为信息来源，只为抉择做参考，一般不会轻易求助他人。一个20岁的青年待在家，靠父母养活，通常会被人瞧不起。即使家境富裕的青年上学时也会找份工作，半工半读。年轻人自己的事，不喜欢父母干预，家庭与社会也尊重年轻人自己的选择。在英语国家，尤其在美国，不论是亿万富翁还是平民百姓，只要自己做得动，都不喜欢雇人做打扫房间、修剪草坪这类繁杂琐碎的家务，这一方面是因为美国人注重隐私，不愿核心家庭[1]中插入属于第二群体的社会成员，另一方面也是美国人一直崇尚独立自主、自谋出路这种精神作用的结果。

---

①参阅430.英美西方国家里的核心家庭。

452.主显节

[**词语**] Epiphany

[**含义**] 主显节；显现节

[**趣释**] 主显节又称显现节、主领洗节、万王来朝节，是基督教[1]节日，与复活节、圣诞节并称为历史最悠久的三大节日。节期为每年1月6日。据《圣经》记载，耶稣曾三次向世人显示其神性。第一次是诞生时，天上的大星引领东方三位博士前来朝

拜，给刚刚诞生的耶稣献上黄金、乳香、没药等贵重礼品，显示他是基督；第二次为开始传道受洗时，“圣灵”如鸽子降临在他的头上，显示出他是上帝的儿子；第三次是在迦南（Canaan）参加迦拿城（Kanah）婚宴时，筵席上酒不足，耶稣把六石缸水变为酒，显示出他的荣耀。天主教注重第一次显现，因此主显节又称“万王来朝节”；东正教和其他东方教会注重第二次显现，故又称“主领洗节”（Baptism Day）。各国的主显节风俗不尽相同。英国从前在这一天要蒸被称为“12日糕”的大蛋糕，以纪念耶稣圣诞后的第十二天。蛋糕内放进豆子、银币，再将蛋糕分给孩子们。谁分得了豆子，谁就被尊称为“豆王”，一天当中享受国王待遇。在法国等一些国家，人们争吃一种节日馅饼，谁吃到里边包藏的蚕豆或小瓷人，就成为“节日国王”，大家举杯祝贺他“登基”。在意大利等天主教国家，因受博士朝拜耶稣的影响，这个节日已经衍化成家长给孩子送礼的儿童节了。节日之前，父母要买回装着各种礼物的长筒袜，悄悄地把礼物放在壁炉上。传说这天深夜，一位善良的女巫婆骑着扫把从烟囱里飞进屋来，给听话的孩子一只装有礼物的长筒袜，不听话的孩子只能得到煤块。天真无邪的孩子对此深信不疑，为了能得到巫婆的礼物，那天都想表现得更乖巧一点，并且以焦急难耐的心情，等到第二天黎明的到来。

---

①参阅101.基督教。

453.主显圣容节

［词语］ The Feast of the Transfiguration

The Transfiguration

［**含义**］主显圣容节；基督变容节

［**趣释**］主显圣容节(The Transfiguration)又称基督变容节，是基督教节日，为纪念耶稣率三个门徒登山祈祷而设。节期为8月6日。据《圣经·新约》记载，耶稣曾带领彼得（Peter）、雅各（James）、约翰（John）三个门徒登山祈祷，使他们看见以色列古代伟人摩西（Moses）和以利亚（Elijah），耶稣还与他们对话。其时，耶稣的面容发生变化，脸像太阳一样明亮，身上的衣服如光一样洁白。1457年，教皇把主显圣容节定于每年8月6日，利用这个节日为前一年8月6日在贝尔格莱德打败土耳其人而举行感恩礼拜。主显圣容节也一直是东正教和基督教等教派的节日，只是节期并不一致。如有些教会把这个节日定在圣灵降临节（Pentecost）[①]后的第七个星期日，新教的一些教会定在显现节（Epiphany）[②]后的星期日。

---

①参阅272.圣灵降临节。　　②参阅452.主显节。

454.注重效率的价值

［**词语**］Efficiency is the quality of producing effects.

［**含义**］效率是生产效果的质量

［**趣释**］效率（efficiency）是指在单位时间内行为的结果和行为的质量。美国最具权威的《韦伯斯特词典》给“效率”下的定义是“生产效果的质量”（the quality of producing effects）。在英语国家社会里，人们普遍认为工作是一种生存手段，是创造财富、现实自我价值的方式。效率是单位时间内创造财富的数量和质量，不仅仅体现劳动者的能力，其价值和社会效

益应该得到广泛的注意和重视。这是因为效率决定于两个因素：一是劳动者（经验、技术），二是生产条件（工具、设备）。只有二者都提高，效率才会显著。通过劳动生产率的提高，可以减少劳动的付出和劳动的时间，而劳动者的劳动强度降低和休息娱乐时间的增加，就意味着生存环境的改善和生活质量的提高。美国人推崇工作时专心致志地工作，娱乐时专心致志地娱乐。他们有句老话说："Work while you work，play while you play."（工作得卖力，娱乐尽欢颜。）认为二者都要讲究效率，讲究质量。为了提高劳动效率，重视对劳动者的岗位培训，发明了许许多多的机械和设备，为了提高娱乐的效率，他们组织了现代体育运动中的许多项目，如垒球、美式足球、篮球、高尔夫球、网球等。为了提高效率，减轻日常繁琐事物的困扰，美国人使洗衣、做饭、洗碗、采买、存取款、现金支付等实现机械化、自动化，来减少劳动付出。闻名世界的美国快餐业（Fast food Restaurant）就将美国人对时间与效率的重视体现到极致，成为速度、效率、快节奏的象征。美国人的效率观念还表现在他们对时间的态度上，主张按时间的先后，有组织、有秩序地工作和生活，并倾向于用同样的观念去要求别人。无论是开会、赴宴还是上下班、看病、访友等都事先约定按时进行。在美国人看来，时间就是金钱，它意味着机遇和成功。在人的生命这个短暂时间内，讲究效率就意味着人们可以挤出更多的时间来创造自我、完善自我、实现自我（self-achievement）①。

---

①参阅457.自我实现的价值。

455.抓饭婚礼与抛蛋糕婚礼

［**词语**］mixing rice and throwing cakes at wedding

［**含义**］婚礼中抓饭与抛蛋糕

［**趣释**］在英国的苏格兰（Scotland）地区，存在着两种有趣的婚礼习俗。一是抓饭结婚（mixing rice at wedding）。按照苏格兰古老的习俗，一对新人在结婚的仪式上，各人抓一把米饭，跪在一只大碗的两边，他们各自把手中的饭放到碗里，然后搅和在一起，同时面对《圣经》（Bible）郑重起誓。他们从今日起，将恩恩爱爱，相互扶持，白头到老，永不分离。二是抛蛋糕婚礼（throwing cakes at wedding）。按照苏格兰习俗，在新人举行婚礼仪式的那天，新娘一进门，首先要把一大块蛋糕用力向空中抛去，抛得越高，就意味着婚姻越幸福美满。如果新娘抛得不高，新郎和家人就会闷闷不乐，因为这预示他们的婚姻会破裂。此外，苏格兰各地还保留着一些特有的结婚习俗。例如在巴拉岛（Barra），人们会在婚床上洒水，以此来祝福新人；在莫尔岛（Mull），新婚之夜新郎新娘应该睡在马厩里；在刘易斯岛（Lewis），新人必须和父母住上一周，才能回自己的家；在苏格兰凯尔特人（Celt）的婚礼上，新郎和新娘会将他们的格子呢披肩撕开，然后拴在一起，象征两个家族的结合；在苏格兰东海岸的阿伯丁区（Aberdeen shire），涂黑（blackening）至今仍是非常流行的习俗。已经订婚的“准新郎、准新娘”可能会在某天晚上被一帮“朋友”逮住，然后浑身被涂满蜂蜜、羽毛和煤灰等东西，并被强行围绕村子游行或带到酒吧示众，被涂黑的人往往要花好几天才洗干净。

456.着装礼仪

[词语] dress

[含义] 着装

[趣释] 虽然在英美国家中，着装越来越趋于随便，但不等于英美人着装不讲究。恰恰相反，大部分英美人是很注意着装的。除四季更迭之外，一般来说，着装要注意“TOP”原则。T代表时间（time），O代表场合（occasion），P代表地点（place）。“TOP原则”要求穿戴必须与时间、场合、地点相适应。概括起来，就是要讲究在什么时间、什么场合，穿什么衣服。如做工穿工装（overalls）、回家穿便装（informal dress）、洗澡披浴衣（bathrobe）、上床着睡衣（pajamas）、运动时穿球衣或运动服（sports wear）、参加盛大宴会时穿礼服（formal dress）。在正式场合，穿运动服、牛仔裤（jeans）①或沙滩装（beachwear）是不允许的。在英美国家，穿着睡衣会客被认为是最没有教养的表现之一。该穿正式着装的场合而没有穿，英文叫underdressed（穿着不够隆重）。例如，穿着牛仔服去参加宴会，或穿运动服出席交响乐演奏会等。该穿着随便的场合却穿得太正式，英文叫overdressed（穿得过于讲究），例如，穿西装打领带去爬山，穿着晚礼服去看球赛等。西方各国在交际场合中着装都有明确、具体的要求②。着装大致可以分为便服和礼服两大类。各式外衣、衬衣等日常着装（everyday clothes）均称便服，适合一般非正式场合穿着。而参加正式、隆重、严肃的典礼或仪式，则应当穿男士礼服（man's formal dress）③或女士礼服（lady's formal dress）④。

---

①参阅306.闻名于世的牛仔服。

②参阅426.英美人社交场合的着装要求。

③参阅227.男士的正式着装。

④参阅230.女士的正式着装。

457.自我实现的价值

[词语] the value of self achievement

[含义] 个人自我实现的真义

[趣释] 在英语国家，社会重视并鼓励个人最大限度地实现自我抉择的价值。在美国，社会上绝大多数人将物质财富的拥有与否以及拥有多少作为衡量个人生存能力的象征。人们普遍认为，物质上的成就就是个人自身价值的标志和自立精神的社会肯定。在物质文明高度发达的社会，人们对精神层面的成就及物质与精神结合层面的成就，如对宗教、艺术、权力等方面的追求是很普遍的。在英、美等国的社会，人们尊重个人行为、个人成就的获取和个人价值的体现。这与注重国家或集团的民族如中国、日本，是截然不同的。在美国人看来，人们普遍强调个人成就不可以淹没在群体行动和集团利益之中，集团和群体的生存与发展应该有益于个人价值的实现。美国的自我实现，首先是物质成就的实现，然后才是其他层面的进一步满足。总体上讲，为了在社会上的自我实现，美国人十分勤劳。人们相信，劳动创造财富并带来社会进步。个人成就的大小是和个人的劳动水平所付出的劳动量成正比的。要不断实现个人成就，就必须不断地工作和学习，提高劳动水平，增加劳动投入。可以这样说，物质和精神上的成就要靠自立精神和自我实现，而自我实现的成功，勤劳是关键。因此，在英语国家的社会，勤劳的人受人尊重，懒惰的人遭人蔑视。这一点，成为格外重视成功的美国人的一个显著的性格特点。在美国人的眼里，重要的不是一个人的家庭背景，而是他本人的才华和能力。哪怕是个小孩子，也要竭力在学校出类拔萃，才能讨得父母的欢心。他们似乎明白，父母的爱不是天生的权利，而是经过自己努力所获至的战利品。在美国，不存在固定

的地位和传统等级，一个人只有靠成功才能出人头地，才能有自我实现的价值。

458.自由公开的社会竞争

[**词语**] taking part in the social competition

[**含义**] 参与社会竞争

[**趣释**] 在英语国家，人们普遍的社会价值观之一，是积极参与社会竞争（social competition）。因为在重视个性培养、强调个性独立和崇尚自我实现的社会，自由的、公开的社会竞争，才是实现自我价值的方式和手段。英、美国家人民主张通过勤劳获取物质财物来实现个人价值。那些在财富数额上占领先地位的人，不仅在物质上得到承认，而且在道德领域里也得到肯定。因此，英语国家的社会成员总是以积极的态度，踊跃地参加到社会竞争中去。人们相信，竞争不仅推动个人价值的实现，也推动社会集团的进步和发展，认为世界会为人类提供资源和财富，社会成员之间的竞争不是穷尽社会财富，而是创造社会财富。由于东西方的文化差异，在竞争前面中国人和美国人往往显示出迥然不同的情景。有关资料表明，在美国的中国人和美国人工作上竞争就时常吃亏，一是由于语言上常处于劣势，二是中国人有谦让的美德。在美国的任何用人单位里，凡是进攻性（aggressive）强的人都是最先得到升迁，最后才轮到谦虚的人。英语aggressive这个词，既有“进攻的”“侵略的”之意，也有“积极的”“进取的”“活泼的”之意。美国社会崇尚自由、公开竞争，造就了美国人张扬，喜欢标新立异吸引社会关注的性格。例如美国出版的《吉尼斯世界纪录》中所列的各项无关痛痒的世界纪录中，一大半是好出风头的美国佬所创造的。他们很诚实，但绝没有中国人的那种“谦虚”。假如你请他们吃饭，

他们盘中的饭菜刚吃完，主人还没来得及替他们添，他们就会请邻座把菜传到他们面前，自己动起手来。美国人在餐馆中看到中国人抢着付账，心里又吃惊又迷惑：天底下竟然会有抢着替人付钱的头号傻瓜。如果生活在美国的中国人，不懂得入乡随俗的基本道理，就有可能会遇到很多麻烦。

459.棕枝主日

［**词语**］Palm Sunday

［**含义**］棕枝主日；圣枝主日；主进圣城节

［**趣释**］棕枝主日又称为圣枝主日、主进圣城节，是基督教节日。节期为复活节之前一周的星期日。据《圣经·新约》记载，在犹太逾越节（Passover）前5日，也是耶稣受难被钉死在十字架上[①]之前不久，耶稣骑着小毛驴和圣徒一起进入圣城耶路撒冷（Jerusalem）。圣城内的民众和许多到此过逾越节的人听说耶稣到来，都拿着棕枝去迎接。群众夹道欢迎，高喊："和撒那（Hosanna）！"认为他是奉主之命来的以色列王，到处是一片欢呼赞颂之声。后世基督教会为纪念此事，规定复活节前一周的星期日举行庆祝活动。教堂这一天用棕枝装饰，有时候信徒还要手持棕枝绕教堂一周以示纪念。当日所用棕榈枝烧灰后，用于大斋节第一天在礼拜者额前画十字[②]。北欧诸国无棕枝的国家，以柳条代替。《圣经》中提到的棕枝，实为椰枣，俗称海枣的枝。海枣是棕榈科常绿大乔木，被基督教、犹太教视为上帝保护和恩宠的象征。因为它每株可产果实250公斤、产期可达百年以上，《圣经》中多次提及此树。英文hosanna一词（即伊拉克蜜枣）后成为动词，意为"称赞"。

---

①参阅81.复活节。　　②参阅66.大斋节。

附　录

1.英国各郡一览表（2011、2012年）

地　区	郡　名
England 英格兰（45郡） 人口：53，012（千人） 面积：130，279 （平方千米）	Avon埃文郡
	Bedfordshire贝德福德郡
	Berkshire伯克郡
	Buckinghamshire白金汉郡
	Cambridgeshire剑桥郡
	Cheshire柴郡
	Cleveland克利夫兰郡
	Cornwall康沃尔郡
	Cumbria坎布里亚郡
	Derbyshire德比郡
	Devon德文郡
	Dorset多塞特郡
	Durham达勒姆郡
	East Sussex东萨塞克斯郡
	Essex埃塞克斯郡
	Gloucestershire格洛斯特郡
	Greater London大伦敦郡

续表

地　区	郡　名
England 英格兰（45郡） 人口：53，012（千人） 面积：130，279 （平方千米）	Greater Manchester大曼彻斯特郡
	Hampshire汉普郡
	Hereford and Worcester赫里福德-伍斯特郡
	Hertfordshire赫特福德郡
	Humberside亨伯塞德郡
	Isle of Wight怀特岛郡
	Kent肯特郡
	Lancashire兰开夏郡
	Leicestershire莱斯特郡
	Lincolnshire林肯郡
	Merseyside默西塞德郡
	Norfolk诺福克郡
	Northamptonshire北安普敦郡
	Northumberland诺森伯兰郡
	North Yorkshire北约克郡
	Nottinghamshire诺丁汉郡
	Oxfordshire牛津郡
	Somerset萨默塞特郡
	South Yorkshire南约克郡
	Staffordshire斯塔福德郡
	Suffolk萨福克郡
	Surrey萨里郡
	Tyne and Wear泰恩-威尔郡
	Warwickshire沃里克郡
	West Midlands西米德兰兹郡
	West Sussex西萨塞克斯郡
	West Yorkshire西约克郡
	Wiltshire威尔特郡

续表

地　区	郡　名
Wales 威尔士（9郡） 人口：3，063（千人） 面积：20，779 （平方千米）	Clwyd克卢伊德郡
	Dyfed达费德郡
	Gwent格温特郡
	Gwynedd圭内德郡
	Mid Glamorgan中格拉摩根郡
	Powys波伊斯郡
	Shropshire萨洛普郡
	South Glamorgan南格拉摩根郡
	West Glamorgan西格拉摩根郡
Scotland 苏格兰（12郡）人口： 5，250（千人） 面积：78，772 （平方千米）	Borders博德斯行政区
	Central中央区
	Dumfries and Galloway 邓费里斯–盖洛韦行政区
	Fife法夫行政区
	Grampian格兰扁行政区
	Highland苏格兰高地行政区
	Lothian洛锡安行政区
	Orkney奥克尼郡
	Shetland设得兰郡
	Strathclyde斯特拉斯克莱德行政区
	Tayside泰赛德行政区
	Western Isles西部群岛区
Northern Ireland 北爱尔兰（6郡） 人口：1，810（千人） 面积：14，147 （平方千米）	Antrim安特里姆郡
	Armagh阿尔马郡
	Down当郡
	Fermanagh弗马纳郡
	Londonderry伦敦德里郡
	Tyrone蒂罗恩郡

2.美国各州一览表（2011、2012年）

地区	州名	面积（平方千米）	人口（千人）	首府
联邦直辖区	Distribute of Columbia 哥伦比亚特区	176	约617	
东北部九州	Maine 缅因州	91，647	1，328	Augusta 奥古斯塔
	New Hampshire 新罕布什尔州	24，216	1，318	Concord 康科德
	Vermont 佛蒙特州	24，900	626	Montpelier 蒙彼利埃
	Massachusetts 马萨诸塞州	27，337	6，587	Boston 波士顿
	Connecticut 康涅狄格州	14，356	3，580	Hartford 哈特福德
	Rhode Island 罗得岛州	4，002	1，051	Providence 普罗维登斯
	New York 纽约州	141，299	19，465	Albany 奥尔巴尼
	Pennsylvania 宾夕法尼亚州	119，282	12，742	Harrisburg 哈里斯堡
	New Jersey 新泽西州	22，587	8，821	Trenton 特伦顿
中北部十二州	Ohio 俄亥俄州	116，096	11，544	Columbus 哥伦布
	Indiana 印第安纳州	94，322	6，517	Indianapolis 印第安纳波利斯
	Michigan 密执安州	250，493	9，876	Lansing 兰辛
	Illinois 伊利诺斯州	149，997	12，869	Springfield 斯普林菲尔德
	Wisconsin 威斯康星州	169，639	5，712	Madison 麦迪逊

续表

地区	州名	面积（平方千米）	人口（千人）	首府
中北部十二州	Minnesota 明尼苏达州	225，171	5，344	St. Paul 圣保罗
	North Dakota 北达科他州	183，112	683	Bismarck 俾斯麦
	South Dakota 南达科他州	199，730	824	Pierre 皮尔
	Nebraska 内布拉斯加州	200，346	1，842	Lincoln 林肯
	Iowa 衣阿华州	145，714	3，062	Des Moines 得梅因
	Kansas 堪萨斯州	213，096	2，817	Topeka 托皮卡
	Missouri 密苏里州	180，533	6，011	Jefferson City 杰弗逊城
南部十六州	Delaware 特拉华州	6，446	907	Dover 多佛
	Maryland 马里兰州	32，134	5，828	Annapolis 安娜波利斯
	Virginia 弗吉尼州	110，784	8，096	Richmond 里士满
	West Virginia 西弗吉尼亚	62，755	1，855	Charleston 查尔斯顿
	Kentucky 肯塔基州	104，659	4，369	Frankfort 法兰克福
	North Carolina 北卡罗来纳州	139，391	9，656	Raleigh 罗利
	South Carolina 南卡罗来纳州	82，931	4，679	Columbia 哥伦比亚
	Tennessee 田纳西州	109，150	6，403	Nashville 纳什维尔
	Georgia 佐治亚州	153，910	9，815	Atlanta 亚特兰大
	Alabama 亚拉巴马州	135，765	4，803	Montgomery 蒙哥马利
	Mississippi 密西西比州	125，433	2，978	Jackson 杰克逊

续表

地区	州名	面积（平方千米）	人口（千人）	首府
南部十六州	Florida 佛罗里达州	170，305	19，057	Tallahassee 塔拉哈西
	Louisiana 路易斯安那州	34，265	4，574	Baton Rouge 巴吞鲁日
	Texas 得克萨斯州	695，622	25，674	Austin 奥斯丁
	Oklahoma 俄克拉荷马州	181，035	3，791	Oklahoma City 俄克拉荷马城
	Arkansas 阿肯色州	137，733	2，938	Little Rock 小石城
西南部十一州	Colorado 科罗拉多州	269，602	5，116	Denver 丹佛
	New Mexico 新墨西哥州	314，914	2，082	Santa Fe 圣塔菲
	Arizona 亚利桑那州	295，253	6，482	Phoenix 菲尼克斯 （凤凰城）
	Utah 犹他州	219，887	2，817	Salt Lake City 盐湖城
	Nevada 内华达州	286，352	2，723	Carson City 卡森城
	Wyoming 怀俄明州	253，337	568	Cheyenne 夏延
	Montana 蒙大拿州	380，837	998	Helena 海伦娜
	Idaho 爱达荷州	216，446	1，584	Boise 博伊西
	California 加利福尼亚州	423，971	37，692	Sacramento 萨克拉门托
	Oregon 俄勒冈州	254，806	3，872	Salem 赛勒姆
	Washington 华盛顿州	184，666	6，830	Olympia 奥林匹亚

续表

地区	州名	面积（平方千米）	人口（千人）	首府
外二州	Alaska 阿拉斯加州	1，717，854	723	Juneau 朱诺
	Hawaii 夏威夷州	28，311	1，374	Honolulu 檀香山（火奴鲁鲁）

3.加拿大各省一览表（2011年）

位置	省或地区名称	人口（千人）	面积（平方千米）	首府
西南	British Columbia 不列颠哥伦比亚省	4，400	925，186	Victoria 维多利亚
西南	Alberta 艾伯塔省	3，645	642，317	Edmonton 埃德蒙顿
西部	Saskatchewan 萨斯喀彻温省	1，033	591，670	Regina 里吉纳
中部	Manitoba 马尼托巴省	1，208	553，556	Winnipeg 温尼伯
东部	Ontario 安大略省	12，851	917，741	Toronto 多伦多
东部	Quebec 魁克克省	7，903	1365，128	Quebec city 魁北克市
东部	Newfoundland Land & Labrador 纽芬兰与拉不拉多省	514	373，872	Saint John’s 圣约翰斯
东南	New Brunswick 新不伦瑞克省	751	71，450	Fredericton 弗雷德里克顿
东南	Prince Edward Island 爱德华王子岛省	1，140	5，660	Charlottetown 夏洛特敦
东南	Nova Scotia 新斯科舍省	922	53，338	Halifax 哈利法克斯
西北	Yukon Territory 育空地区	33	474，391	Whitehorse 怀特霍斯

续表

地区	州名	面积（平方千米）	人口（千人）	首府
西北	Northwest Territories 西北地区	41	1183，085	Yellowknife 耶洛奈夫
东部	Nunavut 努纳武特地区	31	9，093，507	Iqaluit 伊卡卢伊特

4.澳大利亚各州一览表（2012年）

位置	州或地区	人口（千人）	面积（平方千米）	首府
西部	Western Australia 西澳大利亚州	2，000	2，529，875	Perth 珀斯
中南	South Australia 南澳大利亚州	1，580	983，482	Adelaide 阿德莱德
东南	New South Wales 新南威尔士州	6，800	800，642	Sydney 悉尼
东南	Capital Territory 首都直辖区	320	2358	Canberra 堪培拉
东南	Victoria 维多利亚州	5，000	227，420	Melbourne 墨尔本
东北	Queensland 昆士兰州	4，180	1730，620	Brisbane 布里斯班
中北	Northern Territory 北部地区	223	1420，968	Darwin 达尔文
南部	Tasmania 塔斯马尼亚州	480	67，031	Hobart 霍巴特

5.新西兰各行政区一览表（2016年）

位置	行政区名称	中心城市
北岛 North Island 人口：3，595 （千人） 面积：113，729 （平方千米）	Auckland 奥克兰	Auckland 奥克兰
	Bay of Plenty 富足湾（普伦蒂湾）	Whakatane 瓦卡塔尼
	Hawkes Bay 霍克湾	Napier 内皮尔
	Manawatu–Wanganui 马纳瓦图-旺加奴伊	Palmerston North 北帕默斯顿
	Northland Region 北地（诺斯兰）	Whangarei 旺阿雷
	Taranaki 塔拉纳基	New Plymouth 新普利茅斯
	Wellington Region 惠灵顿	Wellington 惠灵顿
	Waikato 怀卡托	Hamilton 哈密尔顿
南岛 South Island 人口：1，096 （千人） 面积：154，037 （平方千米）	West Coast 西岸	Greymouth 格雷茅斯
	Canterbury 坎特伯雷	Christchurch 克顿斯特彻奇（基督城）
	Otago 奥塔哥	Dunedin 达尼丁
	Southland Region 南地（骚斯兰）	Invercargill 因弗卡吉尔

注：新西兰除表中12个行政大区之外，另设有4个管理区。吉斯伯恩（Gisborne Region / East Cape）在北岛，其余都在南岛。

6.英语国家民族与宗教状况一览表

国名	民族组成（占总人口的百分比）	信教人数（占总人口的百分比）
英国	英格兰人81.5%，苏格兰.6%，爱尔兰人2.4%，威尔士人1.9%，北爱尔兰人1.8%，其他2.8%	英国国教64.%，天主教7.6%，伊斯兰教2.7%，印度1%，其他宗教1.4%，不明或没有宗教信仰23.3%
美国	白人83.1%，黑人11.7%，印第安人0.6%，华人0.4%，菲律宾0.3%，日本人0.3%，印度人0.2%，朝鲜人0.2%，越南人0.1%，其他3.1%	基督教新教40%，天主教30%，犹太教3.2%，东正教2.1%，其他宗教17.8%，无教派或无神论者6.9%
加拿大	英国人61.4%，法国人25.6%，意大利2.1%，德国人2.1%，乌克兰人1.2%，其他7.6%	天主教46.2%，基督教新教39.7%（联合教会17.5%，加拿大圣公会11.8%，长老会4%，信义会3.3%，浸礼会3.1%），其他14.1%
澳大利亚	英裔澳大利亚人94.3%，意大利人1.2%，希腊人0.8%，南斯拉夫人0.5%，荷兰人0.3%，其他2.9%	天主教29.6%，基督教新教36%（圣会27.8%，联合教会8.2%），其他22.6%，情况不明11.8%
新西兰	欧洲人87%，毛利人9%，萨摩亚人0.8%，其他3.2%	基督教新教53.6%，天主教18.7%，其他27.7%

注：编写时参考了《简明不列颠百科全书》、《中国大百科全书·民族卷》、《中国大百科全书·宗教卷》、《外国风俗事典》附录《世界各国民族简表》和《世界宗教简表》等典籍，还参考了“维基百科”英语国家概况以及报刊、网络有关英语国家的民族、宗教的文章。由于典籍成书较早，大部分文章资料没有明确的数据统计年限，而且数据很不一致，英语国家的民族人口、宗教信仰情况又并非一成不变，因此表内数据仅供参考。

英文词目索引

B

C

D

E

F

G

H

I

J

K

N

O

P

Q

R

S

T

U

V

W

Y

主要参考书目

1. MacKenzie，Munro & Westwood *Background to Britain*（Macmillan Press 1983）

2. Musman，Richard: *Britain Today*（Longman 1982）

3. Leiner，Alison R.: *Living in the U.S.A*（Intercultural Press Inc. 1981）

4. Wiener，Solomon: *Questions and Answers on American Citizenship*（Regents Publishing Company Inc 1982）

5. Paul，Anthony: *A Guide to the English-Speaking World*，（Longman 1975）

6. *Canada Handbook*（Canadian Government Publishing Center，Supply and Service Canada，Ottawa 1984）

7. *Australia*（Australian Government Publishing Service 1992）

8. *This is America*（United States Information Agency）

9. Adler，Max K. : *Naming and Addressing*（Helmut Buske Verlag Hamburg 1978）

10. Fast，J. : *Body Language*（M. Evans & Cop. 1970）

11. Richard，Jack & Richard Schmidt，Richard: *Language and Communication*（Longman. 1983)

12. Samovar，L. & Porter，Richard: *Intercultural Communication: A Reader*（Wadsworth 1985)

13. Gwinn，Robert P. *Concise Encyclopedia Britannica*（London:Encyclopedia Britannica，Inc.1986)

14. Urdany,L. *Nelson's Encyclopedia for Young Readers*（Nash-ville，Nelson. 1980)

15. 〔英〕阿德里安·鲁姆著，高峰等编译：《英国词典》，中国播电视出版社，1993年

16. 王榕培、任秀桦主编：《英语学习背景知识词典》，上海外语教育出版社，1996年

17. 杨宇光、黄关福编著：《英汉英美社会生活词典》，复旦大学出版社，1994年

18. 石云龙、王晶主编：《英语学习百科》，福建教育出版社，2000年

19. 崔树芝、袁琼倩等编：《英语百科知识精编》，高等教育出版社，1993年

20. 胡文仲主编：《英美文化辞典》，外语教学与研究出版社，1997年

21. 李振澜、王树英等：《外国风俗事典》，四川辞书出版社，1989年

22. 赵锦元主编：《世界风俗大观》，上海文艺出版社，1992年

23. 徐开元编译：《美国风俗大观》，东方出版中心，1997年

24. 卢德平主编：《世界奇异风俗大全》，中国物资出版社，1988年

25. 田静、罗林等：《万国风情世态录》，知识出版社，1995年

26. 王彤福、晓晨：《加拿大风情录》，世界知识出版社，1993年

27. 杨叙著：《外国习俗丛书·美国》，世界知识出版社，1989年

28. 李念培等著：《外国习俗丛书·英国》，世界知识出版社，1988年

29. 高京著：《外国习俗丛书·澳大利亚》，世界知识出版社，1997年

30. 黄建军主编：《世界知识手册》，海南出版公司，1991年

31. 张奎武主编：《美国概况》，吉林科学技术出版社，1994年

32. 马武业等：《各国概况·美洲和大洋洲部分》，世界知识出版社，1990年

33. 杨振武主编：《各国概况·欧洲部分》，世界知识出版社，1994年

34. 世界宗教研究所编写组：《各国宗教概况》，中国社会科学出版社，1984年

35. 梁工主编：《圣经百科词典》，辽宁人民出版社，1990年

36. 〔美〕伊丽莎白·波斯特著，齐宗华等译：《西方礼仪集萃》，三联书店，1991年

37. 潭敏、唐苓著：《国际社交礼仪》，中信出版社，1990年

38. 李斌著：《国际礼仪与交际礼仪》，世界知识出版社，1985年

39. 〔美〕朱丽叶斯·法斯特著，孟小平译：《体态与交际》，北京语言学院出版社，1988年

40. 毕继万译：《中国和英语国家非语言交际对比》，北京语言学院出版社，1991年

41. 林大津著：《跨文化交际研究》，福建人民出版社，1996年

42. 陵谷孙主编：《英汉大词典》，上海译文出版社，1996年

43. 《简明不列颠百科全书》，中国大百科全书出版社，1986年

44. 《中国大百科全书》，中国大百科全书出版社，1985年

丛书内容简介

《希腊神话传说》

希腊神话被世界公认为是人类童年时代的产物，欧洲文明的主要源头。在西方，对它的了解程度，是衡量一个人接受教育高低的标志。在我国，具备这方面知识，对于了解西方文化、学习欧美语言有着重要意义。书中从千年神话与现实联系的角度切入，按国人阅读欣赏的习惯，在讲述希腊罗马神话故事的同时，揭示它如何哺育欧洲文明、影响人们的思想观念和生活习俗。本书分语典传说、喻意传说、物语传说、星空传说、民俗传说、历史传说等六部分，共含趣味释文478篇，涉及语言、文学、艺术、天文、地理、历史、民俗诸多领域。

《英语国家常识》

在英国、美国、加拿大、澳大利亚、新西兰英语五国中，后四国历史上是英国的殖民地。除了语言相通，从经济基础到上层建筑，无不带有大不列颠的血统，被视为是欧洲文化的延伸。然而这四国在北美和大洋洲披荆斩棘创造自身文明的过程中，不仅造就有别于英帝国的政治、经济和文化，还逐渐形成了各具自身民族特点的传统和习俗。对于英语学习者而言,熟悉英语国家常识的重要性，绝不亚于学习英语词汇和语法。因为只有掌握英语语言，又具备这些国家常识，熟悉民生百态，才称得上真正具有英语交际能力。本书分社会常识、生活常识、饮食常识、礼仪常识、婚丧常识、节日常识、竞技常识、禁忌常识、宗教常识等九部分，共含趣味释文459篇。从9个方面23个专题介绍5个英语国家的基本常识。

《欧美文学典故》

欧美文学是西方高级文化的重要组成部分，凝聚了作家对人生、社会和时代的思考，是人类宝贵的精神财富。作家在运用语言文字进行文学创作的同时，他们的一些精彩的文学语汇也凝固成了语言中最具活力的典故、成语、谚语、格言、箴言、俗语等等。源出欧美文学的英语成语典故纷繁浩瀚，色彩斑斓。它们是既具自身民族语言特色，又散发着浓郁西方文化气息的瑰宝奇葩。本书分小说典故、诗歌典故、散文典故、寓言典故、童话典故、戏剧典故等六部分，共含趣味释文489篇，涉及欧美古今著名小说家、诗人、剧作家、散文家以及寓言作家和童话作家100多位，名著名作300多部(篇)。释文在原著的背景线索上进行，妙趣横生，丰富多彩。

《西方文化喻指》

喻指是语言的一种借喻转义(trope)现象。西方语言用地名“Waterloo”（滑铁卢）来喻指决定性的惨败，汉语用数字

“二百五”来喻指傻瓜。任何语言中的喻指，都是使用这种语言的人民思想和智慧的结晶，都打上了这个民族历史和文化的烙印，故称文化喻指。东方与西方历史、文化不同，因而喻指也各不相同，这常常造成跨文化交际中的理解障碍。书中通过对英语语言中的喻指现象剖析，从神话、宗教、历史、文学、社会、生活、劳作、习俗等角度，去探究英语作为西方主流文化喻指的真谛。本书分经典喻指、物事喻指、物象喻指、言语喻指、地点喻指、人物喻指、事件喻指等七部分，共含趣味释文626篇，喻指的英文例句大多引自名家著作和英文典籍。

《英语多维概述》

英语是西方文化的最主要载体，也是当今世界最重要的国际语言。学好英语，对于建设国家和规划人生均有重要意义。书中以知识性、实用性、趣味性为宗旨，进行多角度多学科概要讲述。讲述英语的发展的历史与英语当今使用的现状，英国英语与美国英语之间的差异，英语语言结构（语音、词汇、语法）与英语文学、修辞、写作、英汉互译知识等。本书涉及英语8个学科的常用知识，分现状概述、历史概述、语音概述、词汇概述、语法概述、翻译概述、文学概述、修辞概述、写作概述等九部分，共含趣味释文338篇，每篇一个话题。借助多维概述，向读者“立体”展示英语。

《经典成语故事》

（未出版）